化学论证教学研究

任红艳　著

科 学 出 版 社
北　京

内 容 简 介

本书主要介绍科学教育中论证教学的研究进展与理论基础。从实征研究的视角比较专家型化学教师与新手型化学教师论证教学的现状；分析不同化学优质课中师生、学生之间高质量对话的特征及其与学生口头论证能力之间的关系；通过实践研究的方式在大学“普通无机化学”、“化学教学论实验”及高中化学教学中开展较为系统的化学论证教学研究，所借鉴（或提出）的论证教学模式、论证活动编码方案等研究工具均有可推广价值。最后对化学论证教学的缺失之缘、回归之路及可行策略等进行辨析与展望。

本书适合中学（或高校）化学教师、化学师范生和化学教学论研究生（或科学教育教学工作者）等研读。

图书在版编目（CIP）数据

化学论证教学研究 / 任红艳著. —北京：科学出版社，2021.4

ISBN 978-7-03-066646-8

Ⅰ. ①化…　Ⅱ. ①任…　Ⅲ. ①中学化学课–教学设计　Ⅳ. ①G633.82

中国版本图书馆 CIP 数据核字（2020）第 214137 号

责任编辑：霍志国　高　微/责任校对：杜子昂

责任印制：吴兆东/封面设计：东方人华

科 学 出 版 社 出版

北京东黄城根北街 16 号

邮政编码：100717

http://www.sciencep.com

北京中石油彩色印刷有限责任公司 印刷

科学出版社发行 各地新华书店经销

*

2021 年 4 月第 一 版　开本：720×1000　1/16

2021 年 4 月第一次印刷　印张：18 1/4

字数：370 000

定价：128.00 元

（如有印装质量问题，我社负责调换）

前　　言

随着2001年《基础教育课程改革纲要》的颁布，新中国成立后的第八次课程改革拉开了序幕。“为了每位学生的个性发展”和“为了每个教师的专业成长”的价值追求，充分体现了此次课程改革的人文关怀。“证据推理”等“学科核心素养”的明确提出，更是展现了课程改革的理性回归。化学作为一门理科，其所焕发的“求真”的理性魅力与“向善”的科学人文精神，正从少数的专家学者的呼吁声中走向公众理解。从衣食到住行，从发射火箭到抗击疫情，切身体验告诉人们化学无处不在且功不可没。化学教育任重而道远，不仅要培养化学精英分子，也要提高公众的化学素养。化学教学砥砺前行，不能仅停留于学科知识的教学，而要深入到化学学科思维和品格的教学。诚然，这些问题已非“发展”可行，而须诉诸“改革”，呼之欲出的化学论证教学及其研究可谓畅行课程改革路上的一张得力令牌。

化学论证教学是化学教学实践改革的有力“抓手”。美国课程论专家古德莱德（Goodlad）曾将课程分为五个层次：理想的课程、正式的课程、领悟的课程、运作的课程和经验的课程。可以认为，我国的此次课程改革已经顺利渡过了文本课程（理想和正式的课程）改革与建设的“浅水区”，正在向实践课程（领悟、运作和经验的课程）尝试的“深水区”迈进。这是一场课改攻坚战。因为，理想与现实、观念与行为之间总是存在差距。课程改革不能停留于文本和认识层面，而必须寻找落地、生根的力量。作为化学学科教育工作者，多年的“普通无机化学”教学经历让我深深感受到化学学科思维（素养）教学的难度。即便已经进入大学的学生多数仍然保留着“知识学习”的习惯，“提问意识”“反思能力”极为薄弱，学习仅安于知道结果而缺乏过程意识，为追求考试高分而被迫进行的题海训练留下的功利烙印尤为明显。如何培养学生的自主学习能力和高阶思维能力？这是我在教学过程中一直思考的问题。数学教学曾提切忌“掐头去尾烧中段”，化学亦然。我们要关注源头——知晓来龙去脉，要关注过程——打破砂锅问到底，要关注去向——明白知识的价值。化学论证教学注重问题情境的来源，引导学生提出主张，相互辩论，积极提供证据和推理过程，体会不同主张承载的社会价值

（尤其是社会性科学论证），这些看似“费时费力”的过程却都是学生形成高阶思维的必由之路，也是将化学学科素养落地、促进课程改革的有力“抓手”。基于这样的信念，尝试在化学教学中开展论证教学的实践研究，找寻相对成熟的科学论证模型、可操作的多样化论证教学模式、便捷的论证质量的评估方式以及可直接参考和效仿的各类论证教学片段与案例，就成为我们的必然选项。

我们一直认为，不愿、不敢或不能开展教育教学研究的教师缺乏提出问题的意识、挑战困难的勇气和反思审辨的能力，仅仅囿于教学而不知道如何基于研究的视角深度思考教学问题的教师是不可能成为一名真正意义上的教学名师的。新课程改革已经将一线教师推到了教育教学研究的主战场中。但是，绝大多数一线教师仍处于“摸着石头过河”的经验总结或者“照猫画虎”的临摹状态，在研究选题确定、研究方法选择、研究资料处理分析等各个环节中仍缺乏科学规范的研究理论与方法的指导。因此，不少一线教师的“行动研究成果”谈不上理论支撑，也没有方法指导，更缺乏证据意识。作为一个二十余年的化学教学论工作者，常常痛感于学科教学研究话语力量的弱势与研究方法的落后。社会科学研究方法论告诉我们，基于“田野”的实践研究的意义和结论的价值离不开科学化质性研究方法的支撑，质性研究的实征（empirical）性质需要具有可操作性的科学编码方案，否则脱离不了经验总结式的泛泛而谈。化学论证教学实践研究的方法论取向以及具体的研究设计、编码方案乃至研究过程等，能否促进一线教师在实践中开展科学化质性研究并获得有说服力的结论，从而真正改进教学质量与教学效率并提升研究者自身，这是我们所一直关心的。

“学科”是作为知识系统而存在的，它是由专业人员以特有领域作为研究对象，按照专门的范畴和方法构建起来的概念一致、体系严谨、结论可靠的知识系统。“学科”是“学科教育”的前提，亦使其有别于一般意义上的“教育”。学校的自然科学学科（理科）教育尤其如此。因此，曾有学者预言未来十年课程改革或教师专业化培训的最重要的突破口在于“学科”。我们应该在尊重、引鉴他域研究范式的同时，坚守“学科”的内在逻辑、研究范式以及方法论体系。跨学科研究旨在扩大本学科的生命力和影响力，而非在“泛学科化”的浪潮中迷失自我、丢失了自己的学科教学的研究阵地。化学论证教学研究中来自化学课堂教学实践的文字资料具有鲜明的化学学科特色，研究中的编码方案和实际编码操作更是体现了研究者的学科素养，是研究结论可信的前提和保证，这样的理科学科教学研究可以避免研究及结论泛学科化的“高远”。化学学科教学研究一直处于“学科科学研究”和“教育科学研究”的夹缝中，长期受到双面挤压。化学论证教学实践研究能否给学科教学研究带来一抹靓色：突出学科特色，促进学科教学研究（尤其是理学科）走自己的路——变得真正有别于一般教育研究，这更是我们期待并一直探索的。

本书概要介绍化学论证教学的研究进展与理论基础；基于实征研究的视角，较为详实地比较与分析专家型化学教师与新手型化学教师的论证教学现状；通过行动研究的方式，面向大学生群体在“普通无机化学”教学中开展了书面论证实践研究；在“化学教学论实验”教学中通过设计图示编码体系，从模拟授课、实验讨论和书面论证三个环节系统探讨了师范生论证活动过程，为职前化学教师的论证教学培训提供基本思路；采用对比教学的方式，面向高中学生开展基于社会性科学议题的科学论证活动，探究不同论证方式（传统纸笔与论证图工具）对学生科学论证能力和批判性思维倾向的影响，展示信息技术对化学论证教学的促进作用。深入讨论不同化学优质课中师生、学生之间的高质量对话的特征及其与学生口头论证能力之间的关系；最后对化学论证教学的缺失之缘、回归之路及可行策略等进行辨析与展望。

古人云：君子务本，本立而道生，道生而术成，术成则效达。作为化学学科教学研究者，我们既有化学人的理性与智慧，又有教育人的憧憬与情怀，愿我们携手共进，勇敢地拨开教学的迷雾，直视现实的问题，叩击育人的本质，并以滴水穿石的意志奏响改革进行曲。

任红艳

2020 年 3 月

目　录

前言
绪论 …… 1
第一节　自然科学的发展伴随着科学论证 …… 1
一、科学发展的历史进程 …… 1
二、科学本质的认识过程 …… 3
第二节　问题解决能力的培养需要科学论证 …… 4
一、证据与推理过程可促进三重表征转换 …… 5
二、支援与反驳的使用可提升元认知水平 …… 7
参考文献 …… 8
第一章　研究背景 …… 10
第一节　科学教育改革的时代走向 …… 10
一、科学教育改革的历史嬗变 …… 11
二、科学教育改革的发展趋势 …… 17
第二节　科学教育中论证教学的研究进展 …… 29
一、国内科学论证研究可视化结果分析 …… 29
二、国外科学论证研究可视化结果分析 …… 32
三、结论与建议 …… 42
第三节　论证教学的理论基础 …… 43
一、逻辑学基础 …… 43
二、心理学基础 …… 48
三、教育学基础 …… 54
参考文献 …… 60
第二章　基于图尔敏论证模型的化学教学比较研究 …… 66
第一节　图尔敏论证模型 …… 66
一、图尔敏论证模型要素 …… 67
二、图尔敏论证模型案例 …… 70

第二节 实践材料及实施 …… 74
一、研究内容 …… 74
二、研究对象 …… 75
三、研究程序 …… 75
第三节 结果分析与比较 …… 80
一、论证要素的比较 …… 80
二、论证水平的比较 …… 82
三、论证内容的比较 …… 84
第四节 结论与建议 …… 90
一、研究结论 …… 90
二、研究建议 …… 91
参考文献 …… 92
第三章 基于书面论证模式的无机化学教学实践研究 …… 94
第一节 书面论证及论证问题设计 …… 94
一、书面论证模式的内涵 …… 94
二、书面论证问题设计原则 …… 97
三、书面论证的问题链策略 …… 98
四、书面论证评价标准 …… 101
第二节 书面论证教学的实施 …… 103
一、特例设计 引入论证 …… 103
二、问题解决 培养论证 …… 104
三、作业查阅 评估论证 …… 106
四、课堂反馈 促进论证 …… 107
五、策略应用 提升论证 …… 108
第三节 数据收集与分析 …… 111
一、评分者信度 …… 111
二、论证水平变化分析 …… 113
三、态度测量问卷分析 …… 119
第四节 结论与反思 …… 122
一、研究结论 …… 122
二、研究反思 …… 123
本章附录 …… 124
附录一 书面论证问题 …… 124
附录二 态度测量问卷 …… 125
参考文献 …… 125

第四章 基于论证的化学实验教学实践研究 …… 127
第一节 论证教学的设计 …… 127
一、研究对象和内容 …… 127
二、研究的操作程序 …… 129
第二节 论证教学的实践 …… 132
一、模拟授课实践 …… 132
二、实验讨论实践 …… 138
三、书面论证实践 …… 144
第三节 实践效果的评价 …… 145
一、论证能力测试 …… 145
二、课程兴趣问卷 …… 146
第四节 结论与建议 …… 149
一、研究结论 …… 149
二、研究建议 …… 150
本章附录 …… 151
附录一 书面论证测试问卷 …… 151
附录二 课程兴趣测量问卷 …… 153
参考文献 …… 155
第五章 基于社会性科学议题的化学论证活动案例研究 …… 156
第一节 论证图工具的选择 …… 156
一、论证图 …… 157
二、论证图工具 …… 157
第二节 论证活动案例的设计 …… 159
一、SSI 情境设计 …… 159
二、SSI 论证任务设计 …… 161
第三节 论证活动案例的实践 …… 163
一、研究对象和任务 …… 164
二、不同学生小组合作论证能力的比较 …… 164
三、学生进行论证活动讨论的典型案例 …… 169
四、批判性思维倾向测试 …… 184
第四节 结论与反思 …… 187
一、研究结论 …… 187
二、研究反思 …… 188
本章附录 …… 188
附录一 基于 SSI 的化学论证活动任务 …… 188

附录二 关于批判性思维倾向调查问卷……197
参考文献……201
第六章 基于高质量对话的化学优质课例研究……205
第一节 高质量对话模型……205
一、高质量对话的发展历程……205
二、高质量对话模型的结构与要素分析……206
三、高质量对话课堂话语分析的编码方案……216
第二节 实践研究……219
一、研究对象和内容……219
二、基于高质量对话的师生话语要素分析……220
三、基于高质量对话的学生论证能力分析……228
四、不同师生话语类型的互动序列关系……239
第三节 结论与建议……250
一、研究结论……250
二、研究建议……251
本章附录……252
附录一 学生回答的转换概率/优势比计算……252
附录二 教师反馈的转换概率/优势比计算……253
参考文献……254
第七章 化学论证教学反思与展望……256
第一节 回顾与反思：化学论证教学的缺失之缘……256
一、有师无生：论证教学的主体移位……257
二、有证无论：论证教学的目标缺位……257
三、有论无证：论证教学的行为错位……258
四、有据无驳：论证教学的证据离位……258
第二节 借鉴与应对：科学论证教学的回归之路……259
一、解构论证教学主体的二元对立……260
二、重构论证教学的化学理性精神……260
三、回归基于日常生活的化学论证……261
第三节 路径与发展：化学论证教学的可行策略……262
一、论证-探究式教学模型……262
二、模型-证据链教学模式……270
参考文献……278
后记……281

绪　论

近些年来，科学教育研究中涌动着的一股逐渐明晰且日趋坚定并成为引领方向的潮流，那就是科学论证（scientific argumentation）。基于论证的科学学习观以科学哲学和认知心理学为其研究的共同基础，昭示着自然科学的学习及其研究的新图景。诸多研究者开始致力于基于论证的自然科学学习研究，一线教师也陆续尝试开展基于科学论证的教学设计活动。培养学生具备科学论证的能力已成为国际科学教育界的共识与目标。科学论证是一项理性思维活动，是借助证据来支持所持论点，或对他人论点进行反驳和批判，进而提出不同论点的思维过程[1]；科学论证也是一个科学实践过程，是个（团）体在面对未知问题时，基于证据和理由建构主张，利用反驳和劝说等形式向他人辩护自己主张的合理性实践[2]43。无论是自然科学的历史发展宏观进程，还是学生个体的生命成长微观历程，科学论证都起着举足轻重且不可或缺的作用。

第一节　自然科学的发展伴随着科学论证

一、科学发展的历史进程

自然科学的发展，是人类逐渐认识物质世界，并利用积累的经验和构建的理论改造物质世界的过程，反映了人类认识事物的一般规律[3]。远古时期，人类就已经观测和记录某些自然现象，科学思想开始萌芽；16 世纪后，经典力学体系建立，认为科学是通过对观察获得的经验事实进行再总结和再归纳产生的，得到了科学真理归纳法的逻辑，由此逐渐形成自然科学；20 世纪开始，新兴技术延伸了人类的感官，解放了人们的思想，涌现出大批有价值的科学假说、逻辑推理及实验证据，开创了具有严密逻辑推理的理性与以宏观现象或事实为根据的实验相结合的科学方法，并且充分运用批判性思维、创新思维进行大胆的猜想、试探与预测，创造性地从否证、批判的角度去分析科学问题，自然科学开始蓬勃发展。自然科学发展的历史，就是人类理性发展的历史，反映着科学论证思想的不断进步与深化。同时，许多科学史实也都表明，自然科学的发展离不开科学论证。

地心说是长期盛行于古代欧洲的宇宙学说。以古罗马天文学家托勒密（Ptolemy）为代表的学者认为，地球处于宇宙中心静止不动，并根据有限的观察资料等证据提出本轮-均轮模型，通过定量计算推定行星所在的位置。但到了中世纪后期，随着观察仪器的不断改进，实测的行星位置数据与根据该模型的计算结果出现偏差，不断有学者开始质疑地心说的正确性，通过论证、辩驳提出了不同的主张。到了 16 世纪，波兰天文学家哥白尼（Copernicus）在分析已有的大量资料和自己长期观测的基础上，创立了“日心说”，认为太阳是宇宙的中心，地球和其他行星都绕太阳转动，后来的观察事实也不断证明并发展了这一学说。哥白尼开创了天文学的新纪元，同时也引发了经验归纳思维方式的革命，强调直接观察，尊重证据而反对盲目崇拜，“典型地表现了当时的新宇宙观和强调直接观察的科学精神”[4]1。历史上，对于燃烧现象的解释有两种相互对立的理论——燃素说与氧化学说。燃素说认为，燃素是一种具有微粒性的火元素，它在物质燃烧时逸出。燃素说虽然能解释部分化学现象，但观点的提出未基于已有事实，亦无法说明金属燃烧后增重的事实。而到了 1775 年，法国化学家拉瓦锡（Lavoisier）在大量实验的基础上提出了氧化学说，认为物质燃烧是与空气中氧进行化合的反应。通过论证，揭示了物质燃烧的本质。人类对于光的本质的认识，也经历了近三百年的探究与论证。英国物理学家牛顿（Newton）基于“光沿直线传播”的事实，认为光是一种粒子，因为波会弥散在空间中，不会聚成直线。而荷兰物理学家惠更斯（Huygens）则认为光是一种波，以振动的形式传播，后续的双缝干涉实验也证实了光的波动性。英国物理学家麦克斯韦（Maxwell）在多年研究的基础上，提出“光就是电磁波”这一观点，进一步佐证了光的波动性。到了 20 世纪初期，爱因斯坦（Einstein）在普朗克理论启发下提出了光的量子理论，即光具有波粒二象性，这一观点最终被学术界广泛接受。通过论证，“光究竟是什么”这一问题变得不再神秘。

从日心说和地心说的争论，燃素说和氧化学说的交锋，到光究竟是粒子还是波的科学问题，都蕴含着科学哲学思潮更迭、变化与发展的主旋律——论证[5]。无论是初步的主张，还是后继的理论，都是在已有证据或事实的基础上，通过推理分析得出的，是一个较为完整的科学论证过程，而不是随意捏造或凭空想象。从旧主张到新理论的更迭，是一代又一代的科学家不断论证、不断质疑的结果。自然科学研究始于怀疑，怀疑是对前人科学主张的批判，在批判中科学家形成了自己的认识[6]。正是科学家善于发现已有主张与实际证据相悖的冲突点，敢于对其提出质疑，并勇于接受他人的监督与批判，才使得科学的长河中不断涌入鲜活的主张和理论。每一个自然科学概念观点或理论假说的提出，都是科学家们在理论和实验、假说与现象、学说与模型之间的逻辑审问与证据对抗，体现了科学家们严谨的论证推理、激烈的思想碰撞和丰富的学科思维。这样的科学史实也必将久久弥散着自然科学的人文精神与魅力，为后人所称赞并大力弘扬。

二、科学本质的认识过程

自然科学本质（nature of science，NOS）即“科学是什么”，是关于科学本体论的问题，体现了西方哲学的本原性思想传统。不同历史时期的科学哲学家们有着不同的立场和观点。纵观先哲们对科学本质认识的发展和演变，传统的客观主义科学观和现代的建构主义科学观是两大重要流派。无论是培根的经验主义、孔德的实证主义，还是亨佩尔的逻辑经验主义、康德的理性主义，都强调自然科学是客观的、绝对的和理性的；而波普尔的证伪主义和库恩、图尔敏等的后实证主义则强调科学的主观性、相对性与暂时性等。从科学知识本质观（客观主义科学观）到科学探究本质观（建构主义科学观），由理性到非理性、由分歧到共识，这种哲学思潮的演变，其本身就是建构主义科学本质观的体现与反映。科学本质的概念最早是由美国国家数学教师协会（National Council of Teachers of Mathematics）于 1907 年提出，并被视为一种研究方法。此后，有学者认为科学的本质是知识，且不存在好坏之分，也有学者将科学本质视为科学探究的过程。直到 1992 年，莱德曼（Lederman）认为科学本质是科学知识产生和发展过程中固有的信念和价值所体现的科学属性，并由此界定了适合在中学理科教学中教授的科学本质的 7 个方面，包括科学知识的暂定性、科学理论的负载性、观察的经验性、科学的文化嵌入性、科学中需要的创造力和想象力、观察和推论的区别、理论和定律的区别[7]。无论是从知识到方法的本质改变，还是从单一到多元化的认识演进，都离不开客观现象的证据支持，也需要不同科学家之间的相互质疑与辩论，因此论证过程对于确切的科学本质观的形成起着积极作用。

自然科学不只是外在于人的知识体系，更是一个通过探寻自然、解决问题而产生意义的过程。作为探寻自然的思维方式，科学是以真实的证据为基础，通过一定的科学方法（如归纳与演绎推理、因果关系、类推和溯因等）建立合理性关系的批判性思考过程。作为问题解决的探究方式，科学始于矛盾的出现和问题的发现，科学知识的建立是一个提出假设（提出问题）、依据真实资料和数据进行验证（分析问题）、得出结论（解决问题）的实践过程。科学拒绝接受毫无依据的资料或虚假的数据，并坚持发现问题更胜于解决问题。回顾自然科学发展的轨迹，随着新的科学证据的不断涌现，新的科学主张不断被提出，才有新的科学范式的更替产生。可见，“科学是随着最佳证据而发展改变的动态知识体”，科学的进步与论证相伴前行。

库恩在《科学革命的结构》一书中提出科学知识增长的理论模式，即科学革命的发生过程被抽象化为“前范式科学—常规科学—科学革命—新常规科学”的发展进程。他认为常规科学知识是累积的，而科学革命往往涉及要突破过去的实质或根本，即范式（科学共同体共同持有的观念、思维模式的框架）的转变[8]。当常规科学中出现不能被范式所调和与修正的“反常”，那么当前范式就会面临危机，要将大量的“反常”现象修正必须寻求新的范式给予指导，由旧范式转换到新范式的过程属于“科学革命”阶段。新范式产生，从而取代旧范式指导而形成“新的常规科学”。进言之，在科学发展中，任何科学观点的转变都不是一蹴而就的。随着科学技术和科学方法的进步，人们对客观世界的认识不断被丰富，原先的观点渐渐不能解释新的现象，科学家会根据证据归纳或演绎推理建构新的观点。当一种解说自然界如何运作的观点（或者理论、假说、想法）提出后，科学家们必须寻找证据来证明其是否合理。如图 0.1 所示[9]，若证据支持这种想法时，被称为正推论，每一个三角形表示关于一个观点的正推论过程；若证据不支持这种想法时，则被称为驳论，此时就需要产生新的主张。可见，科学就是不断被证实认同，随着新的证据出现，又不断被证伪推翻，由此往复，螺旋发展的过程。在这个过程中，人们不仅可以越来越科学地改变生活，改造世界，同时，人们也对科学的本质有了更为清晰的认识。

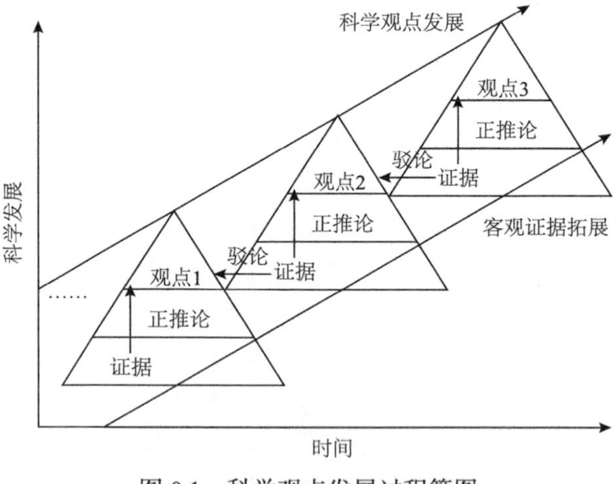

图 0.1　科学观点发展过程简图

第二节　问题解决能力的培养需要科学论证

自 20 世纪 70 年代起，“问题解决”研究就开始显现出认知心理学理论与学校教育教学实践密切结合的重要特点。当今，世界上很多国家和地区都在其学校教育的纲领性文件中指出要培养学生"问题解决"能力。正在进行基础教育课程改革的中国也明确提出要加强对学生科学探究精神和问题解决能力的培养[10]1。科学论证和问题解决都属高阶思维。科学论证的过程在本质上就是一个问题解决的过程。因此，两者之间必然存在很多共通之处。我们认为，基于科学论证的教学是培养学生问题解决能力的有效途径。

一、证据与推理过程可促进三重表征转换

表征是外界信息在头脑内的呈现方式，是问题解决的核心。概念的建立、原理的学习都离不开表征。帮助学生提升三重表征能力是提高学生问题解决能力的重要途径，也是科学教育教学的重要任务。三重表征由约翰斯顿（Johnstone）[11]最先提出。他认为：化学、物理和生物等理科学科中都至少包括三种表征，即宏观表征（macroscopic representation）、微观表征（microscopic representation）和符号表征（symbolic representation），并提出了著名的化学三角形（chemistry triangle）。其中，宏观表征是指表征感知或者可视的化学现象（如氯化钠固体在水中溶解的过程），亦即宏观描述（descriptive 'macro'）；微观表征是指在原子或者分子水平上理解化学现象（如水分子将氯化钠晶格破坏的过程），即作出亚微观解释（submicroscopic interpretation 'micro'），通常使用粒子进行表征，故也称粒子表征（particulate representation）；符号表征是指用化学用语（化学式、化学方程式等）来表征化学物质或者化学过程[如 $NaCl(s) \xrightarrow{H_2O} Na^+(aq) + Cl^-(aq)$]。

学习的最终目标是在学习者的认知世界中建构有意义的符号表征。所谓的"有意义"即指实现了认知世界中三种表征类型的自由转换，完成了一种理想化的多重表征。因此，在教学实践中，需要避免单一表征的反复使用。倘若不断地重复从符号表征到符号表征的练习，对学习者而言只是一种机械的训练，根本不是知识的"有意义"学习，更无法提高思维水平，势必会造成"目标"和"功能"的双重失落。换言之，如果问题解决者无法直接在认知世界中建立三种表征之间的联系，则需要外界的帮助，即通过现实世界提供额外的信息给知觉世界，进而再提供给认知世界[12]。其实，实验、模型、动画、数据、图片及学生的经验（日常生活和已有知识）等都是产生主张、获取证据的重要来源，也是将三种表征联系起来的有效素材和途径。学生进行逻辑推理就是为了证实其所提出的主张，在这个过程中可以促进不同表征之间的意义联系和自由转化。

主张、资料、支援是图尔敏论证模型的基本构成要素（见第二章）。其中，资料和支援可以简单理解为证据和推理的过程。有研究者试图将三重表征模型和图尔敏论证模型中的基本要素进行关联，如图 0.2 所示[13]。我们认为这种关联是积极可行的，且可以较好地解释论证促进三重表征转换的过程。

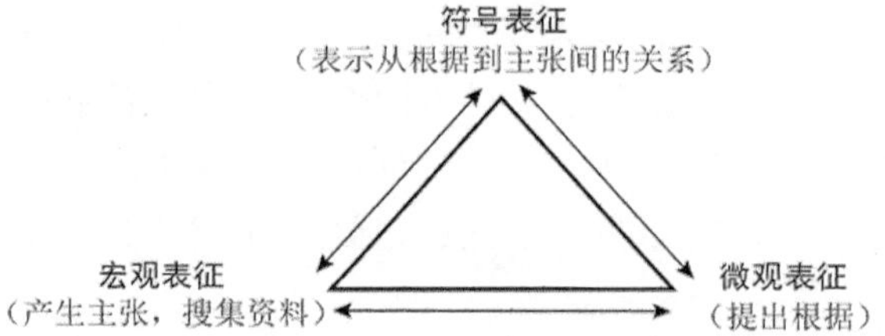

图 0.2　三重表征模型与图尔敏要素的整合

三重表征对于学习化学知识具有重大意义，运用宏观、微观、符号三重表征可帮助学生深层次理解科学本质，解决“现象是什么”“为什么会有这些现象”“用化学符号如何表示这个过程”的系列问题。在问题解决过程中，学习者往往首先根据宏观现象提出自己的主张，并搜集基于宏观现象的相关资料，这是一个宏观表征的过程。然后，需要寻求根据以支持所搜集的资料与主张之间的关系，而所探寻的根据往往是基于微观表征提出的，能够从本质上解释宏观现象，建立资料与主张间的联系。宏观表征、微观表征以及两者之间的连线表示产生主张、搜集资料、提出根据的一个论证过程。用数学上的机理分析法来看，这个过程具有现象和本质之间的关系。在此基础上进一步建构抽象的符号表征，此时的符号表征是有意义的，而非脱离宏观和微观表征后的机械的表征。从论证的角度看，用符号将根据和主张之间关系建立了抽象的形式化表达，使得论证的过程外显且可理解，也为后续论证的开展提供了必要的可视化支持。可以说，论证的过程不仅支持了相对静态和独立的三种表征形式，更重要的是促进了三种表征形式之间的动态的联系与转换，而这对于学生表征水平的发展、心智模型的完善乃至问题解决能力的提升都起到了关键的支持作用。

当然，表征能力的发展与论证水平的提升在很大程度上是互存互惠、互促互进、同生共长的密切关系。高水平的表征能力可以推动高层次论证的进展。通过三重表征可提供多角度、多层次的资料和根据等予以证据支持，可以形成更全面、更准确的逻辑进行论证推理的相关陈述。反之，高水平论证过程也可以促进高层次表征的形成。现实的理科课堂教学中，学生解决问题困难的主要原因在于无法正确表征问题，无法积极主动调用内在认知结构中的微观表征予以联系和解释，这种表征能力不足的外显即思维模糊混乱，主张、资料与根据之间没有意义关联，学生无奈地久久徘徊于混沌无助之中。对此，可以在教学过程中给予适当的可操作化的问题来指导学生学习和思考问题。例如，可以问学生“你看到了什么”“你的观点是什么”（旨在促进学生产生主张和搜集根据，发展宏观表征），“你为什么这么想”“能否从微观的角度来思考这个问题”（旨在促进学生探寻根据，发展微观表征及其与宏观表征之间的转化），“可以用化学的语言来表达吗”（旨在利用符号将论证过程外显化，发展符号表征及其与微观、宏观表征之间的转化）

等。同时，还可以通过让学生撰写研究报告或者公开说明自己的立场观点等方式强化其表征能力，促进论证的逻辑更为严密和完善。可以说，表征能力的培养需要科学论证过程，科学论证能力的提升也离不开表征能力的支持。

二、支援与反驳的使用可提升元认知水平

元认知作为一个概念最早是由美国心理学家弗拉维尔（Flavell）于 20 世纪 70 年代中期在其《认知发展》一书中提出的。弗拉维尔于 1985 年指出："元认知通常被广泛定义为任何以认知过程与结果为对象的知识，或是任何调节认知过程的认知活动。"[14]150 简言之，元认知就是关于认知的认知。元认知是认知主体对自身能力、任务目标、认知策略等方面的认识，又是认知主体对自身认知活动的计划、监控和调节。元认知贯穿于问题解决的整个过程，对问题解决的各个环节进行监控。我们认为，问题解决是一个复杂的认知活动，无论是目标的确定和修改、认知资源的分配与协调、信息的加工与组织、认知策略的采用与转换以及认知结果的检查与反馈等，都需要元认知综合各方面的信息，进行分析、判断，作出决策，发出协调与操作的指令，以使认知活动的操作具有目的性、连续性及策略性[15]65-67。

在科学论证活动中，支援和反驳的出现表示论证水平达到了较高层级，也就意味着个体通过对其认知过程进行主观评估，以期延展思维的长度、拓展思维的空间，实现深层次学习。从证据的类型来看，支援属正向支持的过程，而反驳属反向驳斥的过程，两者是相悖的。一方面，个体在已有主张、资料和根据的基础上试图寻找更多证据以支持主张，追问是否还蕴含更深层次的支援，以期提供更加充分的理由和依据进行更为严密的逻辑推理。这是产生支援的过程，也就是对根据的正向支持，通过对所提出的根据不断地予以解释和说明，个体原有认知图式中的联系得以优化和结构化。换言之，个体在进行认知活动的全过程中，将自己正在进行的认知活动作为意识对象，不断对其进行一系列积极自觉的计划、监视、控制和调节，受到元认知监控的同时也促进元认知的发展。另一方面，当个体遇到认知冲突，发现其内在心理或外在环境中的矛盾或困难，即觉察到现有的认知状态与预想的目标状态之间依然存在差距（这种冲突或者差距可能是明显的，也可能是隐藏的）时，就外显为提出反驳的过程。反驳是使资料或论据无法支持主张的反向陈述。当他人观点与自己的主张不符时，就需要通过反驳来摒弃错误主张，修正原有观点；或者当已有证据无法支持所持有的主张时，就需要放弃原有资料，寻找更为合适的证据。这个过程，也就是个体依据元认知监测的信息打破原有定势进行转换，对认知活动进行调整的过程，包括纠正错误、调整思路、选择策略等。经过这个过程，个体的认知结构得到完善。反驳的出现就是个体对于监控认知行为的一种自我意识，形成了分析和质疑的自觉性，减少了思维固化

的风险，增加了思维调节的灵活性。这同时也是元认知监控的表现。元认知监测到错误或困难时，元认知控制就需要调整步骤或策略，也就是根据元认知监测结果灵活调节并打破定势。当然，个体是否根据元认知监测结果提出反驳，可否进行元认知控制与其认知灵活性有关[16]。

问题解决能力是人类探索未知领域的一种重要能力。1910 年，杜威（Dewey）曾说，一切思维起源于问题。如果没有遇到问题，思维便会静如止水，没有探寻来龙去脉的愿望，无从深刻体会，也构不成认知之网；只有在问题环生的情况下，在已知状态和目标状态之间产生距离和矛盾的时刻，思维才会波涛起伏而错综复杂，才会在质疑中殚精竭虑，才可能有解决认知冲突和产生认知重构——提出反驳的可能。若想实现思维的超越，需要冲破狭小空间的束缚，才可实现思维的进步与提高。而思维进步的必要条件之一就是使思维者从知觉以及习惯的束缚中解放出来[17]228-229。这个过程不仅需要高阶认知，更需要元认知的积极参与和调控。可以说，元认知在创造性思维自组织演化过程中起着主导作用，促进科学论证中的支援和反驳的诞生，同时也在支援和反驳的理性思考中实现元认知的发展和思维品质的提升。

此外，科学论证过程，尤其是口头论证过程，属于社会性活动的范畴，是论证者在辩论的社会性情境中，通过高速的思维活动和精准的语言阐述自己的主张，再通过群体范围内皆认可的方式来解决问题的过程[18]。研究者强调了科学论证的社会性功能，即人与人之间通过辩论、争论等形式对相互对立的主张进行辩驳，不仅使科学知识的学习在社会性情境中展开，巩固个人的主张及高层次的认知，也使得科学认知显性化。学生正是在这样一个公开化、显性化的环境中进行个体内与个体间的论证活动，基于证据支持自己的主张，也可以质疑、反驳与自己的理解相悖的观点，或者在论证的过程中不断反思、修正自己的观点，从而促进问题的解决和元认知水平的发展。

参 考 文 献

[1]Kuhn D. Thinking as argument [J]. Harvard Educational Review, 1992, 62(2): 155-179.

[2]邓阳. 科学论证及其能力评价研究[D]. 武汉：华中师范大学博士学位论文, 2015.

[3]魏锐. 自然科学发展史对科学教育的启示[J]. 科学教育, 2005,(1): 1-4.

[4]怀特海. 科学与近代世界[M]. 北京：商务印书馆, 1959.

[5]任红艳. 科学教育中论证教学的缺失与回归[J]. 教育研究与实验, 2018,(4): 57-61.

[6]邓阳，王后雄. 科学教育中融入科学论证的必要性分析——基于科学本体、科学学习和国际比较视角[J]. 外国中小学教育, 2014,(3): 54, 60-65.

[7]Lederman N G. Students' and teachers' conceptions of the nature of science: a review of the research [J]. Journal of Research in Science Teaching, 1992,(4) : 331-359.

[8]曾令华, 尹馨宇. “范式”的意义——库恩《科学革命的结构》文本研究[J]. 武汉理工大学学报(社会科学版), 2019, 32(6): 72-77.

[9]任宁生, 邓小丽. 科学论证视野下的科学教育教学设计模型建构[J]. 化学教学, 2016, (4): 14-18.

[10]任红艳. 化学问题解决及其教学的研究[D]. 南京: 南京师范大学博士学位论文, 2005.

[11]Johnstone A H. Why is science difficult to learn? Things are seldom what they seem[J]. Journal of Computer Assisted Learning, 1991, (7): 75-83.

[12]任红艳, 李广洲. 理科问题解决中的多重表征模型及其教学价值[J]. 教育学报, 2009, (2): 34-39.

[13]Lee Y H, Talib C A. Scientific argumentation in chemistry education: implications and suggestions[J]. Asian Social Science, 2018, 14(11): 16-29.

[14]刘电芝. 学习策略研究[M]. 北京: 人民教育出版社, 2001.

[15]李广洲, 任红艳. 化学问题解决研究[M]. 济南: 山东教育出版社, 2004.

[16]慕德芳, 陈英和. 元认知监控的机制: 认知灵活性的调节作用[J]. 心理发展与教育, 2013, (2): 113-120.

[17]约翰・杜威. 我们如何思维[M]. 姜文闵, 译. 北京: 人民教育出版社, 2004.

[18]Mila M G, Gilabert S, Erduran S, et al. The effect of argumentative task goal on the quality of argumentative discourse[J]. Science Education, 2013, 97(4): 497-523.

第一章　研 究 背 景

随着科学技术的迅猛发展和社会生活的重大变化，科学教育在一次次的变革中不断前行，在不同的时代有着不同的内涵和取向。英国著名历史学家卡尔（Carr）曾指出：历史是今天的社会跟昨天的社会之间的对话……只有借助于现在，我们才能理解过去；也只有借助于过去，我们才能充分理解现在。使人理解过去的社会，使人增加掌握现在社会的能力，这就是历史的双重作用[1]57。纵观历史，通过科学教育发展的历程来审视当前的科学教育，可以更加坚定科学教育肩负的使命，那就是培养和造就真正具有“高阶思维”的合格公民，提高全民科学素质。放眼世界，以论证教学促进学生高阶思维，已经成为世界科学教育改革的焦点并达成共识。

第一节　科学教育改革的时代走向

梵语中“科学”一词指特殊的智慧。亚里士多德（Aristotle）最早提出他对科学的理解，他认为科学研究是一种从观察上升到一般原理，然后再返回到观察的活动。17 世纪中叶，science 被翻译为“格致”，即指分科之学，意为专门的知识和专门的学问。现在，人们所说的科学特指分化出来的自然科学，即关于自然的知识体系，是人们对自然界各种事物的本质和规律的理论化、系统化的认识[2]83。在自然科学发展的历程中，科学与教育相互结合并产生了两个重要的方向：科学的教育化和教育的科学化。科学教育就是在自然科学的教育化过程中逐渐形成的一个分支，其更为全面的表述是自然科学教育、科学学科教育或自然科学学科教育。就如同人类对于自然科学本身的漫长认识历程一样，人们对科学教育的认识也经历了一个不断发展的过程。探析国际科学教育的嬗变与发展路径，分析国际科学教育的改革趋势，可以帮助我们深刻理解科学教育的本质与内涵，更加坚定地铲除科学教育改革进路中的“荆棘”，并更加明晰科学教育的价值与取向。

一、科学教育改革的历史嬗变

早在 1620 年，英国哲学家、科学教育之父培根（Bacon）就宣告“为人类服务的理想是科学事业的最终目标”，科学教育的内容应当是“为人的幸福提供最有价值的知识”[3]。但是，当时欧洲的各级学校仍以古典教育为主，科学教育的地位比较低下。培根的这一卓越见解在经过斯宾塞（Spencer）和赫胥黎（Huxley）等科学教育的先驱们大力倡导后，才逐渐被人们接受，科学教育才以制度化形式确立学科地位。

（一）19 世纪中叶：知识主义的科学教育

19 世纪中叶，西欧和北美各先进的资本主义国家都先后完成了以使用蒸汽机为标志的第一次工业革命，社会生产力得到了迅速发展。机器大工业的发展不仅要求大力利用自然科学，而且也为探索自然规律提供了大量精密的实验仪器，促进了近代自然科学在 19 世纪的全面繁荣[4]。斯宾塞（1820—1903）生活在自由资本主义上升并逐步向垄断资本主义过渡的时期。他敏锐地看到“生产过程既然那么快地科学化，……科学知识就应当同样快地成为人所必需的”[5]20。斯宾塞以其身为教育家、哲学家和社会学大师的睿智，用敏锐的眼光发现了当时的英国教育与社会发展严重脱节的状况，提出科学教育的发展与普及势在必行。他猛烈地抨击古典主义教育，极力推崇自然科学的价值，提出了一个最富有挑战性的问题“什么知识最有价值？”，由此掀起了科学教育与古典教育长达半个世纪的争论。他从进化论的观点出发，通过比较各种知识的价值，摈弃世人的偏见，实事求是地指出了近代科学对于社会进步和个人生活的价值和意义。他系统地阐述了其科学教育思想，突出了科学知识的价值，认为科学是“为人的完满生活而准备的”，给科学教育奠定了应有的课程地位。同时期，英国科学家赫胥黎带头掀起了一场声势浩大的科学教育改革运动，他同样批判传统的古典教育，深刻论证了科学教育的地位和作用，提倡用实践的方式学习科学；他还能辩证地看待科学教育和人文教育，他认为：“所有真正的科学都是从经验开始的，但是，所有的科学恰恰都力求超越这个经验阶段，进入从经验中演绎出更普遍的真理的阶段。……科学教育的最大特点，就是使心智直接与事实联系，并且以最完善的归纳方法来训练心智；也就是说，从对自然界的直接观察而获知的一些个别事实中得出结论”[6]87,226。因此，他极力反对仅仅通过“啃书本”背诵的方式学习科学，而是主张“在课堂上尽可能地利用实物，使教学活动真实”的自然科学教学方法。同时，赫胥黎认为科学只是文化的一部分，“除自然科学外，还有其他的文化形式。……单纯的科学教育确实与单纯的文学教育一样，将会造成理智的扭曲”[6]85,106。

古典教育的削弱与科学教育的兴盛经历了持久的拉锯战，直到 19 世纪后期才以科学教育的最终胜利而告终。由于斯宾塞等的影响，自然科学在学校课程中渐渐占有重要地位，化学、物理等成为学校教育中最普遍的课程，教育理论界也开始承认科学教育对所有发展阶段的儿童来说都是重要的，科学课程的教学也开始采用他们所提倡的新教学方法[4]。当然，这些学者所提倡的科学方法教育旨在掌握系统的书本知识，具有明显的知识主义倾向，他们忽略或者说还尚未意识到自然科学对于发展学生智力与能力所产生的巨大作用。但是，正是他们的不懈努力与抗争，才使得初等义务教育在西方工业化国家逐渐得以普及，科学在中小学课程中的地位得到巩固，才拉开了制度化的科学教育的序幕，并不断掀起科学教育改革运动的高潮。可以说，和自然科学的发展历程一样，科学教育也有着久远的过去。但是，制度化的科学教育和作为专门研究领域的科学教育却仅有短暂百余年的历史。在之后的一百多年历程里，科学教育由最初的实物教学形态演变成为自然学习形态，继而走向真正的科学教育形态，科学教育的目标在这期间也不断深化。

（二）20世纪初期：经验主义的科学教育

20世纪前后，以电动机在工业上的广泛使用为标志的第二次工业革命发生，促进了工业电气化和农业机械化，推动了社会生产力和科学技术的进一步发展。工业技术迅猛发展，资本主义也从自由阶段转向垄断阶段。“民主社会”内部阶级分化改组，社会矛盾加剧。经济发展需要具备一定文化科学技术知识的劳动者以及大量的中高级科技人才，基础教育阶段的科学教育受到更多关注和需求。同时，世界的政治、经济、文化和教育也发生着巨大的转型和变迁。整个学术的重心从欧洲逐渐转移到美国，在美国形成的新的学术中心开始对很多国家的教育教学及其研究等产生了巨大的影响。著名的实用主义哲学家、教育家杜威以改良社会为己任，提出一套旨在使个人因素与社会因素协调平衡的哲学，并希望通过教育使之得以实现，提出了“教育即生活，学校即社会”的口号，宣称要“以学生为中心”，提倡“做中学”的教学方法，成为美国乃至世界现代教育思想和教育实践的最重要的领航者。

杜威认为，真正的教育应该是从经验中产生的，而教育过程的实质是对经验的不断改组和改造。当然，杜威所关注的是直接经验。因此，他强调“做中学”，即没有个人亲自尝试去获得经验，就不是真正意义上的学习。他认为，科学教育过于强调知识的积累，而对自然科学作为一种思维方式、认知态度和经验获得却没有给予足够的重视。他于1910年在《科学》（*Science*）上撰文，提出自然科学不仅是需要学习的知识，而且也是一种学习的过程或方法。杜威特别重视思维及科学实验方法在教学过程中的运用。他根据自己的经验论和思维术，推导出一个重要的教学结论：将学生的学习过程视为科学研究的过程。他还根据科学研究过程制定出一套教学过程的秩序：提出怀疑—构成假设—指导实验—证明或驳斥假设—自己去发现知识。杜威批评说，传统教学失败的根本原因在于不能在教学过程中给学生以“引起思维”的情境，不让学生从事主动的活动，而只让学生被动地死读书本知识[4]。因此，杜威提出了“探究认识论”（epistemology of inquiry）。他认为，知识的对象“是有指导的实验操作所产生的后果而不是充足存在于认知以前的东西”，知识总是在特定的情境中尝试性获得的，“可感觉的因素和理性的因素不再争夺等级的高低。它们相互联系、相互协作，使知识成为可能”[7]110。他强调探究是儿童对“情境”的探究，情境是儿童“探究中”的情境，知识是不断被诊断的儿童活动的假设，三者统一于“做中学”。他还强调认知（knowing）而并非知识（knowledge），因为知识是过去“给定的”（given）且受到主体全面影响的一种副产品，认知则是实验性的（experiment）且与未来联结着的、经历着变化的、有意识的持续经验，才是一种引导和控制环境的能力。他还首次提出科学探究教学的目标是发展推理能力、形成思维习惯、学习科学内容和理解科学过程，并认为科学方法由归纳、演绎、数学逻辑和实证等环节组成。这些观点直接影响了科学教育之后的走向。受到杜威理论的影响，全美教育协会（National Education Association，NEA）在1920年发布的文件报告中强调科学教育应引导学生解决真实世界中的问题，而不是专注于书本或常规实验室训练，“学生应该在真正的实践中学习使用科学方法”。这个阶段的科学教育开始重视探究，但对探究的理解尚限于用既定的科学方法解决实践问题。由于忽视了基础知识的系统性，学生学习效果难以得到足够的保障，这也引发了后续的教育改革[8]。

被誉为当代教育评价之父、现代课程理论之父的泰勒（Tyler）更是掀起了一场新的社会运动——“社会效率运动”（social efficiency movement），他宣扬“效率即科学”，认为教学内容应当服务于学生自身需要。他提出，开发任何课程与教学计划都无法回避这四个问题：学校应该达到哪些教育目标，提供哪些教育经验才能实现这些目标，怎样才能有效组织这些教育经验，怎样才能确定这些目标正在得以实现。泰勒认为，学习经验并不等同于一门课程所涉及的内容，也不等同于教师所从事的活动，而是指学生与环境外部条件间的相互作用。学生是一个主动的参与者，学习是通过学生的主动行为而发生的。学生的学习取决于他（或她）自己做了些什么，而不是教师做了些什么。泰勒对组织学习经验提出了三个主要准则：连续性（continuity）、顺序性（sequence）和整合性（integration）。连续性是指直线式地陈述主要的课程要素；顺序性是强调每一后继经验要以前面的经验为基础，同时又对有关内容加以深入广泛地展开；整合性是指各种学习经验之间的横向关系，以便有助于学生获得一种统一的观点，并把自己的行为与所学的课程内容统一起来。泰勒认为，教育往往是以一种滴水穿石的方式产生作用的，因为个人行为的重大变化不是在一夜之间发生的，通过这种科学的方式呈现于组织，可以使学习经验产生累积效应，并起到相互强化的作用[9]。

（三）20世纪中期：结构主义的科学教育

1946年，世界上第一台全电子数字计算机在美国宾夕法尼亚大学设计问世。以电子计算机在现代生产中的应用为标志的第三次工业革命的发生，引起了生产和社会生活的革命性变化。这就要求人们成为建立在现代科学技术基础上的现代生产的参加者和现代科学技术的研究者。为此，在20世纪中叶，各发达国家先后通过了教育改革法案，进一步延长义务教育年限，并注重提高中等教育质量。1957年10月4日，苏联在拜科努尔航天发射场用一枚洲际导弹改装的运载火箭发射了人类第一颗人造地球卫星——人造地球卫星1号（Sputnik 1）[10]。这极大地动摇了美国在科技领域的霸权地位，引起举国上下震惊。国家强大与否取决于科技水平，而科技水平高低取决于教育质量。由此，在全美“广泛地重新出现对教育质量和智育目标的关切”，特别忧虑的是“不能造就足够多的科学家和工程师”，深深感受到数学、自然科学等学科的学习重要性。为了培养大批科学技术人才与苏联争霸，美国便致力于中小学课程改革，进行了一场席卷全球的科学课程的改革运动。

1959年，美国国家科学院在伍兹霍尔（Woods Hole）召开会议，讨论如何改革中小学的课程问题。美国心理学家和教育家布鲁纳（Bruner）担任大会主席，被誉为“最重要的和最有影响的教育著作之一”——《教育过程》（*Educational Process*），便是他对大会讨论所作的总结报告，截至1979年已被译成23种文字[11]。他的思想不仅直接指导着美国中小学数理等学科的教材编写，而且也影响到其他许多国家的科学课程革新。

在《教育过程》一书中，布鲁纳提出了一个最为著名也引起最多争议的论点——三个任何：任何学科都能够用在智育上是诚实的方式，有效地教给任何发展阶段的任何儿童。他本人甚至也承认这是一个大胆的假设。在1977年重版《教育过程》的新序中，他强调“三个任何”主要包含两层含义：教学要适合儿童的智力发展特点，学科基础的教学要尽可能早地进行[12]。第一层含义是基于皮亚杰对儿童智力发展年龄阶段的划分，他提出儿童认知发展中存在三种不同水平的再现表象（认知结构）：动作式的再现表象，肖像式的再现表象，符号式的再现表象。他认为每一个儿童都有自己观察世界和解释世界的独特方式。教学的重要任务就是要想方设法把学习材料转译成儿童的逻辑形式。第二层含义是基于其结构主义知识观、螺旋式课程理论和创造“学习准备”的思想提出的。在科学教育的内容上，布鲁纳强调要使学生掌握学科的基本结构。他明确指出：“不论我们选教什么学科，务必使学生理解该学科的基本结构。”他认为，掌握一门学科的结构，“就是以允许许多别的东西与它有意义地联系起来的方式去理解它。简单地说，学习结构就是学习事物是怎样关联的”。因此，所谓学科的基本结构，就是指一门学科的基本概念、基本原理以及它们之间的关联性。

布鲁纳的科学教育理论内容广泛，与学习科学知识的基本结构——结构主义思想同时具有广泛影响的就是他极力提倡的发现法，这也是布鲁纳科学教学论思想的重要成果。布鲁纳认为，教育的任务是双重的，一方面，“教育过程把组成一个民族文化的知识、风采和价值所积累的一些部分传授给个人”；另一方面，“教育也必须谋求智力作用的发展”。在某种意义上，后者甚至更为重要。在这个“知识的黄金时代”，人们不可能习得所有学科知识，也不可能预见学生未来生活的世界。只有“广博的心智能力和克服困难的能力才是我们能够给予学生的仅有的工具”。教学不仅要让学生学习，而且要让学生学会如何学习。因此，“在可能的范围以内，教学的方法应当以引导学生自己去发现为目标”[13]。所谓发现学习，就是不把学习的内容直接呈现给学生，而是由学生通过一系列发现行为（如转换、组合、领悟等）而获得学习内容的过程[4]。发现学习的过程就是个人思维探究的过程。

从中也可以看出，布鲁纳的科学方法教育具有鲜明的时代特征和较强的科学性，其所领导的课程改革主要是为了实现课程的现代化，提高科学教育的质量；其所提倡的发现法与掌握学科结构相适应。这与杜威所提倡的“做中学”的科学方法教育是有所不同的，杜威仅强调学习者的经验而几乎与系统科学知识的掌握无关。从价值取向来看，这场革新运动追求的是精英主义教育，目标仅局限于培养科学家和工程师，课程内容高、精、深，使得科学教育始终未能真正得到普及[14]。但在这场课程改革中开发了不少新的中小学课程方案，如“小学科学研究”课程、“过程取向的科学”课程等，将“探究”和“过程性”学习引入到实际教学中，力争改变单纯传授自然科学知识等的科学主义倾向，至今对世界各国的科学教育改革具有重大启示。可以说，布鲁纳的科学教育观在前人基础上又往前迈进了一大步。当然，布鲁纳的发现学习不能成为科学学习的主要方式。科学中有很多定理、命题、原理必须通过教师的讲授和解释才能让学生理解和接受，单纯靠学生自己去发现，有可能不仅浪费时间而且还无法真正理解。另一方面，由于他过分强调高水平，一味向教材中充实现代科学的最新成果，而没有充分考虑学生的实际状况和教师水平，结果教材偏难，学生不易掌握，反而对基础知识的教学和基本技能的训练有所忽视。因此，在布鲁纳指导下的科学教育改革并未取得预期效果，以致后来出现了“恢复基础运动”（back to basics）[4]。

为弥补发现教学理论的不足，一系列新的教学理论也随之出现，分别是以施瓦布（Schwab）为代表的探究教学理论、以奥苏贝尔（Ausubel）为代表的有意义接受学习理论、以布卢姆（Bloom）为代表的掌握学习理论等。探究教学的宗旨是：既注重学生通过探究过程获得知识，也注重形成学生探究未知世界的科学态度与能力。探究教学不仅是对已经成为科学结论的知识的再验证，而且也包括对新问题的创造性探索。“探究教学理论侧重于阐明关于学科基本结构的教学方法，这弥补了侧重教学内容的发现教学理论的不足。”有意义学习理论在发现教学理论的基础上，进一步指出：发现学习存在着两种形式：有意义学习和机械学习。“在有意义学习中，新的学习总是建立在原先学习的基础上，人们总是利用原先的学习来促进后续的学习，而后续学习又可以巩固和加深原先学习。”而机械学习则相反。奥苏贝尔以谨慎的态度对待发现教学，对发现学习有更为深刻的认识。针对发现教学理论严重的唯智力倾向，布卢姆提出掌握学习理论。他认为许多学生没有取得良好的学业成绩，其原因不在智力方面而在于未能得到适合于其自身不同特点所需要的教学帮助和学习时间。他运用教学目标分类学和教育评价理论的知识，测定和改进导致学生学习产生个别差异的教学变量，使每个学生都能获得发展。掌握学习理论对长期以来的精英教育具有纠偏和补救的作用，故使其备受青睐。

（四）20 世纪后期：人本主义的科学教育

20 世纪 70 年代到 80 年代以来，人们开始指责现行的学校课程压抑人性，同时布鲁纳结构主义课程改革的失败也引起了美国朝野的不满。“人本主义以反理智重情感、反灌输重创造、反强制重自我的新姿态出现，立刻博得普遍的赞同，并被视为解决美国教育危机的‘灵丹妙药’。”因此，以罗杰斯（Rogers）为代表的人本主义课程改革开始兴起，并出现当今世界影响最大的两种教育思潮——科学主义教育和人文主义教育的矛盾与对峙。罗杰斯大力批判“科学主义”和“唯理智主义”的教育思想，他认为“科学主义”和“唯理智主义”是以牺牲人的心灵为代价，急功近利地开发人的智能，主张以“完美人格”和“自我实现”为教育价值取向。教育的对象不是无生命的物质世界，而是有无限发展潜力的人。教育的世界是体验的世界、意义的世界、生活的世界；教育研究的任务就是要揭示这种意义，通过体验、表达、理解这种“释义学的循环”把生命推向更丰富、更深刻的发展阶段[15]。

罗杰斯在《学习的自由》（*Freedom to Learn*）一书中，对美国现行教育制度进行全面批判的基础上提出了一种比较激进的、用于促成个体“自我实现”的教学策略，即以学生为中心的非指导性教学（nondirective education）。他认为，教学活动的开展都应当围绕“以学习者为中心”这个焦点展开，促进学生自主学习和自我实现。教学的最终目的在于培养全面发展的人（fully functioning person）。罗杰斯认为，教育绝不是仅仅为学生提供一些事实性的知识，学生无选择地接受和参加考试。他提出教育的目标应该是培养学生成为适应社会变化，知道如何学习的“自由”人。在罗杰斯看来，“自由”不是通常意义上“从外部可供选择的事物中做出自己的抉择”，而是指“能使人敢于涉猎未知的、不确定的领域，自已做出抉择的勇气”。让学生自由学习的实质就是让学生自主学习，他强调学生的主体作用，教师不能采用原有的权威式教学。否则，学生无法真正获得真理与智慧，因为真正的智慧与真理蕴藏于未被发现的知识背后，教师应当同学生一起探索，这才是最理想的教学活动[16]。

罗杰斯所提出的“非指导性教学”原则，具体表现在：①启发诱导，让学生自发学习，避免灌输式的直接讲授；②因材施教，根据学生原有的特点有所侧重地学习；③积极疏导，避免压制，尽量做到潜移默化；④情境感知，营造良好的学习氛围；⑤强化学生的自我评价和自我管理意识。罗杰斯的人本主义学习观提倡“有意义学习”和“自由学习”。罗杰斯认为，采用“有意义学习”的方式，能够促进个体经验的累积和知识的增长，并且能使个体的行为、态度、个性以及在未来选择上发生重大变化。他认为“有意义学习”的特征包括全神贯注、自动自发、全面发展和自我评估。罗杰斯提倡“自由学习”的学习原则。他认为，教师应当充分信任学生的潜能，让学生自由自在地学习，从而找到最佳的学习方法，并形成自己的学习风格。罗杰斯特别强调学习氛围和自我评价，列举了 10 种有助于“自由学习”的方法：构建真实情境；提供学习资源；使用学生合约；利用社区资源；同伴间教学；自我分组学习；探索性训练；合理的程序教学；构建友谊小组；自我评价[17]。

在其指导下的课程改革中，美国中小学课程发生了一系列的变化：必修课比例下降，选修课比例上升；学术性课程减少，实用性课程和职业性课程增加。这次课程改革，降低了课程的学术标准和质量要求，加强了中小学课程与社会生活的联系，满足了学生的多样性需求，减少了学生学习上的压力和挫折感[15]。从美国历次实行的教育改革来看，每一次科学课程改革都离不开学者们敏锐睿智的目光，他们都能及时地发现国家当下对教育的需求并以此作为各种教学理论成长的基石，将课程改革、教学方法改革和教育评价改革作为提高美国国民教育素质和基础教育质量的关键，以此构建适合当时的科学教育理论。纵观美国的基础教育改革可以发现，从结构主义到人本主义，也就是“严格学业标准，提高教育质量”的目标和“追求个人完善发展，适应现实生活需要”的目标之间的震荡与摆动。

二、科学教育改革的发展趋势

作为自然科学发展基石的科学教育已经延续逾百年，百年间教育范式的变革让科学教育不断焕发新的生机，并日益成为全球化时代背景下各国提升综合国力的战略共识。进入 21 世纪以来，面临科学知识的爆炸性增长与知识经济社会形态的双重冲击，国际科学教育界关注的焦点更加明确：由扩大教育数量向提高教育质量转变。“科学教育的目标是什么？”“应当以何种理念来指导教学？”“应该向学生传授什么样的科学知识以帮助其适应快速发展的社会？”“如何有效地开展高质量的理科教学”等，都是科学教育专家思考的一些根本性问题。化学作为一门中心学科，其在科学教育中的地位不言而喻。美国亚利桑那大学塔兰克（Talanquer）教授曾提出化学教育研究的 10 个视角：大观念、基本问题、核心概念、概念维度、知识类型、空间尺度、推理模式、情境问题、哲学考量、历史观点[18]。他还提出了当前化学教育研究者普遍争论的 10 个教育问题：抽象和具体、微观和符号、错误概念和科学概念、算法和概念、记忆和理解、广度和深度、严谨和相关、讲课和实验、验证和探究、教师中心和学生中心[19]。这些视角和问题的提出不仅促进并丰富了化学教育者对化学学科的思考和理解，为化学课程内容分析和课程开发的多样化拓展了渠道，也为科学教育工作者辩证地分析和思考问题提供了可借鉴的思路。纵观国际科学课程改革，科学教育改革的趋势主要可体现为三个方向：聚焦核心观念形成、注重批判性思维养育和增进科学本质理解。

（一）聚焦核心观念形成

核心观念，是指有组织、有结构的科学知识和模型，是在具体科学概念的基础上形成的对科学事实和科学探究更为宏观而概括性的认识和观念。在英文文献中有很多意义相近的描述词汇，例如：key concept（关键概念）、core concept（核心概念）、major concept（主要概念）、fundamental idea（基本观念）、fundamental concept（基本概念）、unifying concept（统一概念）、aggregating concept（聚合概念）、representative idea（代表性观念）、major generalization（主要概括）、principle generalization（一般原则）、enduring understanding（持久理解力）等。这些术语的共同特点是其内涵都是指向具体概念背后核心的内容。平常人们所说的核心观念常特指英文中的 big idea，国内很多学者由此将其译成大观念或大概念。德国思想家康德（Kant）曾经提到“人类所有的认识都是以观察为起点，然后成了概念，最后以观念作为终站”，他认为“观念”是来自概念的概念，即理性的概念，是客观事物在人脑中的反映[20]137。由于“big idea”并非特指理科学科课程的某一具体知识性概念或名词，而是集中反映学科本质甚至上升至哲学层面的观念，居于学科核心地位，且具有相对稳定性、共识性和统领性等特征，因此我们更倾向于将其译为“大观念”。

可以认为，大观念思想深受布鲁纳结构主义教育思想的影响，不过不同学者对大观念内涵仍有着不同的理解和界定，一些代表性观点见表 1.1[21]。真正引起科学教育界对大观念思想高度重视并达成共识的，还是源于一次小型的国际科学教育研讨会。2009 年 10 月，来自墨西哥、智利、中国、加拿大、美国、法国、英国的 10 位专家聚集在苏格兰的罗蒙湖畔，召开了一次有关探究式科学教育的国际研讨会。会议在总结各国科学教育研究和实践的基础上，探讨了在知识爆炸性增长、科学技术快速发展的形势下，基础教育阶段的科学教育应该如何进行，特别是如何选择学习内容等问题。这次具有广泛代表性的高水平会议的成果，由英国科学教育专家哈伦（Harlen）女士执笔，与会专家参与讨论和修改——《科学教育的原则和大观念》。该书明确提出了科学教育的 10 项原则和基础教育阶段应该学习的 14 个科学大观念。其中 14 个科学大观念包括 10 个有关科学内容的大概念和 4 个关于科学本身的大观念。在之后的 5 年中，科学教育研究和实践方面又有了新的进展。2014 年 9 月，由哈伦女士召集的同一组专家重新聚集在会议原址研讨再版该书，出版了《以大概念的理念进行科学教育》。再版并未对原版做原则性改动，但是总结了近五年来科技新进展对科学教育提出的新要求、科学教育研究取得的新成果以及成功的实践经验。该书在实证性科学研究的支持下，进一步明确了科学教育改革的方向，涉及了科学教育的内容、学习方法、学生评价、对教学过程的评估以及教师教育与培训的改进等诸多方面的内容[22]。这两本书的出版在国际科学教育界受到了广泛的重视和欢迎，受到联合国教育、科学及文化组织的强烈推荐，已有多个文字版本正式出版。书中所论及的科学教育原则和大观念，也得到了不同国家或地区的科学教育研究者和标准制定者的认同。

表 1.1　关于大观念（big idea）的一些代表性理解

作者	定义
查尔斯（Charles, 2005）	大观念（big idea）是对观念的陈述，这个观念是学习数学的核心，且能把各种数学理解联结为一个连贯的整体。“大观念”之所以重要是因为它们能让我们把一个学科看成是“一系列连贯的观念”，能调动积极性，促进深层次的理解，提高迁移、记忆能力以及减少记忆性的知识等。
克拉克（Clark，1997）	概念（concept）是能帮助我们弄清楚，或者联结各种小观念的“大观念”（big idea）。概念如同认知文件夹，它们提供一个框架或结构，其中我们可以归档无限数量的信息。这些概念文件夹的其中一个独特特征是它们具有交叉引用的功能。
格兰特，格雷迪（Grant, Gradwell，2009）	大观念（big idea）是一个问题或概括（generalization），用来帮助教师决定教什么，通过把教学内容聚焦于复杂问题上来决定如何教，学生对问题的解决是开放的，可以从多角度进行多方面的诠释。
威金斯（Wiggins, 2010）	大观念（big idea）帮助我们弄清许多令人困惑的经验和看上去孤立的事实。它像一幅由点联结而成的画，或者是复杂领域的一个简单的经验法则。强调统一概念（unifying concept）的一般特征；是一个简洁的陈述、原则或概括；促进深度理解；可以在跨学科中使用。
奥尔森（Olson，2008）	大观念（big idea）被称为“能带回家的信息”（take home message），它是具体的经验和事实都已忘记之后还能长久保持的中心概念（central concept）。
埃里克森（Erickson, 2000）	抽象概括（abstract generalization）是持久理解力（enduring understanding），即“大观念”（big idea）。它们是在事实基础上产生的深层次的、可迁移的观念；是对概念之间关系的表述，与概念具有类似的特征：概括性、抽象性、永恒性（抽象概括的真理性必须不断被验证）、普遍性。事例随不同的情境变化，但都支持抽象概括的真理性。
威金斯，麦克泰（Wiggins, McTighe，2005）	大观念（big idea）是重要的、持久的。大观念是理解的基础，可以被想成有意义的模式，这些模式使我们将若不联结就会分散的点状知识联结起来。这样的概念超越了个别的知识和技能，以聚焦于更大的概念、原理或过程中，这些概念可以应用到学科之内或以外的新情境。

在我国，教育部正式发布的普通高中物理、化学、生物等学科课程标准（2017年版）修订的内容和变化之一是“进一步精选了学科内容，重视以学科核心观念为核心，使课程内容结构化，以主题为引领，使课程内容情境化，促进学科核心素养的落实”[23]4。新课程标准首次使用大观念统整各学科课程内容，引领课程与教学改革，明确强调以学科核心观念为核心促进学科核心素养的落实。例如，《普通高中化学课程标准（2017年版）》“以发展化学学科核心素养为主旨”，“重视以学科核心观念为核心促进学科核心素养的落实”，强调“教师在组织教学内容时应高度重视化学知识的结构化设计，充分认识知识结构化对于学生化学学科核心素养发展的重要性，尤其是应有目的、有计划地进行认识思路和核心观念的结构化设计，逐步提升学生的化学知识结构化水平，发展化学学科核心素养”[23]2,71。对于义务教育阶段的化学教育，《义务教育化学课程标准（2011年版）》强调“要引导学生认识物质世界的变化规律，形成化学的基本观念”，并指出教师要“整体规划和科学设计单元和课时教学目标”[23]1,33。科学大观念已开始悄然影响着我国科学教育的进程，并在学科核心素养的落实中体现出重要的价值。

2013年4月，美国发布的《美国新一代科学教育标准》（Next Generation Science Standards，NGSS），提出了围绕“大观念”的学科知识结构“金字塔”（图1.1）[24]。其最底层是学科基本知识、技能等事实性知识及统摄性较低的分解概念，即小观念；第二层是基于学科内知识整合的核心观念与方法，即核心观念或基本概念；第三层是基于跨学科内容整合的观念或主题，即跨学科观念或共通概念；最顶层是统摄其他所有知识的“元认知”，即哲学观念。相较于事实性知识、学科分解概念等小观念，学科核心观念或基本概念、跨学科观念或共通概念和哲学观念等都属于大观念范畴。

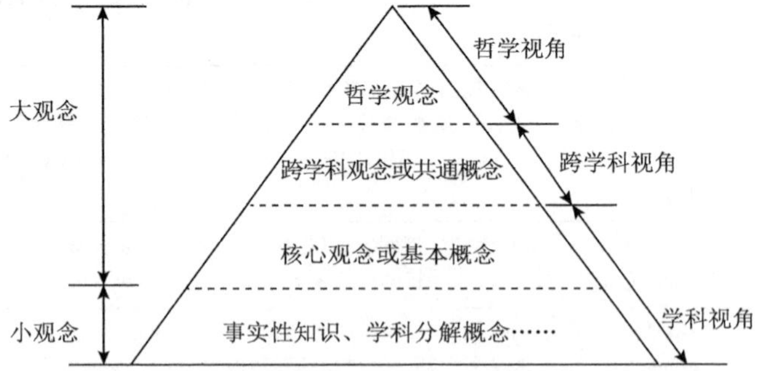

图1.1　围绕“大观念”的学科知识结构“金字塔”

大观念是一个具有复杂内涵的教育理念。科学家庞加莱曾经说过：科学是基于事实之上的，就好像房子是用砖石来砌成的一样。但是，一些事实的堆积并不是科学，就像堆在一起的一堆砖石并不是房子一样。科学大观念已经成为科学教育改革的重要理念，相较于科学主题，其更加具体，相较于科学事实，其更加统整，科学大观念是基于科学事实基础的，但同时又超越科学事实，将科学方法、科学思想以及科学观念抽象概括并用语言表达出来的观念性认识[25]。换言之，科学大观念的提出进一步明确了科学教育不再仅聚焦于细枝末节内容的记忆上，也不只停留于科学方法的推敲打磨上，而是关注学生认识世界的思维方式，是研究科学世界的组织工具，承担着引发学生思考、重塑其科学素养的功能，并将培养学生的科学观念作为最终使命。目前，关于科学大观念的研究已经从宏观层面的认知框架，走向了中观层面的课程线索，并尝试于微观层面的教学设计。有学者提出大观念的理解与运用体现了核心素养的本质要求，促进学习迁移的大观念有助于落实核心素养，隐含主要问题的大观念架构起了指向核心素养的教学。在实践运作时，从大观念设计指向核心素养的教学方案需要考虑 5 项关键行动：选择核心素养等既有目标、从既有目标中确定大观念、依托大观念形成一致性的目标体系、基于大观念的学习要求设计评价方案、围绕主要问题创设与组织学习活动[26]。学生科学大观念的建立就是连接学校教育与真实世界的关键所在。以大观念理念进行科学教育将是未来国际科学教育变革的主要方向，科学大观念将对科学教育产生深远影响。

（二）注重批判性思维养育

我国著名科学家施一公曾说：创新人才的标准培养可以由很多框架来界定，也可以提出多方面的素质要求，最后可以总结出四五十条，然后依据重要性一条一条地删除，有一条是绝对不能删去的，那就是批判性的思维[27]。确实，批判性思维（critical thinking）是以求真致理为目标、以多元反思为特征、以质疑评判为手段的高阶思维形式，其终极价值指向是创造力的充分释放和弘扬。批判性思维是创新思维的动力和基础，开发人的批判性思维就是在开发人的创新思维[28]。批判性思维作为一种普遍的人类现象，在提升人类创造能力的同时，也促进了人类社会的进步，已经被视为全球化时代学生最需要的核心能力之一。

其实，古代先哲们一直都非常重视批判性思维。例如，孔子提出的“学而不思则罔，思而不学则殆”，孟子提出的“尽信书，则不如无书”，《中庸》所述“博学之，审问之，慎思之，明辨之，笃行之”等都体现了中国式的批判性思维教育理念。古希腊哲学家苏格拉底（Socrates）通过诘问的方式引导学生发现事物的本质，“苏格拉底之问”由此成为西方批判性思维教育的经典方法；而亚里士多德提出的三段论学说更是对批判性思维产生了巨大的影响。这些早期的批判性思维的教育理念为现代批判性思维的发展奠定了基础，但尚未得到普及。

真正被誉为“现代批判性思维之父”的是伟大的教育家杜威，他在《我们如何思维》中提到“反省思维”（reflective thinking），即“能动、持续和细致地思考任何信念或被假定的知识形式，洞悉支持它的理由以及它所进一步指向的结论”，根据能予以证明的条件和据此进一步印证的结论，对所相信的或假设形式的知识进行积极的、持续的、仔细的思考。杜威针对反省思维的定义、构成要素、反省性思维能力对学习的促进作用以及如何培养学生的反省思维等问题进行了详细探讨，可以说是批判性思维的早期理论形态。

1941 年，美国学者格拉泽（Glaser）最早提出 critical thinking，并将其描述为：对问题进行深入思考的态度倾向性，对进行逻辑性质询和推理方法的了解，以及应用以上方法的一些技能，同时列出了 12 种批判性思维能力要素[29]。1990 年，在美国哲学协会倡议下，来自美国和加拿大的代表多个学术领域的 40 多位专家对批判性思维的定义达成了共识。他们认为：批判性思维是有目的的、自我校准的判断。这种判断导致解释、分析、评估、推论以及对判断赖以存在的证据、概念、方法、标准或语境的说明[30]2,3。至此，批判性思维的一般性定义初步形成。批判性思维强调思维的理性特征。正如恩尼斯（Ennis）所说：能够批判性地思考是指能够进行关于做什么和信什么的理性的、反思性的思维[31]9-26。在国内，一般将“critical thinking”直译为“批判性思维”。但是，由于“批判”一词在中文中含有明显的否定意味，导致人们会望文生义，以为批判性思维就是要学会否定、学会批评，甚至成为一个“杠精”。而事实上，批判性思维强调的是谨慎、明辨，不盲目接受，也不盲目否定。因此，也有学者提出应把“批判性思维”改为“审辨思维”或“思辨能力”[32, 33]，以避免此误解的继续发生。

20 世纪 90 年代初，美国政府为大学确定的总目标中特别强调优先发展大学生的高级思维能力，要求到 2000 年“具有批判性思维、有效交流和解决问题能力的大学生比例有显著性增加”[34]。培养这种批判性思维能力早已成为美国如哈佛、耶鲁等名校的共同核心教育理念和目标。1991 年，美国《国家教育目标报告》（*The National Education Goals Report*）要求各类学校“应培养大量具有较高批判性思维能力、能有效交流、会解决问题的学生”[35]1，并将培养学生对学术领域和现实生活问题的批判性思考能力作为教育的重要目标。从 2002 年起，美国 21 世纪学习框架（Framework for 21st Century Learning）就陆续推出了关于 21 世纪学习的各种报告，至 2009 年修订的“21 世纪学习框架”中明确提出了 21 世纪核心素养的 4C 模型，即批判性思维、创新、沟通和合作（critical thinking，creativity，communication，collaboration）[36]。最近，北京师范大学中国教育创新研究院与美国 21 世纪学习框架开展合作，将 4C 素养扩展到涵盖文化理解与传承素养（cultural competence）的 5C 素养，且将 critical thinking 明确译为审辨思维，见表 1.2[37]。世界经济论坛于 2009 年 4 月发布的题为“培养下一波创业者”的报告也指出，各层次（初中、高中、高等和职业）教育机构必须采用 21 世纪的方法和工具，包括跨学科途径和互动教学方法，激励创造性、革新、批判性思维、机遇识别和社会意识。批判性思维也是所谓的“软技能”（soft skill）之一。现今，批判性思维已成为很多国家和地区、世界组织和经济体核心素养模型的重要组成部分，也是很多国家和地区不同层次教育的重要目标之一[33]。批判性思维在美国国家科学标准（National Science Standards）和国家教育技术标准（National Educational Technology Standards）中都居于首要地位[38]79-82。中国教育学会在 2016 年发布的《中国学生发展核心素养（征求意见稿）》中，也明确地将“批判质疑”作为中学生核心素养的重要成分之一[39]。可见，我国基础教育界也越来越重视对中学生批判性思维能力的培养。

表 1.2 21 世纪核心素养 5C 模型的结构框架与内涵描述

素养	素养要素	内涵描述
文化理解与传承素养（cultural competence）	1. 文化理解	对文化的基本内涵、特征及其历史渊源和发展脉络，不同文化的共性与差异及其相互影响的体验、认知和反思。
	2. 文化认同	一个社会共同体的成员对特定文化环境中的审美取向、思维方式、道德伦理、行为或风俗习惯等的认可和接纳。
	3. 文化践行	一个社会共同体的成员对于其所选择和认同的生活方式、文化观念和价值原则等在现实生活中主动加以实践、传承和改造、创新。
审辨思维（critical thinking）	1. 质疑批判	既包括不轻易接受结论的态度，也包括追根究底的品格。
	2. 分析论证	强调基于证据的理性思考，能进行多角度、有序的分析与论证。
	3. 综合生成	是指在分析的基础上进行系统整合与重构，形成观点、策略、产品或其他新成果的过程。
	4. 反思评估	是指基于一定标准对思维过程、思维成果以及行动进行监控、反思、评估和改进，促进自我导向、自我约束、自我监控和自我修正。
创新素养（creativity）	1. 创新人格	具有好奇心、开放心态、勇于挑战和冒险、独立自信等特质。
	2. 创新思维	通常包括对开展创新活动有帮助的发散思维、辐合思维、重组思维等。
	3. 创新实践	参与并投入旨在产生新颖且有价值的成果的实践活动。
沟通素养（communication）	1. 同理心	一种能够了解、预测他人行为和感受的社会洞察能力。
	2. 深度理解	能够正确理解沟通对象以语言、文字及其他多种形式传递的信息、隐含的意图、情绪情感、态度和价值观等以及对内容进行反思与评价的能力。
	3. 有效表达	在不同的情境下，运用语言或非语言等多种形式，清楚地传达信息、表达思想和观点，以达到沟通的目的。
合作素养（collaboration）	1. 愿景认同	通过讨论、分析、反思等方式，实现对小组或团队目标、使命以及核心价值取向的认同，并使之内化为自己完成任务的目标和信念。
	2. 责任分担	结合自身角色制定计划和目标，积极主动承担分内职责，并充分发挥个人能动性，以较强的责任意识和担当精神，完成本职任务或工作。
	3. 协商共进	运用沟通技能，本着互尊互助、平等协商、共同进步的原则，与小组或团队成员展开对话，并适时、灵活地作出必要的妥协或让步，有效推进团队进程，实现共同目标，促进共同发展。

有学者提出批判性思维的培养可以通过论证分析（argument analysis）、问题解决（problem solving）、决策制定（decision making）和认识过程（cognitive process）来达到，不考虑描述批判性思维的学术背景和语言，这些进路都有着基本的假设：批判性思维技能能够被教授和学习，当学生学习这些技能并正确使用时，他们就成为好的思维者[40]。许多研究结果表明，批判性思维能力不会简单地随着年龄的增长而提高，但是可以被习得，有效的教学可以提升学生的批判性思维能力[41]。科学教育强调了在现实复杂的生活情境中培养学生的胜任力，是培养批判性思维的有效路径[42]。钟启泉认为，经由教师提问而引发的师生之间的对话与讨论是进行批判性思维教学的重要前提，但显然并非所有的课堂对话都能促进学生批判性思维的发展[43]。布朗（Brow）和凯莉（Kelley）在《学会提问：批判性思维指南》一书中就如何通过课堂提问来提升学生的批判性思维时指出：当教师使用批判性的提问技巧时，学生的批判性思维会得到最好的支持和发展。批判性的提问技巧包括：你对此有何看法？你为什么这么想？你认为这是什么？这意味着什么？可以怎么解释？它们有什么联系？你如何看待？它们是否有所不同？[44]45 批判性思维基金会创建者保罗（Paul）和教育心理学家埃尔德（Elder）的著作《思辨与立场：生活中无处不在的批判性思维工具》（*Critical Thinking, Tools for Taking Charge of Your Professional and Personal Life*）于 2016 年被引入国内，并广受好评。他们提出：没有任何东西比可靠的思维更有用。思维是有不同层级的，批判性思维是思维的最高层次。拥有批判性思维的人并不是对他人观点的批判，更重要的是对自己观点的审视评价和合理评估。换言之，具备批判性思维认知特质的人，当他们发现别人的观点有更严密的推理基础时，能够改变自己的观点，而不是用思维操纵别人以掩盖真相。保罗等在书中提出思维质量的如下评判要素：清晰性、准确性、精确性、关联性、深度、广度、逻辑性、重要性、公平性，并针对每一个要素列出了相应的问题清单，见表 1.3[45]127-168。运用思维标准分别检查推理的九大要素，就能发现思维中现存的一系列问题。当完成了检查清单，我们也就拥有了强大的思维工具。这些问题清单对教学而言也是极具启示意义的。因此，如果在教与学的过程中，教师或学生能够关注这些思维的要素并经常思考这些问题，不断地督促学生进行反思，能够停下来慢慢思考，进行深入的解释和严谨的推理，而不是仓促、轻易地下结论或简单机械地识记背诵，那势必能够促进学生更加深入地理解问题，也能更加有效地提升思维的品质，促进批判性思维的养成。

表 1.3 思维质量标准评判要素及对应问题清单

要素	问题清单
清晰性	你能就那一点作详细阐述吗？ 你能换个方式来表达那一点吗？ 你能举个例子吗？

续表

要素	问题清单
准确性	它是真实的吗？ 我们该如何检查它是否准确？ 我们该如何探寻它是否真实？
精确性	你能否提供进一步的细节？ 你能否更具体一些？
关联性	那些问题如何与议题有关？ 这一观念如何与其他观念相关？
深度	你如何考虑问题中的各种难题？ 你如何处理问题中最重要的各种因素？
广度	我们是否需要考虑另一个观点？ 是否存在看待这一问题的不同方式？ 从……立场看会怎么样？
逻辑性	这些放在一起符合逻辑吗？ 这些都能根据你所说的得出吗？ 这些东西如何根据证据推导得出？ 之前你用的是这些，现在你说的是那些，我不能理解两者何时为真。
重要性	针对这一议题，我们需要的最重要的信息是什么？ 在某个背景中，为何那个事实很重要？
公平性	对于给出的证据，我的思维公平公正吗？ 这些预设公平吗？

（三）增进科学本质理解

科学本质观（view on nature of science，VNOS）即关于科学是什么的观念。望文生义，“观”意为多次见到，属行为方法；进而产生“念”，指现今留存心中之物；“观念”，即对事物反复观察后保留于内心的东西。科学本质观就是人们对自然科学的反复观察学习后所产生的对科学最根本问题的认识。科学可以说是关于自然现象的有条理的知识，可以说是对于表达自然现象的各种概念之间关系的理性研究[46]。科学的本质在于形成正确的自然观、科学观，提高学生进行科学探究活动的自觉性，以及培养创新能力和科学精神。理解科学本质不仅仅知道科学是以实证作为判别尺度、以逻辑作为论辩的武器、以怀疑作为审视的出发点，更主要的是建构关于自然的基本观点，获得探索自然规律的方法，同时形成科学精神[47]。

在国际科学教育改革的浪潮中，关于科学本质的探讨始终是热点问题。科学本质追问科学是什么？科学、人、社会和环境的关系是什么？美国国家数学教师协会于1907年最先提出科学本质，当时主要提倡在科学教育中强调科学的方法和过程，这里的科学本质可以视为一种研究方法。鲁巴（Rubba）和安德森（Andersen）基于科学的表征形式，认为科学的本质是知识，并且这些知识是没有好坏之分的，是人们创造出来的，不断被修改推翻，能比较好地解释现象且可信度高[48]。科莱特（Collette）和奇尔伯特（Chiappetta）基于科学的方法论，认为科学本质即科学探究，科学是探究自然界的“思考”方式，科学是基于人类对经验的归纳演绎；科学是一种“探究”的方式，而科学知识是会随着人类探究方式的不断进步而不断变化的[49]。莱德曼（Lederman）认为中学阶段应该教授一些没有争议或争议较小的科学本质内涵，基于科学的认识论和建构主义理论，提出科学是一种认识世界的方法，科学本质应该从科学认识世界的过程中寻找，科学本质是科学知识产生和发展过程中固有的信念和价值以及所体现的科学属性。因此，莱德曼界定了适合在中学教学中教授的科学本质的7个方面[50-52]，包括科学知识的暂定性、科学理论的负载性、观察的经验性、科学的文化嵌入性、科学中需要的创造力和想象力、观察和推论的区别、理论和定律的区别。之后，有学者认为科学是动态丰富的，不是单单几个达成共识的特征表述就能描述的。于是，土耳其学者伊利萨尔（Irzik）和新西兰学者诺拉（Nola）[53]、美国学者达格尔（Dagher）和爱尔兰学者埃尔杜拉（Erduran）[54]先后提出利用家族相似理论去重新描述和表征的科学本质。他们认为对于科学本质的描述应摒弃或提取几个共识的观念，把科学作为一个家族范畴，把它们的特征囊括其中，形成一个包含认识-认知系统（cognitive-epistemic system）和社会-建制系统（social-institutional system）的二阶分类。

近年来，科学教育中培养学生确切的科学本质观是学科育人价值的体现，也是发展学生核心素养的基本要求，即关于科学本质的重要性已被普遍认同并达成共识。提高学生的科学本质观已经成为国际科学教育的重要任务和目标之一，科学教育中的科学本质在各国各地区的教育文件或大型考试中都有所体现[55]3-66。麦克马斯（McComas）和阿莫鲁索（Almazroa）对美国、澳大利亚、英国、新西兰、加拿大五个国家的八份科学课程标准文件中有关科学本质的陈述进行质性分析，把文件中对科学本质表述一致的观点进行整理，归纳出科学本质包含的14个方面[56]。英国《国家科学教育课程标准》（2000年）中把理解科学本质视为科学教育的主要目标，并对不同阶段的学生提出科学本质的不同理解的要求。例如，在初中阶段的学生能够用事例说明经验性问题、证据和科学解释，预测并检验预测结果与证据的一致性；而高中阶段的学生应该知道科学知识的暂定性，不同的方法背景会产生不同知识[57]。奥斯本（Osborne）采用德尔菲（Delphi）调查法对国际上23位不同领域的专家进行科学本质调查，得出科学本质包含九个方面：科学方法和批判性思维；科学的创造性；科学知识的历史发展；科学与质疑；科学思维的多样性；数据的分析和解释；科学的确定性；假设和预测；科学知识发展需要的合作[58]。由美国、英国、法国、德国、意大利等 20 个西方国家于 1961 年创立的经济合作与发展组织（Organization for Economic Co-operation and Development，OECD）的国际学生评价项目（Programme for International Student Assessment，PISA）将科学知识详细划分为内容性知识、程序性知识和认识性知识。其中，认识性知识包括认识科学的价值、了解科学学习中各种推理的本质、能够合作并形成批判性思考等。这些恰恰是科学家研究未知领域科学问题所必备的“经验”，这些“经验”超越了具体的科学内容，更具有认识论与方法论的价值[59]。我国于 21 世纪之初开始的课程改革强调培养学生适应终身发展和社会发展所需要的必备品格与关键能力，进一步明确将教育的目标落实于人的发展中。我国颁布的《科学课程标准（7—9 年级）》（2001 年）中也提到“通过科学教学使学生逐步领会科学的本质”，“发展学生对科学本质的理解”[60]。《全民科学素质行动计划纲要（2006-2010-2020 年）》[61]也将“初步认识科学本质”作为行动目标之一。在我国的 2017 年新一轮课程改革中，更是在各理科课程标准提出的核心素养中显性突出了正确理解科学本质的重要性。

影响科学本质的因素众多。为深入探讨内部心理因素对科学本质观的影响，我们在大量文献研究基础上，构建了科学论证、元认知及认知信念对科学本质观影响的多变量理论假设模型。基于家族相似理论编制了“科学本质观测评问卷”，采用 Rasch 模型进行项目修订和检验，结果显示该问卷调查具有较高的信效度。根据结构方程模型检验并修正假设模型，获得科学本质观影响因素的最终模型：科学论证与认知信念直接影响科学本质观；科学论证在“认知信念→科学本质”过程中起到中介联结的作用，发挥着核心中枢功能；学习者的元认知则是通过认知信念间接影响科学本质观（图 1.2）[62]46。

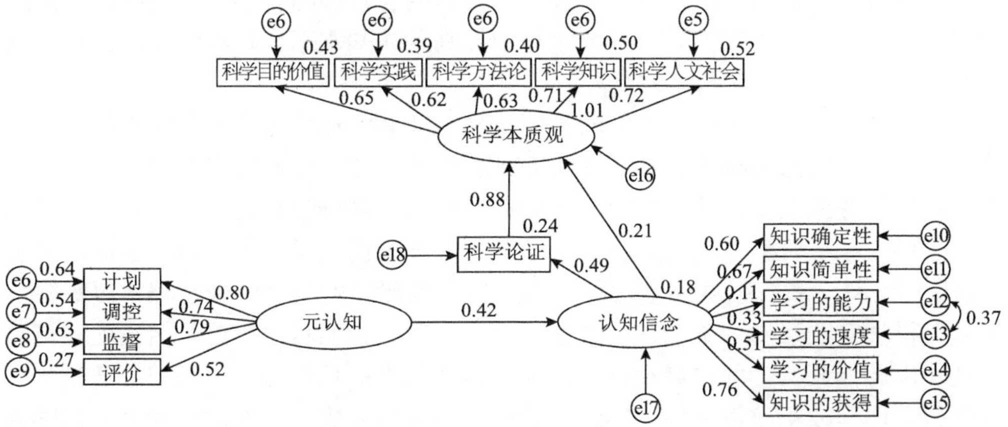

图 1.2　科学本质观心理影响因素的修正模型（标准化）

科学本质必须在理科课程中予以充分体现，切实落实于理科课程标准和教材中，落实于具体的理科教学实践中。在上述研究结论基础上，我们从三个方面提出有利于学生科学本质观形成的教学建议。其一，以论证教学为核心点，通过适合的论证教学模式促进学生科学本质观的形成。就如库恩所说的，论证不仅是批判性思维和创造力之间的桥梁，也是科学实践的核心。在科学教育中可适时穿插社会性科学议题，如化学药品污染、化工厂选址、温室气体排放控制、臭氧层空洞以及基因工程等问题，促使学生理解科学和社会的密切关系，领悟科学和人文的本质关系；可积极创设真实的问题情境，鼓励学生敢于质疑和批判，善于讨论与交流，通过对现象的质疑、主张的预设、数据的甄别、证据的筛选、支援的提出、反驳的出现等蕴含高质量论证要素的科学实践活动，扎实掌握科学知识的同时，深刻体验基于证据的逻辑推理等科学方法，理解科学本质。其二，以认知信念为关键点，通过科学史分级教学策略强化科学本质观。科学史分级教学，意指将科学史从科学史故事、科学思想史和科学史观三个层次统筹规划，实现分级进阶。科学教学中，首先可通过情境性与趣味性兼备的科学史故事入手，激发学生认知需求。然后，动态全面、深入系统地挖掘科学史中所蕴含的科学思想史和科学史观，引导学生换位思考科学家们为何开展争论、怎样提出问题、如何建构模型，体验科学家在科学实验过程中锲而不舍、求真求实的科学精神，感受科学理论是暂定的而非放之四海皆准。在此过程中，抛弃科学知识学习过程中全盘接受的惯性，转向刨根究底甚至理性质疑与批判的态度，形成科学的认知信念，理解科学史的内涵实质与完整意蕴。其三，以元认知为推进点，通过 WWHW 认识论模型提升科学本质观。WWHW 认识论模型即：What——所认识的知识是什么；What——所认识的知识价值是什么；How——所认识的知识是如何产生的；Why——为什么所认识的知识是合理的。基于此模型的学习，带领学生思考科学学习的目的与价值，主动理解科学知识的形成过程，积极反思知识的合理性与合法性，引导其高阶思维的发展。帮助学生在知识建构的过程中提高元认知水平，在科学实践活动中增强科学认知信念，抵及科学本质。

科学教育对学生可持续发展的价值意义是什么？适应未来时代需求的究竟是什么？这既是任何学科教育必须不断追寻的根本问题，也是“以学生发展为核心”的国际理科课程改革的共同关注。叶澜教授在《新基础教育论》中提到，学校教育中学科的独特价值在于育人，在于学生的发展，而不是学科知识自身的创造和突破[63]23。科学教育强调科学学科观念的形成和严谨的科学验证过程，以观察、实验等科学实践活动为基础进行严密的逻辑推理，证明科学结论的精确度和可重复性，以此强调科学的怀疑和批判精神，传递科学的理性和实证精神。通过分析国际科学课程改革政策文件、实践举措以及相关研究成果，我们认为未来科学教育改革将聚焦于：核心观念的形成、批判性思维的养育和科学本质观念的理解这三大主题。当然，这三个方面是密切关联而非相互孤立的，它们共同促进学生开展结构化、整体性的深度学习，在提升学生核心素养、培养学生成为未来社会所需人才等方面都将共同发挥着重要作用。

第二节 科学教育中论证教学的研究进展

自 20 世纪 80 年代起，国际科学教育领域开始重视问题解决、科学推理等高阶思维能力的培养。同时随着科学本质、科学的人文化思想及合作学习等不断的深入研究，近年来在科学教育教学研究界中掀起了一股基于科学论证的教育研究浪潮。如今，基于科学论证的教学理念已经呈现于各类教育教学政策中，并开始影响和指导教育教学实践。在各国教育改革的推动下，教育界逐渐意识到在教学中渗透科学论证的重要性。开展论证活动不仅有助于学生科学知识的意义建构，还有助于学生辩证、审慎地思考科学社会议题并增强沟通技巧[64]，以适应现代社会科学技术的飞速发展。现如今论证能力已被视为现代公民应该具备的关键能力之一[65]4-6。目前我国科学教育界也已将论证元素融入理学学科核心素养之中，引起国内研究者对科学论证教育的广泛关注。但国内科学论证研究仍处于新兴阶段，为挖掘我国论证研究发展潜力，本节基于中国知网（CNKI）、Web of Science（WOS）核心数据库中科学论证教育相关文献作为研究文本，借助文献计量可视化软件 CiteSpace 对文献进行关键词共现分析、机构合作分析、作者合作分析、国家（地区）发文量分析、文献共被引分析及突现分析等绘制知识图谱，以揭示 21 世纪国内外科学论证研究领域的演变脉络、热点问题、发展趋势及经典文献，从而为我国科学论证教育研究提供参考。

一、国内科学论证研究可视化结果分析

国内科学论证研究数据来源于中国知网，选取“期刊论文”、“硕博士论文”以及“会议论文”数据库，以主题词“科学论证或论证能力、科学论证或论证教学”进行高级检索，时间跨度为 2000~2019 年，经筛选选取国内发表的科学论证相关文献共 220 篇进行可视化分析。

（一）关键词共现分析

关键词是对文献主题内容的高度凝练。从知识理论的角度看，共现频次高的关键词代表这一段时间内研究者共同关注的问题，即研究热点[66]。

在 CiteSpace 软件界面中导入从 CNKI 总库中筛选的 220 篇文献数据。以关键词（keywords）为节点，考虑到数据中文献总量较少，时间分区为 2 年，即将

2000~2019 年分为 10 个时间段处理；设定阈值为 Top100，即在每个时区中选择前 100 个高频出现的关键词，运行 CiteSpace 将数据可视化。调整节点阈值为 5（图谱中关键词频次共现不少于 5 次的节点显示名称），进行自动聚类可视化，用对数似然比（LLR）算法从关键词中提取聚类标签，得到关键词共现聚类图谱（图 1.3）。

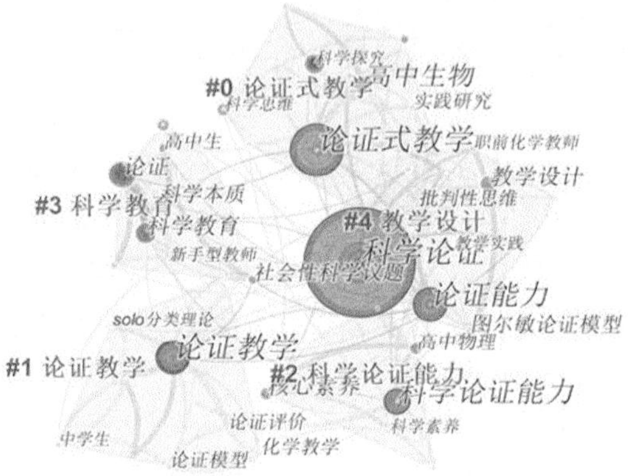

图 1.3　国内科学论证研究关键词共现聚类图谱

关键词共现聚类网络图中共呈现 52 个关键词节点，代表关键词间关联的连线共 127 条。LLR 算法运算后共产生 5 类聚类，分别为：#0 论证式教学、#1 论证教学、#2 科学论证能力、#3 科学教育及#4 教学设计，且聚类平均轮廓值均大于 0.5，说明聚类划分合理。节点的大小同关键词出现的频次成正比，出现频次越高，则节点越大。关键词共现聚类图谱表明节点大小依次为“科学论证”、“论证式教学”、“论证教学”、“论证能力”和“科学论证能力”。另外，“高中生物”“核心素养”“教学设计”“科学本质”“社会性科学议题”等节点也较为明显。此外，有节点以紫圈标注，说明该节点具有较大（不小于 0.1）的中心性。节点的中心性是一个用以量化节点在网络中地位重要性的图论概念，中心性越高，代表该节点在国内科学论证研究网络中处于越关键的位置[67]。按中心性大小对图谱中的关键词进行排序，详见表 1.4：“论证教学”中心性最大为 0.46，其次为“科学论证（0.36）”、“论证式教学（0.34）”、“论证能力（0.32）”、“科学论证能力（0.28）”和“高中生物（0.12）等”。以上信息在一定程度上能够显示出国内科学论证研究领域的研究热点问题。可见，科学教育中的论证已在国内理科教学中得到开展。从知识层面看，科学论证教学通过基于科学探究和论证的教学设计、教学实践等活动促进学生对各学科（化学、物理、生物等）核心知识的理解，体会知识的产生过程及科学知识的本质；从能力层面看，论证教学落点于提高学生的科学思维、论证能力及科学素养；从价值观层面看，科学论证常选取“社会性科学议题”为论证题材，通过与生活相关的科学学习情境，培养有责任心和决策能力的未来公民，培养学生的科学态度与决策能力。

表 1.4 国内科学论证研究领域关键词中心性排序列表

年份	关键词	中心性	年份	关键词	中心性
2015	论证教学	0.46	2018	生物学	0.06
2012	科学论证	0.36	2017	核心素养	0.05
2014	论证式教学	0.34	2016	图尔敏论证模型	0.05
2014	论证能力	0.32	2018	论证模型	0.05
2016	科学论证能力	0.28	2010	科学探究	0.04
2016	高中生物	0.12	2016	科学本质	0.04
2018	教学设计	0.09	2018	新手型教师	0.04
2018	SOLO 分类理论	0.09	2018	批判性思维	0.04
2010	论证	0.08	2014	社会性科学议题	0.03
2010	科学教育	0.08	2017	高中物理	0.03
2018	化学教学	0.06			

（二）作者-机构合作网络分析

目前，国内在科学论证领域开展研究的机构多以单一机构内作者构成科研团队，还未形成广泛合作。其中华南师范大学物理与电信工程学院、南京师范大学教师教育学院、华中师范大学化学教育研究所、北京师范大学生命科学学院及华东师范大学教育学部等机构在科学论证领域较为活跃，成果颇丰。进行节点信息查询可得到该机构发表论文的时间分布以及详细的论文信息，从而进一步分析各机构在科学论证研究领域的方向与侧重点（表 1.5）。

表 1.5 国内部分科学教育研究机构在科学论证教育研究领域的方向与侧重点

研究机构	核心作者	首次发文年份	研究方向及侧重点
北京师范大学生命科学学院	刘恩山 何嘉媛	2012	论证式教学策略引介、基于论证-探究式教学模型的生物教学研究等
南京师范大学教师教育学院	任红艳	2012	图尔敏论证模型引介、基于论证的化学教学研究等
华中师范大学化学教育研究所	邓阳	2014	科学论证能力评价研究、论证能力影响因素研究等
华南师范大学化学与环境学院	罗秀玲	2014	职前化学教师论证能力培养、科学论证评价研究等

续表

研究机构	核心作者	首次发文年份	研究方向及侧重点
北京师范大学 物理学系	弭乐 郭玉英	2017	科学论证教学模型引介、概念学习进阶与科学论证整合的教学设计研究等
华南师范大学 物理与电信工程学院	张军鹏	2018	物理科学论证能力认知表现层次及其测评工具开发等
华东师范大学 教育学部	宋歌	2018	论证教学对科学概念学习影响的元分析、科学论证活动的话语分析等

二、国外科学论证研究可视化结果分析

国外科学论证研究数据来源于 WOS 核心数据库，检索式 TS=（argument OR argumentation），检索类型选取文章（article），时间跨度为 2000~2020 年，在教育分类下进行检索共得到 1432 篇文献。导入 CiteSpace 软件经去重后，对最终得到的 1422 篇国外发表的科学论证相关文献进行可视化分析。

（一）国家和机构

将从 WOS 核心数据库中导出并经去重的共 1422 篇文献导入 CiteSpace，分别以国家（country）和机构（institution）为节点，时间分区为 1 年，即将 2000~2020 年分为 21 个时间段处理，考虑到文献总量较大，阈值将设定为 Top20（country）和 Top50（institution），得到以下数据及分析结果。

在 WOS 核心数据库中，其最早关于科学论证文献可追溯到 1983 年[68]。基于不同国家可视化分析图谱，列出 2000 年开始科学论证相关研究发文量 50 篇以上的国家，如表 1.6 所示。分析结果可得，关于科学论证的研究主要集中于北美以及亚欧大陆。其中，美国发文量高达 622 篇，远超世界各国，中心性高达 0.67，在国际科学论证研究中占主导地位。另外一些国家，如土耳其、英国、德国、瑞典和荷兰等在科学论证教育方面都有较多贡献。值得一提的是，中国科学论证研究发文量位于世界第二，共 127 篇，其中 38 篇由我国大陆学者发表于 2015 年后，并且年发文量不断增长，但中心性还较低，仅为 0.03。

表 1.6 不同国家科学论证教育发文量和中心性

国家	美国	中国	土耳其	英国	德国	瑞典	荷兰
发文量	622	127	105	96	70	52	50
首次发文年份	2000	2008	2009	2000	2007	2011	2002
中心性	0.67	0.03	0.18	0.43	0.06	0.10	0.12

机构合作网络图谱中共有 161 个节点（机构），174 条连线，机构之间合作紧密，例如中心性最高为 0.20 的亚利桑那州立大学与另外 13 所机构形成连线即合作关系。表 1.7 中列出近 20 年来科学论证相关研究发文量为前十的机构，均为美国高校。

表 1.7 部分研究机构科学论证教育发文量和中心性

机构	波士顿大学	宾夕法尼亚州立大学	佛罗里达州立大学	亚利桑那州立大学	密歇根州立大学	密苏里大学	艾奥瓦大学	艾奥瓦州立大学	得克萨斯州立大学	佐治亚州立大学
发文量	23	22	21	20	19	19	18	18	17	15
中心性	0.05	0.12	0.14	0.20	0.09	0.04	0.09	0.04	0.05	0.06

（二）高产作者与高被引作者

在 CiteSpace 软件中分别以作者（author）和被引作者（cited author）为节点运行得到可视化图谱，分别统计前十位高产作者与高被引作者，详见表 1.8。这些作者均为国际上科学论证研究领域中有较高影响力的权威作者，下文将对在高产与高被引中重复出现的作者作简单介绍。

表 1.8 国际科学论证教育研究高产作者与高被引作者

高产作者	发文量	高被引作者	被引频次
K. L. McNeill	27	D. Kuhn	474
B. R. Schwarz	19	R. Osborne	453
T. D. Sadler	17	R. Driver	439
B. Hand	14	S. Toulmin	402
S. Erduran	14	A. L. Jimenez	332
F. Fischer	13	T. D. Sadler	310
C. Tsai	12	S. Erduran	306
M. G. Howard	12	A. Zohar	300
D. Zeidler	11	R. A. Duschl	278
V. Sampson	11	V. Sampson	254

波士顿大学科学教育学院的麦克尼尔（McNeill）教授，在科学论证领域发表的文章最多，为 27 篇，其研究的重点是帮助不同背景的学生进行科学论证的科学实践。例如，麦克尼尔（McNeill）和皮门特尔（Pimentel）研究了三所不同城镇

高中学校教师的提问题类型对论证教学有效性的影响，分析了课堂教学中的学生间话语的互动性及其论证结构，结果表明教师所提出的开放性问题能够显著提高课堂论证质量[69]。此外，作者还非常关注教师在科学论证教学中的作用以及科学论证所需的教师学科教学知识，她围绕教师专业发展和论证材料设计进行研究，以促使教师思考如何通过改变课堂教学手段实现教学目标，她认为高质量的课堂论证应包含三个要素：①教师将论证理解为认知实践；②教师将批判性思维引入课堂中；③教师对以往的教学经验进行质疑和反思[70]。在支持学生参与科学论证方面，该作者也做了大量相关研究，例如她设计论证教学框架、活动结构、教学策略以及评价工具等，以支持学生进行科学论证活动，她还就如何使用论证教学材料帮助学生构建科学论证做了深入的研究并被大量引用[71]。被引最高的作者是哥伦比亚大学教育学院的库恩（Kuhn）教授，这是一位教育心理学家，其主要研究领域是科学推理、论证和批判性思维技能，研究对象主要为 8~13 岁儿童。例如，库恩（Kuhn）和克罗韦尔（Crowell）研究了话语式论证对学生思维能力的影响，认为话语式论证能使学生更加准确地把握论点和论据之间的关联，促进其思维能力的提高[72]。其对科学论证的重要贡献在于探索了论证所需的基本能力，并认为大多数人进行有效论证的能力并不是天生的，而是通过实践获得的[73]。另外，有三位作者既是高产作者，又是高被引作者。其中北卡罗来纳大学教堂山分校的萨德勒（Sadler）教授的研究主要涉及学生如何处理复杂的社会性科学议题，以及如何将这些问题作为科学学习的背景[74]。他还探索了虚拟环境下的游戏等创新技术支持学生学习的方式。牛津大学的埃尔杜拉（Erduran）教授的研究兴趣主要集中于认识论视角的科学论证研究以及科学论证的话语研究。例如，他利用图尔敏论证模型对科学课堂中的论证进行定量和定性研究，分析不同课堂教学中论证过程的差异性[75]。他还尤其关注化学论证，最近出版了著作《化学教育中的论证：研究、政策与实践》（*Argumentation In Chemistry Education: Research, Policy And Practice*）。桑普森（Sampson）是得克萨斯大学奥斯汀分校的教授，其研究主要是考察了学生如何在科学、工程和数学的课程中参与论证，以及如何在学习过程中将论证教学思想、论证教学材料与学生的认知之间建立有效联系，其团队开发的论证-探究式教学模型将论证运用于探究课堂中，为在科学实践中实施论证教学提供了全新的思路[76]。

（三）高被引文献可视化结果分析

在 CiteSpace 中选择 cited reference 为节点运行，将结果可视化，进行自动聚类并用 LLR 算法，并从施引文献的关键词中提取出各聚类的名称，通过分析共被引网络中的关键节点和聚类，揭示构成国外科学论证研究领域的研究热点及知识基础。LLR 算法运算后共产生 8 类聚类标签，分别为：#0scientific practice、

#1socioscentific issues、#2argumentation、#3collaboration scripts、#4critical discussion、#5evolution、#6computer- mediated communication、#7pedagogy，初步表明国外科学论证研究热点包括科学实践、社会性科学议题、论证、协作计划、批判性讨论及以计算机为媒介的交流等若干方向。

从文献计量学的角度，引文形成了研究前沿，而被引文献组成了该领域的知识基础[77]。表 1.9 展示了被引频次最高的 10 篇文献。下面对前三篇最高被引文献的研究内容作简要概述。

表 1.9 国际科学论证教育研究高被引文献

被引频次	作者	高被引文献	发文年份
103	L. K. Berland	Making sense of argumentation and explanation	2009
92	J. Osborne	Enhancing the quality of argumentation in school science	2004
82	J. Osborne	Arguing to learn in science: the role of collaborative, critical discourse	2010
77	S. Erduran	Tapping into argumentation:developments in the application of Toulmin's argument pattern for studying science discourse	2004
76	V. Sampson	Assessment of the ways students generate arguments in science education:Current perspectives and recommendations for future directions	2008
75	D. Kuhn	Teaching and learning science as argument	2010
73	V. Aufschnaiter	Arguing to learn and learning to argue: case studies of how students' argumentation relates to their scientific knowledge	2008
69	L. K. Berland	A learning progression for scientific argumentation: Understanding student work and designing supportive instructional contexts	2010
69	A. Zohar	Fostering students' knowledge and argumentation skills through dilemmas in human genetics	2002
65	K. L. McNeill	Scientific discourse in three urban classrooms: the role of the teacher in engaging high school students in argumentation	2010

威斯康星大学麦迪逊分校的伯兰（Berland）教授于 2009 发表的“Making sense of argumentation and explanation”一文被引频次最多，高达 103 次。在这篇论文中，作者提出了构建并捍卫科学解释、参与论证话语的三个目标：①意义表达（sense making）；②阐明（articulating）；③说服（persuading）。作者通过教学实践发现学生普遍能够使用证据来解释现象并阐明对现象的理解，但他们在关注第三个目标“说服”方面有所缺失，即用证据去说服他人接受他们的观点。作者认为说服他人理解需要社交互动，而传统的课堂互动往往会抑制社交互动，并且当学生明确区分证据和推理时，他们更有可能呈现有说服力的陈述。他还提出在教学实践中可以融合以下策略：如“引导学生将学习科学视为构建知识的过程”“创设

复杂情境，促使小组合作以激发学生说服他人的动机”“帮助学生扮演好讲演者与听众的角色”“将学生的论点置于对立面，并鼓励他们通过说服彼此达成和解”等，从而促进学生参与构建和捍卫科学解释的实践能力，同时填补论证教学实践中“说服”目标的缺失[78]。

被引频次第二（92次）和第三（82次）的文献均由斯坦福大学教育学院的奥斯本（Osborne）教授所发表。奥斯本于2004年发表的“Enhancing the quality of argumentation in school science”一文中，介绍了其研究团队在1999~2001年于伦敦多所中学开展科学论证教学实践所取得的研究成果。该研究由两个阶段组成：在第一阶段中，12名教师合作开发出一系列可用于课堂论证的材料和教学策略，并以图尔敏论证模型为基础评估教师在课堂中实施该教学策略后其自身论证水平的发展。第二阶段采用对照实验，其中实验组教师采用支持论证的教学策略，而控制组则不使用支持论证的教学策略，分别在自然科学和社会科学课堂中开展论证教学。最终得出结论：采用论证教学策略可提高学生的论证质量，但在自然科学课堂中开展论证活动比在社会科学课堂中要难得多。同时作者及其团队基于课堂论证话语开发出一套评估学生论证质量的测量工具，其将论证质量分为五个层次的评价方式亦被广泛采纳和借鉴[73]。

奥斯本于2010年发表的“Arguing to learn in science: the role of collaborative, critical discourse”一文中，强调在教学中融入论证活动的重要性及其采用交互式学习方法对学生学习科学的贡献，论证被看作是学习思考和构建新概念的核心过程，在教学实践研究中证实了学生参与论证有助于科学概念的理解。此外，作者还对影响学生论证能力发展的因素进行了简要论述，并分别阐述了心理学家、社会学家以及哲学家对论证能力概念的界定。最后作者对未来科学论证教育发展所面临的挑战提出了自己的见解：目前对于学生论证能力发展的研究仍处于起步阶段，缺乏有效、可靠的手段来评价学生的论证能力。作者认为，教育研究者应深入探索论证如何促进学生学习，以及什么样的学习环境能够促使学生转变对争论的负面态度，以进行高质量的论证活动。此外，作者还认为如何给学生提供有组织的交流机会，让学生在理解论证要素的基础上，对证据和论点进行深入思考，也值得教育工作者深思[79]。

（四）关键词共现分析

以“关键词（keyword）”为节点，时间分区为1年，阈值为Top50，绘制高频关键词共现网络，并设置节点阈值为 100（即图谱中仅显示关键词词频大于等于100的节点的名称），进行自动聚类可视化并用LLR算法提取聚类标签，得到最终的关键词共现聚类图谱（图1.4），并列出高频关键词（表1.10）。

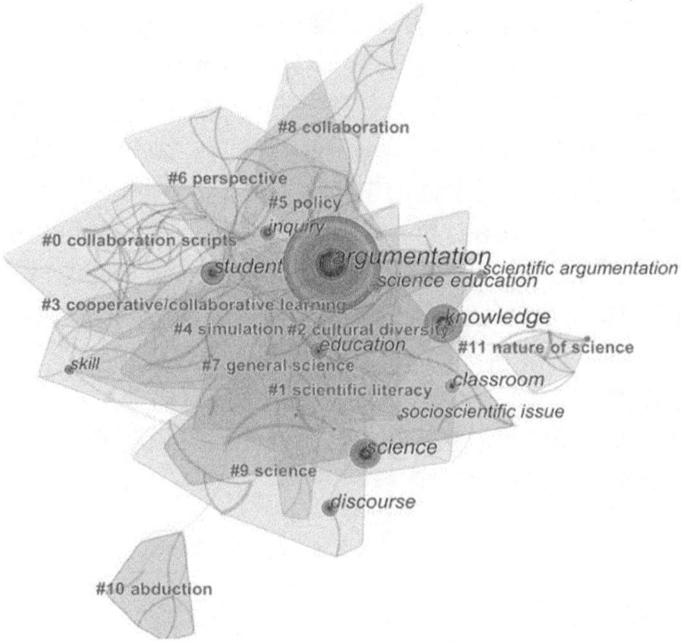

图 1.4 国际科学论证教育研究关键词共现聚类图谱

表 1.10 国际科学论证教育关键词共现频次排序列表

序号	关键词	词频	中心性	序号	关键词	词频	中心性
1	argumentation	764	0.02	7	classroom	171	0.04
2	knowledge	351	0.01	8	science education	171	0.05
3	science	282	0.01	9	inquiry	161	0.04
4	student	249	0.04	10	scientific argumentation	120	0.08
5	discourse	184	0.08	11	socioscientific issue	112	0.04
6	education	184	0.04	12	skill	107	0.1

注：频次相同的以关键词首字母排序。

图 1.4 中各个圆代表节点，共得到关键词节点 205 个，节点间的连线 332 条，连线代表关键词之间的关联。根据 LLR 算法运算之后共产生 12 个聚类，分别为：#0 协作计划（collaboration scripts）、#1 科学素养（scientific literacy）、#2 文化多元性（cultural diversity）、#3 合作学习（cooperative/collaborative learning）、#4 模仿（simulation）、#5 政策（policy）、#6 观点（perspective）、#7 基础科学（general science）、#8 协作（collaboration）、#9 科学（science）、#10 溯因（abduction）、#11 科学本质（nature of science）。节点的大小表示关键词出现频次的高低，圆越大表示关键词词频越大，也说明学者的关注度更大，且研究也更为成熟。由图谱

可知，国外科学论证研究领域的热点关键词从词频由高到低排序主要为：论证（argumentation）、知识（knowledge）、科学（science）、学生（student）、课程（discourse）、教育（education）、教室（classroom）、科学教育（science education）、调查（inquiry）、科学论证（scientific argumentation）、社会性科学议题（socioscientific issue）、技能（skill）。但各节点的中心性均较小，说明各节点在该研究领域的研究重要性较平均。而从词频分析，并结合相关文献，随着国际科学教育改革的浪潮，科学教育中的论证式教学越来越受到研究者和教育者的关注，并且国外科学论证研究的热点主要集中在论证话语、论证教学策略、论证教学资源和论证评价体系的研究上[80]。此外，观察到聚类#10 溯因（一种获取合理解释的过程）[81]和#11 科学本质（融合社会学和哲学的科学认识论）由散落的节点组成，说明近几年科学论证的研究出现了新的前沿领域。且与国内的研究热点进行对比，国内对于溯因和科学本质的研究成果相对较少。

（五）突现文献分析

突现文献指的是被引频次突然发生变化的节点文献，这类文献具有一定的创新性，通常代表着某一研究趋势或研究主题的兴起与转变。运行 CiteSpace，选择“cited reference”为节点，运用突现词检测法检测被引文献突现率，选取突现率取值前十的突现文献（表 1.11），并结合 2000~2019 年 WOS 核心数据库中科学论证教育研究的年发文量统计图（图 1.5），分析发文量数据突增情况与突现文献之间的关系，并在突现文献的基础上对科学论证教育研究内容的兴起与变迁进行综合判断和探测。

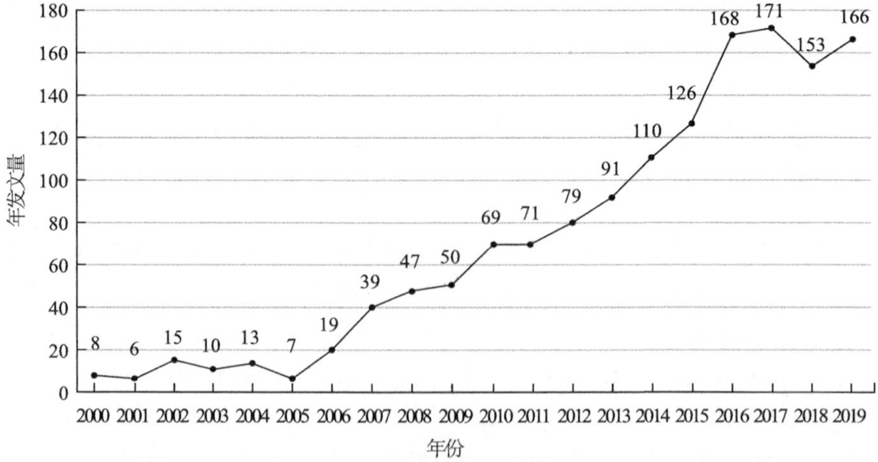

图 1.5　2000~2019 年国际科学论证教育研究年发文量统计图

表 1.11　国际科学论证教育研究突现文献信息表

突现率	作者	突现文献	发表年份	被引频次
26.81	A. Zohar	Fostering students' knowledge and argumentation skills through dilemmas in human genetics	2002	60
26.79	R. Diver	Establishing the norms of scientific argumentation in classrooms	2000	51
25.00	J. Osborne	Enhancing the quality of argumentation in school science	2004	92
20.93	National Research Council	A framework for K-12 science education: Practices, crosscutting concepts, and core ideas	2012	56
20.84	S. Erduran	Tapping into argumentation：developments in the application of Toulmin's argument pattern for studying science discourse	2004	77
19.80	National Research Council	The Next Generation Science Standards	2013	53
17.72	J. Osborne	Arguing to learn in science: the role of collaborative, critical discourse	2010	82
16.15	L. K. Berland	A learning progression for scientific argumentation: understanding student work and designing supportive instructional contexts	2009	103
15.76	M. P. Jimenez-Aleixandre	"Doing the lesson" or "doing science": argument in high school genetics	2000	30
15.64	V. Sampson	Science teachers and scientific argumentation: trends in views and practice	2012	42

分析发文量统计图，可发现 2007 年与 2006 年相比年发文量增长约 100%。因此，可将 2007 年视为科学论证教育研究的重要转折点，这一时间段内发文量激增的重要原因是一些具有开创性的关键文献的发表。例如，埃尔杜拉（Erduran）在"Tapping into argumentation: developments in the application of Toulmin's argument pattern for studying science discourse"一文中提供了一种分析评估科学课堂论证过程的新方法，即将以往在哲学、法学领域应用广泛的图尔敏论证模型运用在教学中论证话语数量与质量的分析上，为后续科学论证教育研究提供了新的思路[75]。研究近年来在论证话语分析方面具有代表性的文献可以发现，大多数文献都以图尔敏论证模型为基础来分析师生交互方式、论证话语，探讨教师如何在论证教学中发展学生的论证能力[82]59-60。另外，佐哈尔（Zohar）于 2002 年发表的文章中以生物伦理知识为课堂内容对学生展开一段时间的科学推理教学之后，再给学生提供一个与生物伦理相关的有争议性的社会性科学议题，要求学生运用科学推理结合生物伦理、遗传学知识阐明自己的立场并作书面论证，研究表明将伦理困境纳入课堂是提高学生学习动机和科学论证意识的一种有效策略。此外，该研究还以 12 名教师为样本探究教师专业化发展对高中生在伦理困境案例方面论证推理能力的影响[83]。奥斯本于 2004 年发表的文献中除了运用图尔敏论证模型对论证质量进行评估外，还开发了用于论证教学的教学策略与材料来支持论证活动在课堂上的开展[73]。结合以上突现文献并进行文献的二次查阅，可以得知在 2007 年这

个重要转折点附近科学论证教育研究主题集中在以下几方面：①分析评估科学课堂论证过程（包括师生的论证话语质量分析、论证能力发展等）；②论证教学课程内容及教学材料的开发；③教师论证教学的专业化发展；等等。

在2014年科学论证教学相关发文量突破百篇并在此后几年保持稳定增长，说明在科学教育界论证研究日益受到重视。分析2014年前后发表的高突现率被引文献，发现有两篇属于政策性文件的文献被大量引用，分别为2012年美国国家研究理事会颁布的《K-12 年级科学教育框架：实践、跨学科概念与核心概念研究》（AFSE）以及2013年美国出台的《新一代科学教育标准》（NGSS），两份文件均强调了开展论证教育的重要性，在一定程度上促进并引导了科学论证教育研究的发展。NGSS 中提出用“科学实践”替代“科学探究”，并且在科学实践的八大方面中，在“基于证据的论证”、“分析和解释数据获取”和“评估和交流信息”这三个方面均与论证教学有关。而 AFSE 中对跨学科概念、科学与工程实践的强调促使科学论证教学转向实践方向[84]3。自2014年起，科学论证研究的热点内容可视作该领域的发展趋势，因此下文中将结合关键词突现分析来探索论证教育的国际发展趋势。

（六）关键词突现分析

突现词（burst terms）指的是共现频次变化率较大的关键词，通过分析文献中各时间段的突现词，能够展现科学论证知识领域热点问题的演变脉络与发展趋势。运行 CiteSpace，选择“keywords”为节点，运用突现词检测法，得到42个突现关键词。现选取2014年至2018年出现的突现关键词并按突现年份排序，详见表1.12。分析2014年至2018年的突现词，并结合美国国家科学教学研究学会（NARST）关于科学论证教育的会议论文与报告，发现科学教育的论证研究的发展趋势主要集中在以下几个方面。

表 1.12 2014 年起国际科学论证教育研究领域突现关键词及突现年份

序号	关键词	突现率	突现年份	序号	关键词	突现率	突现年份
1	identity	4.50	2014	9	perspective	3.94	2017
2	perception	8.55	2014	10	higher education	3.70	2017
3	learning procession	3.68	2015	11	argument	3.82	2018
4	assessment	4.08	2015	12	language	3.76	2018
5	performance	3.75	2015	13	epistemology	6.76	2018
6	driven inquiry	3.62	2015	14	children	3.36	2018
7	mathematics	3.50	2016	15	feedback	3.70	2018
8	professional development	8.10	2016	16	talk	3.97	2018

1. 转变学生对科学知识的认知与建立论证的课堂文化

缺乏科学论证训练的学生往往会认为科学知识是一成不变的，会将科学知识视为永恒真理，而没有意识到科学知识是具有暂时性的，也是可以接受批判的。因此，需要建立一种支持论证的课堂文化，改变教师、学生和科学知识重构之间的关系，鼓励学生勇于在课堂中提出质疑和批判，实现科学认知论的转变。与该研究主题相关的突现词有 epistemology（认识论）、perception（认知能力）等。伯兰（Berland）等认为教育者的注意力应集中在引导学生构建和应用知识上，而不仅仅是让学生获得孤立的科学知识[85]。因此他提出实践认识论框架（epistemologies in practice，EIP），用以描述学生知识建构的认知目标以及学生对如何参与科学实践的认知理解，从关注我们知道什么（what we know）转变为我们如何知道（how we know）。建立支持论证的课堂氛围能够促进学生认知的转变，同时科学论证实践研究也有助于我们对学生认知论观点的理解，二者相辅相成。

2. 科学论证能力评估模式的开发与应用

目前，国外学者从科学论证的形式、策略及目标的分析视角，提出了论证结构、论证策略和科学认识论的三种评价方式，并趋向于多视角整合的论证能力评价模式开发[86]。评估（assessment）、表现（performance）及反馈（feedback）均属于该研究主题的突现词。孟东卡（Mendonca）和贾斯特（Justi）开发出一套衡量科学课堂论证水平的评估模式[87]，将学生的论证水平划分为三个层次水平：处于水平一的学生可以基于理论的、经验的或有代表性（representational）的证据提出主张；处于水平二的学生可以基于证据，以及证据与解释之间的关联提出主张；处于水平三的学生与水平二学生的不同之处在于他们在论证中会有说服他人的倾向，最后该评估模式在化学键主题的论证活动中得以应用。奈特（Knight）开发出一套用于评估学生根据证据与论点的相关性和支持度来判断证据质量的能力的评价工具[88]。在 2015 年的美国国家科学教学研究学会会议上，有学者指出虽然科学教育界已开发出有效且可靠的论证评估方法，但很少有教师能够将这些评估方法应用于科学论证的教学与学习中，原因是目前可用的评估模式与教师将论证纳入课堂的目标之间缺乏一致性。因此，如何将论证评估与课堂目标相结合，以保证论证评估在教学中的有效应用是科学论证教育领域所面临的挑战之一[89]。

3. 论证话语的研究与分析

论证话语表达是个体参与科学研究的基本能力之一，科学课堂论证话语研究自科学论证教育兴起以来一直是该领域中的热点内容。例如，布莱谢尔（Bleicher）和麦克罗比（McRobbie）[90]探讨了论证话语的开展是如何支持学生进行实验和分析实验过程的，并采用观察与访谈的形式研究了高中化学课堂中师生的话语类别，提出教师应掌握在课堂上控制谈话和活动的教学策略，这些对学生学习科学有着重要意义。克罗韦尔（Crowell）和库恩（Kuhn）开展了一个长达三年的教学干预研究，为来自传统学术弱势背景的中学生提供围绕社会问题的密集对话论证练习，在教学干预中学生的口头科学论证能力均得到了发展[91]。与该研究主题相关的突现词还有交谈（talk）、语言（language）及对话（dialogue）等。

4. 论证领域的教师专业化发展

科学教师是论证教学设计与实施能否成功的关键因素，教师需要思考如何让学生参与到科学论证中，如何促进学生围绕论证话题进行讨论以及如何分析学生在论证中表现出的高阶思维能力[92]。因此教师不仅要提高自身的论证能力，还要理解教育改革关于论证教学方面的基本要求，并掌握有利于论证活动展开的教学策略和论证能力评估模式。目前，论证领域的教师专业化发展研究主要集中于教师论证行为研究与教师培训两个方面。马丁（Martín-Gámez）和埃尔杜拉（Erduran）[93]以西班牙某大学的322名职前教师为样本，对教师关于论证的理解进行定量研究，结果表明职前教师在理解论证要素方面存在困难。例如，他们不理解“根据”（warrant）在科学论证中的作用和意义，而且他们无法针对不同的论证环节灵活地运用教学策略。表1.12中专业发展（professional development）属于该研究领域的突现词，且突现率高达8.10。

三、结论与建议

本节通过CiteSpace软件，对CNKI及WOS核心数据库中近20年国内外有关科学论证教育的文献进行了不同层次的分析和可视化研究，揭示了21世纪国内外科学论证研究领域的演变脉络、热点问题及发展趋势。通过比较分析国内外科学论证及其教学研究可以发现：① 从研究演变脉络来看，我国科学论证教育研究起步较晚，故在科学论证教学理论建构方面有所不足。国内学者能够及时引介国际最新的论证教学研究成果，并以此为理论基础或教学模式开展相应的教学实践等研究，在基于我国国情的本土化改进等方面尚需继续努力探索。② 从研究热点问题来看，国内研究热点与前沿集中在论证评估、话语分析、论证教学模式开发应用与教师专业化发展等几个方面，与国际研究方向总体差别不大。但在科学论证认识论、计算机支持的协作学习（CSCL）在论证教学中的应用研究方面存在缺失，仍有较大的发展空间。③ 从研究发展趋势来看，国内外的论证教学研究都关注于学生的科学认知论建构与课堂论证文化的建立、科学论证能力评估模式的开发与应用、论证教学中的话语分析及论证领域的教师专业化发展等方面。这与美国国家科学教学研究学会研讨会所做的关于“论证研究领域当前所遇到的问题和未来的方向”的调查结果基本是一致的[89]。

论证在科学教育中的地位已不可忽视，在课堂中融入科学论证能给学生提供通过证据推理、对话交互进行科学且有意义建构的机会，让学生能够在与科学相关的社会问题中学会如何通过论证进行决策，这对于个体科学素养提升与社会发展有着积极的意义。而将科学论证真正融入国内课堂教学中，仍需大量的理论探索与教学实践支撑。作为理论研究者，应在参考国外的研究方法与思路的基础上结合本国实际，以强化科学论证教学的本土化研究。正如培根所说，研究者要如蚂蚁搬家，但更需如蜘蛛吐丝和蜜蜂酿蜜。此外，国内的研究者应注重研究机构间的合作与资源信息共享，关注核心机构与作者的研究动态，准确把握研究前沿领域，并积极投身科学论证的教学实践中，以回归田野研究的方式为科学论证教学的实施打下坚实的基础。作为一线教师，他们是连接教学理论和实践的中介与桥梁，更是将论证教学落地的实践者，故其论证意识和水平将起到决定性作用。教师需要接受论证教学培训，但更应积极主动地理解论证基本要素和结构，探索论证教学的模式，掌握论证教学策略及论证能力评估模式，并积极融于教学实践中，从自发走向自觉。通过深入浅出的理论学习、具体可效仿的案例式体验、积极主动的反思批判，提高个体批判意识和证据推理的能力，提升论证水平，从而加强教师队伍整体性的专业发展。以教师的专业化发展促进学生的学科核心素养发展，这是一条最为高效可行的途径。

第三节　论证教学的理论基础

论证教学就是将科学论证的思想应用于教育教学的过程，这是一个多学科和跨学科的研究领域，其相关理论基础也势必呈现出理论视角和研究方法的多元化特征。论证的研究源起于逻辑学，尤其是强调领域依赖性的非形式逻辑学，这是论证教学的逻辑学基础。论证是一种内隐的高阶思维过程，常通过外显的语言等行为方式表达推测其内在认知过程，因此关于学习者思维阶段和过程的认知发展理论、信息加工理论等是其心理学基础。论证教学是一个多边互动合作的对话活动，旨在促进学生的高阶思维能力，故建构主义和思维教学论等是其教育学基础。

一、逻辑学基础

（一）历史渊源：从形式逻辑到非形式逻辑

“论证”是逻辑学研究的基本问题。早在两千多年前，古希腊哲学家亚里士多德作为逻辑学的创建者，在《论题篇》（又译《论辩篇》）中就讨论了论证思想。

亚里士多德将论证研究分为三个领域：关注从确凿为真的前提出发的分析学（analytic）；以获取绝对确定和可靠知识的证明性论证（demonstrative argument）；发展以三段论为主要形态的形式逻辑理论[94]。一直以来，逻辑学始终在论证研究中居于主导地位。在当代论证理论中，它进一步展开为形式化与非形式化两条进路。形式逻辑与数学推理等紧密结合，具体可追溯到分析学的久远传统。它关注论证中常见、稳定的结构特征和推演规则，以及其在形式语言或系统中的刻画与表达。形式逻辑仅关注人工语言，仅关注思维形式而忽略思维内容，这种"去语境化"（decontextual）的研究，仅涉及论证的语形和语义层次。因此，形式逻辑在学术领域的巨大成功并没有抵消其远离社会生活的局限性。到了 20 世纪 70 年代，非形式逻辑随着北美逻辑教学改革而兴起。理性的人们呼吁逻辑要在生活中发挥有效作用，开始发展分析、建构和评价日常论证的理论和方法，于是转向以论证为核心的非形式逻辑和批判性思维。之所以称之为"非形式"，就是指其不一定完全遵从演绎或归纳的推理路径，而是根据日常情境作出相对合情合理的推断。著名的《斯坦福哲学百科全书》对非形式逻辑的解释是："非形式逻辑是一种发展能够用于评价、分析和改进普通语言（或'日常'）推理的逻辑的尝试。非形式逻辑与从哲学、形式逻辑、认知心理学和一系列其他学科的观点来理解这种推理的尝试相交叉。非形式逻辑中的大多数著作将焦点集中于推理和论证，人们可以在人际交流、广告、政治辩论、法律论证中，也可以在作为报纸、电视、因特网和其他形式的大众媒体特征的社会评论中发现这种推理和论证。"[95]可见，非形式逻辑的注意力集中于论证，且这种论证不是形式化的系统，而是经验的、实际的、由自然语言表述的论证。或者说，非形式逻辑的对象和中心内容是表述为自然语言的、日常思维中的论证。它关注论证的本质、论证与推理的关系、论证的类型、论证应符合的标准、论证应遵从的原则，以及通过自然语言辨认、抽出、重建论证等有关论证本体的基本问题[96]。

论证和推理的过程密切相关。非形式推理可以由韦恩图的形式加以分类呈现，主要表现为三种类型：理性主义的非形式推理（rationalistic informal reasoning）、情感性的非形式推理（emotive informal reasoning）和直觉性的非形式推理（intuitive informal reasoning）[97]。理性主义推理是指，学生在考虑问题时充分运用推理与逻辑；情感性推理是指，学生基于对他人或世界的同理心作出推理；直觉性推理是指，参与者直接表现出积极正面的或消极负面的感情或反应[98]14。萨德勒（Sadler）特别强调，情感性推理并不代表非理性的，它与理性主义推理并列，是以情感为基础的一种理性。同时，实际决策过程中常常不是采取单一推理模式，而是整合调用一种以上的推理方式，即体现于韦恩图中的重叠部分（图 1.6）[97]。在

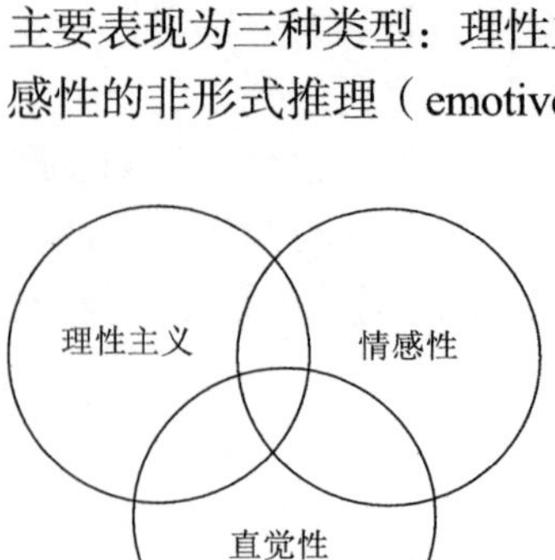

图 1.6　非形式推理的韦恩图

论证推理时，直觉性推理总是优先于其他两种推理类型而产生，之后才开始调用理性主义的或情感性的推理模式，试图找出证据来支持直觉性推理做出的初步决定。当然，理性主义的或情感性的推理模式也可能会与直觉性推理产生相矛盾的决策结果。

（二）内涵演变：从 argument 到 argumentation

什么是论证？论证源于西方，在英文表述中常有两个术语：argument 和 argumentation，源自拉丁文“argumentum”，意为“使……清晰”（to put into clear light）[99]625-626。日常话语中，这两个词语基本具有相同的义项，可以相互替换。但是，在逻辑学语境中，“argument”与形式化逻辑的渊源更为亲密，被视为一个“前提-结论”结构的抽象对象。而“argumentation”则指向于日常话语中论证活动的具体意义。随着非形式化逻辑的兴起，论证也从传统“前提-结论”结构的、抽象的命题序列式理解转向于实践情境中动态的、活动性的对话。重回论证实践甚至日常话语来理解论证概念已是当代论证研究的理论起点，“社会性”“互动性”“目的性”等已成为论证界定的必要特征。换言之，原来形式化逻辑意义上的 argument 的含义也同步于论证理论的发展进程，突破了狭隘的逻辑学意义而向广阔的日常话语意义回归，从而与“argumentation”意义相通甚至等同。现在，很多学者也仍坚持两者同义，并无实质分别，在诸多情形下都可相互替换[100]。在逻辑学理论界，还存在对 argument 和 argumentation 的另一种解释。奥凯弗（O’Keefe）把论证区别为两种类型：argument 是指作为一种话语或交际行为的论证，它被看作由主张及其理由所组成，是指作为结果的论证（argument- as-product）；argumentation 是一种特殊交互作用，指的是一个论证或就特定主张做出论证的过程，是指作为过程的论证（argument-as-process）[101]。我们现在讨论的论证常指上述两种类型都包含。

从汉语言角度来看，论证常与论辩互用。两者都可与“argument”和“argumentation”相对应。不过，也有学者指出其中差异。例如，有学者认为逻辑学中的论证即“argument”，是一种狭义的论证，是由论点、论据、论证方式构成的，即一个从论点出发寻找论据支持的过程。此论证思想主要源自亚里士多德的《论题篇》。从传统逻辑视角来看，“论点”相当于“结论”，“论据”相当于“前提”，而“论证方式”相当于“推论方式”（通常有两大类型，即演绎论证和归纳论证），也就是论据（前提）推导或支持论点（结论）的方式。这是一种狭义的论证，其基本特征是静态性、单主体性和独白性。而对应的另一种论证，可以认为是与“argumentation”对应的，是一种广义论证，至少需要考虑到可能的反驳，如图尔敏模型的论证概念。正如中国哲学家冯契（1915—1995）所说，“为了说明一个道理，往往需要正面的论证，又需要反面的驳斥，两方面都是需要的”。语用论辩学派则认为，“论证”（argumentation）是消除意见分歧的手段，它本质上作为一种言语的、社会的理性活动，旨在通过提出至少一个命题来证明其立场并说服理性批判者接受其立场。因此，论证具有动态性、多主体性和交互性，故常被称为“论辩”[100]。随着论证在教学领域中的不断渗透和发展，这些术语的内涵和外延也并无太多实质性差异了。本书中的论证是指广义的论证，不和论辩予以区分。

另外，从逻辑学角度看，论证是有别于概念、判断、推理（包括演绎推理和归纳推理）的一种独立的思维形式[102]。判断独立思维形式的标准有两条：一是思维内容赖以表达出来的方式，即思维形式问题；二是具备自身特有的逻辑结构，是解决思维形式中的独立性问题，用以断定论证与概念、判断、推理等思维形式之间的区别。作为论证，同时包括论题、论据和论证方式。如果单独指它的论题或论据，那么就会把论证的结构等同于判断的结构（因为论题和论据都是以判断的形式表现出来的）；如果单独指它的论证方式，则会把论证的结构与推理的结构混为一谈（因为论证方式表现为推理形式）。可见，论证与推理有着密切的关系，若没有这种作为论证方式的推理形式，那么论据就不能与论题产生联系，也就无法达到论证的目的。但是，论证与推理之间也有明显的区别：第一，从思维的目的性看，论证在于确定地判断论题的真实性或虚假性，直接为人们证实真理或批驳谬误服务；而推理的目的是推出新知识，使人们不断开阔视野。第二，从逻辑的进程看，推理是从前提出发，然后根据前提之间的逻辑联系进一步引申出结论；而论证则是从相当于推理结论的论题出发，再引出论据来证实该论题，二者的逻辑进程正好相反。第三，从逻辑结构看，在推理的结构中不存在核心与非核心、主导与非主导之分；论证的结构中则存在这种差别，论题在论证的整个结构中就是处于核心的、主导的地位。由于论题自身有待于证明为真的判断，为使人信服，必须引用合乎客观事实的材料或自然科学的原理、定理、定律等作为根据，并运用一定的方式证实它，由此导致论题之外的其他论证结构以及论证过程的出现。经过一番论证之后，得出与论题完全一致的结论，这时标志着论证过程的结束，论题就成为论证过程的终点。这种从论题开始、最后又回归到论题的情况说明：论题在论证的逻辑结构中处于核心主导地位，论证的其他结构如论据和论证方式，是受论题所制约的，归根结底是为论题服务的。第四，从逻辑的层次性看，论证比推理高一层次。无论是何种形式的推理，都是以推出新知识作为结论而告终，至于所推出的结论是真实的还是虚假的，处于推理的层次中是无需从逻辑的角度做出回答的。在人们完整的逻辑思维过程中，通过推理获得新知识后，进一步产生了证实该知识是否真实的需求。显然，这是比单纯推出新知识的推理高一层次的需求。因此，也有人把论证看作推理的特殊形式，认为论证中包含和运用了推理，或者说论证过程汇总的某部分直接表现为推理[103]。

（三）论证图解：从图尔敏论证模型到斯克里文型图解

杰出的英国学者图尔敏（Toulmin）的论证逻辑开辟了一个不同于形式逻辑的新领域，引领了当代逻辑学研究的实践转向。他在《论证的使用》（1958 年）中提出了论证的“法律学模型”，也被称为图尔敏论证模型，是一种极为经典的非形式化逻辑的代表，如图 1.7 所示。这一模型包括六个成分：主张、资料、根据、支援、限定和反驳（详见第二章）。这种表达论证过程的结构化图式就是一种论证图解。论证图解以其可视化特点已经成为逻辑学中进行论证文本分析的一个重要环节，以直观的形式揭示论证的支持关系，无论是线性关系、组合关系、收敛关系，还是发散关系。不同的图解方法所强调的重点不同，但都力图充分反映实际论证所包含的陈述之间的复杂关系。图尔敏论证模型说明了论证的组成部分担当的不同逻辑角色之间的关系，是一种构成论证理论或是一个表达论证组成部分具体化的概念图解。

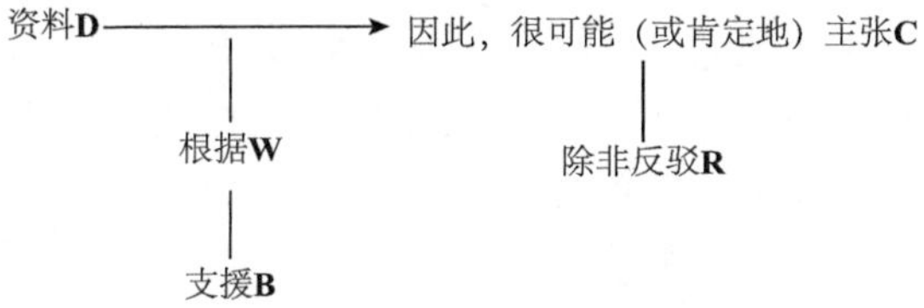

图 1.7　图尔敏论证模型

除了图尔敏论证模型这类论证图解之外，另一类更为广泛使用的是斯克里文型图解：前提指向结论的箭头代表推论主张（图 1.8 左）。这种表达首先由比尔兹利（Beardsley）《实用逻辑》（1950 年）使用，区分了收敛式（若干独立理由支持同一结论）、发散式（同一理由支持若干结论）和线性论证（论证中的一个陈述既是结论，又是一个进一步结论的理由）。斯克里文《推理》（1976 年）中添加了否定支持的符号，以便把对论证的“审慎平衡”反映在图解中，同时因其流行而被广为使用。图 1.8 右是一般使用的斯克里文型图解：括号内的数字表示陈述的命题，字母 A、B、C 代表省略前提，D 和 I 分别代表演绎推理和归纳推理。

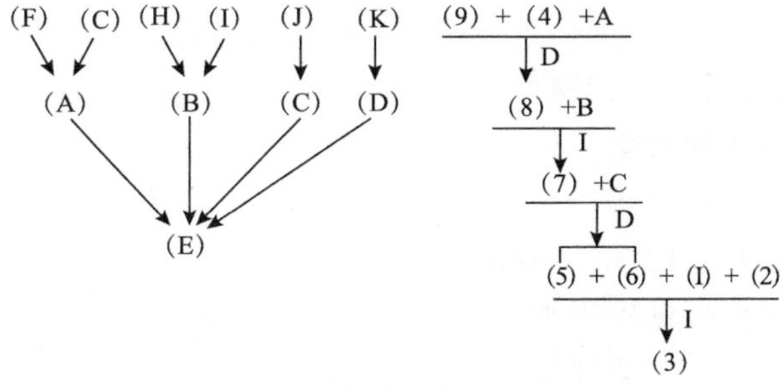

图 1.8　斯克里文型图解

随着信息技术的发展，近些年出现了一些新颖的图解软件将传统论证图解技术和计算机技术相结合。例如，由墨尔本大学哲学系的盖尔德（Gelder）所设计的 Reason!Able 软件可以构造任何主题的推理及论证评估，并以颜色标记论证质量的判定。它可以从产生一个主张开始，也可以从已有的论证结构开始；可以进入前提或结论的真值评估模式，也可以输入支持或反对主张的强度。不同的真值等级和支持（反对）等级都将显示不同的颜色。再如，由里德（Reed）和罗韦（Rowe）开发的 Araucaria 是一个支持构造论证图解的软件工具，为批判性思维课程或包含批判性思维方面的课程而设计，且已在加拿大和美国的一些大学课程中使用[104]。

二、心理学基础

思维即论证[105]12，论证是日常生活中常见的思维实践，科学论证则是一种科学思维形式，也是一个科学思维的过程。科学思维是具有意识的人脑对自然界中事物（包括对象、过程、现象、事实等）的本质属性、内在规律及自然界中事物间的联系和相互关系的间接的、概括的、能动的反映[106]。当代的观点认为科学思维包括结构性和功能性两个方面，前者指个体在科学思维过程中使用的知识，后者指个体在科学思维过程中使用的假设、测量、实验、评估、推断等技能[107]。科学论证离不开认知心理学理论的支撑。目前，关于认知的性质和发展，最有影响并且相对完善的观点主要有：皮亚杰的认知发展理论、信息加工理论和双系统思维模型等。这些理论都提出了有关认知发展的两个主要问题，即在发展过程的不同时刻，儿童有何认知发展（描述性问题），以及认知发展如何发生（解释性问题）。

（一）认知发展理论

皮亚杰第一个提出了关于儿童认知发展的理论框架，对认知发展研究做出了巨大贡献。皮亚杰认为教育是从属于受教育者发展水平的，即儿童的认知发展是自然而又有顺序地沿着感知运算阶段（0～2 岁）、前运算阶段（2～7 岁）、具体运算阶段（7～12 岁）和形式运算阶段（12 岁以后），这样一个系列的必然阶段演进并日臻成熟的[108]5。这四个阶段的主要标志是运算的思维水平不同。感知运算阶段儿童的主要认知结构是感知运动图式，依靠动作去适应环境。前运算阶段儿童将感知动作内化为表象，可凭借心理符号（主要是表象）进行思维活动。具体运算阶段儿童的认知结构由前运算阶段的表象图式演化为运算图式，具有守恒性、脱自我中心性和可逆性，但思维活动需要具体内容的支持。形式运算阶段儿童思维发展到抽象逻辑推理水平，思维已能摆脱具体事物的束缚，把内容与形式区分开来，能进行假设、演绎推理，不仅是逻辑和数学思维的凭借，也是一切自然科学思维活动的基础。处于这个阶段的儿童能够根据理论或假设推出结论，并以结论检验假说或理论，解释有关现象或预言新的事实，发现新的现象。

中学生的认知水平集中在具体运算阶段和形式运算阶段。因此，我们重点阐述具体运算和形式运算的区别。首先，具体运算必须以具体事物为支持，体现为具体性；而形式运算能根据言语进行抽象思维活动，体现为抽象性。例如，初中阶段学习的原子和分子等概念是抽象的，若让学生思考溶液中微粒的分布形态等问题，那么处于具体思维的学生就会不知所措。其次，具体思维的学生缺乏系统思考问题的能力，常不能给出解决问题的所有可能情况。例如，面对问题“给出四瓶无标签的无色溶液：NaCl 溶液、$AgNO_3$ 溶液、KNO_3 溶液、$BaCl_2$ 溶液，问哪些瓶中的溶液两两混合后会产生白色沉淀，试给出所有可能结果”，处于具体思维的学生采用试误法，而不会系统地进行检测，有步骤地予以排除或确定所有可能情况。最后，从能否分离和控制变量来看，处于形式思维的学生能认清问题解决中除了一个被研究的变量之外，控制一切其他变量是必要的。例如，初中学习溶解度概念时，“一定温度”“100g 溶剂”“达到饱和”这三个条件是必不可少的，但是处于具体思维的学生往往难于同时掌握这三个条件，他们在解决问题时常常会顾此失彼。当然人的智力发展是连续的，具体运算阶段和形式运算阶段并非截然分开的。劳森（Lawson）在此基础上提出了从具体阶段到抽象阶段的一个过渡阶段——后具体阶段。在化学教学中有许多这样的例子。例如介绍氧化-还原反应时，开始从得氧和失氧角度出发，这是一种具体思维；然后从化合价的升降来理解，这是一种后具体思维；最后从电子得失的观点来分析反应的本质，这是一种形式思维。

皮亚杰认为，形式思维水平个体达到其认知发展的最高阶段是心智健康的人类社会成员随着神经系统的发育最终都能实现的一般性的认知成就，与生理成熟密切相关。赫伦（Herron）在 JCE 曾发表“Piaget for chemists explaining what good students cannot understand”一文中指出：化学学习的困难来自学生形式思维水平（形式运算阶段）尚未达成；大约 50%的大一新生并没有实现皮亚杰所言的形式思维发展水平[109]。因此有研究者提出，皮亚杰所划分的智力发展阶段并不能很好地体现在化学学习中，年龄因素不是判断化学学习中学生思维水平的重要因素，大量超越这一年龄界限的学生（包括大学生）都不能在化学学习领域体现形式思维水平[110]。换言之，皮亚杰界定的智力发展四阶段的本质不同于化学思维。中学生化学思维是在系统的化学教学下，学生化学认知结构的建构过程中实现的。一般性认知发展是实现化学思维的基础，但并不意味着形式运算阶段的个体一定能够发展化学思维。化学思维不是所有个体都能实现的一般的、普遍的认知发展，是人类后天智力的特殊形式之一，是大脑心理健全发育的个体在化学知识学习过程中产生并发展起来的[111]18。确实，学科领域需要不同的知识结构和思维方式，不能把得之于某门学科的原则不变地应用于各门学科。正如舒曼（Shuman）所说的：“以往的情况经常是，教育心理学没有给予那些我们经常研究的学科的内容与结构以足够的注意。我们往往把学习的心理模型强加到这些学科的内容上……实际情况是，学科应该是我们理解思维的基础。心理模型应该适应学科内容，而不是学科内容适应心理模型。”[112]

皮亚杰将人类认知视为复杂有机体之于复杂环境的一种具体的生物适应形式，认知发展的实质即图式（schema）的形成和变化过程。所谓图式是指个体对世界的知觉、理解和思考的方式。他以同化-顺应模型来描述认知系统与环境间的相互作用方式，以及认知系统在这种相互作用中所经历的发展变化。根据这一模型，个体的认知系统在其与环境的认知互动中起着积极的作用。认知系统不仅仅是对所经历的事物作简单的心理复制，而是在与环境的交互作用中，创造了关于现实世界的图式。与环境间的每一次认知冲突常常具有两个方面，即同化（assimilation）与顺应（accommodation）。同化是按照个体已有的认知系统对外来刺激的解释或分析；环境际遇经过认知转化，从而与认知系统所拥有的知识和思考方式相一致，也就是个体将外界刺激纳入到已有的图式中，引起图式量的变化。顺应则是通过认知系统的改变，以适应外来刺激的结构，也就是个体因外界刺激的作用而引起的原有图式的修改或重建，发生图式质的变化。因此，认知系统即使现实适应于自己的结构（同化），同时又使自己适应于环境的结构（顺应）。在皮亚杰看来，在任何与环境的认知冲突中，同化和顺应是同等重要的，总是必定以相互依赖的方式一起发生。其人类认知系统模型，强调内在认知和外在环境之间持续的相互作用或协作，两个因素对知识的建构、智慧的发展起着至关重要的作用。皮亚杰关于认知发展的另一个重要概念是平衡（equilibration），指个体通过自我调节机制使认知发展从一种平衡状态向另一种较高平衡状态过渡的过程。平衡过程是皮亚杰认知发展理论的核心内容之一。根据平衡化模型，发展的发生有三个基本步骤：起初，儿童关于某一问题的认知系统处于某个较低发展水平的平衡状态；继而，儿童觉察到与其当前的系统相冲突的、该系统所不能同化的某物，从而使系统处于某种不平衡状态；最后，儿童通过修正认知系统，以使其与原先认知系统不协调的事物得以顺应，从而平衡得以在某一较高发展水平上重新确立。皮亚杰认为，在一般情况下，当个体遇到新概念时，总是试图用原有图式去同化，若获得成功，便得到暂时的平衡，否则，个体就会做出顺应，即调节原有图式或重建图式，直至达到认识上新的平衡。平衡-不平衡-新的平衡的连续不断的发展，就是整个认知发展的过程，即是学生科学概念的发展过程。

（二）信息加工理论

信息加工理论是将人类心智设想为一个复杂的认知系统，这一系统在某些方面类似于数字计算机，处理或加工来自环境或已经存储在系统内的信息。这种观点对信息加工方式、信息类型、不同复杂或抽象程度的信息单位及组织形式等所有这些信息加工细节感兴趣，并试图对儿童的认知系统在处理某些任务时的实际运作，提供一个明晰而详细的解释。一些信息加工心理学家利用计算机模拟所设想的人类认知系统的运作，来检验和修正关于思维甚至认知变化的信息加工模型。信息加工速度、信息加工容量和信息加工限制等是信息加工理论用来解释认知发展的一些基本概念。信息加工速度的不断提高和信息加工容量的不断增长，可以推动儿童认知加工能力的发展。信息加工心理学家认为，由于能够同时注意并进行加工的信息单位数量有着严格的限制，而诸如编码、比较和从记忆中提取信息等认知活动都需要执行时间，并且常常需要系列进行（即串行加工），因此单位时间里能够加工多少信息的限制严重束缚了儿童的发展。而一些最重要的认知发展，便在于获得了用以克服这些限制的程序，这些心理程序经不断练习，得以更加有效地执行，并最终自动化发生。儿童对刺激编码的灵活性和彻底性的提高及各种新策略的获得，也是儿童加工能力发展的重要原因[113]。

信息加工理论所确认的发展过程，可以用不同类型的信息加工取向的研究加以说明。其中，加涅提出了学习结构的一个典型模式，用以阐明学习的一般过程，见图 1.9。这个假设模型的下方描述的是信息流，即信息从一个假设结构进入另一个假设结构的经过。来自学习者环境中的刺激作用于感受器，这样最初的外界信息就会转换成各种模式的神经冲动而到达感觉登记器——对信息进行初步处理，也就是对学习者最初感知事物起作用的一个结构。信息在此停留很短的时间，大约百分之几秒。信息的进一步保持是通过选择性知觉加工而进入短时记忆这一结构实现的，但信息在此逗留时间也仅几秒钟，且需要复述等策略保持。通过语义编码，在短时记忆中作为知觉的主要特征的有用信息转换成概念的或有意义的样式，进入流程的下一个结构，即长时记忆。长时记忆是长久知识技能的储存器，其容量被认为是无限的，且不受时间的限制。储存于长时记忆的信息以网结的形式存在，每个结代表一个信息项目或一簇有联系的组块（chunk）；如果网络中的一个项目被激活，则这一组成部分全部可能被激活。这些结中有的是形象的知识；有的是由词义、信念、理论等组成的语义或命题信息；还有一些则是动作和技能程序的信息。新的学习需要部分地回忆起先前习得的某些事物时，就需从长时记忆中检索出这些事物，重新回到短时记忆，而此时的短时记忆成为记忆的“前哨阵地”，故又称之为“工作记忆”，这时常常发生学习的迁移和概括。信息经过加工后便进入反应发生器，在那里信息被组织成反应而激起反应器的活动。最后，反馈使学习的行为成为一个句号，也使信息的流动在环境和学习者之间形成了一个环路[114]。

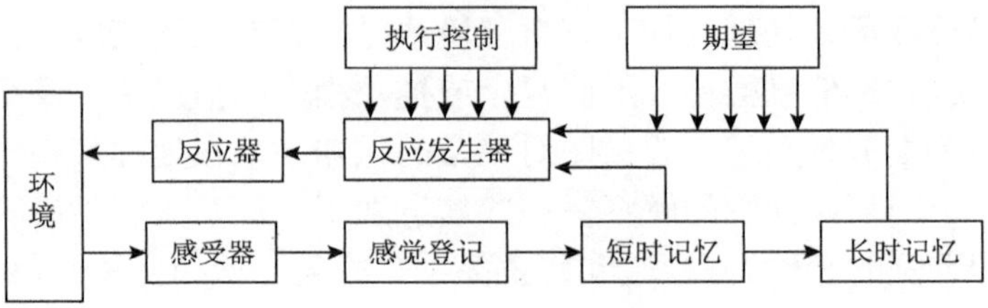

图 1.9 加涅关于学习过程的信息加工模型

（三）双系统思维模型

毕生从事有关人决策行为研究的普林斯顿大学的卡尼曼（Kahneman）是现今在世的最有影响力的心理学家之一，他因在不确定状态下人们如何作出判断和决策方面的研究，将心理学研究与经济学融合，而荣获 2002 年度的诺贝尔经济学奖。他在著作《思考，快与慢》中阐述了其关于思维与决策的独特看法。他认为人们在做决策时，大脑的思考方式有快与慢两种，即人的大脑存在两个系统——系统 1（直觉决策系统）和系统 2（推理决策系统），见图 1.10[22]。系统 1 是最常用的也是无意识的，它支持快思考，会依赖情感、记忆和经验迅速做出判断。它见闻广博，使我们能够迅速对眼前的情况做出反应，但也很容易上当，它固守“眼见即为事实”的原则，任由一些诸如直觉性错觉等引发错误选择。系统 2 是受控制运作且是有意识的，它支持慢思考，通过调动注意力来分析和解决问题并做决定。它不容易出错，但它很懒惰，经常走捷径，常会直接采纳系统 1 的直觉型判断结果[115]8-13。

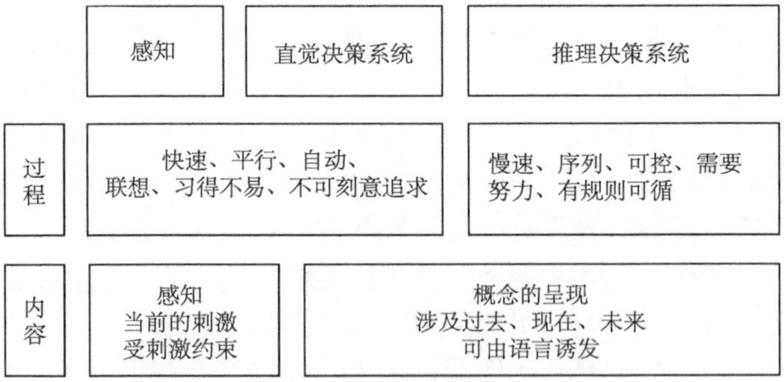

图 1.10 人的决策系统图示

近年来，在决策与推理的研究中，很多研究者也都相继提出了类似的双系统思维模型：基于直觉的启发式系统（heuristic system）和基于理性的分析系统（analytic system）[116]。启发式系统（系统 1）更多地依赖于直觉，并行加工且加工速度较快，不占用或占用很少的心理资源，模块化封闭运行，反应自动化，容易受背景相似性、刻板印象的影响，通常我们只能意识到其加工结果而意识不到加工过程。分析系统（系统 2）更多地依赖于理性，串行加工且加工速度慢，占用较多的心理资源，非模块化，不容易受背景相似性、刻板印象的干扰，主要基于规则进行，其加工过程和结果都可以被意识到。显然，这种双系统的划分受到信息加工心理学的影响。双系统思维模型认为，启发式系统与分析系统同时对决策或推理过程起作用。当启发式系统与分析系统的作用方向一致时，决策或推理的结果既合乎理性又遵从直觉；而当两个系统的作用方向不一致时，两个系统则存在竞争关系，占优势的则可以控制行为结果。卡尼曼认为，在两者的竞争中，往往启发式系统会获胜，这正是很多非理性偏差的根源。

为了解释启发式系统常常比分析系统更占优势的原因，研究者提出了多种解释机制，包括认知繁忙或认知懒惰、调整不足、直觉信心等因素。佩蒂（Petty）等认为：决策者缺乏动机导致认知懒惰（cognitive laziness）或加工负荷过高导致认知繁忙（cognitive busyness）。因此，分析系统很难纠正启发式系统的非理性偏差，结果在启发式系统与分析系统的竞争中，启发式系统常常胜出。之后，埃普利（Epley）等认为，在决策与推理过程中，启发式系统加工速度快，所以直觉判断进行得较早，随后分析系统再对该结果做出理性调整（adjustment），由于这种调整本身就具有内在的不充分性，最后的行为结果常常还是取决于启发式系统。在调整的过程中人们更可能犯谨慎错误（cautious error），而不是冲动错误（rash error）。调整不足说意味着非理性偏差具有一般普遍性。近来，西蒙斯（Simmons）与纳尔逊（Nelson）的研究发现，直觉信心（intuitive confidence）才是导致非理性偏差的关键：启发式系统产生的直觉判断越容易，其诱发的直觉信心就越强，这时如果产生偏差，就越不容易被分析系统克服；启发式系统产生的直觉判断越困难，其诱发的直觉信心就越弱，这时如果产生偏差，就越容易被分析系统克服。这样，直觉信心假设正好与调整假设的预期相反：该假设预期非理性偏差并没有普遍性，通过操作启发式系统直觉产生的难易程度，即可决定是否出现非理性偏差[116]。

创新始于质疑，这种质疑或批判是双向的，即既质疑他人，也质疑自己，这也是创新型人才的重要特征。双系统思维模型提供了一种关于批判式思维机制的解释，其研究为论证模式提供了有力支持。显然，论证是一种非独断的思维方式，是一种谨慎的思维方式，是一种自我反省的思维方式。其表现形式是“不懈质疑、包容异见、力行担责”，不轻易相信权威，会根据自己的思考、学识、情感和经验，通过审问、慎思、明辨，做出自己的决断。双系统思维模型告诉我们，每个学生都具有思维系统 1，都是一个有好奇心、有求知欲、有情感的人[117]。学生拥有不同的性别、成长经历、生活环境以及智力和心理发展的水平。需要尊重不同学生之间的个别差异，尊重学生的个性。因此，教学需要足够的留白，鼓励学生积极思考；教师需要给予充分的尊重，鼓励学生表达、讨论和质疑，在寻求证据和双向质疑中不断成长。一个新理论、新观点被接受，或者一个旧理论、旧观点被放弃，往往都是一个漫长的过程，甚至是一个旷日持久的论证过程。对于教学而言，我们应放弃“真理-谬误”的简单思维方式，更多地去“教探索”而不是“教知识”，基于论证的视角进行教学可以更好地支持学生积极主动地进行探索，实现自主建构和深度学习。

三、教育学基础

（一）建构主义教学观

建构主义（constructivism）的思想在古代哲学中早有体现，但是其正式提出者则可以追溯至著名的心理学家皮亚杰。在建构主义逐渐形成和发展的路途中，我们可以发现其在批判行为主义、认知主义学习观的同时，逐渐吸收了杜威的经验学习论、维果茨基的发展学习论、皮亚杰的建构学习论、布鲁纳的认知结构学习论、奥苏贝尔的认知同化学习理论等各家学派观点，是在对认知主义进行大综合和大发展后所形成的独特学习观，是一种“范式”的革命。目前，以认知心理学为基础的建构主义理论已经成为世界各国的自然科学教育领域乃至社会科学等其他领域中备受欢迎和极具影响力的思想取向。他们认为“思维、学习与问题解决并不是一种‘冷冰冰’的认知，而是同情绪、社会关系与社会结构有着内在的联系……学习与发展产生于个体之间，而不是个体内部”。尽管建构主义本身也有不同流派，百花齐放，但是所有的建构主义（尤其是激进建构主义）都宣称：学习的本质是一个主动积极的建构过程。建构主义认为：

（1）外部信息本身并没有意义，意义存在于学习者的主动建构中，而这种建构是通过新旧经验之间的不断互动而实现的。因此，知识不是对现实世界绝对正确的表征，只是一种解释、一种假设，并不是问题的最终答案，而是处于不断发展中。随着思考的不断深入，旧的假设和解释将不断被新的假设和解释所取代，观点是由认知主体主动建构而不是被动接受的。不同的学生即便面临同样的外部信息也可能建构出不同的意义，所建构的知识是多元化的。同时，学习不是传递和灌输知识的过程，学生不是信息的被动吸收者。真正的学习应该是学生自我建构的过程。因此，教学不是为了把知识作为一种预先决定了的东西教给学生，更不是强迫灌输知识给学生，而是帮助学生建构知识的过程。

（2）学生并不是空着脑袋走进教室的，他们在以前的生活、学习和社会交往活动中，通过与外界环境的交互作用逐步形成了自己对各种现象的理解和观念，而且他们具有利用现有知识经验进行推论的智力潜能。换言之，每位学生都有自己的前科学观念（或已有经验），教师不能无视这些已有经验，而应该以这些已有经验为“生长点”帮助学生扩展和丰富其认知图式。学习并不是教授者向学习者传递知识的过程，而是学习者主动建构其知识经验的过程。对于学习的建构过程做出更深入解释的是美国学者斯皮罗（Spiro）等，他们提出并倡导了认知灵活性理论（cognitive flexible theory）。该理论认为，在学习内容中存在着大量的结构不良领域（ill-structured domains）。此领域知识的特点是概念的复杂性和实例的差异性。在遇到结构不良领域的问题时，不能简单套用原来的解决方法，而是需要面对新问题，在原有知识经验的基础上重新做具体分析，建构新的理解方式和解决方案。在具体的教学方式上，斯皮罗等在认知灵活性理论的指导下，提出了针对高级学习的“随机通达教学”（random access instruction）。该理论的核心主张是：对同一内容的学习，要在不同时间、在重新安排的情景下带着不同目的以及从不同的角度多次进行，以此达到高级知识获得的目标（即把握复杂性和为迁移而准备）。在这种教学中，学生可以形成对概念的多角度理解，并与具体情景联系起来，形成背景性经验。这就能够提高他们针对具体情境的需要从记忆中选取知识加以重新组装、建构意义的能力。

为了使建构主义的教学思想落实到教学实践活动中，产生了多种基于建构主义教学观的教学模式。目前在国内介绍较多的主要有：抛锚式教学（anchored instruction）模式、支架式教学（scaffolding instruction）模式和随机访问式教学（random access instruction）模式等。抛锚式教学模式以情境学习（situated learning）等理论为基础，让学生在一个完整、真实的问题情境中产生学习的需要，通过学习者共同体进行问题解决和意义建构。由于抛锚式教学强调要以真实事件或真实问题的情境为基础（即为“锚”），有时也称为实例教学、基于问题的教学或情境性教学。其一般程序通常为：①创设情境。使学习能在与现实情境基本一致或相类似的情境中发生。②确定问题。在上述情境中，选择与当前学习主题相关的真实性事件或问题作为学习的中心内容。选取的事件或问题就是“锚”，这一环节的作用就是“抛锚”。③自主学习。由教师向学生提供解决问题的有关线索，让学生通过自主探索解决问题。④协作学习。开展讨论、交流，通过不同观点的交锋、补充、修正，加深学生对当前问题的理解。⑤效果评价。包括学生个人的自我评价和学习小组对个人学习的评价[118]。支架式教学以一套恰当的概念框架来帮助学习者建构知识，学习者能够借助该框架独立探索和解决问题，并独立建构意义。“支架”即“脚手架”，用于比喻对学生解决问题和建构意义起辅助作用的概念框架。通过其支撑作用，学生的认知发展不断从实际水平提升到潜在水平。教师的作用就在于使这样的概念框架尽可能完善。随机访问式教学是对同一教学内容在不同时间和情景，基于不同目的，用不同方式多次加以呈现，以使学习者对同一内容或问题进行多方面探索和理解，获取多种意义的建构。“随机访问”即自由地、随机地从不同角度访问、探索并建构同一内容。换言之，即“换一个角度看问题，换一个情境解决问题”[119]。以建构主义为理论基础的还有交互式

（reciprocal）教学模式、认知学徒（cognitive apprenticeship）教学模式等。这些教学模式不是非此即彼，而是在一定程度上出现了相互汲取、彼此融合的趋势。

基于建构主义的教学设计具有如下一些显著的共同特点：①教学设计过程是非线性的、递归的。与基于目标主义的教学设计不同，基于建构主义的教学设计不再是简单设计之后加以实施的问题，而是一个在学与教的具体境脉中、在学与教的互动中发展演化的过程。也就是说，基于建构主义的教学设计并不是始于教学需求的分析与教学目标的界定，整个设计过程也并非预先设想的，而是从一个粗略的、模糊的计划开始，在实际、具体的应用情景中发现问题，并不断加以调整与改进。②教学设计强调有意义情境的创设。以往传统的规定性教学，往往忽视了知识背后所蕴含的特殊应用情景，结果导致学习者通常所获得的是没用的“惰性”知识（inert knowledge）。教学的重点在于促进学习者在真实的情境中获得理解。因此，有意义情境的创设成为教学设计至关重要的环节之一。这种有意义情境的创设，基本上都是以真实问题为导向的。知识的获取隐含在真实问题的解决中。③教学设计强调多维评价方式的设计。在基于建构主义的教学设计中，目标不是事先规定的，是在设计和开发的过程中逐渐显现的。所以，依据教学目标编写测验项目，并以此作为教学效果评价的唯一依据的做法是不适宜的。对此，在教学设计的过程中，应该考虑更加多样化和有效性的评价方式，实现对学习者知识、技能和能力的综合评价，而不是仅仅局限在可量化的行为目标的观察和测量上[120]。此外，评价的重心应该放在形成性评价上，因为它能为教学设计过程的改善提供即时的反馈。

总之，建构主义教学观十分强调“意义建构”、“情境”、“协作”和“对话”。在教学过程中，学生是学习的主体，而教师应该是一位值得学生信赖的咨询者和引导者，教师要充分意识到并利用学生的差异提供学生进行讨论和交流的环境和情境，开展合作学习和高质量对话。希伯特（Hiebert）强调学生通过在学习中发现问题、形成认知冲突，然后去探索问题，解决认知冲突。其基本策略在于让学生通过问题解决来获得相应的图式和观念性理解。建构主义学习理论强调知识的获取是对科学现象和问题提出合理解释的论证过程，自然科学的学习要通过学生之间的协作与对话来共同建构有说服力的科学解释，强调知识是生成性的。在以合作论证为中心的自然科学的学习活动中，学生是科学知识的产生者，需要主动收集资料、提出看法，与他人辩驳并达成共识，最终建构科学概念；教师的角色是鼓励学生使用科学，引导学生建构论点。学习理论表明，课堂中的相互合作论证常常会引发个体学习，激发学生的学习兴趣。在论证活动中学生的对话和互动沟通除了立场不同的双方进行质疑与交流之外，还包含同组学生的合作交流。合作论证是集体得到统一答案的过程，为了得到问题的答案，参与的学生放弃墨守问题可能的解释而提出新的解释，附和或者批判他人的想法，最终在整个小组达成共识。通过这种共同学习的方式，可以分担学生在智能上的负荷，通过同伴之间思维的互动增进学习的成效。合作论证教学强调以学生为中心，培养学生的科学论证能力，为学生提供表现自己、展现成果的机会，并与同伴沟通互动以确定主张的真伪。因此，合作论证的过程是学生科学概念学习和科学探究的重要阶段，也是论证能力培养的关键。在建构主义教学中，强调教师与学生、学生与学生之间的社会性相互作用，提倡合作学习（cooperative learning）及交互式教学（reciprocal teaching），鼓励学生构思理由以及支持特定的主张，并试图说服他人、提出质疑和问题、关联其他的观点、指出还缺少哪些证据，而非被动地接受教师所提出的理由和解释。这种方式使学生超越其原有认识，看到那些不同于自己的理解，通过合作与讨论，增进和丰富彼此间的理解，有利于学习的广泛迁移，并通过不断的反思，使各种观念重新组合，从而促进学生建构能力的发展。

（二）高阶思维教学观

思维取向的教学论是对思维本质的认识及其在教学上的映射[121]64。论证作为一种重要的高阶思维能力，在学生的学习和个人发展过程中都起着举足轻重的作用。无论是古代的先哲，还是现代的学者，都予以极大的关注、思考和实践。

论证教学可追溯至两千多年前苏格拉底（Socrates）的“产婆术”（又称为助产术、论辩式、诘问式、辩证式等）。他通过探索质疑人们不能合理地证明自己对知识的自信，发现他们混乱的思想、不充分的证据或自相矛盾的信仰。苏格拉底确立了一个事实，即不能依靠“权威”的人来拥有良好的知识和洞察力。他发现人们不能依赖所谓“权威人物”来形成可靠的认识，那些拥有权势、身居高位的人的认识同样是混乱和非理性的。在接受有意义的想法之前，他确定了深入探讨和深思熟虑的重要性，以他的质疑方式强调思维的清晰性和一致性。他强调了寻求证据的重要性，密切关注推理和假设，分析基本概念，追踪话语和行为的暗示。他的质疑方法现在被称为“苏格拉底提问法”，也是最著名的高阶思维教学策略之一。他受当时智者学派（sophists）以语言表达训练思维的“修辞术”启发，常以“反讽、归纳、诱导和定义”四个步骤开展对话。通常，他会先告诉对方自己一无所知（自知无知的反讽），让对方自由言说；然后，在倾听过程中顺其思路去寻找对方思维上的漏洞而不是用“是非对错”进行直接评判（归纳与诱导），运用辩证对话的方式达到主客体间的共识与内心的共鸣（定义）。作为希腊哲学“中心”的苏格拉底，第一次从对宇宙万物本原的自然哲学追问转向对实践哲学的考察，其所亲历的对话式论证形式可以说是现代口头论证的启蒙，其所坚持的论证中的“自知无知”、自我反思及对内心的回归也正是我们现今教学所倡导、鼓励与追求的。

尽管“产婆术”的思想已存在两千多年，但让思维成为明确的教学对象和教学目标却并未在教育实践领域获得广泛关注。直到20世纪初，思维教学的思想才真正开始生根发芽。一个重要的标志就是1910年杜威《我们如何思维》（*How We Think*）一书的出版。《我们如何思维》是第一部对思维训练（思维教学）进行深入、系统论述的著作，该书第一章的标题就是"什么是思维"。杜威认为，好的教学必须能唤起学生的思维；如果没有思维，那就不可能产生有意义的经验。因此，学校必须提供可以引起学生思维的情境。他指出，思维的最好方式就是反思性思维（reflective thinking），也称为反省思维。它是"对某个问题进行反复的、认真的、不断的深思"。他还指出，"思维就是探究、调查、深思、探索和钻研，以求发现新事物或对已知事物有新的理解。总之，思维就是疑问"[122]3。在杜威看来，思维起源于某种疑惑，由某种事物作为诱因而产生。但是，思维未必就是反思性的。只有人们心甘情愿地经受疑难的困惑，不辞辛劳地进行探究，才能有反思性思维。从杜威对"什么是思维"的论述中，不难看出他对"思维"的看法：其一，思维是由一种存在疑惑或不确定问题的情境而引起的。没有这种特定的情境，也就没有思维的产生。其二，思维是一个有意识地探究行动和结果之间特定联结的问题。没有这个过程，也就不能获得有教育意义的经验。其三，无论对生活来说，还是对教育来说，思维是一种明智的学习方法、一种明智的经验方法。其四，最好的思维方式就是反思性思维。它与放弃探究而匆忙地得出结论的拙劣思维是绝不相同的[123]。在杜威看来，整个反思性思维的过程就是"感觉问题所在，观察各方面的情况，提出假定的结论并进行推理，积极地进行实验的检验"。杜威提出了"思维五步"（疑难的情境；确定疑难的所在；提出解决疑难的各种假设；对这些假设进行推断；对假设进行验证或修改）和"教学五步"（教师给学生提供一个与其社会生活经验相联系的情境；使学生有准备地去应付在情境中产生的问题；使学生产生对解决问题的思考和假设；学生自己对解决问题的假设加以整理和排列；学生通过应用来检验这些假设），为思维教学提供了行之有效的操作模式[124]。现代中国学者胡适曾把杜威提出的思维过程五个阶段概括为"细心搜求事实，大胆提出假设，再细心求证实"[125]99。有时，他更喜欢简略地说成"大胆地假设，小心地求证"。可以说，杜威对思维教学的阐述在某种意义上也就是科学论证的内涵，两者之间具备极其相似的特点：论证的过程不是漫无目的的思想或是稍纵即逝的印象，而是有意识和受控制的一种自觉的心理活动；论证起源于思维的疑惑问题和心智上的困难等认知状态，论证的过程是问题空间不断变化调整的过程，也是不断形成严密逻辑思维网的过程；论证是由一系列要素构成的，其思维过程是连续且有目的的，论证过程是一种主动的、持续的和周密的思考过程，各个部分联结在一起并不断向验证（或证伪）主张的共同目标前进。

著名的心理学家和教育学家斯滕伯格认为思维可以划分为三种类型：分析性思维、实用性思维和创造性思维，并且列举了促进每一类思维相对应的教学策略[126]51。分析性思维涉及分析、判断、评价、比较、对比和检验等能力；实用性思维则涵盖实践、使用、运用和实现等能力；创造性思维包含创造、发现、生成、想象和假设等能力。他认为，这三种模式同样重要，智力水平高意味着能很好地运用三种不同的思维模式中的一种或几种。讲授式教学策略（didactic strategy approach）有利于分析性思维者；以事实为基础的问答策略（fact-based questioning approach）有利于实用性思维者；以思维为基础的问答策略（thinking-based questioning approach），也称对话策略（dialogical approach），可以促进创造性思维。一般而言，对话策略最有利于发展学生的高级思维技能。在对话策略中，教师提出问题以刺激学生的思维和讨论，通常这些问题并没有固定的正确答案，因此通常反馈也并不是简单的“对”或“错”。这种策略鼓励教师和学生以及学生和学生之间进行交流（口头的或书面的），对话是这种策略的特征。在对话策略中，教师和学生之间的界限趋于模糊，教师更像是向导者或协助者。对话策略倾向于对个别问题追根究底，学生和学生之间的互动比前两种策略多。这种策略对分析性思维者、创造性思维者和实用性思维者有同样的帮助，它最适合思维教学[127]。为了达到训练学生思维的目的，斯滕伯格在研究的基础上采用了一个四步模型（即四个步骤）：①熟悉问题，即让学生熟悉问题，找出方向；②组内解决问题，即学生小组内协作，确定并解决问题；③组间解决问题，即学生跨组讨论如何解决问题；④个人解决问题，即学生独立工作。他提出四步模型的最终目标是使学生成为思维高手。“这一目标的实现，主要是让学生进行对话，和教师对话，和同学对话，也和自己对话。在理想情况下，学生的对话会平衡分析性、创造性和实用性思维技巧，因此也会融合各种思维模式。要发展学生的思维技巧，对话教学是十分重要的一环。”[126]96

科学论证教学的实质就是将自然科学领域的论证引入课堂，使学生经历类似科学家的论证过程，理解科学概念和科学本质，并促进思维发展的科学探究教学。换言之，论证教学就是在一定的教学情境中鼓励学生提出不同的主张并努力选择、组合及评估信息以获得证据进行证明的过程，在学生获得科学主张（科学知识）的同时使其能够经历较高水平的推理和较为深刻的思维活动过程体验，以此发展学生高阶思维能力并提高学生科学思维水平。尽管学生的认知过程是内隐的，但通过口头论证或书面论证都可实现认知的外显化，让学生的思维过程可视化，有利于科学知识的社会建构。而科学知识又是进行判断、推理与论证的基础，可促进论证过程的展开与学生论证水平的提高。这是一对复杂而又多向的辩证关系，互为促进，互为依赖。有研究表明，明确的论证教学有利于探究教学实践中的学生“活动”与“思维”的平衡，能够促进学生对科学概念的理解和科学论证能力的提高[128]。教师所创设的良好的论证情境与氛围也能推动论证教学的不断深入，学生的论证意识与水平会逐渐提高，各种论证要素或活动也会逐渐增多：主张的预设、数据的甄别、证据的筛选、支援的提出、反驳的出现等。通过这些推理、交流、检验、批判与修正等活动过程，不仅可以帮助学生实现科学概念的理解与转变，提高其认知、合作等关键能力，也可端正其严谨、自制和沉稳的态度或品格，更能促进其真善美的价值观念的形成，进而发展学生科学素养。

参考文献

[1]爱德华·卡尔. 历史是什么? [M]. 吴柱存, 译. 北京: 商务印书馆, 1981.
[2]丁长青. 自然辩证法基础[M]. 北京: 电子工业出版社, 1988.
[3]丁邦平. 西方科学教育的历史考察[J]. 清华大学教育研究, 2000, (2): 81-90.
[4]涂艳国. 科学教育理论的历史考察[J]. 教育研究与实验, 1993, (4): 12-16.
[5]赫·斯宾塞. 斯宾塞教育论著选[M]. 胡毅, 王承绪, 译. 北京: 人民教育出版社, 2005.
[6]托·亨·赫胥黎. 科学与教育[M]. 单中惠, 平波, 译. 北京: 人民教育出版社, 1990.
[7]杜威. 确定性的寻求: 关于知行关系的研究[M]. 傅统先, 译. 上海: 上海人民出版社, 2004.
[8]张颖之. 科学教育中的探究教学史: 百年回顾与展望[J]. 当代教育与文化, 2019, (4): 45-50.
[9]施良方. 泰勒的《课程与教学的基本原理》——兼述美国课程理论的兴起与发展[J]. 华东师范大学学报(教育科学版), 1992, (4): 1-24.
[10]赵洋. 第一颗人造地球卫星发射成功[J]. 自然科学博物馆研究, 2017, (2): 1.
[11]杰罗姆·布鲁纳. 教育过程再探[J]. 邵瑞珍, 译. 教育研究, 1979, (1): 61-66.
[12]郜书香. 对布鲁纳"三个任何"教育理论的再认识[J]. 河南师范大学学报(哲学社会科学版), 1998, (1): 99-101 .
[13]张小平. 从杜威到布鲁纳——看美国教学论思想的发展[J]. 华东师范大学学报(教育科学), 1983, (1): 67-73.
[14]王保艳. 二战后美国基础科学教育发展探析[J]. 当代教育科学, 2015, (3): 56-59.
[15]周云. 教学理论流派的创生与基础教育课程改革的关系探索——以美国课程改革为例[J]. 现代教育论丛, 2009, (9): 93-96.
[16]化得福. 论罗杰斯的人本主义教育思想[J]. 兰州大学学报(社会科学版), 2014, (4): 152-155.
[17]李小兵. 罗杰斯人本主义教育思想及其对我国教育改革的启示[J]. 教育研究, 2014, (4): 164-167.
[18]Talanquer V. Chemistry education: ten facets to shape us[J]. Journal of Chemical Education, 2013, 90(7): 832-838.
[19]Talanquer V. Chemistry education: ten dichotomies we live by[J]. Journal of Chemical Education, 2012, 89(8): 1340-1344.
[20]Kunzmann P, Burkard F, Wiedmann F. 哲学百科[M]. 黄添盛, 译. 南宁: 广西人民出版社, 2011.
[21]盛慧晓. 大观念与基于大观念的课程建构[J]. 当代教育科学, 2015, (18): 27-30.
[22]韦钰. 以大概念的理念进行科学教育[J]. 人民教育, 2016, (1): 41-45.
[23]中华人民共和国教育部. 普通高中课程方案(2017 年版)[M]. 北京: 人民教育出版社, 2018.
[24]郭玉英, 姚建欣, 彭征. 美国《新一代科学教育标准》述评[J]. 课程·教材·教法, 2013, (8): 118-127.

[25]何善亮. 论中小学科学教育的内容选择与表达方式——兼谈科学教育需要什么样的大概念[J]. 天津师范大学学报(基础教育版), 2019, 20(2) : 61-67.
[26]邵朝友, 崔允漷. 指向核心素养的教学方案设计: 大观念的视角[J]. 全球教育展望, 2017, (6): 11-19.
[27]施一公. 尊重学生, 提倡批判性思维, 推进个性化教育[J]. 创新人才教育, 2013, (12): 18-19.
[28]岳晓东. 批判思维的形成与培养: 西方现代教育的实践及其启示[J]. 教育研究, 2000, (8): 65-69.
[29]Glaser E M. An experiment in the development of critical thinking[M]. New York: Teacher's College, Columbia University, 1941.
[30]武宏志, 周建武. 批判性思维——论证逻辑视角[M]. 北京: 中国人民大学出版社, 2010.
[31]Robert H. Ennis a taxonomy of critical thinking dispositions and abilities//Baron J, Sternberg R. Teaching thinking skills: theory and practice[C]. New York: W. H. Freeman, 1987.
[32]文秋芳. 论外语专业研究生高层次思维能力的培养[J]. 学位与研究生教育, 2008, (10): 29-34.
[33]马利红, 魏锐, 刘坚, 等. 审辨思维: 21 世纪核心素养 5C 模型之二[J]. 华东师范大学学报(教育科学版), 2020, (2): 45-56.
[34]缪四平. 美国批判性思维运动对大学素质教育的启发[J]. 清华大学教育研究, 2007, 28(3): 99-105.
[35]National Education Goals Panel. The national education goals report[R]. Washington: Government Printion Office, 1991.
[36]Partnership for 21st century skills. The MILE guide-milestones for improving learning & education[EB/OL]. http://www.21stcenturyskills.org/documents/MILE_Guide_091101. pdf. [2011-10-01].
[37]魏锐, 刘坚, 白新文, 等. "21 世纪核心素养 5C 模型"研究设计[J]. 华东师范大学学报(教育科学版), 2020, (2): 20-28.
[38]Stein B, Haynes A, Redding M, et al. Assessing critical thinking in STEM and beyond [M]// Iskander M. Innovations in E-learning, Instruction Technology, Assessment, and Engineering Education. Dordrecht: Springer, 2007.
[39]中国学生发展核心素养(征求意见稿)[N]. 中国教育报, 2016-05-18(9) .
[40]Halpern D F. Teaching for critical thinking: helping college students develop the skills and dispositions of a critical thinker[J]. New Directions for Teaching and Learning, 1999, (80): 69-74.
[41]戴维・希契柯克. 批判性思维教育理念[J]. 张亦凡, 周文慧, 译. 高等教育研究, 2012, 33(11): 54-63.
[42]Kim K, Sharma P, Land S M, et al. Effects of active learning on enhancing student critical thinking in an undergraduate general science course[J]. Innovative Higher Education, 2013, 38(3) : 223-235.
[43]钟启泉. "批判性思维"及其教学[J]. 全球教育展望, 2002, (1): 34-38.
[44]Brow M N, Kelley S M. 学会提问: 批判性思维指南[M]. 赵玉芳, 向晋辉, 等译. 北京: 中国轻工业出版社, 2006.

[45]理查德・保罗，琳达・埃尔德．思辨与立场：生活中无处不在的批判性思维工具[M]．李小平，译．北京：中国人民大学出版社，2016.
[46]刘健智．从科学的本质看科学教育的发展趋势[J]．高等教育研究，2006，(8)：54-57.
[47]刘克文．试论科学的本质及其在科学教育中的价值[J]．教育科学，2003，(2)：18-20.
[48]Rubba P, Andersen H. Development of an instrument to assess secondary students' understanding of the nature of scientific knowledge[J]. Science Education, 1978, 62(4): 449-458.
[49]Collette A T, Chiappetta E C. Science instruction in the middle and secondary school [M]. Columbas : Merrill, 1994.
[50]Lederman N G. Students' and teachers' conceptions of the nature of science: a review of the research[J]. Journal of Research Science Teaching, 1992, (4) : 331-359.
[51]Lederman N G, Abd-El-Khalick F, Bell R L, et al. Views of nature of science questionnaire: toward valid and meaningful assessment of learners' conceptions of nature of science[J]. Journal of Research in Science Teaching, 2002, 39(6): 497-521.
[52]Schwartz R S, Lederman N G, Crawford B A. Developing views of nature of science in an authentic context: an explicit approach to bridging the gap between nature of science and scientific inquiry[J]. Science Education, 2004, 88(4): 610-645.
[53]Irzik G, Nola R. A family resemblance approach to the nature of science for science education[J]. Science Education, 2011, 20(7): 591-607.
[54]Dagher Z R, Erduran S. Reconceptualizing the nature of science for science education[J]. Science Education, 2016, 24(1): 1-18.
[55]威廉・麦克马斯．科学教育中的科学本质：理论和策略[M]．李广洲，刘前树，译．桂林：广西师范大学出版社，2014.
[56]McComas W F, Almazroa H. The nature of science in science education: an introduction[J]. Science Education, 1998, 7(6): 511-532 .
[57]胡献忠．新版英国《国家科学教育课程标准》及其启示[J]．全球教育展望，2001，(3)：44-49.
[58]Osborne J, Colins S, Ratcliffe M, et al. What "Ideas-about-Science" should be taught in school science? A delphi study of the expert community[J]. Journal of Research in Science Teaching, 2003, 40(7): 692-720.
[59]张莉娜．PISA2015 科学素养测评对我国中小学科学教育的启示[J]．教育探索，2016，(3)：34-37.
[60]中华人民共和国教育部．科学(7—9 年级)课程标准[S]．北京：北京师范大学出版社，2001：13-14.
[61]中国科学技术协会．全民科学素质行动计划纲要(2006-2010-2020 年) [M]．北京：科学普及出版社，2008.
[62]钟亭．化学师范生科学本质观心理影响因素的研究[D]．南京：南京师范大学硕士学位论文，2018.
[63]叶澜．"新基础教育"论：关于当代中国学校变革的探究和认识[M]．北京：教育科学出版社，2006.
[64]Cavagnetto A. Argument to foster scientific literacy: a review of argument interventions in K-12 science contexts[J]. Review of Educational Research, 2010, 80(3): 336-371.

[65]邓阳. 科学论证及其能力评价研究[D]. 武汉: 华中师范大学博士学位论文, 2015.
[66]王娟, 陈世超, 王林丽, 等. 基于CiteSpace的教育大数据研究热点与趋势分析[J]. 现代教育技术, 2016, 26 (2) : 5-13.
[67]井世洁, 周健明. 我国校园暴力研究(1990—2019年)的回顾与展望——基于CiteSpace的可视化分析[J]. 青少年犯罪问题, 2019, (6): 82-89.
[68]Russell T L. Analyzing arguments in science classroom discourse: can teachers' questions distort scientific authority? [J]. Journal of Research in Science Teaching, 1983, 20(1): 27-45.
[69]McNeill K L, Pimentel D S. Scientific discourse in three urban classrooms: the role of the teacher in engaging high school students in argumentation[J]. Science Education, 2010, 94(2): 203-229.
[70]McNeill K L, Gonzalez-Howard M, Katsh-Singer R, et al. Moving beyond pseudoargumentation: teachers' enactments of an educative science curriculum focused on argumentation[J]. Science Education, 2017, 101(3): 426-645.
[71]McNeill K L, Lizotte D J, Krajcik J, et al. Supporting students' construction of scientific explanations by fading scaffolds in instructional materials[J]. Journal of the Learning Sciences, 2006, 15(2): 153-191.
[72]Kuhn D, Crowell A. Dialogic argumentation as a vehicle for developing young adolescents' thinking[J]. Psychological Science, 2011, 22(4): 545-552.
[73]Osborne J, Erduran S, Simon S. Enhancing the quality of argumentation in school science[J]. Journal of Research in Science Teaching, 2004, 41(10): 994-1020.
[74]Sadler T D. Informal reasoning regarding socioscientific issues: a critical review of research[J]. Journal of Research in Science Teaching, 2004, 41(5): 513-536.
[75]Erduran S, Simon S, Osborne J. Tapping into argumentation: developments in the application of Toulmin's argument pattern for studying science discourse[J]. Science Education, 2004, 88(6): 915-933.
[76]Sampson V, Grooms J, Walker J P. Argument-driven inquiry as a way to help students learn how to participate in scientific argumentation and craft written arguments: an exploratory study[J]. Science Education, 2011, 95(2): 217-257.
[77]王俊雅, 贾岱铮. 国外理论社会学的研究热点与前沿演进——基于对CiteSpace文献共被引网络图谱的分析[J]. 未来与发展, 2019, 43(10): 89-96.
[78]Berland L K, Reiser B J. Making sense of argumentation and explanation[J]. Science Education, 2009, 93(1): 26-55.
[79]Osborne J. Arguing to learn in science: the role of collaborative, critical discourse[J]. Science, 2010, (4): 463-466.
[80]董泽华. 21世纪国际科学教育的论证研究新进展——基于CiteSpace可视化分析[J]. 现代教育管理, 2018, (5): 98-105.
[81]李鹏源, 刘瑞, 赵亚杰, 等. "显性-反思性"的科学本质教学——以"原子结构"发展史为例[J]. 化学教育, 2020, 41(1): 36-40.
[82]潘瑶珍. 科学教育中的论证教学[D]. 武汉: 华东师范大学博士学位论文, 2013.
[83]Zohar A, Nemet F. Fostering students' knowledge and argumentation skills through dilemmas in human genetics[J]. Journal of Research in Science Teaching, 2002, 39(1): 35-62.

[84]National Research Council. A framework for K-12 science education: practices, crosscutting concepts, and core ideas[M]. Washington: National Academy Press, 2012.

[85]Berland L K, Schwarz C V, Krist C, et al. Epistemologies in practice: making scientific practices meaningful for students[J]. Journal of Research in Science Teaching, 2016, 53(7): 1082-1112.

[86]刘韬容，肖化，张军朋. 国外学生科学论证能力的分析视角及评价模式[J]. 上海教育科研，2019，(2): 53-57, 15.

[87]Mendonça P C C, Justi R. An instrument for analyzing arguments produced in modeling-based chemistry lessons[J]. Journal of Research in Science Teaching, 2014, 51(2): 192-218.

[88]Knight A M, Alves C B, Cannady M A, et al. Assessing middle school students' abilities to critique scientific evidence[C]. Paper presented at the annual meeting of NARST, Pittsburg, 2014 .

[89]Henderson J B, McNeill K L, González-Howard M, et al. Key challenges and future directions for educational research on scientific argumentation[J]. Journal of Research in Science Teaching, 2018, (1): 5-18.

[90]Bleicher R E, Tobin K G, McRobbie C J. Opportunities to talk science in a high school chemistry classroom[J]. Research in Science Education, 2003, 33(3): 319-339.

[91]Crowell A, Kuhn D. Developing dialogic argumentation skills: a 3-year intervention study[J]. Journal of Cognition and Development, 2014, 15(2): 363-381.

[92]Ozdem Y, Ertepinar H, Cakiroglu J, et al. The nature of pre-service science teachers' argumentation in inquiry-oriented laboratory context[J]. International Journal of Science Education, 2013, 35(15): 2559-2586.

[93]Martín-Gámez C, Erduran S. Understanding argumentation about socio-scientific issues on energy: a quantitative study with primary pre-service teachers in Spain[J]. Research in Science & Technological Education, 2018, 36(4): 463-483.

[94]谢耘. 当代西方论证理论概观[J]. 哲学动态, 2012, (8): 102-108.

[95]李永成，余继田. 非形式逻辑之理论创新研究[J]. 阜阳师范学院学报(社会科学版)，2016，(5): 98-103.

[96]崔清田，王左立. 非形式化逻辑与批判性思维[J]. 社会科学辑刊, 2002, (4): 33-35.

[97]Sadler T D, Zeidler D L. Patterns of informal reasoning in the context of socioscientific decision making[J]. Journal of Research in Science Teaching, 2005, 42(1): 112-138.

[98]陈舒. 理科师范生社会性科学议题论证之研究[D]. 上海：华东师范大学博士学位论文，2018.

[99]Simpson J, Weiner E. The Oxford English Dictionary[M]. 2nd edition. New York: Oxford University Press, 1989.

[100]谢耘. 论证逻辑、非形式逻辑、论证理论[J]. 自然辩证法研究, 2008, 24(3): 38-43.

[101]熊明辉. 论证评价的非形式逻辑模型及其理论困境[J]. 学术研究, 2007, (9): 73-79.

[102]金岳霖. 形式逻辑[M]. 2 版. 北京：人民出版社, 2006.

[103]王经伦. 论证式独立的思维形式[J]. 岭南学刊, 1989, (6): 65-68.

[104]武宏志. 非形式逻辑或论证逻辑：论证图解[J]. 延安大学学报(社会科学版)，2004，(1): 5-9.

[105]Billig M. Arguing and thinking: a rhetorical approach to social psychology[M]. Cambridge: Cambridge University Press, 1987.
[106]胡卫平，林崇德. 青少年的科学思维能力研究[J]. 教育研究, 2003, (12): 19-23.
[107]袁薇薇，吴庆麟. 科学思维的心理学探索[J]. 心理科学, 2008, 31(4): 956-959.
[108]皮亚杰. 发生认识论原理[M]. 1 版. 王宪钿，译. 北京：商务印书馆, 2009.
[109]Herron J D. Piaget for chemists explaining what good students cannot understand[J]. Journal of Chemistry Education, 1975, 3: 146.
[110]Yehudit J D, Hameiri M. Multidimensional analysis system for quantitative chemistry problems; symbol, macro, micro, and process aspects[J]. Research in Science Education, 2003, 40(3): 278-302 .
[111]李玲. 中学生化学思维研究[D]. 南京：南京师范大学博士学位论文, 2014.
[112]叶浩生. 21 世纪教育心理学的十大研究方向[J]. 教育研究与实验, 1997, (1): 46-51.
[113]邓赐平，桑标，缪小春. 认知发展理论的沿革与新发展[J]. 华东师范大学学报(教育科学版), 2001, (12): 53-59.
[114]徐碧波. 信息加工理论与加涅的学习观[J]. 外国教育动态, 1988, (1): 19-23.
[115]丹尼尔·卡尼曼. 思考，快与慢[M]. 北京：中信出版社, 2012.
[116]孙彦，李纾，殷晓莉. 决策与推理的双系统——启发式系统和分析系统[J]. 心理科学进展, 2007, 15(5): 721-726.
[117]谢小庆. 卡尼曼双系统思维模型对学习的启示[J]. 新课程评论, 2018, (1): 50-55.
[118]袁维新. 国外基于建构主义的科学教学模式面面观[J]. 课程·教材·教法, 2003, (8): 50-54.
[119]吴维宁. 建构主义教学观与物理教学模式[J]. 物理教师, 2002, (10): 3-5.
[120]尹睿. 教学设计取向的发展：走向"确定性"——一种基于目标主义与建构主义整合的思考[J]. 中国电化教育, 2008, (6): 9-12.
[121]贺莺. 高阶思维取向型翻译教学模式研究[D]. 西安：陕西师范大学博士学位论文, 2015.
[122]Dewey J. How We Think[M]. Boston: D. C. Heath and Company, 1933.
[123]单中惠. 杜威的反思性思维与教学理论浅析[J]. 清华大学教育研究, 2002, (1): 55-62.
[124]赵国庆. 思维教学研究百年回顾[J]. 现代远程教育研究, 2013, (6): 39-49.
[125]胡适. 胡适文存(二集卷三)[M]. 上海：亚东图书馆, 1930.
[126]罗伯特·斯滕伯格，路易丝·斯麦尔·斯瑞尔林. 思维教学——培养聪明的学习者[M]. 赵海燕，译. 北京：中国轻工业出版社, 2001.
[127]许渊. 斯滕伯格的思维教学策略理论及其对中学教学的启示[J]. 外国教育研究, 2003, (11): 13-16.
[128]Khishfe R. Explicit nature of science and argumentation instruction in the context of socioscientific issues: an effect on student learning and transfer[J]. International Journal of Science Education, 2014, 36(6): 974-1016.

第二章　基于图尔敏论证模型的化学教学比较研究

国内的中学化学教学实践中主动开展论证教学的案例尚较为鲜见，但这并非意味着教学中即无“论证”。其实，自古以来的“知其然更要知其所以然”“打破砂锅问到底”乃至现今所提倡的培养学生问题解决与逻辑推理能力等，都是“论证教学”的基础，是一种潜在的、自发的论证教学。同时，“证据推理”已经成为我国高中化学课程标准修订中所提出的化学学科核心素养之一。因此，作为化学教师，能积极主动地开展论证教学，加强学生的科学论证活动，就显得尤为重要。进言之，中学化学论证教学势必将从自发走向自觉，从隐性走向显性，从个体走向群体。不同教师的论证意识及其在化学教学实践中的现状也将成为重要研究方向。本章在已有研究基础上，基于图尔敏论证模型（Toulmin’s argument pattern，TAP）分析中学化学课堂的论证教学现状，比较专家型教师与新手型教师在化学课堂教学中的论证水平的差异，以期促进化学论证教学、为教师的专业化发展提供可行建议。

第一节　图尔敏论证模型

从反问法、亚里士多德的三段论模式，到现今的图尔敏论证模型、吉尔（Giere）的科学推理模型、劳森（Lawson）的假设演绎有效性模式以及沃尔顿（Walton）的假定推理模型等，不同学者基于对真理的不同诠释提出不同的假设。例如，图尔敏论证模型的主要假设是：真理可以由论证结构的完整呈现与否来判断，论证结构越完整则越接近真理；劳森则认为真理可以经由不断假设预测的测试检验而逼近。20 世纪 50 年代，英国哲学家斯蒂芬·图尔敏在与法学类比的基础上，出版了第一本关于论证的专著《论证的使用》，提出了由主张、资料、根据等六个功能要素构成的过程性模式。纵观已有研究，可以认为图尔敏论证模型是当今进行论证分析的一个基本模型，在法律、科学、管理、医学等领域应用广泛，是最为经典也是较为通用和受欢迎的一种论证模型。图尔敏论证模型也受到了理科教学研究者的青睐，可用于评价学生科学论证的过程，也可以用于分析教师论证教学的水平。

一、图尔敏论证模型要素

图尔敏论证模型由主张、资料、根据、支援、限定、反驳六个成分组成（图 2.1）[1]。

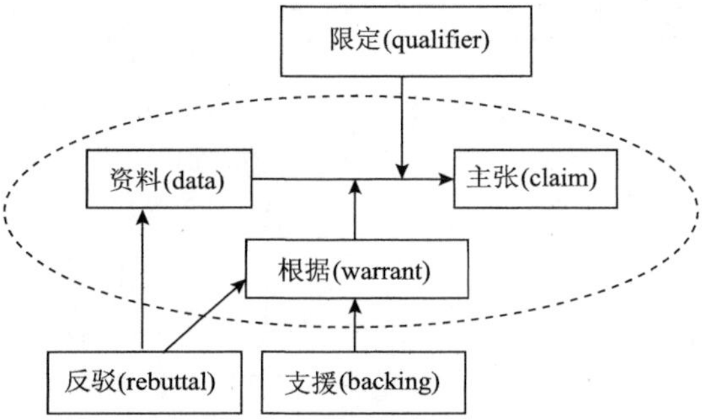

图 2.1　图尔敏论证模型

图尔敏论证模型（图 2.1）有三个最基本的成分：主张（claim）、资料（data）和根据（warrant），我们用椭圆形虚线将其突出显示，也称为基本模式。其完整模式（或扩展模式）应包括另外三个成分：支援（backing）、限定（qualifier）和反驳（rebuttal）。

1. 主张（claim）

主张是一个断言或断定（assertion），是用来指说话者所陈述的、试图在论证中证明为正当结论的术语。它阐述了“我们正在讨论什么?我们站在什么立场上?”的问题。主张具有潜在争议的性质——当它受到挑战时，我们必须能够对其进行辩护，即表明它有充分理由。主张可以是论证中的最后命题，或者是一个中间陈述，作为随后的推理资料。论证中的主张是用理由证实的命题。主张可以用来做解释、下断言或者预测未来。理由是用来支持主张的那些命题，旨在使主张更为可信。一个主张要想被大部分人接受，就必须有该主张能够成立的充足理由。图尔敏强调主张与事实（facts）的区别，前者是我们寻求确立的东西，后者是作为主张的基础而诉求的东西，更类似于资料。

2. 资料（data）

如果主张被认为是稳定可靠的，没有争议，那么它就会被接受。如果听者认为该主张是不可靠或不值得信赖的，就会反问："你凭什么这么说呢？"或者"你的主张建立在什么基础上?"为了回应这个挑战，说话者必须提供作为主张根据的事实（facts），即"资料"（data）。

Data 是拉丁文 datum（意为"所予"）的复数。在英文中，"data"有两种解释：① facts ; things certainly known (and from which conclusions may be drawn)：事实资料，可根据以下断言的材料；② (use with sing v.) information prepared for and operated on a computer program：（通常与单数动词连用）供计算机程序使用的资料[2]341。不同学者因不同的学术研究背景或旨趣对其有着不同的理解与翻译。武宏志认为应当翻译为"予料"[3]。但"予料"这个词晦涩难懂，学术味太浓，有时在法学中会这样翻译；张学庆将其翻译为"数据"[4]5-8；杨宁芳将其翻译为"根据"[5,6]；潘瑶珍将其翻译为"资料"[7]。我们倾向于将 data 翻译为"资料"[8]，主要理由是：①"资料"在现代汉语词典中有两层意思：生产、生活中必需的东西；用作依据的材料[9]1529。由"必需"和"依据"两个词可以看出资料的基础含义，因此更符合图尔敏对于 data 是 claim 基础的意思。②而"数据"在现代汉语中是指进行各种统计、计算、科学研究或技术设计等所依据的数值[9]1069，它所表达的含义具有局限性。因此，我们的研究中将 data 翻译为"资料"。

资料是任何研究或推断由之开始的材料或信息，是主张得以建立的基础。资料可以来源于历史或当代的事件事实、统计汇编或经典文献，也可以作为一个确保主张观点成立的一般陈述句子组成的证据，包括个人证词或其他"事实资料"。资料是论证主张的出发点，作为支持最初断言的基础，没有明确、有力的资料，主张就失去了合理化的支持。

3. 根据（warrant）

如果"资料"还没有办法让对方接受论证的话，对方可能就会追问"主张"和"资料"是否具有必然的关联性，如"你如何证明从这些资料中就可以获得那个主张？即你采取什么途径从这个出发点可到达那个目的地？"这就需要"根据"（warrant）的进一步支持。

根据是更具一般性的证据，它为资料过渡到主张提供"担保"，是连接资料和主张的桥梁。对于"warrant"这个单词的翻译，各研究者也有不同的翻译和理解。武志宏将其翻译为"正当理由"[3]，潘瑶珍将其翻译为"论据"[7]，何嘉媛和刘恩山将其翻译为"理由"[10]，而我们倾向于将其翻译为"根据"[8]。在英文中"warrant"有三种解释：① n. an official written order, esp, allowing the police to take certain action：授权；批准；搜查（或逮捕）证；② n. justification or authority：正当；正当的理由；根据；权威；③ vt. to cause (an action) to appear right or reasonable：使（行为）显得正当或有理由；成为……的根据[11]1225。从英文解释来看，warrant 既可以用作名词，也可以用作动词。研究者翻译的“正当的理由”“理由”“论据”在汉语中只能用作名词。而“根据”在汉语中具有两层意思：①把某种事物作为结论的前提或语言行动的基础，作动词用；②作为根据的事物，作名词用[9]376。这样的翻译正符合 warrant 本身所具有的含义。

图尔敏指出，当我们为自己的主张提供资料后，还会遇到另一类不同问题的挑战。根据表现为一般的、假设性的一类命题：规则、原则、推论依据，以此表明从作为出发点的资料到主张或结论的步骤是适当和合法的。“资料”是对事实的陈述，而“根据”是说明资料和根据的联结是正当的假设性陈述。两者的差别在于：资料是被明确地指出的，根据是隐含地指出的。只有同时具备了主张、资料和根据，才构成一个基本的论证结构。

4. 支援（backing）

如果对方对根据本身产生了质疑，即“为什么要我相信这个根据是有道理的？”，就要求对根据的合理性加以说明，这时候就需要提供能够支持根据的支援。图尔敏强调，在推理论证的不同领域中，需要不同类型的支援来支持根据的合理性和权威性，如科学规律必须得到彻底检验等。

图尔敏用单词“support（supporting）”表示论证中广义的证明关系，而 backing 专门用在对根据的支持上。“支援”可以由一个单一事实或包括资料和主张的一个完整的论证组成。

5. 限定（qualifier）

“根据”表明该论证主张是正当的；有些根据对于主张的证明具有一般性，而有些根据则必须附加一定的条件或限制，才能使对方相信。这种表明资料借助根据对主张的证明力度或程度、从资料和根据到结论的跳跃力量的限定性陈述，称为限定（qualifier）。它回答了“我们对达到我们的目的地有多大程度的确信？”的问题，即主张是肯定地得出，还是可能地得出。

限定的功能是反映说话者赋予该主张能够让人信服的说服力程度。通常用一些副词来限定对主张的确信程度，如必然地、肯定地、假设地、很可能地、甚为可能、可能、看起来、似真的、大约看起来是等。

6. 反驳（rebuttal）

在某些情况下，即便有限定约束，也无法完成从资料、根据到主张的跳跃，这时候反驳就发生了。这类阻止从资料得出主张的陈述，就称为例外情况或“反驳”（rebuttal）。它指出从资料到主张的过程被看成是不合理的、必须取消的情况，承认某些反对论证的异议存在，从而使主张只能在有限的范围和方式运用。

以上六个成分共同构成了图尔敏论证模型。其中主张、资料、根据是模型必须存在的成分，而支援、限定、反驳则可根据具体情况来定。图尔敏论证模型描述了它用于各个领域的论证结构，其共同的特点包括主张、资料和根据等。一个典型的主张是由证据支持的陈述；论证的资料是支持主张的证据。在课堂环境中，证据可能有各种形式；根据的出现在于清晰地说明主张和资料之间的关系。除了这些核心要素之外，还包括支援、限定和反驳。支援解释为什么根据是有效的；限定指定论证是在什么条件下是有效的；反驳能举出例子说明根据没有必然权威，或者举出例子说明主张不是有效的，反驳可以针对主张，也可以针对根据。图尔敏论证模型强调论证的普遍程序性结构，更关注论证的过程而不是论证的具体内容。它为那些对知识建构感兴趣的人提供了一种建构领域知识的方法，还能够使得隐藏在一些主张背后的推理变得明确。

二、图尔敏论证模型案例

（一）图尔敏论证模型的社会科学案例

图尔敏提出了上述论证模型之后，以“哈利是英国人”这一主张进行了举例说明。具体如下：

A：哈利是英国人。（claim）

B：为什么？

A：因为哈利在百慕大出生。（data）

B：为什么？

A：因为在百慕大出生的往往都是英国人。（warrant）

B：为什么？

A：因为有法律这样规定：凡是在英国的海外领地出生的人都是英国人。（backing）

B：没有反例么？

A：有，如果他双亲都是中国人的话，那么他可能不算英国人。（rebuttal）

A：所以只是大概是这样。（qualifier）

从上述论证我们可以看到，在主张被提出之后，资料、根据和支援则是对主张层层递进的解释，资料是对主张的解释，根据是对资料的解释，支援是对根据的解释，通过层层递进的论证推理，从而使得主张具有说服力。当对主张提出质疑，并提出反例时，反驳就出现了。在这个论证中，图尔敏提出了“哈利是英国人”的主张，而这一主张的来源得到了资料“哈利在百慕大出生”的支持，而为了证明资料到主张的合理性，他给出了进一步的根据“在百慕大出生的往往都是英国人”。同时，该根据得到了支援的有力保证支持，即“有法律这样规定：凡是在英国的海外领地出生的人都是英国人”，有了这个支持，根据显示出了它的权威性。但是在缺乏哈利的出身和没有改变国籍的资料的情况下，该主张是非决定性的，于是它受到了反驳的挑战，即“他双亲都是中国人的话，那么他可能不算英国人”。因此，为了保证主张的适用性，他进一步给出了主张的使用条件，即限定“只是大概是这样”。

图尔敏所举的这个例子，包含了上述模型的所有要素，对主张“哈利是英国人”进行了有力的论证。根据埃尔杜拉（Erduran）等[12]所研究的论证的评价标准，这是一个最高水平的论证，是一个含有多个论证要素且包括反驳在内的复杂论证。然而在通常的论证环境下，并不是所有论证都能包含全部论证要素，缺少某些要素的论证是很常见的。

（二）图尔敏论证模型的化学案例

参照图尔敏所举的社会科学的案例，我们设计了几个典型的化学概念论证教学过程，在论证过程中可能包含的不同论证要素。

案例 1 主题：化学平衡

背景：室温下，平衡状态下具有特定数量的$[Co(H_2O)_6]^{2+}$溶液是粉红色的，$[CoCl_4]^{2-}$是蓝色的，反应如下：

$$\underset{\text{粉红色}}{\left[Co(H_2O)_6\right]^{2+}(aq)} + 4Cl^-(aq) \rightleftharpoons \underset{\text{蓝色}}{\left[CoCl_4\right]^{2-}(aq)} + 6H_2O(l)$$

若溶液受热时，溶液变为蓝色；若将溶液置于冰水浴中，溶液变为粉红色。根据这些观察结果，判断该反应是吸热反应还是放热反应。

对于该化学平衡问题的解答，学生可以提出“该反应是吸热反应”的主张，并对该主张提出可能的不同水平的论证：

论证 1a 水平 1

主张：这是一个吸热反应。

论证 1b 水平 2

主张：这是一个吸热反应。

资料：溶液受热变成蓝色。

论证 1c 水平 3

主张：这是一个吸热反应。

资料：溶液受热变成蓝色。

根据：因为化学平衡的变化有利于产物的生成。

论证 1d 水平 4

主张：这是一个吸热反应。

资料：溶液受热时变成蓝色。

根据：这发生于化学平衡的变化有利于产物生成的时候。

支援：当溶液受热变成蓝色时，正反应速率高于逆反应速率。

论证 1e 水平 5

主张：这个反应是吸热反应。

资料：溶液受热变成蓝色。

根据：平衡向有利于生成物的方向移动。

支援：当溶液受热时变成蓝色，正反应速率必定高于逆反应速率。

限定：影响平衡的一些因素（如物质的量或压强）的改变都可能会改变这种状态。

论证 1a 仅给出一个主张，并没有为该主张提供任何的资料支持；论证 1b 为提出的主张提供了溶液受热变成蓝色的资料；论证 1c、1d、1e 中，逐渐增加了论证要素，为主张给出了根据、支援和限定，从而提供了越来越多的理由来证明提出的主张是合理可靠的。随着论证要素的增多，论证结构也越来越复杂，论证水平也提高了。以水平最高的论证 1e 为例进行详细分析：根据受热后溶液颜色的变化，由受热前的粉红色变成受热后的蓝色，提出“这个反应是吸热反应”的主张，同时，这一主张得到了“溶液受热变成蓝色”这一事实资料的支持。接着通过提供“平衡向有利于生成物的方向移动”这一根据，联系了资料到主张之间的陈述，证明了从上述资料得到主张的合理性。同时，“当溶液受热时变成蓝色，正反应速率必定高于逆反应速率”这一证据有效地证明了“平衡向有利于生成物的方向移动”这一证据的合理性与可靠性，增强了该论证的有效性。再有，为了保证主张的有效性和适用性，提出该主张是有限定条件的，即物质的量或压强等影响因素的改变可能会改变这种状态，从而约束了该主张的适用范围。通过对这一命题的逐一推理论证，学生就能够明白“这个反应是吸热反应”这个结论的前因后果，从而更加清晰地理解吸热和放热反应的本质。

案例 1 中，针对化学平衡中反应是吸热还是放热的问题，给出了不同水平的论证过程。值得注意的是，在这五个水平的论证中，所提供的不同类型的论证要素的数量都是单一的，而在实际的教学过程中，通常教师在提出某个主张之后，会给出不同的资料，如实验现象、实验数据、实验图表等，从宏观到微观，从定量到定性，以多方面相结合的角度为学生解释、证明自己提出的主张的合理性。因此，在案例 2 中，我们设计了一个包含两条资料的主张论证。

案例 2　主题：反应焓

背景：液态水变成水蒸气这一过程的能量变化，是吸热还是放热？

主张：$H_2O(l) \longrightarrow H_2O(g)$是吸热的。

资料 1：$\Delta_r H_m^{\ominus} = 44.01$ kJ/mol

资料 2：因为它吸收能量使得水从液态变成气态。

根据 2：从液态到气态，吸收了能量，水分子变得更加活跃。

该论证提供了两条信息作为主张“水的蒸发是吸热的”的证据。首先呈现水由液态变成气态过程的焓变值，即$\Delta_r H_m^{\ominus}$等于 44.01 kJ/mol；接着提供进一步的证据即通过陈述相变过程是需要能量的来说明该过程需要吸收能量。对于根据 2，即从液态到气态是因为分子变得更加活跃，是吸收能量的结果，使得资料 2 和主张之间有了联系，从而进一步证明了主张的合理性。这里需要说明的是，在使用图尔敏论证模型的过程中，通常后呈现的论证要素，都是对其紧跟的前一个要素的解释说明，如这里的根据 2 即表示对资料 2 的理由。

在论证中，除了上面提到的提供多条资料和多条根据之外，还可能针对某个问题所给出的理由，进行多次的质疑、反驳、证明，多回合论证观点，以说服对方相信理由，从而保证观点的有效性。案例 3 中，科尔（Cole）等[1]展示了这样的论证。

案例 3　主题：热力学第三定律

主张：所有的物质在绝对零度时一定是固态。（课本）

资料：固体中没有运动。（Andrea）

根据 1：排列方式是紧密的。（Andrea）

反驳 1：好的，你知道的，粒子是在跳跃的。（教师）

根据 2：粒子没有运动的空间。（Andrea）

反驳 2：它与可利用的空间没有关系。（教师）

根据 3：粒子在晶体结构中运动。（Tom）

反驳 3：不，晶体结构与运动没有关系，我们有非晶型固体。（教师）

……

根据 *n*：在它们粒子转换位置的时候，没有任何的净平移运动。（教师）

在案例 3 的论证中，教师和两位学生对于课本中出现的“所有的物质在绝对零度时一定是固态”的主张进行了争辩性的论证。在论证过程中，这个主张首先获得了 Andrea 提供的“固体中没有运动”这一资料的支持，并且她给出了“排列方式是紧密的”的根据，联系了资料和主张，证明了两者之间是存在联系的。但是很快，教师对她提供的根据产生了质疑，并给出了自己的理由，即告诉学生“粒子是在跳跃的”。面对教师的质疑，Andrea 接着又给出了“粒子没有运动的空间”

的根据，可是该根据仍然遭受了教师“它与可利用的空间没有关系”的反驳。在教师的连续反驳中，Tom 呈现了“粒子在晶体结构中运动”的根据，但仍然受到了教师的反驳 “晶体结构与运动没有关系，我们有非晶型固体”。最后，在多回合的根据、反驳的论证中，教师解释“在微粒转换位置的时候，没有任何的净平移运动”，联系了资料和主张。

上述三个案例从不同的层面对各自提出的主张进行了论证。可以发现，虽然图尔敏论证模型的基本要素包括主张、资料和根据，但是在实际的化学课堂教学过程中，并不是所有的主张都能获得资料的支持，也不是所有的资料和主张的关系都有根据的证明。论证中，对主张的证明，有的给出的资料多，有的给出的根据多，论证的结构有简单有复杂，这在一定程度上展示了论证者不同水平的论证能力。在整个论证过程中，我们不仅可以明确地表达出主张、观点、想法，更重要的是可以清晰地向老师和同学说明为什么会得出这样的主张和观点。通过推理和论证，一步步地揭示如何进行知识的建构，揭示隐藏在现象背后的自然科学本质。而这样的论证推理过程，展现了自然科学教育中强烈的逻辑推理特征，也正是科学教育所需关注和重视之处。

第二节 实践材料及实施

我们采用图尔敏论证模型的方法，通过追踪图尔敏论证模型结构在整个课堂讨论中的分布对课堂中的论证进行定性和定量的研究[13]。

一、研究内容

本研究选取高中化学必修 1 第二单元“离子反应”第一课时“酸、碱、盐在水溶液中的电离”和第二课时“离子反应及其发生的条件”作为具体的研究内容。第一课时的内容主要是学习电解质和非电解质的概念，在下面的研究中为了方便述说，以“电解质”指代第一课时“酸、碱、盐在水溶液中的电离”，以“离子反应”指代第二课时“离子反应及其发生的条件”。电解质相关概念在高中化学课程中占据重要地位，涉及元素化合物的分类、质量守恒、电荷守恒、电离方程式、化学平衡、电化学基础、溶液酸碱性等相关概念。离子反应的教学内容不仅包含电解质相关概念内容，同时也是后面溶液中氧化还原等内容学习的重要保障。《普通高中化学课程标准（2017 年版）》明确指出：学生要能通过实验事实认识离子反应及其发生的条件，了解常见离子的检验方法[14]11。电解质和离子反应，是高中化学教学中两个基础又重要的概念，也是高中学生真正意义上接触到的微观层次概念，对学生抽象思维培养和学科内容理解都具有重要意义。

二、研究对象

（一）学生

本研究中的学生是南京市四星级重点中学的学生，其入学成绩在南京市中考入学成绩的平均水平之上。选择重点学校学生，是基于已有的研究结果——较高能力的学生具有更多的机会参与课堂的互动与讨论，更加有利于教师论证教学的开展，以尽可能排除因学生差异而引起的研究结果的差异，从而更有利于探究新手型和专家型教师的课堂论证教学的特点及水平。

（二）教师

本研究所选择的教师对象是上述重点中学中不同类型的化学教师，分为专家型教师和新手型教师。

对于专家型教师的界定，国内外学者有不同的观点。在理论研究上，具有代表性的是斯滕伯格（Sternberg）提出的专家型教师教学专长的原型观。他提出专家型教师具备三个主要特征[15]：具有丰富和组织化的专门知识；解决教学问题的效率比新手型教师更高；在解决教学领域的问题时富有敏锐的洞察力和创造力。在实践研究中，莱茵哈特（Leinhart）和布朗特（Brandt）等提出三种方法界定专家型教师[16]17,18：学生的测验分数，如果某位教师所教的学生成绩的增长分数在一定地域范围内位居前 15%位，则该教师可被视为专家型教师；学校领导等权威的主观评判；教师的工作年限。

在国内，更多的是从教师的教龄和职称两个方面进行划分的，把职称为特级和高级、教龄在 15 年以上的教师称为专家型教师[17]。相对于专家型教师，新手型教师的界定比较统一。根据 Berliner 的界定，新手型教师指教龄 2 年以内的教师，通常是刚走上工作岗位的教师或者是实习阶段的师范生。

本研究按照国内文献中对专家型教师和新手型教师的定义、选择标准与方法选择研究对象。其中，两位化学专家型教师是具有 20 年以上教龄，因教学突出而获得高级教师职称或特级教师、学科带头人等荣誉称号的化学教师，分属两所不同重点中学的化学教师；两位新手型教师是实习阶段的本科师范生。这几位教师都没有专门的论证培训经历，研究者也并未给他们任何的提示。

三、研究程序

本研究资料来源为课堂观察。在征求师生同意后，对所有研究对象（共 4 位教师）的 2 节常态课教学（电解质和离子反应）进行了录像（共 8 节课）。根据课堂观察，这些课在结构上是相似的，即有引入、教师演示实验、小组讨论、小组报告、全班讨论、教师总结和布置作业等环节。所有的视频资料都被详细转录，用于分析。研究者通过三个共同的过程进行资料分析：资料还原、资料显示以及得出结论。资料还原包括转录、筛选及编码。转录之后的数据被断裂成转录片段并进而确定主张和相关的要素。具体过程如下。

（一）教学视频的转录

为准确分析教师的论证水平，我们对上述 8 节化学课堂教学录像进行了逐字逐句的转录，并根据具体内容补充省略的各种指示代词。课堂中出现 PPT 的教学行为，以【PPT】的形式穿插在课堂对话中。为方便记录真实的课堂对话，同时也为后续统计方便，在转录过程中，分别用 A1、A2 代表两位专家型教师，用 B1、B2 代表两位新手型教师；用【生】代表学生，这里的学生指的是学生的集体回答；用【A 生】或者【B 生】代表教师单独提问或学生单独自愿的回答；【PPT】代表教师此刻呈现 PPT 的内容。

根据以上规则和方法，对所选择的 4 位教师的“酸、碱、盐在水溶液中的电离”和“离子反应及其发生的条件”这两节课进行了完整的课堂转录。下述是其中两位教师在电解质教学中讨论 NaCl 溶液能导电的转录片段。

主题：电解质　　　　　　转录 1：A1 教师的教学片段

【A1】这是一种分类的标准，同时我还可以根据反应中到底有没有离子参加，把反应分出一类来，称作离子反应。离子反应就是接下来我们几堂课将要一起研究的。在研究之前，请大家回忆初中的这样一个实验：试验物质的导电性。

【PPT】初中实验：试验物质的导电性。

【A1】烧杯内的东西应该是可以换的。

【PPT】HCl 溶液、NaOH 溶液、NaCl 溶液、蒸馏水、乙醇。

【A1】该实验是试验物质的导电性，其结果是什么？

【生】有些灯泡是亮的，有些灯泡是不亮的。HCl 溶液、NaOH 溶液、NaCl 溶液中的灯泡是亮的，蒸馏水、乙醇中的灯泡不亮。

【A1】对，灯泡亮自然说明导电了。那导电了又说明什么呢？

【生】……

【A1】那什么是电？什么是电流？

【生】向一定方向移动的电荷。

【A1】电荷的定向移动形成了电流。那电荷是谁带的呢？电子带不带电荷？

【生】带。

【A1】带什么电荷？

【生】负电荷。

主题：电解质　　　　转录 2：B1 教师的教学片段

【B1】从今天这节课开始，我们学习第二章第二节的离子反应，那么这周我们把它结束。

【PPT】思考：NaCl 能导电吗？

【B1】首先我们来看这样一个问题，在初中的时候，我们老师就做过溶液导电性的实验，那么现在单独问 NaCl 能不能导电，你怎么回答？

【生】不能。

【B1】为什么不能？

【A 生】因为 NaCl 是固体，它是分子。

【B1】她说因为 NaCl 是固体，是分子所以不能导电。如果单独讲 NaCl 的话，不太好回答。如果说不导电，可以讲是对的，但说 NaCl 分子是不合理的，我们以后再去看。实际上，NaCl 是否能够导电，我们关键是要看这个 NaCl 是什么状态。我们分为三种状态。

【PPT】

状态	能否导电	原因
NaCl 固体		
溶液 NaCl		
熔融 NaCl（熔点 801℃）		

【B1】我们看，如果是 NaCl 固体，导电不导电？原因是？

【生】不能。无法形成自由移动的离子。

【B1】没有自由移动的离子。NaCl 溶液可不可以导电？原因呢？

【生】可以。有自由存在的离子。

【B1】对，可以，它有自由存在的离子。那熔融状态的 NaCl 能不能导电？原因是什么？

【生】可以。有自由移动的离子。

【B1】可以，存在自由移动的阴阳离子。所以对于上面这个题目：NaCl 能否导电？它本身是不是问的就有问题啊？一定要看 NaCl 所处的状态是什么样子的。

（二）教学片段的编码

完成转录之后，首先删除离题的对话，挑选有用的文本。这里离题的对话是指对话的目标不是用于讲解正在研究的教学内容，是与主题无关的话语。例如，教师的开场白、各种语气助词、维持教学秩序等的言语被视为离题的对话。同时由于不同教师对于教材内容的理解程度不同，所讲解的侧重点也不同，因此，研究中尽量选取课堂中每位教师都涉及的主题概念进行比较分析。例如在电解质这一节课中，教师在讲解完电解质与非电解质的概念之后，通常就会给出一些物质，让学生判断它们是电解质还是非电解质。我们选取教师都会讲到的物质进行分析，如 CO_2、$BaSO_4$、铜丝等。

接着，研究者再反复阅读上述步骤处理过的转录稿，以分离出指向研究目的的与主题有关的有意义片段。片段被定义为“事件之间相互作用的小的单元”。由于化学学科研究问题的解释性特点，故所有的切题对话都被认为是片段。当教师提出一个新概念或新主张时，一个新的片段就被编码出来了。如教师提问“NaCl 溶液可不可以导电？原因呢？”，学生回答“可以，有自由存在的离子。”这就是一个片段。在片段筛选的分析中，为保障研究内容的有效性，三位熟悉研究内容的研究者共同参与了此项工作，以保证筛选片段的整体一致。

在筛选完有意义的教学片段之后，三位研究者各自反复阅读筛选好的有意义的教学片段，根据图尔敏论证模型，独立编码确定教学对话过程中包含的论证要素，并采用奥斯本（Osborne）等框架确定论证水平（参见表 2.4）。在具体操作过程中，将一些结论性语句作为论证的主张，这些句子通常涉及的词汇有“所以”“结果是”“那么”等。例如，“所以 NaOH 溶液能够导电”就是一个主张；同时将教师提出的问题进行二次编码，若问题涉及新的概念则编码分配为主张。将化学中所产生的各种实验现象、数据和图表等宏观可见的现象都编码为资料。例如，实验过程中小灯泡变亮、酸碱中和滴定时 pH 和电导率的变化图等；根据是对资料的解释，化学教学中常涉及对宏观现象在微观层次上的解释。例如，溶液中自由移动的离子产生了电流；支援则是对根据的进一步解释，即更深层次的理由，如溶液中有自由移动的离子、离子带电荷，电流的产生是因为电荷的定向移动；限定则是对主张提出的一些适用条件和范围；将不同于主张、资料、根据和支援的这些观点都视为反驳，当出现反驳时，常出现“但是、可是、然而”等标志性词语。下面两个片段展示了编码的具体过程。

片段 1（NaOH 溶液能够导电）　　A1 教师转录编码

【PPT】初中实验：试验物质的导电性。

【PPT】HCl 溶液、NaOH 溶液、NaCl 溶液、蒸馏水、乙醇。

【A1】该实验是试验物质的导电性，其结果是什么？

【生】HCl 溶液、NaOH 溶液、NaCl 溶液中的灯泡是亮的，蒸馏水、乙醇中的灯泡不亮。

【A1】灯泡亮说明导电了。导电又说明什么？什么是电？什么是电流？

【生】向一定方向移动的电荷。

【A1】电荷的定向移动形成了电流。电荷是谁带的？

【生】离子。

【A1】那蒸馏水、乙醇中的灯泡不亮，这说明了什么？

【生】前面那些溶液有离子产生。

【A1】有离子就够了吗？

【生】自由移动的离子。

【A1】在电场的作用下，离子可以自由移动。

根据图尔敏论证模型，对上述的筛选内容进行论证要素分配，可以得到如下论证结构。

主张：NaOH 溶液（HCl 溶液、NaCl 溶液）能够导电。

资料：NaOH 溶液（HCl 溶液、NaCl 溶液）中的灯泡亮了。

根据：电流通过，灯泡亮。

支援 1：NaOH 溶液（HCl 溶液、NaCl 溶液）中有自由移动的离子。

支援 2：离子带电荷，电荷的定向移动形成了电流。

主张：水（乙醇）不能导电。

资料：水（乙醇）中的灯泡不亮。

根据：电荷的定向移动受阻，无电流通过。

支援：水（乙醇）中无自由移动的离子。

片段 2（NaCl 溶液能够导电）　　B1 教师转录编码

【B1】如果是 NaCl 固体，导电不导电？原因是？

【生】不能。无法形成自由移动的离子。

【B1】没有自由移动的离子。NaCl 溶液可不可以导电？原因呢？

【生】可以。有自由存在的离子。

【B1】可以，它有自由存在的离子。熔融状态的 NaCl 能不能导电？原因是什么？

【生】可以。有自由移动的离子。

【B1】可以，存在自由移动的阴阳离子。

根据图尔敏论证模型，对上述的筛选内容进行论证要素分配，可以得到如下论证结构。

主张：NaCl 固体不导电。

根据：无法形成自由移动的离子。

主张：NaCl 溶液导电。

根据：有自由存在的离子。

主张：NaCl 熔融状态能导电。

根据：存在自由移动的阴阳离子。

第三节 结果分析与比较

为确保编码可信度，需对编码结果进行评分者信度核检。表 2.1 和表 2.2 呈现的是三位编码者分别对 4 位教师执教的“电解质”和“离子反应”这 8 节课的编码数据。其中 X、Y、Z 分别代表三位编码人员，A1 和 A2 为两位专家型教师，B1 和 B2 为两位新手型教师。

表 2.1 电解质教学中图尔敏论证模型要素数量的不同编码

要素	A1			A2			B1			B2		
	X	Y	Z	X	Y	Z	X	Y	Z	X	Y	Z
主张	21	22	20	24	21	23	13	13	12	7	8	6
资料	19	19	18	11	10	9	5	6	5	5	5	5
根据	15	18	13	19	16	15	8	5	6	3	4	2
支援	8	6	5	8	7	6	0	1	0	2	1	2
反驳	8	6	4	9	10	10	4	3	2	3	2	1
限定	1	1	1	2	0	1	0	1	0	0	1	0

表 2.2 离子反应教学中图尔敏论证模型要素的数量的不同编码

要素	A1			A2			B1			B2		
	X	Y	Z	X	Y	Z	X	Y	Z	X	Y	Z
主张	8	10	9	11	12	11	4	4	3	3	3	2
资料	11	11	10	9	13	10	4	3	3	3	2	2
根据	12	9	10	12	15	13	3	2	1	1	0	1
支援	7	5	5	8	6	6	0	0	0	0	0	0
反驳	1	1	1	1	2	1	0	0	0	0	0	0
限定	0	0	0	0	0	0	0	0	0	0	0	0

经计算，三位编码者初次编码一致性为 0.78，在对有争议的论证要素分配进行讨论并取得一致意见之后，三位编码者再次进行独立编码，8 节课编码一致性达了 0.92 以上（Kendall 和谐系数），说明研究所采用的编码方式和编码结果是可靠的，可作为进一步分析的基础。下面从论证要素、论证水平和论证内容对专家型教师和新手型教师的教学过程进行比较分析。

一、论证要素的比较

根据上述研究的编码数据，我们首先对 4 位教师两节课中出现的图尔敏论证模型要素的数量进行了比较，以期从整体上了解两种类型的教师课堂论证是否具有差异。表 2.3 显示了三位编码者最后确定的几位教师两节课中所使用的论证要素的数量。

表 2.3　不同教师课堂论证的要素数量

要素	电解质				离子反应			
	A1	A2	B1	B2	A1	A2	B1	B2
主张	21	23	13	7	10	11	4	3
资料	19	10	5	5	11	9	3	2
根据	15	16	6	3	12	13	3	1
支援	8	8	0	2	7	6	0	0
反驳	8	10	3	2	1	1	0	0
限定	1	2	0	0	0	0	0	0

首先，在主张的数量上，两位专家型教师在这两节课中提出的科学主张数量是两位新手型教师提出的科学主张数量的 2～3 倍，同时每一节单独的课中提出的数量也都明显多于新手型教师。例如，在“电解质”教学过程中，新手型教师 B2 提出了 7 个主张：Cu 既不是电解质，也不是非电解质；$BaSO_4$ 是电解质；乙醇是非电解质；稀 H_2SO_4 是电解质；CO_2 是非电解质；NaCl 溶液能够导电；NaCl 熔融状态能够导电。专家型教师 A1 提出了 21 个主张：Na_2SO_4 电离产物无 O^{2-} 和 S^{6+}；Na^+ 和 Cl^- 被 H_2O 包围存在差异；不同的电解质溶液导电能力不同等。专家型教师 A2 则提出了 23 个主张：H^+ 比金属阳离子导电能力强；HCl 溶液比 HAc 溶液的导电性强等。在“离子反应”教学过程中，新手型教师 B1 提出了 4 个主张，而专家型教师 A2 提出了 11 个主张：$CuSO_4$ 与 $BaCl_2$ 反应的实质是 $Ba^{2+}+SO_4^{2-}$ ═══ $BaSO_4\downarrow$；$Ba(OH)_2$ 与 H_2SO_4 反应的实质是 $Ba^{2+}+2OH^-+2H^++SO_4^{2-}$ ═══ $BaSO_4\downarrow+2H_2O$；Na_2CO_3 与 HCl 反应的本质是 $CO_3^{2-}+2H^+$ ═══ $CO_2\uparrow+H_2O$；$CaCO_3$ 与 HCl 反应的本质是 $CaCO_3+2H^+$ ═══ $Ca^{2+}+CO_2\uparrow+H_2O$ 等。已有研究表明，在论证中提出的主张数量越多，则表明论证者对该课题的理解程度越深入、越透彻。从主张数量上来评价，专家型教师对于电解质这一知识点的理解程度明显好于新手型教师。

其次，在资料和根据的数量上，专家型教师和新手型教师都为其提出的主张提供了一定的资料，并给出一定的根据支持以证明资料到主张的合理性，但是专家型教师提供的资料和根据数量都明显多于新手型教师，使得推理和论证更加充分、有理由。例如，在论证 $CaCO_3$ 与 HCl 反应的本质是 $CaCO_3+2H^+$ ═══ $Ca^{2+}+CO_2\uparrow+H_2O$ 这个主张的过程中，新手型教师 B1 只是给出了 $CaCO_3$ 是难溶物这一资料，而专家型教师 A2 则不仅给出了 $CaCO_3$ 是难溶物这一资料，还通过演示实验，给出了

气泡在 $CaCO_3$ 固体表面产生的这一具体直观的实验现象作为资料，从而更加充分地证明 $CaCO_3$ 在离子方程式书写时要写成分子的形式。再有，在论证可溶性的钡盐与可溶性的硫酸盐反应的实质是 $Ba^{2+}+SO_4^{2-}=\!=\!=BaSO_4\downarrow$ 过程中，新手型教师 B1 只是提供了 $BaCl_2$ 和 Na_2SO_4 混合后溶液中有白色沉淀这个资料；而专家型教师 A2 除了给出 $CuSO_4$ 与 $BaCl_2$ 混合后有白色沉淀这个资料之外，还展示了混合过滤后，滤液呈蓝色并且往滤液中滴加 $AgNO_3$ 溶液后有白色沉淀生成这两个资料，以证明混合后溶液中仍有 Cu^{2+} 和 Cl^- 的存在。

再有，在支援的数量上，虽然同资料、根据的数量相比，两类教师给出的支援数量有所减少，但是专家型教师所提出来的数量仍然明显多于新手型教师的。专家型教师为其根据提供了更深入的理由，对根据的可靠性给出了有力的支援，增强了根据的说服性。从表 2.3 中看出，专家型教师给出的支援数量和根据数量都比较接近；而两位新手型教师除了在电解质这节课中给出少数的支援之外，在离子反应这节课中则并未提供支援，这说明专家型教师为其主张尽可能多地提供理由，以使学生能够真正理解科学概念的本质。

最后，专家型教师在课堂中提出的反驳数量明显多于新手型教师。尽管专家型教师在离子反应这节课中只给出了一个反驳，但是新手型教师并未给出任何反驳。例如，在离子反应教学中，对于 Na^+ 在 $Ba(OH)_2$ 与 Na_2SO_4 的反应中所起作用的论证中，专家型教师 A1 对学生提出的“Na^+ 未发生作用”的主张阐述了一个反驳，其反驳是“溶液中存在着 Na^+，OH^- 带负电荷，而溶液显电中性，所以 Na^+ 的作用是带正电荷以抵消 OH^- 的负电荷”。再有，专家型教师 A2 对于“复分解反应就是两种化合物互换成分，生成沉淀、气体和水的反应”这一主张也提出了反驳，其反驳是“电解质在溶液中早就发生了电离，形成了自由移动的离子，溶液中的反应是离子相互间的直接碰撞，无互换机会”。通过这一反驳，教师 A2 向学生解释了电解质在溶液中反应的真正本质，即溶液中，离子反应的实质是离子之间的反应。反驳数量在一定程度上表明了论证质量，根据埃尔杜拉的研究结果，反驳数量越多，结构越复杂，则论证水平越高。从反驳数量上也可看出，专家型教师的论证质量明显高于新手型教师。

总而言之，从图尔敏论证模型的各个要素数量上来看，专家型教师的课堂论证能力明显高于新手型教师。

二、论证水平的比较

论证的质量高低还可常用论证水平（六个论证要素的不同组合）进行分析。根据奥斯本（Osborne）等[18]开发的评价框架，可将论证分为 5 个水平和对应的分值（赋分数值与水平相同），如表 2.4 所示。

表 2.4 不同论证水平、赋分及其相应要素组合

水平/分值	1/1	2/2	3/3	4/4	5/5
要素组合	C	CD，CW，WR	CDR，CWR，CDW，CWB，CDB	CDBR，CWBR，CDWR	CDWBR，CDWBQ

注：C 表示主张，D 表示资料，W 表示根据，B 表示支援，R 表示反驳，Q 表示限定。

表 2.5 是不同类型教师的课堂论证水平的数量和总分（将专家型教师或新手型教师在对应论证水平上的数量乘以各水平赋予的相应分值，即可求得不同类型教师在各论证水平上的总分）。以电解质教学为例，可以发现专家型教师在各论证水平上的得分都高于新手型教师（尤其是在论证水平 3、水平 4 和水平 5 上），且专家型教师的论证水平分布也比新手型教师的论证水平分布更广泛。

表 2.5 不同类型教师的课堂论证水平的数量和总分

水平	电解质						离子反应					
	A1	A2	A 总分	B1	B2	B 总分	A1	A2	A 总分	B1	B2	B 总分
1	0	1	1	1	0	1	0	0	0	0	0	0
2	7	6	26	7	3	20	1	4	10	1	2	6
3	9	13	66	3	3	18	0	2	6	3	1	12
4	4	1	20	0	1	4	7	5	48	0	0	0
5	1	1	10	0	0	0	0	0	0	0	0	0

进一步，选取专家型教师 A1 和新手型教师 B1 在电解质教学中“NaCl 固体不导电”这一知识点的不同论证过程为例，分析不同教师论证水平的微观差异（表 2.6）。在论证过程 1 中，教师 A1 的论证水平为 4。她在提出“NaCl 固体不导电”主张之后，紧接着通过导电实验，让学生观察到 NaCl 固体中的灯泡不亮这一宏观现象，为该主张提供了资料。为了证明资料与主张之间的联系，她提出“因为 NaCl 固体中无自由移动的离子”的解释，即利用这个根据合理地将资料推理到主张。同时，为了增强论证的有效性和说服力，她给出了进一步的证据，以证明根据的可靠性，她通过给出“因为离子不是自由移动的，所以离子上带的电荷不能定向移动形成电流”这个理由，支援了根据，从而让学生明白 NaCl 固体不导电的真正本质原因。教师 A1 由可观察的宏观现象入手，逐步论证，层层深入到隐藏在宏观现象背后的微观原理，探究了概念的科学本质。当然，这种教学过程也是符合学生从具体形象思维入手、逐渐发展其抽象逻辑思维能力的认知发展顺序的，有利于培养学生的分析问题和解决问题的逻辑思维能力。在论证过程 2 中，教师 B1 的论证水平为 2。她在提出“NaCl 固体不导电”的主张之后，并没有为该主张提供任何的资料支持，而是直接给出了微观层面的理由，即根据“NaCl 固体中无法形成自由移动的离子”，之后也没有进一步的证据以支援该根

据。从概念的理解上来说，两位教师都给出了"NaCl 固体不导电"中最关键的理由，但是通过比较不难发现，专家型教师 A1 的论证水平 4 比新手型教师 B1 的论证水平 2 更具有说服力，更有利于促进学生对这一概念的深度理解。

表 2.6 不同教师在"NaCl 固体不导电"知识点的论证过程

论证过程 1（专家型教师 A1）	论证过程 2（新手型教师 B1）
主张：NaCl 固体不导电。 资料：NaCl 固体中的小灯泡不亮。 根据：NaCl 固体中无自由移动的离子。 支援：离子上带的电荷无法定向移动形成电流。	主张：NaCl 固体不导电。 根据：NaCl 固体无法形成自由移动的离子。

研究表明论证水平越高，即论证要素组合的种类越多则论证结构越复杂，论证者的论证能力越强，论证水平越高，对论证内容的理解也更全面透彻，越能深入科学概念的本质。专家型教师在论证水平的数量及其分布上都比新手型教师更为广泛，表明专家型教师对于相关概念的理解更为透彻。专家型教师更关注于根据、支援甚至反驳等推理性知识层面的内容，而新手型教师更关注于主张与资料等事实性知识层面的内容。

三、论证内容的比较

（一）"电解质"教学过程分析

通过分析可发现，两类教师在教学中的侧重点有所不同。两位专家型教师的教学设计具有大致相似的思路：通过实验探究一些化合物水溶液的导电性，以让学生明白不同化合物在水溶液中的行为表现是有差异的；依据化合物在水溶液中（或在熔融状态下）能否导电，人们将化合物分为电解质和非电解质；探讨不同化合物在水溶液中导电性差异的本质，引出电离概念；根据电解质电离程度分为强电解质和弱电解质。教学的逻辑线索清晰，帮助学生在积极探究过程中感受概念的建构过程，同时体会到科学家是如何构建科学知识的，进而对科学本质有更为深刻的认识。而两位新手型教师的教学设计重点则是通过提供具体的物质，要求学生判断其是电解质还是非电解质，从而归纳总结一些注意事项。所不同的是，教师 B1 通过帮助学生分析 NaCl、HCl 和 AgCl 三种不同状态物质的导电性，得出电解质和非电解质的概念；而教师 B2 只是在讲述完一些常见的酸、碱、盐在水溶液或熔融状态下能导电，归纳电解质概念，没有关于电解质教学价值的引导与论证，教学中出现的论证相关案例基本是对习题的解释。

表 2.7 摘录的是几位教师得出电解质概念教学过程的相关片段，展示了专家型教师和新手型教师对电解质概念在教学重点上的理解差异以及论证教学过程的

表 2.7　不同教师在电解质概念教学过程的相关片段摘录及其论证编码

片段	教学对话	论证编码
1 （B1）	【B1】NaCl 固体能不能导电？原因是？ 【生】不能，无法形成自由移动的离子。 【B1】NaCl 溶液可不可以导电？原因呢？ 【生】可以，有自由移动的离子。 【B1】那熔融状态的 NaCl 能不能导电？原因是？ 【生】可以。存在自由移动的阴阳离子。	**主张**：NaCl 固体不导电。 **根据**：无法形成自由移动的离子。 **主张**：NaCl 溶液和熔融 NaCl 能够导电。 **根据**：存在自由移动的离子。
2 （B2）	【B2】……像盐酸、NaCl，它们溶于水后形成的溶液是可以导电的，NaCl 固体在熔融状态下也可以导电……$Mg(OH)_2$、$CaCO_3$，它们不溶于水，不能形成水溶液，不导电，但是它们在熔融状态下是可以导电的。我们就把这一类能够在水溶液里或者熔融状态下能够导电的化合物称为电解质。	**主张**：在水溶液里或者熔融状态下能够导电的化合物称为电解质。 **资料**：盐酸、NaCl 水溶液能导电，NaCl、$Mg(OH)_2$、$CaCO_3$ 在熔融状态下能导电。
3 （A1）	【A1】不同溶液的电性实验结果？ 【生】HCl 溶液、NaOH 溶液、NaCl 溶液的灯泡是亮的，蒸馏水、乙醇的灯泡不亮。 【A1】灯泡亮说明导电了。那什么是电？什么是电流？ 【生】向一定方向移动的电荷。 【A1】既然电荷定向移动形成电流，那电荷是谁带的？ 【生】离子。 【A1】那 HCl 溶液、NaOH 溶液、NaCl 溶液的灯泡是亮的，蒸馏水、乙醇的灯泡不亮，这说明了什么？ 【生】前面那些溶液有离子产生。 【A1】有离子就够了吗？ 【生】自由移动的离子。 【A1】在电场力的作用下，离子可以自由移动。	**主张**：NaOH 溶液能够导电。 **资料**：溶液中的灯泡亮了。 **根据**：溶液中有自由移动的离子。 **支援**：离子带电荷，电荷的定向移动形成了电流。
4 （A2）	【A2】NaCl 溶液能导电吗？（灯泡亮了） 【生】能。 【A2】因为水合钠离子和水合氯离子可以在水溶液中自由移动。Cl^-和 Na^+只在水溶液中存在吗？ 【生】嗯。 【A2】在固体的时候存在吗？ 【生】存在。 【A2】那固体的 NaCl 为什么不能导电呢？ 【生】没有自由移动的离子。 【A2】它不能自由移动。NaCl 和 H_2O 分子发生了水合作用，使得 Na^+和 Cl^-进入溶液中，能自由移动。	**主张**：NaCl 溶液能导电。 **资料**：灯泡亮了。 **根据**：Na^+和 Cl^-在水中自由移动。 **支援**：NaCl 固体和 H_2O 分子发生了水合作用。 **主张**：固体 NaCl 不导电。 **根据**：没有自由移动的离子。

不同。两位专家型教师都选择 NaCl 为研究对象，通过对 NaCl 溶液导电性的层层分析，由宏观现象逐步推理，得出背后的微观本质，揭示了导电的本质。例如，专家型教师 A1 提出了 NaCl 溶液能够导电的主张,并为之提供了灯泡变亮的资料。在此基础上，提问什么是电，什么是电流，如此学生给出了向一定方向移动的电荷形成电流，而电荷又是来自自由移动的离子。这些理由充分证明了灯泡变亮的原因，从而论证了 NaCl 溶液的导电性。经过一系列的分析、推理、提供证据，使得新知识在学生已有知识的基础上得到了意义建构，这一过程也培养了学生的分析问题、解决问题的逻辑推理能力。而新手型教师虽然知道什么是教学重点，却没有突出重点的具体措施。例如，教师 B2 仅仅是在叙述了一些常见物质的导电性之后，就给出了电解质概念。而对于为什么那些物质在水溶液中或熔融状态下能够导电，并没有给出足够的论证说明。可见，对于教学重难点的把握，两类教师之间存在一定的差别。专家型教师对于教学重难点的把握更准确，为重难点教学提供多种证据,从宏观可观察的现象深入到不可见的微观粒子进行充分论证。

（二）“离子反应”教学过程分析

“离子反应”这一节内容的重难点是对离子反应本质的理解。学习离子反应的目的在于引导学生从微观层面去分析、思考电解质在水溶液中的存在形式和变化。但是,不少教师对“离子反应”概念教学采取的措施是将离子反应简单处理成“一个定义，几点注意”的条目陈述，接着就是通过讲解“写、改、删、查”这四个步骤，向学生说明如何书写离子反应方程式，然后辅以大量习题训练。大多数教师认为这是一种省时省力、便捷高效的教学。遗憾的是，这种做法严重背离了概念的“本源”。概念是人们对事物本质属性的认识，是逻辑思维的最基本单元。这一特点决定了概念不是教师“讲”出来的，而是学生自己通过对具体事实的体会并加以逻辑思考建构出来的，教师的作用只能是设计认识概念的教学过程。

通过比较分析，发现专家型教师和新手型教师在离子反应教学中存在着明显差别。新手型教师较少涉及论证，这从表 2.3 中给出的图尔敏论证模型各要素的数量可以看出。B1 和 B2 两位教师都是通过向学生解释 KCl 溶液与 Na_2SO_4 溶液、$BaCl_2$ 溶液与 Na_2SO_4 溶液混合后的实验现象，直接得出了离子反应的概念，接着就是对离子反应方程式书写步骤的讲述并占据了大部分教学时间。而两位专家型教师则都是以实验为载体，层层分析，步步论证分析离子反应的本质，以及通过 $Ba(OH)_2$ 溶液和 H_2SO_4 溶液反应的具体实例，论证该中和反应的本质。

表 2.8 摘录的是四位教师得出离子反应概念教学过程的相关片段，展示了专家型教师和新手型教师对离子反应不同重点的论证。从中可以明显看出专家型教师致力于对离子反应本质的探究，以帮助学生理解离子反应的本质为重点，重在探究离子反应的过程，找出资料之间的关系，提供证据，逐步推理，层层递进论

表 2.8　不同教师在离子反应概念教学过程的相关片段摘录及其论证编码

片段	教学对话	论证编码
1 （B1）	【B1】实验 1 是 KCl 与 Na_2SO_4 溶液混合，实验 2 是 $BaCl_2$ 与 Na_2SO_4 溶液混合，有什么现象？ 【生】没有现象。 【B1】KCl 与 Na_2SO_4 混合在一起，没有现象，溶液中有 K^+、Cl^-、Na^+和 SO_4^{2-}四种离子。那 $BaCl_2$ 与 Na_2SO_4 混合有没有现象？ 【生】产生白色沉淀。 【B1】白色沉淀是谁和谁产生的？ 【生】Ba^{2+}和 SO_4^{2-}。 【B1】第一个反应无现象，第二个反应生成白色沉淀。第二个反应在混合前有四种离子，反应后溶液中只剩两种离子，离子浓度减小。Ba^{2+}和 SO_4^{2-}生成 $BaSO_4$ 的反应是这个反应的本质，这就是离子反应，即有离子参加或生成的反应称为离子反应。离子反应的实质是反应向着离子浓度减小的方向进行……	**主张**：有离子参加或生成的反应称为离子反应。 **资料**：（$KCl+Na_2SO_4$）溶液混合后无现象，（$BaCl_2+Na_2SO_4$）溶液混合后产生白色沉淀。 **根据**：$Ba^{2+}+SO_4^{2-}$ ══ $BaSO_4\downarrow$ **主张**：离子反应的实质是反应向着离子浓度减小的方向进行。 **资料**：（$KCl+Na_2SO_4$）溶液混合后无现象，（$BaCl_2+Na_2SO_4$）溶液混合后产生白色沉淀。 **根据**：（$KCl+Na_2SO_4$）混合前后离子浓度不变；（$BaCl_2+Na_2SO_4$）反应后溶液只剩下两种离子，离子浓度减小。
2 （B2）	【B2】HNO_3 和 Na_2CO_3 在溶液中主要以离子形式存在，如果把两种溶液混合起来参加反应，那么它们实际上应该是什么样的反应？ 【生】离子反应。 【B2】对，离子反应。就是两种液体混合在一起有离子参加的反应，我们把这种有离子参加或生成的反应称为离子反应……	**主张**：有离子参加或生成的反应称为离子反应。 **根据**：HNO_3 和 Na_2CO_3 在溶液中主要以离子形式存在的，溶液混合后会发生反应。
3 （A1）	【A1】$Ba(OH)_2$ 和 HCl 理论上能发生反应，但是我做这个实验的时候感觉不到反应的发生。你有没有办法让这个不易观察的反应看得见？ 【生】加试剂，酚酞，看到有颜色变化。 【A1】这个问题你是如何考虑的？ 【生】酚酞可以使碱性溶液显红色，反应之后它就不是碱性溶液了。如果充分反应，溶液中 OH^-就没有，酚酞的颜色就没有了。 【A1】讲得非常好。酚酞显红色告诉我们溶液中存在 OH^-，用宏观看得见的红色提示我们微观中存在的看不见的微粒，OH^-……红色褪去，说明什么？ 【生】OH^-被反应掉了。	**主张**：$Ba(OH)_2$ 和 HCl 混合发生中和反应。 **资料**：加入酚酞试剂，溶液由红色变成无色。 **根据**：酚酞使碱性溶液显红色，加入 HCl 充分反应，溶液不再是碱性。 **支援**：酚酞显红色说明溶液中存在 OH^-，OH^-被反应掉，红色褪去。
	【A1】通过电导率实验可以看溶液中有无自由移动的离子。下面这个图纵坐标表示电导率，电导率与电阻相反，它如果是零，就几乎不能导电，电阻非常大，那么这个图你怎么理解（图 1.11）？	**主张**：$Ba(OH)_2$ 和 HCl 反应后，Ba^{2+}、Cl^-仍存在于溶液中。 **资料**：溶液中电导率曲线下降，且电导率不为零。 **根据**：电导率不为零说明溶液中一直存在离子。

续表

片段	教学对话	论证编码
3 （A1）	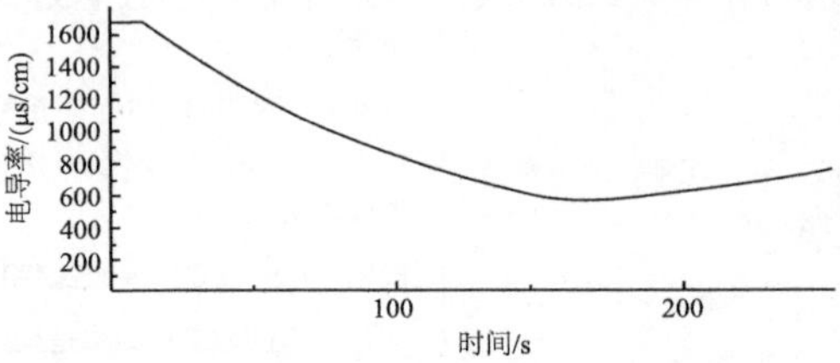 图 1.11　$Ba(OH)_2$ 溶液中滴入盐酸时电导率的变化 【生】一开始溶液中有 $Ba(OH)_2$，只有 Ba^{2+}和 OH^-，再不断加入盐酸，HCl 和 $Ba(OH)_2$ 发生反应生成 H_2O。溶液中 OH^-减少，所以电导率会下降。 【A1】……在这之中，有没有不能导电的时候？电导率为零的时候有吗？ 【生】没有。 【A1】这说明了什么？ 【生】说明溶液中一直存在离子。 【A1】你认为溶液中一直存在的离子是什么？ 【生】是 Ba^{2+}和 Cl^-。 【A1】对，H^+和 OH^-已经生成了几乎不导电的水。	**支援**：电导率测量的是溶液中自由移动的离子。
4 （A2）	【A2】在 $CuSO_4$ 和 $BaCl_2$ 溶液中各存在哪些微粒？ 【生】Cu^{2+}、SO_4^{2-}；Ba^{2+}、Cl^-。 【A2】对，$CuSO_4$ 溶液中有 Cu^{2+}、SO_4^{2-}和 H_2O；$BaCl_2$ 溶液中有 Ba^{2+}、Cl^-和 H_2O。它们来源于 $CuSO_4$ 电离成 Cu^{2+}和 SO_4^{2-}，$BaCl_2$ 电离成 Ba^{2+}和 Cl^-。把 $BaCl_2$ 滴入 $CuSO_4$ 溶液中，我们看到有白色沉淀，过滤，滤液是什么颜色？ 【生】蓝色。 【A2】蓝色给我们一个信息说明是 Cu^{2+}。滤液呈蓝色说明在产生沉淀的同时，溶液中的 Cu^{2+}没有转化为沉淀。滤液中均匀的蓝色说明铜元素以离子形态存在，而且这种离子在水溶液中可以自由移动。说明溶液中依旧存在自由移动的 Cu^{2+}……与此同时，在滤液中滴加 $AgNO_3$ 溶液，有白色沉淀，说明滤液中有 Cl^-……忽略滤液这部分，那 $CuSO_4$ 与 $BaCl_2$ 反应如何用合适的化学用语表示？ 【A 生】$Ba^{2+}+SO_4^{2-}$ ══ $BaSO_4$↓ 【A2】你为什么这么写？ 【A 生】因为从始至终溶液中 Cu^{2+}和 Cl^-都没有变，但是 Ba^{2+}和 SO_4^{2-}反应生成了沉淀。 【A2】……这就是反应的本质。	**主张**：$CuSO_4$ 与 $BaCl_2$ 反应的本质是 $Ba^{2+}+SO_4^{2-}$ ══ $BaSO_4$↓ **资料 1**：产生白色沉淀，滤液显蓝色。 **根据 1**：白色沉淀是 $Ba^{2+}+SO_4^{2-}$ ══ $BaSO_4$↓，Cu^{2+}显蓝色。 **支援 1**：滤液中仍存在自由移动的 Cu^{2+}。 **资料 2**：在滤液中滴加 $AgNO_3$，产生白色沉淀。 **根据 2**：Ag^++Cl^- ══ $AgCl$↓ **支援 2**：滤液中仍存在 Cl^-。 **支援 3**：从始至终溶液中 Cu^{2+}和 Cl^-都没有变。

证，最后得出结论。两位专家型教师都摒弃了教材中提供的（$KCl+Na_2SO_4$）溶液混合、（$BaCl_2+Na_2SO_4$）溶液混合的例子，结合自己对离子反应内容的理解，对教材进行了二次开发。例如，片段 3 中的教师 A1 和学生共同对 $Ba(OH)_2$ 和 HCl 混合后确实发生了中和反应这一主张进行了论证。在论证之前，教师和学生都明白这两种物质在理论上是可以反应的，但是宏观现象上无法观察到的。于是，教师首先引导学生，如何将看不见的实验现象可视化，接着学生就为此提供了加入酚酞，观察溶液前后颜色变化的资料，并且还给出了进一步的根据，即酚酞使碱性溶液显红色，加入 HCl 充分反应，溶液不再是碱性，使得资料和主张之间有了合理的解释，最后教师在学生思考的基础上给出了进一步的支援。接下来，教师 A1 通过呈现向 $Ba(OH)_2$ 溶液中滴加 HCl 的电导率实验测定的结果，引导学生分析反应的电导率曲线图，证明了混合溶液中一直存在着 Ba^{2+}和 Cl^-。再有，片段 4 中教师 A2 在探究离子反应本质的过程中，给出了不同的教学策略。教师 A2 选择通过 $CuSO_4$ 溶液与 $BaCl_2$ 溶液反应的过程揭示了该反应的本质。片段 4 所要证明的主张是 $CuSO_4$ 与 $BaCl_2$ 反应的本质是 $Ba^{2+}+SO_4^{2-} = BaSO_4\downarrow$。教师 A2 首先和学生分析了这两种溶液混合前分别存在的离子，接着借助演示实验，呈现了该主张的资料，即溶液混合后，产生了白色沉淀且滤液呈现蓝色；这一宏观现象的资料，得到了微观水平理由的支持，白色沉淀是 $Ba^{2+}+SO_4^{2-} = BaSO_4\downarrow$，同时水合铜离子呈蓝色。正是因为 Cu^{2+}在溶液中自由移动，滤液才显蓝色，这一理由增强了根据的可靠性。显然，这一条资料的出现并不足以证明该主张，于是教师 A2 提供了向滤液中滴加 $AgNO_3$，产生白色沉淀的第二个资料，并给出了进一步的根据和支援。尽管教师 B1 和教师 B2 也有论证过程（片段 1 和片段 2），但并未对离子反应的本质进行深入探究，仅仅通过某些现象就给出了离子反应的概念。另外，教师 B1 对于离子反应本质的理解是反应向着离子浓度减小的方向进行，这和离子反应的本质（有离子参加或生成的反应）在理解上尚存在一定的差异。

通过不同教师的教学片段可以看出，专家型教师更为深入和精准地把握了对离子反应本质这一重点的探究与论证，为提出的主张尽可能多地提供证据，不仅包含多个资料和根据，还给出了更多的支援，包含了多个图尔敏论证模型的要素；而新手型教师则相对较少，较少提供支援。由此表明，专家型教师教学时，以论证宏观现象和微观本质之间的联系为重点，能够引导学生从微观粒子角度分析反应现象的原因，递进性地提供各种证据以证明提出的主张，充分展示了宏观辨识与微观探析的化学学科核心素养；而新手型教师更多的是直接给出解释或描述一些会发生的宏观现象，给出一些基本的微观解释，并没有深入理解所教内容的教学价值，缺少对教材的二次开发和深入加工，过于强调学生对离子方程式正确书写的技能，反映出知识导向的价值取向。另外，专家型教师注重以实验为载体对概念进行探究，多与学生进行解释性对话或者引导学生讨论出一个共同的理解，多进行启发式的提问并要求学生提供做出回答的理由，整个课堂教学中的大多数论证是由学生和教师共同建构的。而新手型教师则是从概念的文字入手，大多进行陈述性的讲述和讲解，或者阅读课本中的定义，抑或常是教师提问—学生回答是否—教师给出对问题正确答案的解释相对封闭和固定的教学思路；庞特克威（Pontecorvo）[19]认为如果课堂中的对话形式变成了思考的形式，并且学生参与了这种形式的对话，那么学生将开始适应这种形式的思考。很显然，这种形式的思维有利于培养学生搜集资料、分析问题、解决问题的能力，有利于提高学生的思辨能力，最终有利于学生科学素养的形成，这正是新课程标准的最终目标。

第四节　结论与建议

本研究以图尔敏论证模型为基础，以“电解质”和“离子反应”教学为例，对专家和新手两种不同类型的高中化学教师的课堂教学视频进行了转录和编码，从图尔敏论证模型各要素的数量、论证水平及论证内容等方面开展了细致深入的对比研究。

一、研究结论

研究结果表明：专家型教师在图尔敏论证模型的论证要素的数量、论证水平及论证内容上都明显高于新手型教师。

（一）专家型教师的各论证要素数量明显较多

首先，在主张的数量上，专家型教师课堂中提出的科学主张数量比新手型教师提出的科学主张数量多。其次，在资料和根据的数量上，两类教师都为他们提出的主张提供了一定的资料支持，同时为资料和主张之间的联系给出了一定数量的根据，以证明资料到主张的合理性。由于专家型教师课堂中提出了更多的主张，因此资料和根据的数量仍然比新手型教师多。再次，在支援的数量上，虽然同资料、根据的数量相比，两类教师给出的支援数量有所减少，但是专家型教师所给的仍然明显多于新手型教师。相同的是，两类教师都很少甚至没有提供限定。最后，专家型教师在课堂中提出的反驳数量也明显多于新手型教师。已有研究表明，在论证中提出的主张数量越多，则表明论证者对该课题的理解程度越全面、越深入、越透彻，而反驳数量在一定程度上表明了论证的质量，反驳数量越多，结构越复杂，则论证能力越高。因此，从两类教师课堂提供论证要素的数量上来看，专家型教师的论证能力明显高于新手型教师。

（二）专家型教师的课堂论证水平分布明显更为广泛

通过对教师论证水平分布的比较，结果表明专家型教师教学中所体现的论证水平的分布比新手型教师的更为广泛，表明专家型教师对于教学内容的理解更为深入。在电解质教学中，专家型教师的论证在五个水平上均有分布，而新手型教师则在水平 4 和水平 5 上很少出现，甚至没有；在离子反应教学中，专家型教师的论证水平主要分布在水平 2、水平 3 和水平 4 上，而新手型教师的论证水平则主要分布在水平 2 和水平 3 上，两类教师基本没有出现水平 5 的分布。研究表明论证水平越高，即论证要素组合的种类越多则论证结构越复杂，论证者的论证能力越强，对论证内容的理解越深入，越能深入领悟科学概念的本质。

（三）专家型教师的化学学科核心素养渗透意识更为强烈

两类教师的关注点各不相同，这体现了他们对同一内容不同层次的理解和处理。在电解质的教学中，专家型教师对于电解质概念本质的把握更准确，课堂教学的重点在于论证电解质导电的本质，并在此基础上帮助学生理解电离方程式书写。而新手型教师则是在简单介绍电解质的相关概念之后，重点在于帮助学生学会判断一些常见的物质是电解质还是非电解质，以及与概念相关的一些注意事项。在离子反应教学中，专家型教师重点从宏观、微观和符号三重表征及其相互转换方面，指导学生理解离子反应的本质及其发生的条件，能够引导学生从微观粒子角度分析反应现象的原因，递进性地提供各种证据以证明提出的主张；而新手型教师更多的是直接给出解释或描述一些会发生的宏观现象，仅提供一些基本的微观解释，并没有深入理解所教内容的教学价值，未能对教材进行二次开发、深入加工，过于强调学生对离子方程式的正确书写。

二、研究建议

论证是科学的重要组成部分，论证教学不仅可培养学生的化学学科素养，也可促进教师的专业化发展。作为教师，首先需要理解学科知识并增强论证教学的意识。在化学教学过程中，教师不仅应满足于对学科知识本身的纵深理解，还要关注学科知识间的横向联系，更要思考学科知识的教学价值，为学科知识的呈现提供充足的证据和理由，从而引领学生真正理解科学概念的本质。同时，在课堂中可多问一些“为什么？你的理由是什么？你为什么这么想？”等类型的问题，并给予学生充足的思考与讨论时间，帮助其分辨主张和理由之间的差异，促进学生学会逻辑推理，增强论证的意识。另外，教师需要明确掌握论证教学基本模式、关键要素并选取适当的论证教学策略，从潜在自发的论证教学走向主动自觉的论证教学。化学中的论证教学策略有很多。例如，可以设置两难情境，让学生在有两种或多种选择情况下进行比较分析；可以从“宏观-微观-符号”三重表征入手，让学生收集资料并对资料进行整理分析；可以提供模型或搭建脚手架，将大（或复杂）问题分解为小（或简单）问题；可以组织“辩论”，让学生就某一问题进行讨论，给出自己的看法，并对其他学生的主张提出质疑，同时不断修正其主张。研究表明，呈现需要学生独立思考的问题被认为是有价值的教学策略，因为它能够产生有意义的学习。论证教学的持续开展必定能在不同程度上提高教师和学生的论证素养。

参 考 文 献

[1]Cole R, Becker N, Towns M, et al. Adapting a methodology from mathematics education research to chemistry education research: documenting collective activity[J]. International Journal of Science and Mathematics Education, 2012, (10): 193-211.

[2]Della Thompson. 牛津简明英语词典[M]. 10 版. 北京: 外语教学与研究出版社, 牛津大学出版社, 2000.

[3]武宏志. 论证的图尔敏模式——兼评国内外若干论著的误释[J]. 华南师范大学学报(社会科学版), 2003, (5): 23-27.

[4]张学庆. 图尔敏论证模型述评[D]. 济南: 山东大学, 2006.

[5]杨宁芳. 图尔敏论证模式[J]. 重庆理工大学学报(社会科学), 2012, 26(7): 12-17.

[6]杨宁芳. 图尔敏论证逻辑的策略、局限及前瞻性思考[J]. 哲学动态, 2009, (6): 91-96.

[7]潘瑶珍. 基于论证的科学教育[J]. 全球教育展望, 2010, 39(6): 82-86 .

[8]任红艳, 李广洲. 图尔敏论证模型在科学教育中的研究进展[J]. 外国中小学教育, 2012, (9): 28-34.

[9]中国社会科学院语言研究所词典编辑室. 现代汉语词典[M]. 北京: 商务印书馆, 1995.

[10]何嘉媛, 刘恩山. 论证式教学策略的发展及其在理科教学中的作用[J]. 生物学通报, 2012, 47(5): 31-34.

[11]Gray A, Sunmers D. 朗文英汉双解词典[M]. 郑荣成, 译. 北京: 外文教学与研究出版社, 2002.

[12]Erduran S, Simon S, Osborne J. Tapping into argument: developments in the application of Toulmin's argument pattern for studying science discourse[J]. Science Education, 2004, 88(6): 915-933.

[13]魏亚玲. 基于图尔敏论证模型的高中化学课堂教学分析[D]. 南京: 南京师范大学硕士学位论文，2014.

[14]中华人民共和国教育部. 普通高中化学课程标准(2017 年版)[S]. 北京: 人民教育出版社, 2018.

[15]斯滕伯格 R J, 霍瓦斯 J A. 专家型教师教学的原型观[J]. 高民. 张春莉, 译. 华东师范大学学报(教育科学版), 1997, (1): 27-37.

[16]李中靖. 不同教师高中化学课堂教学行为比较研究[D]. 南京: 南京师范大学硕士学位论文, 2013.

[17]连榕. 新手-熟手-专家型教师心理特征的比较[J]. 心理学报, 2004, 36(1): 44-52.
[18]Osborne J, Eduran S, Simon S. Enhancing the quality of argumentation in school science[J]. Journal of Research in Science Teaching, 2004, 41(10): 869-897.
[19]Pontecorvo C, Girardet H. Arguing and reasoning in understanding historical topics[J]. Cognition and Instruction, 1993, 11(3-4): 365-395.

第三章　基于书面论证模式的无机化学教学实践研究

论证既包含外在社会性的言语过程，又包含个体内在的独立思考，是一种慎思明辨的过程。因此，从形式上看，论证可以分为口头论证和书面论证两种形式。已有研究表明无论是哪种论证形式，如果运用得当，都可以在一定程度上提高学生的科学论证水平。第二章主要介绍围绕课堂教学过程进行口头论证的相关研究，本章将在图尔敏论证模式和麦克尼尔论证模式基础上建构书面论证模式，根据书面论证和化学学科的特点构建合适的论证学习策略，以刚入学的大学一年级非化学专业学生为被试，研究其在“普通无机化学”课程学习过程中，经历基于书面论证模式的教学干预后，学生的论证水平（论证结构和论证内容）是否有所改变。

第一节　书面论证及论证问题设计

本节主要阐述书面论证模式、书面论证问题设计原则、书面论证的问题链策略和书面论证评价标准等，为后续书面论证的实践研究奠定基础。

一、书面论证模式的内涵

研究表明，合理的论证模式可为学生进行书面论证提供清晰的框架，帮助其有目的、有方向地解决问题。为此，我们首先需要构建合理的书面论证模式。当然，在进行模式建构之前，需先了解书面论证的主要特点：①独立性，书面论证往往出现在学生书面作业过程中，学生应用已有知识，结合具体的问题情境进行自主的问题解决，具有明显的个体性和独立性。②单向性，书面论证更多的是问题解决者自己与自己的对话交流，这种思维过程往往是单向的，不同于口头论证中多个个体之间不同思维和观点的碰撞与交流，其交互形式相对来说较为单一。③内隐性，由于学生的思维过程是内隐的，因此书面论证的过程作为个体的内化过程也往往不会主动外显，具有内隐性。但是，研究过程中可以通过提供相关方法策略帮助学生将内隐思维外显化，实现对学生书面论证过程的观察、分析、编码和评价。

国外很多教育研究者采用图尔敏论证模式开展相关工作，充分显示了该模型的优势。但是，奈特（Knight）和麦克尼尔（McNeill）[1]提出，图尔敏论证模式中有些要素的界定是不必要甚至是不清晰的。他们认为，在一个完整的推理过程中往往不需要区分根据和支援这两个要素。论证教学旨在培养学生的论证意识，并深化其对知识的理解，因此只需要帮助学生建构一个完整的思维过程。他们建议将根据和支援合并在一起形成一个新的要素——推理。于是，他们在图尔敏论证模式的基础上提出了 CERR 论证模式：①主张（claim）——对某一问题的回答；②证据（evidence）——能够支撑主张的科学资料；③推理（reasoning）——关于证据如何以及为什么能够支撑主张的证明过程；④反驳（rebuttal）——证明为什么其他解释是不正确的[1]。

本研究以化学学科问题为载体。自然科学问题具有其特有的科学性、辩证性和逻辑性，需要用科学的视角去审视问题、用辩证的态度去解决问题、用批判的眼光去反思问题，最后再总结迁移，达到对知识螺旋式上升的理解。同时，本研究采用的书面论证形式具有独立性和单向性等特点。在没有其他人及时质疑的书面论证过程中，学生个体内部不容易产生不同观点的辩驳，故 CERR 中的反驳要素不容易形成。但是，在问题解决过程中，反思是一种极为重要的能力，我们更强调书面论证中的反思过程，即学生对其认知推理过程的再认知，通过重新审视和思考自己的推理过程使论证更加完善。因此，本研究将麦克尼尔提出的 CERR 论证模式做适当修正，提出了包含主张、证据、推理、反思四个要素的书面论证模式。为了区别于麦克尼尔原有的 CERR 论证模式，我们将书面论证模式简称为 W-CERR（written argumentation）论证模式，而将口头论证模式简称为 O-CERR（oral argumentation）论证模式。表 3.1 具体比较分析了本研究所采用的 W-CERR 论证模式与麦克尼尔的 O-CERR 论证模式之间的异同点。

表 3.1 O-CERR 和 W-CERR 论证模式中各要素的异同

<table>
<tr><th>O-CERR</th><th>W-CERR</th><th>相同点</th><th>不同点</th></tr>
<tr><td>主张（claim）</td><td>主张（claim）</td><td rowspan="4">书面论证模式保留了口头论证模式中的主张、证据、推理三个要素，其具体内涵在本质上是相通的。</td><td rowspan="4">将反驳改为反思，更体现了学生书面论证的独立性与单向性，反思即自己与自己对话，进行自我反驳的过程。</td></tr>
<tr><td>证据（evidence）</td><td>证据（evidence）</td></tr>
<tr><td>推理（reasoning）</td><td>推理（reasoning）</td></tr>
<tr><td>反驳（rebuttal）</td><td>反思（reflection）</td></tr>
</table>

表 3.2 就 W-CERR 论证模式中各个要素的含义予以了进一步的解释，并给出各个要素的操作性定义，方便在后续编码过程中准确地进行要素分析。

表 3.2 W-CERR 论证模式中各要素的含义和操作性定义

要素	含义	操作性定义
主张（claim）	是针对某个科学问题所给出的结论、猜测、解释或其他答案，是论证过程的出发点或经过论证讨论之后确定的目标或结论。	应用证据进行推理之前给出的观点或猜测，或通过推理论证得到的最终结论。
证据（evidence）	问题中所给出的可以使用的信息，学生通过查阅资料获得的知识以及学生脑海中已有的知识储备。	书面论证问题中给出的已知条件，通过查阅资料得到的信息，学生已经学过的相关知识等。
推理（reasoning）	是整个论证过程的核心环节，是学生思维外显化的过程，是学生应用已有经验和知识解决问题的过程，是从资料到主张的论证过程。	把收集到的各种证据有逻辑地连接起来并最终得到主张的一个完整过程。
反思（reflection）	在整个推理结束后的一个自省的过程，通过反思再进一步达到对知识系统性的建构。	推理结束后总结问题所涉及的知识，反思自己的推理过程是否完整，可以是对其他结论的反驳，也可以是从另外一个角度分析问题。

学生在运用 W-CERR 论证模式解决问题时，需要认真理解问题，利用已有信息，查阅未知信息，调动所学知识，进行合乎逻辑的推理，形成一个完整的问题解决过程。在平时的教学过程中，教师需要注意培养学生的批判反思能力，帮助学生通过自我反思意识到其认识上的不足，提高元认知水平（元认知实质是“个体对当前认知活动的认知调节”[2]）。同样，在书面论证过程中，学生在推理结束后通过反思可以促进知识的系统性建构，深刻理解各知识间的结构化关系，完善认知地图，促进深度学习。可见，从结构上来看，一个完整的论证过程至少包含主张、证据、推理和反思这四个要素，且这四个要素之间具有明确的逻辑关系。图 3.1 是 W-CERR 论证模式中各要素之间的逻辑结构图。

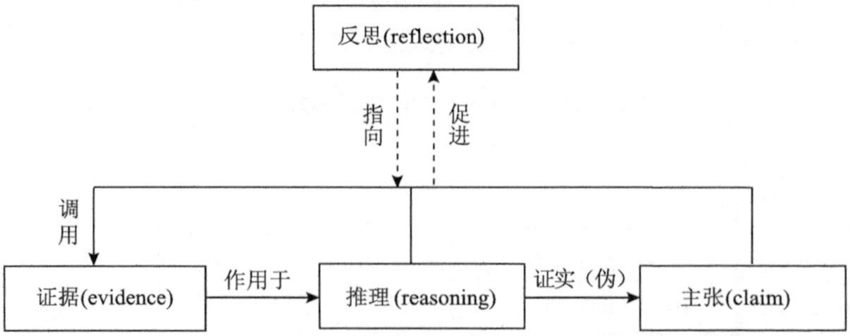

图 3.1 W-CERR 论证模式中各要素之间的逻辑结构图

由图 3.1 可知，学生在解决问题之前对该问题有一个预设的判断，即提出主张，该主张是否正确或合理是没有经过验证的，类似于科学探究中的假设。为了证明该主张的合理性和正确性，学生需要仔细分析问题中的相关信息，激发并调用已有认知，甚至查阅相关文献资料，以搜索发现用于解释该主张的相关证据资料。因此，主张可以促进和调用证据的提出。学生收集完相关的证据资料之后，有效地筛选收集到的证据，选择对推理过程有用的资料，综合运用相关知识原理，利用这些证据资料进行清晰、严密、合理的逻辑推理，使其原先提出的主张合理化、科学化，或者通过推理推翻其原先假设并建立新的主张。这一过程也是整个书面论证过程的核心部分，是学生能否解决问题的关键。反思如一张无形的网，笼罩于主张到证据、证据到推理以及推理得出主张的全过程。反思能力犹如网的疏密程度，可能存在于论证的全程中，也可能只出现于某个过程中或者仅在最后的总结中，这取决于学生个体批判性能力的高低，图中箭头用虚线表示以示区分。整个论证过程中，学生在主张、证据、推理和反思四者之间逐渐建立了有机互动的结构与联系。

二、书面论证问题设计原则

合适的论证问题情境有助于学生理解问题，唤起其已有的知识经验，激发其论证的兴趣。设计科学论证问题需要综合考虑如下三个原则：①知识综合性。科学论证强调证据的收集和分析，通过深入思考、综合应用已有信息证实（或证伪）主张，并有效地在已有知识之间建立有意义的联系，修正和完善其认知结构。在社会性科学议题中还表现为学生基于已有的价值观念与科学信念等，结合多方科学知识进行推理分析，为其主张进行辩护。因此，在问题设计时，注重关联学科知识，并充分调动学生收集与分析相关资料的积极性和兴趣。②思维发散性。科学论证注重学生思维能力，尤其是创新思维和发散思维的养成。科学论证就是一个解决问题的过程，犹如一次次向未知方向挺进的旅程，随时都可能发现意外的通道和美丽的图景，无需墨守成规地遵循固定路线，追求问题解决过程中表征与策略的多元化，体现思维的发散性与结果的收敛性的统一。③问题情境性。课程改革明确指出并积极倡导基于真实情境的化学教学，论证教学更是如此。当然，此处的情境可泛指促进学生产生疑惑或认知矛盾的资料信息。学生面临问题进行深度思考时，积极调用学科知识进行逻辑推理，主动进行“意义关联”或者“透过现象看本质”，从而提升论证能力和认知水平。

书面论证问题是一类重要的科学论证问题，是本研究的核心内容。为保证所设计问题的科学性，所设计问题主要源于权威考试或教材中的问题或以其为原型进行适当改编，并请相关化学学科专家型教师审核。实施正式研究之前，选择若干名学生进行预测试，以期对所设计的问题进行深入的、多角度的分析、预判与完善，尽可能预设多种可能的论证过程。下面以具体问题为例说明书面论证问题设计的三个原则，分析见表 3.3。

资料：氯化铝（化学式为 $AlCl_3$），是氯和铝的化合物。氯化铝熔点、沸点都很低，且氯化铝会升华，属于有离子性的共价化合物。氯化铝处于熔融状态时，以共价的二聚分子形式存在，因此熔融的氯化铝不易导电。

问题：工业制钠采用电解熔融氯化钠（化学式为 NaCl）的方法，制镁采用电解熔融氯化镁（化学式为 $MgCl_2$），能否用电解熔融氯化铝的方法来制备铝单质？

表 3.3 书面论证问题设计原则分析表

原则	表现形式
知识综合性	该问题所考察的知识点包括电解质概念、电解质导电的实质、离子化合物和共价化合物导电性的区别、电解原理、物质分类、同周期元素性质的相似性和递变规律等，将高中阶段必修 1 和必修 2 的内容有效结合，并联系到选修化学反应原理部分的知识，体现了综合性的特点。
思维发散性	学生解决这个问题可以从两个不同的角度进行分析。其一是电解的相关原理，理解电解过程的实质就是离子在外电压的作用下迁移到阴阳两极，由于 $AlCl_3$ 在熔融状态下以分子形式存在，不存在自由移动的离子，因此不能用电解的方法来制备 Al。其二是同周期元素的相似性和递变性，在与 NaCl 和 $MgCl_2$ 类比的基础上，得出 $AlCl_3$ 也存在电解的可能。但由于同周期元素从左到右，金属性减弱，而且 Al 在某些程度上已经表现出非金属的一些性质，如能与强碱反应。因此 $AlCl_3$ 在性质上与 NaCl 和 $MgCl_2$ 会存在区别。资料中也给出 $AlCl_3$ 是具有离子性的共价化合物，这一点很好地印证了该推理，由此也可以得出不能用电解的方法来制备 Al 这一结论。从这两个角度都可分析解决该问题，体现出一定的发散性思维。
问题情境性	对于能否用电解熔融 $AlCl_3$ 的方法来制备 Al 单质这一问题并不是直接突兀地提出来，而是给出了相应的可供学生思考的背景资料，即 $AlCl_3$ 的性质。同时题干中给出了 Na 和 Mg 的制备方法，这些情境资料都是启发学生思考的证据资料。但这些资料呈现又不能直接得出主张，还需要学生进一步地思考和推理，并联系已有的认知结构，体现了问题设计的情境性与启发性原则。

三、书面论证的问题链策略

国内外研究者提出的适合开展论证教学的策略归纳起来主要有以下几种：①组织“辩论”；②安排“角色扮演”；③创设“两难情境”；④绘制概念图；⑤应用竞争理论；⑥预测、观察和解释；⑦撰写科学实验报告；⑧设计实验。前三种策略主要应用于社会性科学议题教学中，最后三种策略主要适用于以实验为载体的科学论证教学。概念图主要是用于检测学生对概念的理解深度以及概念之间的相互关系，比较适合自然科学研究。但单纯的概念图绘制时，学生可能仅停留于通过箭头或符号将概念进行简单关联，尚不能很好地体现学生对某一问题的推理过程；竞争理论这一策略的应用需要研究者或教师为每个问题提供两种可供选择的理论依据或解释，让学生选择并解释自己认为合理的主张。这种设计过程对研究者或教师的要求较高，并且自然科学中有很多问题可能不存在两种截然对立的观点。本研究的目的是探究书面论证对学生科学论证能力的影响，希望通过书面论证的干预提高学生的科学论证能力。基于此，我们提出了一种适合学生论证学习的策略——问题链。

问题链就是基于相关原理或概念结合问题情境，将综合性高难度问题分解为一系列循序渐进且相对独立的小问题，以适切的、丰富的、典型的情境材料为基础，着重于形成基本概念和掌握基本原理，促进知识的整合与迁移。化学学科中的问题链策略旨在让学生从最基本的化学概念理解入手，通过层层分析，抽丝剥茧，使抽象的化学概念或原理具体化，降低知识学习的难度。胡久华和郇乐[3]的研究表明问题链的使用能够促使学生深入思考，在产生认知冲突和解决冲突的过程中，使认识得到发展。她们认为在设计问题链时，问题与问题之间的连接应该具有逻辑性和激发性，需要能展现与揭示学习过程和思想方法，使问题解决过程具有普遍的知识性和方法论意义。书面论证的推理过程需要学生综合应用已有知识作为证据，并在概念原理之间建立联系，最终证实（伪）主张，这一过程是考验知识储备和逻辑思维能力的过程。通过问题链策略的指导，学生可以深入理解所学概念和原理，储备相关知识并发展论证水平；学生解决这些书面论证问题的过程，也是其思维能力不断提高的过程。思维能力的发展是一个长期的过程，可以潜移默化地渗透于科学论证的整个过程中。

以“气体和溶液”章节中稀溶液的依数性这个概念为例，简述问题链学习策略的使用过程。稀溶液的依数性是指难挥发性电解质稀溶液的某些性质（包括溶液蒸气压下降、沸点升高、凝固点降低、溶液渗透压）与一定量溶剂中溶质的物质的量成正比。要全面理解这一化学概念，需要学生掌握理想溶液、饱和蒸气压、沸点、凝固点、渗透压等相关概念。因此，在相关概念学习基础上设计若干关联问题，设计思维台阶，引导学生逐步解决，最终形成对稀溶液的依数性这一概念的整体结构化理解。每个问题的设计意图及问题间的逻辑关系见表 3.4 和图 3.2。

表 3.4　稀溶液依数性问题链设计分析

<table>
<tr><th>问题</th><th>设计意图</th><th>层次关系</th></tr>
<tr><td>①什么是稀溶液的依数性?</td><td>整体概况性地了解稀溶液的依数性这一概念，为后续问题分析打下基础。</td><td rowspan="4">以问题①稀溶液的依数性概念引入，让学生形成科学观点或猜想；问题④、⑤、⑥、⑦的讨论就是探寻证据，证明主张的过程；问题②、③是需要理解反思的限制条件，由此形成解决此类问题的基本模型。</td></tr>
<tr><td>②稀溶液的依数性有哪些适用条件?</td><td>对稀溶液的依数性的适用条件进行讨论。关注蒸气压、沸点、凝固点分析的前提条件。</td></tr>
<tr><td>③为什么一定是稀溶液?</td><td>形成辨证观念，科学知识是在一定条件下适用的，有时候可能只是理想假设。</td></tr>
<tr><td>④什么是饱和水蒸气压? 饱和水蒸气压的大小与什么因素有关?</td><td>在上述限定条件下，理解饱和水蒸气压概念是理解溶液蒸气压的基础；拓展补充影响水蒸气压的因素，微观认识饱和蒸气压与液体表面分子个数的关系。</td></tr>
</table>

续表

问题	设计意图	层次关系
⑤溶液的蒸气压为什么会降低？	以水蒸气压概念和影响蒸气压的因素为基础，理解溶液蒸气压降低的原因，溶液蒸气压的变化是分析溶液沸点和凝固点变化的起点。	在此基础上，跳出原有适用条件限制，从微观本质角度理解溶液蒸气压影响因素，进而分析溶质性质改变后稀溶液依数性的变化。
⑥什么是沸点？溶液蒸气压与其沸点有什么关系？	理解沸点的概念，并与溶液蒸气压建立联系，由此分析蒸气压降低时沸点的变化情况。	
⑦什么是凝固点？溶液蒸气压与其凝固点有什么关系？	凝固点是冰与水的蒸气压达到平衡的点，与沸点属并列层次概念，与溶液蒸气压有关，进而分析溶液中水的饱和分压变化情况。	
⑧如果加入的是易挥发的非电解质，蒸气压、沸点、凝固点如何变化？	在上述所有概念理解的基础上，将稀溶液的依数性的适用范围扩大，分析易挥发的非电解质作溶质时溶液的依数性，使学生真正理解溶液依数性的影响因素。	

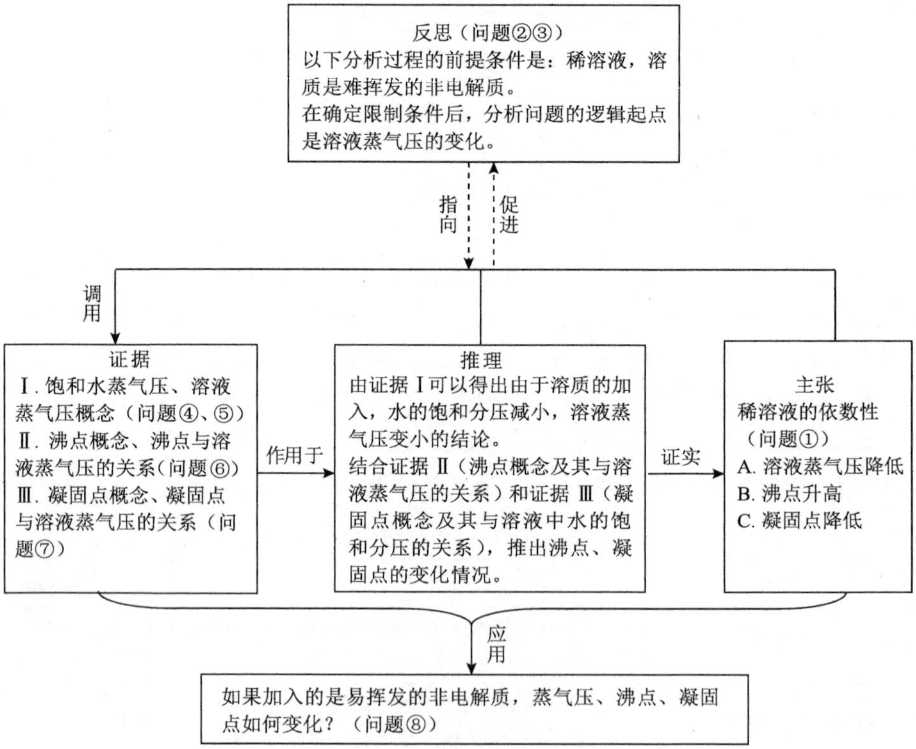

图 3.2　问题链逻辑关系图

学生在思考完这 8 个相互关联的问题后，就可以较为全面地理解稀溶液的依数性这一概念了。在此基础上，根据学生熟悉的生活情境设计论证问题：为什么煮过多次面条的面汤再去煮面时就很容易熟？学生在经历问题链策略学习后，可以很清晰地找到解决此问题的突破口，即溶液沸点变化。然后，根据溶液沸点的改变进一步思考引起沸点变化的原因，即蒸气压的改变；接着，进一步反思为什么蒸气压会改变，引导学生利用所学知识从溶液组成变化的角度进行分析。可见，该问题的解决过程自然地将论证各要素有机融合了。

四、书面论证评价标准

不同学者从不同角度对论证效果进行了评价。奥斯本（Osborne）等根据论证要素，从论证结构的完整性等角度将论证分为 5 个水平[4]。Ryu 和 Sandoval[5]主张从认知理解的角度来评价论证能力，提出从因果结构、因果关系、举证、明确的证明过程四个维度分析学生书面论证的质量。我国台湾地区的洪振方和封中兴[6]也主张从科学认知角度来评价论证效果，提出了包含四个水平的评价标准。

初始阶段的论证研究案例多为社会性科学议题，重在培养学生论证的意识和能力，其过程中所提出的资料、证据以及推理过程只要言之合理即可，因此研究者更关注论证的要素和结构。但是，若将论证应用于自然科学教学中，就不能简单仅从结构完整性的角度进行评价了。学科知识的储备与论证水平之间有密切关联，很多研究者就知识与论证的关系进行了探讨。例如，萨德勒（Sadler）的研究结果表明，随着知识的增多，论证中根据的数量明显增多[7]。其中，比较有代表性的是萨德勒等提出的“学科内容知识迁移的阈模型（threshold model of content knowledge transfer）”[8]。该模型形象地表示了知识理解水平与论证质量间的非线性关系（图 3.3）。图中横坐标表示学科内容知识的不同理解水平，即为“阈”。“0”表示极少或不具备相关知识；“1”表示对规则最基础的了解，即进行论证的基础条件；“2”表示具备较为高级水平的知识，可以提高论证的质量；“3”表示具备专家水平的知识。从图 3.3 中可发现，论证质量在不同阈值点上有很大的跳跃，在同一阈值区间变化平缓。有学者通过分析细胞减数分裂[9]以及人类免疫缺陷病毒传播和控制[10]等一些结构不良问题的论证过程，发现学生的学科内容知识与论证质量之间显著相关。类似地，奥夫施奈特（Aufschnaiter）等研究结果也表明，

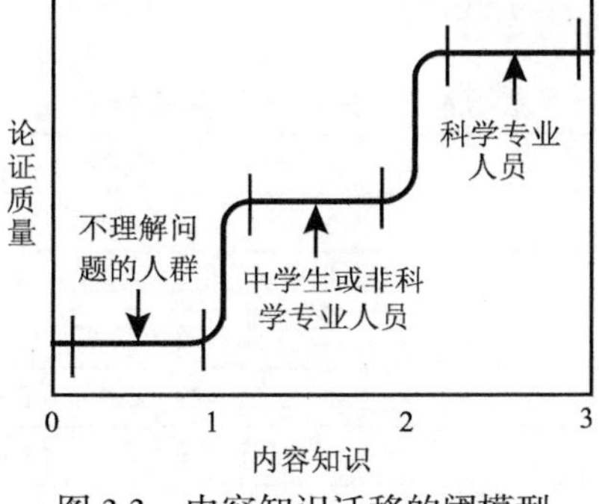

图 3.3　内容知识迁移的阈模型

具体领域知识及已有知识是开展课堂论证活动的一个关键因素[11]。这也进一步证明了我们所支持的观点：基于论证的自然科学教学必须围绕学科学习内容开展并在论证前向学生提供必要的知识储备。

制定一个适合自然科学论证评价的标准至关重要。基于本研究的目的和意图，结合 W-CERR 论证模式，提出从结构的完整性以及内容的准确性两个角度综合评价论证质量。换言之，本研究所要培养的学生论证能力主要包括两个方面：论证结构的完整性和论证内容的科学性。

论证结构的评价标准借鉴于奥斯本等的评价方法，即根据论证过程中所包含的要素数量进行分析。由于不同学生对同一问题的结论和解答过程是有所差别的，在进行论证结构评价时不需要考虑论证内容是否正确，只是根据其给出的要素进行编码。只有论证主张得 1 分；有证据罗列，但没有推理过程得 2 分；能够运用相关的证据进行有效推理并证实主张得 3 分；如果能在整个论证推理过程结束后进行反思总结则得满分 4 分。具体评价标准如表 3.5 所示。

表 3.5 论证结构的评价标准

水平	得分	包含要素
1	1	主张
2	2	主张、证据
3	3	主张、证据、推理
4	4	主张、证据、推理、反思

论证内容的评价标准借鉴于洪振方和封中兴[6]提出的科学理解评价标准，见表 3.6。学生的得分从 0 分到 3 分不等。如果学生给出错误主张或者即使给出正确主张但没有进行相应的解释则不得分，由此避免学生仅凭猜测解答的可能。有时候学生对概念的理解不清，因此在解释推理的过程中可能包含错误概念，这样的推理过程只得 1 分。如果能够正确地进行推理，但推理过程不完整，仍需要补充相应的证据才能更加科学合理，这样的论证过程得 2 分。如果整个推理过程证据充足、逻辑清晰，就得满分 3 分。

表 3.6 论证内容的评价标准

得分	评分标准
0	包含错误主张
	主张正确，但没有给出相应的理由
	主张正确，理由不正确
1	主张正确，理由部分正确
2	主张正确，理由正确，但不完整
3	主张正确，理由完整充分

第二节　书面论证教学的实施

以“普通无机化学”课程内容为载体，在大学课堂中实施科学论证教学的实践研究。整个研究过程分为书面论证引介、书面论证作业、问题评阅、课堂反馈、问题链策略应用、态度调查等六个环节。通过一学期基于书面论证的教学干预过程，分析学生的科学论证水平变化情况，并调查学生对此学习方式的态度[12]。

已有研究表明，科学论证可应用于任何学段的教学。考虑到学生思维发展的水平和学习时间的限制，结合本研究所采用的书面论证形式，选择大一新生（非化学专业）作为对象，研究参与书面论证教学的大学生论证水平变化情况。书面论证过程有别于普通作业，要求学生尽可能地表达观点，需要有较为充足的时间。大一新生的化学知识基本相当于高中毕业生水平，加之大学生平时以自主学习为主，学习氛围较为自由宽松，因此是比较理想的研究对象。“普通无机化学”课程教学的重点是无机化学的基本原理和理论，涉及原子结构、化学热力学与动力学、配位化学基础、电化学等。学生通过该课程的学习，提高科学论证能力，可为后续学习有机化学、物理化学、分析化学等其他重要化学课程奠定坚实基础。因此选择该课程教学作为研究内容，具有较高的可行性和重要性。

一、特例设计　引入论证

大一新生虽然已具备一定的化学学科知识基础，但对于科学论证大多还是陌生的。因此，在研究开始前需要向学生展示若干典型的论证案例，以帮助其熟悉并理解科学论证。书面论证特例（见如下某特例）基于 W-CERR 论证模式进行设计，学生可以利用这种结构化模式来解决问题，初步了解论证的各主要要素。

特例：

资料 1：工业制钠是采用电解熔融氯化钠（化学式为 NaCl）的方法，制镁是采用电解熔融氯化镁（化学式为 $MgCl_2$）。

资料 2：氯化铝（化学式为 $AlCl_3$），是氯和铝的化合物。氯化铝熔点、沸点都很低，且会升华，属于有离子性的共价化合物。氯化铝处于熔融状态时，以共价的二聚分子形式存在，因此熔融的氯化铝不易导电。试问：

①你觉得工业上能否用电解熔融氯化铝的方法来制备铝单质？请结合资料和所学知识写出你的理由。

②若有同学的结论与你不同，你认为他可能是从哪些角度考虑的？并结合上述资料谈谈你对元素周期律和物质分类思想的认识。

这是一个有关元素性质的问题，具有较强的逻辑性和综合性。问题①引导学生给出主张，并提出相应的证据去支撑自己的主张，通过推理在证据和主张之间建立联系，资料 1 和资料 2 为学生提供了相应的资料作为证据，引导学生结合原有知识进行思考。问题②通过让学生思考其他可能的结论进一步引导学生对自己的推理过程进行反思，并总结此问题中所涉及的相对上位的知识点。书面论证模式中的四个要素在问题设置中都有所体现，直接引导学生进行论证。

分析学生的论证过程发现，学生现有的论证能力普遍偏低。很多学生仅对问题①进行简单的是否判断，没有相应的解释；或者只是将资料中给的信息重复抄录一遍，没有将电解的原理和电解质的相关知识联系起来进行严谨的逻辑推理。不少学生对于问题②则更是无法入手，甚至未能理解这一问题的设计意图。这些都说明学生的论证意识较为低下，对于科学论证不太了解，或者说不具备相应的科学论证表达能力。因此，在教学中亟须向学生引入科学论证，并阐述书面论证的内涵，为学生提供一种新的学习方式。在这个教学环节中，我们围绕每一个论证特例进行详细讨论，重点突出其中包含的论证要素，并详细阐述各要素的内涵，鼓励学生进行阅读分析，并要求反思其问题解决的过程。以上述特例为例，展示各个论证要素，见表 3.7。在要素明确的框架模式指导下，学生学习依据论证结构展开思考并解决问题，有助于他们养成积极思考、勇于质疑的良好习惯，希冀推进书面论证教学的顺利开展。

表 3.7　特例中的书面论证要素分析

要素	具体内容
主张	不可以用电解熔融 $AlCl_3$ 的方法来制备 Al 单质。
证据	电解原理；$AlCl_3$ 是离子性的共价化合物，在熔融状态下，以共价的二聚分子形式存在，熔融的 $AlCl_3$ 不导电。
推理	电解过程的实质，是离子在外加电场的作用下迁移到阴阳两极。由于 $AlCl_3$ 在通电熔融时以分子形式存在，不存在自由移动的离子，因此不能用电解的方法来制备 Al。工业制 Al 常用电解熔融 Al_2O_3 的方法，因为 Al_2O_3 是离子化合物，在熔融状态下能够导电。
反思	如果从物质分类角度来思考问题，会认为金属及其化合物应该具有相似的化学性质。元素周期律可以有效指导我们对物质的结构、性质、用途的认识，掌握其规律性，就可以知道物质之间的联系，减少对物质的错误认识。但在学习元素周期律时既要了解元素的共性，也要抓住其特殊性。不是所有同类的物质都具有相似的性质，物质的性质取决于其内部结构。因此，面对具体的化学问题，在归类时要考虑物质的独特性，即把物质的宏观性质与其微观结构、组成联系起来。

二、问题解决　培养论证

为提高学生对所学知识的理解并巩固其对知识的应用，需要在每一个章节内容学习完毕后开展问题解决的训练活动。但教材上所给的多为习题而非问题，即大多套用例子或公式就能解决，或仅停留于“是什么”的简单概念的复述阶段，学生即便不完全理解原理也能正确回答，无法实现知识的内化和升华。我们认为，科学论证的实质就是问题解决的过程，是高阶思维的过程。因此，我们针对学生所学内容，围绕每章节内容和要求设计了思考问题和书面论证问题这两类问题。

思考问题的设计意图是在平时作业中潜移默化地培养学生勤于思考的习惯，主要是对教材中习题的深化，让学生在应用公式解决完问题后进一步地总结和反思该问题中所包含的学科原理，或应用该原理解决类似的问题以检测学生是否真正理解所学的原理知识。学生通过定量的计算和定性的分析能够更加深入地理解所学知识，同时也能促进对该类知识的迁移应用，达到触类旁通的目的。例如在第一章的教学过程中，根据课后习题设计如下问题：与空气或CH_3Cl气体相比，混合气体的密度如何变化？希望通过所设计的问题引导学生深刻理解理想气体状态方程相关知识，而原有的习题解答过程（原题省略）主要是对理想气体状态方程、道尔顿分压定律等的直接考察，将数据代入计算即可完成。

书面论证问题的设计依据科学论证问题设计的原则，详见本章附录一。在这些问题解决过程中，学生需要根据书面论证模式，首先给出主张，然后根据所学知识对其主张进行解释直至满意，最后再总结反思整个问题解决过程。通过这样持续的活动，不仅有利于学生形成知识的逻辑性和认知的结构化，也可深化其对科学论证的理解。以本章附录一中问题1为例来论述书面论证问题的设计思路，具体示例如下。

论证问题 1：两个体积相等、密封、绝热的容器中，装有压强相等的 O_2，试问这两个容器中气体温度是否相等？

该问题具有较强的综合性，涉及理想气体状态方程、阿伏伽德罗定律、分子的无规则运动特点、气体体积和密度的影响因素等内容。解决此类问题需要有一个清晰正确的逻辑思维和严谨的推理过程，具有一定的发散性。可以从理想气体状态方程 $pV=nRT$ 入手。根据题设条件，得出温度与物质的量成反比的结论。再进一步思考同种气体在等体积容器中的分子个数是否一定相等，由此与气体性质的知识联系起来。从气体摩尔体积角度思考，由 $V=V_m \cdot n$ 和 V 一定时，V_m 与 n 成反比，而 V_m 的大小又与温度有很大的关系，因此，温度高低与物质的量有关。在这一过程中学生可以正向思考，也可以逆向思考。假设温度不同，在相同体积下，同种气体分子之间的距离不同，那么分子个数就不相同。这些都体现了书面论证问题设计的发散性特点。问题中给出了一些特定的条件，如体积相等、绝热、压强相等，体现了问题设计的启发性特点。

学生在书面论证特例问题的指导下，对书面论证的内涵和论证过程有了初步了解，为书面论证奠定基础，可以有效进行书面论证问题解决。将问题留给学生，让他们按照特例中问题解决框架结构进行思考，在问题解决过程中主动使用各论证要素，逐渐提高科学论证意识。以附录一中书面论证问题 1 为例，说明其中所蕴含的各论证要素及其与问题解决过程之间的密切关系，如图 3.4 所示。

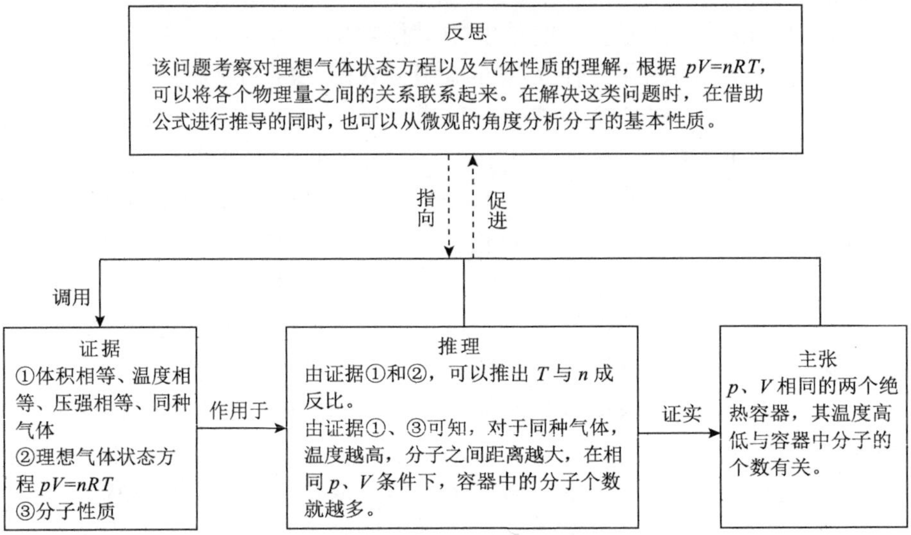

图 3.4　书面论证问题解决流程

三、作业查阅　评估论证

书面论证的过程是独立的，每个学生对问题都有自己的看法和见解，解决问题的思路和过程也是不一样的。评阅学生的书面论证作业时需重点关注如下几方面信息：①总结不同主张。科学论证是从观点或猜想开始的，不同学生依据其对问题的不同理解会提出不同的主张，从中可以较为快速清晰地掌握学生的认知情况。②分析推理过程。不同学生的逻辑推理能力会有很大差异。尤其是论证初期，学生严谨推理的意识与能力尚未形成。推理过程往往不能很好地证明其主张，或者其推理过程本身就是错误的，导致其推理过程存在很多不科学的地方，这是评阅学生作业时需要重点注意的地方。③概括错误概念。错误概念具有隐蔽性、顽固性等特征，甚至可能与科学概念共存于学生的认知结构中。因此在评阅书面论证作业时要对其尤为敏锐，发现并分析和分类不同错误概念的可能来源、所属类型及可能转变的教学策略等。以书面论证问题1为例，总结学生存在的主要问题，汇总见表3.8。另外，书面论证的评阅中还应根据学生的解题过程给出相应的指导性评语，这些评语是针对学生的回答所做出的启发性指导，以供学生在后续讨论过程中进一步地思考。需要注意的是，书面论证的评阅方式和一般作业的评阅方式有所不同，学生所提出的所有观点、论证过程等都是被鼓励的，并给予针对性点评。

表 3.8　问题 1 书面论证结果汇总

主张	理由	存在的问题
温度相等	1.根据 $pV=nRT$，当 p 和 V 恒定时，又因为 n 相等，所以 T 相同。 2.根据 $V=V_m \cdot n$，因为 V 恒定，V_m 也恒定，所以 n 相等，即 T 也相等。 3.所有条件均相同，我认为温度也相同。	错误概念：①认为气体摩尔体积是固定不变的；②不能正确理解气体体积与温度的关系；③对气体密度这一特性认识不清。 推理中存在的问题：①分析问题的角度大多还是停留在宏观表征和符号表征的水平，并没有从微观本质的角度理解气体的性质；②学生的思维还是单向的，不能利用逆向思维解决问题，往往使问题的解决陷入僵局。
温度不相等	根据 $pV=nRT$，当 p 和 V 恒定时，因为 n 不一定相等，所以 T 不相等。	
不确定	根据 $pV=nRT$，当 p 和 V 恒定时，只要 n 相等，则 T 相等，n 不确定。	

四、课堂反馈　促进论证

在评阅过程中发现的问题要及时反馈才能促进有效学习。胡定荣[13]将课堂反馈界定为学生在教师指导下，领会学习目标、掌握学习方法和自主活动后，师生对学习结果的信息进行的交流活动。有效的课堂反馈对于教师和学生而言都是非常重要的，控制论的创始人维纳（Wiener）曾说：一个有效的行为必须通过某种反馈过程来取得信息，从而了解目的是否已经达到。教师要提高自己的课堂反馈能力，必须做到以下几点：反馈要及时；反馈要真实；反馈要有针对性；反馈要结合学生实际。根据这几个方面的要求，结合研究要求进行有效的课堂反馈。

将学生作业中存在的问题分类整理，记录下来。在问题讲评之前，让学生以小组为单位，就其书面论证作业过程中存在的问题以及评阅过程中给出的指导做进一步的思考与讨论，让学生之间有一个交流表达的机会。小组成员之间的主张可能相同也可能完全对立，由此产生的推理论证过程也是存在个体差异的，他们可以就自己的主张进行辩护讨论。如果其他同学觉得某人的论证过程不正确，可以根据自己的理解进行辩驳，力求证明其主张的正确性。通过讨论可以实现不同观点学生之间的表达和交流，借鉴他人的想法，使有想法的学生不断完善自己、没有想法的学生不断形成想法，使不同层次的学生都能够在原有认识的基础上得到发展。最后，教师针对学生存在的问题进行集中讲解，在讲解过程中依然以问题的形式启发学生思考。以书面论证问题 1 为例，结合表 3.8 中存在的问题，就每个问题向学生提出进一步启发性思考问题（表 3.9）。

表 3.9　反馈问题表

存在的问题	提出的问题
①认为气体摩尔体积是固定不变的。	①标况下，气体摩尔体积的大小是多少？这一数值是不是固定不变？

续表

存在的问题	提出的问题
②不能正确理解气体体积与温度的关系。	②同种气体，如果体积相等，温度不相等，粒子数目是否相等？
③对气体密度这一特性认识不清。	③气体的密度与温度和压强有什么关系？
④分析问题的角度大多还是停留在宏观表征和符号表征的水平，并没有从微观本质的角度理解气体的性质。	④温度或压强的改变如何影响气体体积？
⑤学生的思维还是单向的，不能利用逆向思维解决问题，往往使问题的解决陷入僵局。	⑤如果逆向解决问题，温度不相等时，在相同压强和相同体积下，气体分子的个数是否相同？

表 3.9 中左边的问题①、②、③都是学生存在的错误认识，针对这些问题，研究者提出右边的三个问题，让学生重新学习和认识这些基本的概念和原理，这些是学生解决问题的基础。表中左边的问题④和⑤是学生在推理过程中存在的问题，是属于思维方面的，需要经过长期的培养。在这里通过具体的问题指导学生推理，培养学生科学的逻辑思维，形成基本的化学观念，如微粒观、变化观等。学生的思维具有差异性，因此他们思考问题的角度也各有不同，这样一个面对面、深入的交流，可以使他们的思维更加清晰，对知识的理解更加透彻，同时又达到了求同存异的目的，即所谓过程的发散性和结果的收敛性。

五、策略应用　提升论证

学生在经过一段时间的书面论证训练后，对科学论证的本质内涵以及书面论证的操作要求都已经有所了解，有了初步的科学论证的意识与能力。为了检测问题链这一学习策略的有效性，并进一步提高学生的科学论证能力，我们根据学生所学内容设计了对应的问题链，让学生进行深入的思考论证。根据学生期中测试的成绩，从研究对象中选择合适的学生组成小组，每个小组有 4 个学生，这 4 个学生分属不同的层次，保证组内异质、组间同质。这样分组的目的是既能保证讨论的顺利展开又能通过讨论促进学优生与学困生的共同进步，让学习能力和知识基础都比较好的学生带动学困生，以期他们在后续的书面论证过程中能够有所提高。现选择其中一个小组学生，以稀溶液的依数性相关问题链为例，简述其问题讨论过程。根据稀溶液的依数性设计了 8 个子问题。考虑到前面几个子问题（①什么是稀溶液的依数性？②稀溶液的依数性有哪些适用条件？③为什么一定是稀溶液？）仅考察学生对概念的简单理解，此处不再赘述。下面主要转录分析学生对后续几个涉及原理性知识的论证过程，具体见表 3.10。

表 3.10　问题链学习策略的应用过程

问题	讨论过程
④什么是饱和水蒸气压？饱和水蒸气压的大小与什么因素有关？	S1：水表面蒸发的水分子和凝聚的水分子达到平衡时的蒸气压。 S4：就是气液平衡时的蒸气压。 S2：蒸气压与分子个数有关，温度高低会影响分子个数，因此饱和水蒸气压的大小与温度有关。 S3：是不是跟水的体积有关，体积越大，分子个数越多。 S1：跟体积是没有关系的，因为在温度一定时，分子的间距和运动速率近似相等，逸出液面的分子个数应该一定。 **总结**：在一密闭容器中，水面有水分子不断逸出的蒸发过程，也有水蒸气分子重回水面的凝聚过程。当蒸发速度和凝聚速度相等时，水面上的蒸气浓度不再改变，此时的蒸气压力成为饱和水蒸气压。饱和水蒸气压与温度有关。
⑤溶液的蒸气压为什么会降低？	S3：根据水的饱和蒸气压的影响因素，蒸气压降低是因为分子个数减少了。 S4：为什么会减少？溶质加入之后也会逸出分子。 S3：溶液中加入的溶质影响了逸出液面的分子个数。 S2：要注意前提条件，我们加入的是难挥发的非电解质，单位时间内逸出液面的水分子个数减少了，溶液就会在较低的蒸气压下建立平衡。 S1：溶质是难挥发的，逸出的分子个数可以忽略不计，所以饱和蒸气压不只与温度有关，最根本的是与物质本身的性质有关。 S3：溶液中水的分压降低，因此整个溶液的蒸气压也降低。 **总结**：在水中加入难挥发的非电解质溶质时，由于溶质的加入，单位体积内水分子的数目必然会降低，单位时间内逸出液面的水分子数目便相应减少了。因此，溶液在较低的蒸气压下建立平衡，即溶液的蒸气压比纯溶剂的蒸气压低。
⑥什么是沸点？溶液的蒸气压与其沸点有什么关系？	S1：当某一液体的蒸气压与外界压力相等时，液体即沸腾，这时的温度就是该液体的沸点，因此沸点与蒸气压有关。 S4：物理中学过青藏高原上水的沸点降低，因此可以得出蒸气压越高，沸点就越高。 S2：在青藏高原上煮水，是因为外界大气压降低。 S3：水的饱和蒸气压不变，因此沸点降低。 S4：因为外界压强降低，水在较低的温度下，气压就能与外界相等，是这样的原理吗？ S3：是的，如果外界气压不变，溶液蒸气压降低，那就需要更高的温度才能使溶液的蒸气压与外界气压相等。 S1：想要液体达到沸点，就要让液体的蒸气压与外界气压相等。加入难挥发的非电解质后，溶液的蒸气压是降低的。因此，需要在更高的温度下才能建立平衡。 **总结**：当某一液体的蒸气压与外界压力相等时，液体即沸腾，这时的温度就是该液体的沸点。由难挥发溶质形成的溶液的沸点总是高于纯溶剂的沸点，这一现象称为溶液的沸点升高。

续表

问题	讨论过程
⑦什么是凝固点？溶液的蒸气压与其凝固点有什么关系？	S2：物质的凝固点是该物质的液相和固相达到平衡时的温度。 S3：物质的液相蒸气压与固相蒸气压相等时的温度，液相蒸气压和固相蒸气压分别是指谁的蒸气压？ S4：液相蒸气压就是溶液的蒸气压，固相就是冰的蒸气压。 S1：如果是水溶液，那么凝固时就是溶剂水的固液的平衡，跟溶质没有关系，因此这里面的液相蒸气压指的是溶剂水在某温度下的饱和分压。 S2：在纯水中，固液平衡的点即水的凝固点是 0℃。当溶质加入后，对固相冰的蒸气压是没有影响的。由于溶液水的饱和分压蒸气压在降低，水和冰在低于 0℃时建立平衡，凝固点降低。 S4：可以用书本上的图表示，清晰直观。 **总结**：物质的凝固点是该物质的液相和固相达到平衡时的温度。在水中加入难挥发的非电解质后，溶液的蒸气压降低，而冰的蒸气压不变。因此，只有在更低的温度下两者的蒸气压才会相等，所以溶液的凝固点总是低于纯溶剂的凝固点。
⑧如果加入的是易挥发的非电解质，蒸气压、沸点、凝固点如何变化？	S1：沸点和凝固点都是与蒸气压有关的，因此，要从蒸气压开始分析。 S3：易挥发的非电解质，在外界条件一定时，单位时间内逸出液面的分子数会增加，溶液的蒸气压升高。 S2：由于溶液蒸气压升高，因此沸点降低。 S4：这个也可以定量估计，如往水中加入乙醇，乙醇的沸点比水低，两者混在一起，沸点一定介于两者之间，因此沸点降低。 S3：蒸气压升高所以凝固点也升高吧，根据前面的图可以分析。 S2：上面讨论凝固点与蒸气压关系时已经知道，凝固点时要分析的是水的饱和分压的变化。 S3：溶液的蒸气压升高，所以水的饱和分压也在升高啊。 S1：溶剂水的蒸气压是降低的，由于易挥发非电解质的加入，单位时间内逸出液面的水分子数减少了，整个溶液蒸气压（水的蒸气压和溶质蒸气压之和）变大是溶质的贡献。 S3：所以凝固点应该降低。因为溶液的凝固点是冰的蒸气压与溶液中水蒸气分压达到平衡时的温度，水蒸气的分压是降低的，所以凝固点降低。 **总结**：所有问题分析的起点都是溶液的蒸气压，根据所加入的溶质的不同具体分析。

注：表中 S1、S2、S3、S4 分别代表小组中的四个成员。

学生经过这些系列问题的讨论之后，对稀溶液的依数性概念有了更加全面和深入的理解。因此，通过问题链学习策略，不仅可确保学生形成进行书面论证推理所需的知识，也可促进学生形成思考问题的辩证逻辑思维，知道对于某一特定知识内容，其思考问题的逻辑起点和分析问题的方法。在此基础上，对于后续设计的书面论证问题：*为什么煮过多次面条的面汤再去煮面时就很容易熟？*学生可以较为容易地形成图 3.5 的书面论证过程。

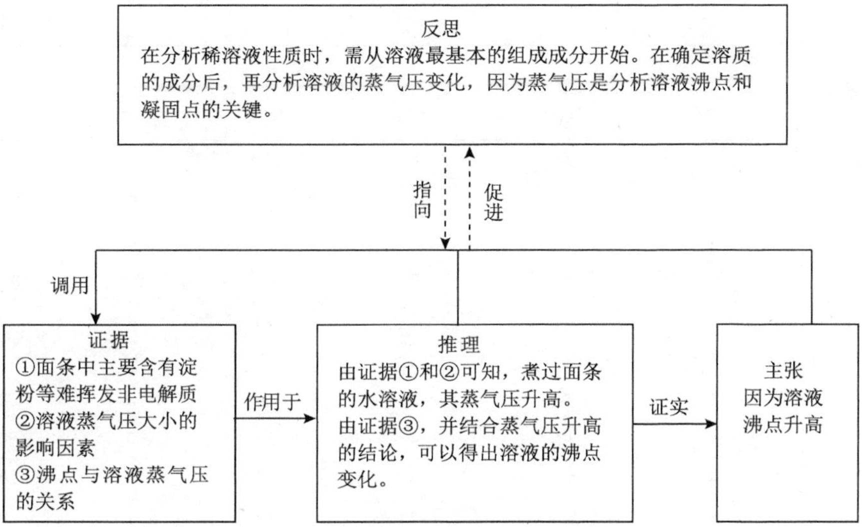

图 3.5　书面论证问题解决流程图（策略应用后）

第三节　数据收集与分析

经过一个学期的书面论证教学，通过分析学生的每次书面作业，从论证结构和内容两个角度评价学生的科学论证水平。

一、评分者信度

为保证编码过程的有效性和编码结果的可靠性，两位熟悉评价标准的研究者从书面论证结构和内容两个角度，分别独立对随机选择的 3 位学生的 6 次书面论证过程进行编码赋分，并采用等级相关系数来考察两位评分者编码的一致性，具体数据见表 3.11 和表 3.12。最终从书面论证结构角度进行分析，得到等级相关系数 r_{R_1} 为 0.989^{**}；从书面论证内容角度进行分析，得到等级相关系数 r_{R_2} 为 0.995^{**}。显然，两位评分者所进行的编码结果一致性程度很高且极显著。这表明随机因素导致的编码赋分的误差很小，评分者信度高。换言之，说明书面论证中各要素的含义是明确的，依据标准开展的编码过程和赋分结果是可靠的。

表 3.11　论证结构等级相关系数计算数据

题号	研究人员 1		研究人员 2		D	D^2
	等级	秩次	等级	秩次		
1	3	9.5	3	9	0.5	0.25
2	1	16	1	16	0	

续表

题号	研究人员 1		研究人员 2		D	D^2
	等级	秩次	等级	秩次		
3	3	9.5	2	12.5	–3	9
4	4	3.5	4	3.5	0	0
5	1	16	1	16	0	0
6	3	9.5	3	9	0.5	0.25
7	1	16	1	16	0	0
8	3	9.5	3	9	0.5	0.25
9	1	16	1	16	0	0
10	4	3.5	4	3.5	0	0
11	4	3.5	4	3.5	0	0
12	4	3.5	4	3.5	0	0
13	3	9.5	3	9	0.5	0.25
14	4	3.5	4	3.5	0	0
15	2	13	2	12.5	0.5	0.25
16	3	9.5	3	9	0.5	0.25
17	1	16	1	16	0	0
18	4	3.5	4	3.5	0	0
合计					0	10.5

表 3.12 论证内容等级相关系数计算数据

题号	研究人员 1		研究人员 2		D	D^2
	等级	秩次	等级	秩次		
1	1	14.5	1	15	–0.5	0.25
2	0	17	0	17.5	–0.5	0.25
3	1	14.5	1	15	–0.5	0.25
4	2	8	2	8	0	0
5	2	8	2	8	0	0
6	2	8	2	8	0	0
7	2	8	2	8	0	0
8	2	8	2	8	0	0
9	2	8	2	8	0	0
10	2	8	2	8	0	0
11	2	8	2	8	0	0

续表

题号	研究人员 1		研究人员 2		D	D^2
	等级	秩次	等级	秩次		
12	3	1.5	3	1.5	0	0
13	3	1.5	3	1.5	0	0
14	2	8	2	8	0	0
15	2	8	2	8	0	0
16	0	17	1	15	2	4
17	0	17	0	17.5	–0.5	0.25
18	2	8	2	8	0	0
合计					0	5

二、论证水平变化分析

持续一个学期的科学论证教学干预后，最终有效作业人数是 44 人，每个学生有 6 次书面论证作业文本（已删去由于少数学生作业漏写或遗失等的无效数据）。利用研究制定的论证结构评价标准和论证内容评价标准，研究者对每位学生的每次书面论证作业都进行了编码赋分。将书面论证成绩汇总，使用 SPSS 软件进行统计分析，得出全体学生书面论证结构和内容两个方面每次成绩的均分和标准差，如表 3.13 所示。表中的数据表明参与论证教学训练学生的书面论证结构和内容的水平在整体上逐渐呈现好、差异逐渐变小的变化趋势。

表 3.13 书面论证结构和内容分析数据

		1	2	3	4	5	6
结构	均分/分	2.73	2.25	2.64	3.23	2.86	3.70
	标准差/分	0.817	1.04	0.87	0.68	0.46	0.51
内容	均分/分	1.29	1.02	0.75	2.61	1.34	2.75
	标准差/分	1.00	1.11	0.92	0.58	1.22	0.58

根据编码赋分的结果，结合具体的书面论证中的论证要素（主张、证据、推理和反思）及内容，分析评价学生个体书面论证水平的发展变化。

（一）论证结构的编码分析

表 3.14、表 3.15 和表 3.16 分别是对 SJ、SW、ST 三位随机选取的学生的书面论证过程进行的编码分析结果。

表 3.14 学生 SJ 的书面论证结构的编码分析

问题	论证要素			得分
	主张	证据+推理	反思	
1	当 p、V、n 一定时，T 相等	$pV=nRT$		2
2	蒸气压下降、沸点升高、凝固点降低			1
3	放热一样多	密闭容器不易散失热量，让人感觉散热较多。		2
4	$T>t$ 时，能自发 $T<t$ 时，不能自发 $T=t$ 时，过程处于平衡状态	由 $\Delta G=\Delta H-T\Delta S$ $\Delta G<0$ 能自发， $\Delta G>0$ 不能自发， $\Delta G=0$ 过程处于平衡状态。		3
5	升高	如图（图略），当在标准状况下，分解温度为 T，则在 p 低时，只有温度升高到 T_2 才能分解。		3
6	不一定	若稀溶液中的溶质是易挥发性物质，如乙醇，则其沸点不满足，一定大于纯溶剂。		3

表 3.15 学生 SW 的书面论证结构的编码分析

问题	论证要素			得分
	主张	证据+推理	反思	
1	不一定	由 $pV=nRT$，其中 p、V、R 确定，但 n、T 不确定。		3
2	蒸气压下降、沸点升高、凝固点降低	因为乙醇易挥发，水蒸发进入空气中的单位体积内水分子数减少，使得蒸气压下降，沸点升高，凝固点降低。		3
3	敞口容器中放热多	Zn 与稀硫酸反应为放热反应，若在封口容器中进行，放出的热量无法散失，使体系温度升高，平衡逆向移动，导致最终放出的热量少。		3
4	$T>T_0$ 时，反应能自发进行	由 $\Delta G=\Delta H-T\Delta S$ 若 $\Delta G<0$，则 $\Delta H<T\Delta S$； 当 $T>T_0$ 时，反应能自发进行。		3

续表

问题	论证要素			得分
	主张	证据+推理	反思	
5	降低	$\ln\frac{K_2}{K_1}=\frac{\Delta H}{R}\left(\frac{1}{T_1}-\frac{1}{T_2}\right)$ $K_1=K^{\ominus}=\left(\frac{p_{O_2}}{p^{\ominus}}\right)^{\frac{1}{2}}\Rightarrow T_1=T$ $K_2=\left(\frac{p_{O_2}}{p^{\ominus}}\right)^{\frac{1}{2}}<K_1\Rightarrow\ln\frac{K_2}{K_1}<0$ 又因为反应吸热，$\Delta H>0$，则 $\frac{1}{T_1}-\frac{1}{T_2}<0$，所以 $T_2<T_1$。		3
6	不一定	只有当稀溶液中的溶质为不易挥发的物质时，溶液的蒸气压下降，沸点升高。	当稀溶液中溶质为乙醇等挥发性物质时，溶液蒸气压上升，沸点降低。	4

表 3.16　学生 ST 的书面论证结构的编码分析

问题	论证要素			得分
	主张	证据+推理	反思	
1	n_{o_2} 不确定，无法判断	$V_1=V_2$，$p_1=p_2$ $pV=nRT$，$n_1T_1=n_2T_2$ n_{o_2} 不确定。	如果有人认为相等，没注意到没有标况这一条件，因此 V_m 不定，$n=V/V_m$ 无法推出。	4
2	蒸气压上升、沸点降低、凝固点降低	乙醇挥发性大，易蒸发，导致蒸气压上升，沸点降低，更易达到液气平衡，凝固点降低。		3
3	敞口容器放热多	Zn 与稀硫酸反应生成氢气，封口容器中压强增大，反应难以进行，放出的热量少。		3
4	0 到 T_0 不能 T_0 往后可以			1
5	降低			1
6	不一定	如乙醇溶液，看蒸气压的变化，蒸气压越小，沸点越高。		3

上述学生个体论证过程的编码分析结果说明，学生经过论证教学实践以后，书面论证作业中的论证结构合理且比较完整：18次中有13次（72.2%）达到了水平3或水平4。而表3.13的数据也表明，所有学生每次书面作业中论证结构的平均水平都处于水平2和水平3之间。因此，可以认为论证教学实践初步培养了学生的论证思维意识，学生也逐渐熟悉并适应了科学论证这种学习方式。

（二）论证内容的编码分析

同上，选择 CJ、CW 和 CT 三位学生的 6 次书面论证内容的编码分析结果，见表 3.17、表 3.18 和表 3.19。

表 3.17 学生 CJ 的书面论证内容的编码分析

题号	要素分析	得分标准	得分
1	主张：相等	错误	0
	理由：$p_1=p_2$，$V_1=V_2$，$n_1=n_2$，所以 $T_1=T_2$		
2	主张：蒸气压上升，沸点降低，凝固点降低	正确	2
	理由：乙醇比水易挥发，沸点更低，凝固点更低	正确但不完整	
3	主张：封口容器放出的热量多	正确	1
	理由：此反应为放热反应，反应在封闭容器中随着 t 增大，T 也增大，则反应速率降低	部分正确	
4	主张：$0<T<T_1$ 时，反应不能够自发进行 $T>T_1$ 时，反应不能够自发进行	正确	3
	理由：$\Delta G=\Delta H-T\Delta S$	正确、完整	
5	主张：降低	正确	3
	理由： $\Delta_r G=\Delta_r G^\ominus+RT\ln Q$，$\Delta_r G^\ominus=\Delta_r H^\ominus-T\Delta_r S^\ominus$ $\Delta_r G=\Delta_r H^\ominus-T\Delta_r S^\ominus+RT\ln Q$，当 $\Delta_r G=0$ 时， $T_{转}=\dfrac{\Delta_r H^\ominus}{\Delta_r S^\ominus-R\ln K^\ominus}$ $\because K^\ominus=\left(\dfrac{p_{O_2}}{p^\ominus}\right)^{\frac{1}{2}}$ $\therefore$ 当 $\dfrac{p_{O_2}}{p^\ominus}<1$ 时，$\ln K^\ominus<0$，$T_{转}$ 分母变大，$T_{转}$ 降低	正确、完整	
6	主张：不一定	正确	3
	理由：稀溶液溶质的性质未知，溶质为易挥发性物质时，沸点降低；溶质难挥发时，沸点升高	正确、完整	

表 3.18　学生 CW 的书面论证内容的编码分析

题号	要素分析	得分标准	得分
1	主张：不一定	正确	2
	理由：$pV=nRT$，n 和 T 可以不同，只要 $n_1T_1=n_2T_2$ 即可	正确但不完整	
2	主张：蒸气压上升，沸点降低，凝固点降低	正确	3
	理由：乙醇具有挥发性，空气中单位体积内水分子变少，因此蒸气压上升，结合图形（图略），沸点降低 ，凝固点降低	正确、完整	
3	主张：封口容器放出的热量多	正确	1
	理由：在敞口容器可以将热量散发出去，可以与外界交换热量，而在封口容器中交换少，温度大于敞口容器，封口容器中反应时间长，放出的热量多	部分正确	
4	主张：$T>T_0$ 时，反应能够自发进行	正确	2
	理由：$\Delta G=\Delta H-T\Delta S<0$ 时可以自发进行	正确但不完整	
5	主张：不变	错误	0
	理由：$\Delta G=\Delta H-T\Delta S$，当 $\Delta G=0$ 时，$T=\Delta H/\Delta S$，与压强无关，所以转向温度不变		
6	主张：不一定	正确	3
	理由：结合具体图像，若溶质为难挥发性，因为蒸气压下降，所以稀溶液的沸点一定大于纯溶剂的沸点；反之，则小于	正确、完整	

表 3.19　学生 CT 的书面论证内容的编码分析

题号	要素分析	得分标准	得分
1	主张：不一定	正确	2
	理由：$pV=nRT$　$T=\dfrac{pV}{nR}$ $n_1>n_2$，$T_1<T_2$；$n_1=n_2$，$T_1=T_2$；$n_1<n_2$，$T_1>T_2$	正确但不完整	
2	主张：蒸气压上升，沸点降低，凝固点升高	错误	0
	理由：无		
3	主张：封口容器放出的热量多	正确	2
	理由：敞口时先与空气反应再与稀硫酸反应，封口时直接与氢离子反应，水生成氢气的反应吸热，所以封口容器内放出的热量多	正确但不完整	
4	主张：$T>T_0$ 时，反应能够自发进行 $T<T_0$ 时，反应不能自发进行	正确	3
	理由：$\Delta G=\Delta H-T\Delta S$，$T>T_0$ 时，$\Delta G<0$ 时自发进行 $T<T_0$ 时，$\Delta G>0$ 时不自发进行	正确、完整	

续表

题号	要素分析	得分标准	得分
5	主张：升高	错误	0
	理由：$\Delta_r G = \Delta_r G^{\ominus} + RT\ln Q, Q = \left(\frac{p_{O_2}}{p^{\ominus}}\right)^{\frac{1}{2}}$ $\Delta_r G^{\ominus}$ 不变，分解时 $\Delta_r G$ 增大，当 Q 减小时，T 降低		
6	主张：不一定	正确	2
	理由：可挥发性稀溶液的沸点小于纯溶剂，如乙醇溶液，因为蒸发与凝聚在更低的温度下就达到平衡	正确但不完整	

从对学生论证内容的编码分析可知，学生对科学知识的理解是不断深入的。由附录一可知，问题 2 和问题 6 所考察的化学概念是相近的，都是关于稀溶液的依数性的知识。问题 6 较问题 2 具有更大的开放性。经过这段时间教学中的书面论证训练，学生对这一概念的理解程度明显提高，这从表 3.13 的均分中也可以看出。结合问题解决过程进行具体分析发现，学生更能够从微观本质的角度去理解稀溶液的依数性，还有学生可以结合相关图形去判断溶液沸点和凝固点的变化情况，由此可以说明科学论证能够有效促进学生对化学概念的理解。

（三）论证结构与内容的一致性分析

根据研究制定的书面论证评价标准，前面分别从书面论证结构和内容的编码赋分两个角度分析了学生的科学论证能力变化。本研究所要提高的不仅是学生在问题解决过程中思路的完整性，更要凸显其科学性，这样两个方面结合才能代表学生具有一定的科学论证能力。学生经过这一段学习，其论证水平是否提高，在结构和内容方面分别有不同的变化，有的学生在两个方面都有进步，是同步的，有的学生则表现出两者的不一致性。现求出每位学生六次作业论证结构和论证内容两个方面得分的平均值，计算学生这两个方面成绩的相关系数。最终得出相关系数为 0.756^{**}（$p<0.01$），由此说明总体而言学生在论证结构和论证内容两个方面的变化是积极且为一致的。我们所希望的学生在具备良好论证结构的同时，其科学知识的理解也在同时进步的假设是合理的。因为经过结构良好的科学论证模式的指导训练，学生能够有目的、完整深入地思考相关问题，势必会促进学生理解所学知识。反过来，学生在对已有知识深入理解的基础上进行论证，也可以全面、多角度地思考问题，并完整地表述出来，形成结构良好的论证过程。可见，这两者之间是相互促进、共同进步的。科学教育的目的就是促进学生对科学概念和科学本质的理解，科学论证可以有效促进科学教育。

我们的研究结果和已有相关研究结果也是一致的。佐哈尔（Zohar）等[14]以人类遗传中的两难问题为例，考察了基于论证的教学实践活动效果。该活动共有 12h 的教学干预，采用多种教学策略，如书面作业、两两讨论、小组讨论和全班讨论等。研究表明，基于论证的教学对生物学科知识的掌握和论证能力的提高都有显著作用，而且是在仅有一节课的教学干预后，学生的论证能力就发生了显著的变化。这在某种程度上证实了库恩（Kuhn）的预言：学生具备潜在的论证能力，只是在传统学校课堂教学中没有得以发展和体现。之后温韦勒（Venville）等[15]对 10 年级学生的 3 节生物课进行了准实验研究，通过前后测试对比进一步证实，即使短时间的教学干预也能够显著提高学生论证水平和复杂性。这些研究对科学教学中开展论证提供了极为有力的支撑。正如科学探究一般，科学论证既是一种学习方式，也是一个重要的学习内容。论证教学有利于已有概念的深刻理解，帮助学生将新概念纳入到已有知识体系中，有效完善和巩固学生认知结构中的已有相关知识，使其更加精确化、精细化和抽象化。

三、态度测量问卷分析

为更深入了解学生对化学论证教学的感受，在实践研究结束之后，发放态度测量问卷，见本章附录二。该问卷采用利克特五级量表的形式，对量表中每一观点均给出表示态度积极程度等级的 5 种备选评语（即非常同意、同意、说不准、不同意、很不同意），学生可以根据自身学习情况客观地选择。问卷借鉴沃克（Walker）等[16]的研究，设计的项目和学生可能持有的对科学论证学习的 15 个观点一一对应，代表了大多数研究对象可能存在的看法，用以测量学生对科学论证学习的态度。问卷项目所涉及的这些观点主要调查学生四个方面的看法：概念学习、学习态度与能力、学习兴趣与自信心、同伴交流，具体分布情况见表 3.20。

表 3.20　态度测量问卷因素分布表

调查因素	观点编码序号
概念学习	3、4、5、6、8、9
学习态度与能力	1、2、15
学习兴趣与自信心	7、10、14
同伴交流	11、12、13

研究对象有 62 人，共发放问卷 62 份，其中有效问卷有 51 份，对收集的问卷结果进行统计分析。该问卷是从四个方面调查学生对科学论证的看法，因此下面从四个方面分别阐述调查问卷的统计结果。

（一）概念学习

由表 3.21 的统计结果可知，所有学生都认为书面论证的学习方式可以充分调动学生原有的知识储备；74.51%的学生认为通过书面论证可以帮助他们意识到自己知识上的不足和欠缺；分别有 70.59%和 80.39%的学生认为科学论证过程帮助他们更正了原有的错误概念以及学习到一些新的概念；分别有 86.28%和 84.32%的学生否认了科学论证学习的复杂性和程式化。以上表明，通过科学论证学习能够巩固已有知识、转变错误概念、促进科学概念学习，进而提高概念学习效率。

表 3.21 概念学习测量百分数表

概念学习	很不同意	不同意	说不准	同意	非常同意
3. 可以充分调动我原有的知识储备				78.43	21.57
4. 可帮我意识到自己某些知识上的不足			25.49	50.98	23.53
5. 可以帮助我更正自己原有的错误概念			29.41	47.06	23.53
6. 可以使我重新学到一些新的概念			19.61	74.51	5.88
8. 使得知识的学习变得更加复杂	19.61	66.67	9.80	3.92	
9. 使问题解决过程变得更加程式化	9.80	74.52	7.84	7.84	

（二）学习态度与能力

由表 3.22 可知，所有学生都认为书面论证学习方式提高了他们独立解决问题的能力；88.24%的学生认为在这一过程中能够更加全面地思考问题；90.20%的学生意识到证明自己观点的重要性。这说明科学论证学习方式能够提高学生的学习能力，学生的学习态度更加积极了，进一步说明书面论证的形式是有效的。

表 3.22 学习态度与能力测量百分数表

学习态度与能力	很不同意	不同意	说不准	同意	非常同意
1. 书面论证可以促使我独立自主地解决问题				39.22	60.78
2. 书面论证模式可帮我更加全面地思考问题			11.76	70.59	17.65
15. 通过讨论我意识到证明自己观点的重要性			9.80	70.59	19.61

（三）学习兴趣与自信心

由表 3.23 可知，92.15%的学生认为科学论证教学提高了他们的学习兴趣；分别有 64.70%和 74.51%的学生认为科学论证学习可以增强他们对某一知识掌握程度的信心和学习的信心。这说明科学论证学习方式可以有效培养学生的学习兴趣，增强学生学习的自信心，进而提高学习效率，这与课程标准中所提出的基本理念相符合。因此，科学论证是一种有效的教与学的新形式。

表 3.23　概念学习测量百分数表

学习兴趣与自信心	很不同意	不同意	说不准	同意	非常同意
7. 提高了我对这些知识以及化学学习的兴趣			7.85	58.82	33.33
10. 可以增强我关于这一知识掌握程度的自信心		3.93	31.37	54.90	9.80
14. 通过观点的解释可以增强我学习的自信心			25.49	64.71	9.80

（四）同伴交流

由表 3.24 可知，84.31%的学生认为交流讨论让其意识到口语表达的重要性；92.16%的学生认为交流讨论可以促使其向同伴请教；所有学生都认为交流讨论使多种观点得以接受和认可。科学论证是一个真实的科学过程，通过评估科学主张、权衡证据的有效性、评估不同的解释来进行知识的个人建构和社会建构。在这一过程中需要学生集思广益，呈现各种不同的观点进行讨论交流，最终以结论的形式陈述出来，有效促进同伴交流，体现了小组合作精神。

表 3.24　概念学习测量百分数表

同伴交流	很不同意	不同意	说不准	同意	非常同意
11. 交流讨论让我意识到口语表达的重要性			15.69	70.59	13.72
12. 讨论交流给了我一个向同伴请教的机会			7.84	72.55	19.61
13. 讨论交流可以使多种观点得到认可				82.35	17.65

以上主要是根据统计的百分比从定性的角度分析学生对化学论证教学的不同看法。为确保统计结果分析的可靠性，现利用卡方检验各种态度所占百分比之间是否有显著差异。χ^2 检验又称为百分数检验，其实质是比较观察值与理论值的差别。计算公式如下：

$$\chi^2 = \sum \frac{\left(f_0 - f_e\right)^2}{f_e}$$

根据以上计算方法，将各小题的 χ^2 值计算出来，统计各百分比之间是否有显著性差异，见表 3.25。自由度 $df = 5 - 1 = 4$ 时，查 χ^2 值表可得 $\chi^2_{\alpha=0.01}$=13.3。从表 3.25 中数据可知对于这 15 种观点或看法，持五种不同态度的学生百分数都有着非常显著的差异。因此，根据统计结果的分析结论是可信的，态度调查问卷反映了学生对化学论证学习的看法。

表 3.25 学生五种态度所占比率差异检验结果

题号	1	2	3	4	5	6	7	8	9	10	11	12	13	14	15
χ^2	51.8	67.1	87.1	25.6	21.2	80.9	46.7	64.8	86.1	43.6	66.7	74.2	38.9	54.4	67.9

虽然研究者主要分析的是一些学生个体的发展变化，但总体来说，态度测量问卷的结果反映了学生经过一个学期的书面论证学习之后整体的科学论证能力有所提高。学生对所学概念的理解在逐渐深化，对科学论证的认识也更加全面。从日常教学与学生的交流沟通中也得到侧面证实：很多学生会根据自己的理解与研究者交流其在问题解决过程中的想法和推理思路，他们越来越敢于也乐于表达自己的观点。

第四节 结论与反思

以促进学生核心素养发展为目的的科学论证需要融合具体的学科课程教学。本章以“普通无机化学”课程教学为载体，通过设计书面论证模式和具体的书面论证问题链，研究书面论证教学对学生科学论证能力的影响。

一、研究结论

本研究以化学学科内容为载体，以书面作业作为主要论证形式，展开了相关的研究，主要得出以下几个方面的结论。

（一）W-CERR 论证模式和问题链论证策略是合理有效的

有效科学论证的关键是建构合适的科学论证模式，因为在具体模式的规范指引下学生可以较快熟悉科学论证的内涵和操作要求，进而内化为自己的思维模式。分析学生的书面论证作业可知，整个问题解决的过程都体现着研究所构建的 W-CERR 论证模式，最后学生问题解决的逻辑性和完整性都有所提高，说明这种模式是合理和有效的。合适的策略应用也可以为学生提供一种有效的学习方法，并进一步提高其学习效率。问题链的策略旨在把复杂的问题简单化，再融合成一个整体，研究结果也表明这种策略对于大部分学生来说是有效的，可以有效促进学生的学习和对科学知识的理解。

（二）书面论证学习可以有效提高学生的科学论证能力

本研究所强调的科学论证能力主要包括两个方面：全面完整地了解和掌握科学论

证的结构与模式，深入理解化学概念的内涵。研究结果表明，通过一段时间的书面论证学习，学生在这两个方面都表现出了明显进步。因此，书面论证对于提高学生的科学论证能力是有效的。这就启发我们在今后的教学中设计与学科内容密切相关又适合学生论证的科学问题，可不断提高学生的科学论证能力，进而提高学生的科学素养。

（三）化学论证教学可提高学生化学知识理解与化学学习兴趣

科学论证过程是从观点或猜想开始的，经过不断的推理再重新回到猜想，验证其科学性和正确性。学生在这一过程中通过回顾旧知、内化新知、查阅资料、请教交流等可以不断修正与完善自己的认识结构，最终达到对知识的深入理解。在具体的教学过程中通过创设有思维容量的问题情境，可以引发学生深入思考、讨论和交流，发展学生逻辑思维能力的同时又能促进其对化学知识的理解。通过书面论证可促进学生的化学学科认知。从对论证内容的编码分析可知，对于同一知识点，如稀溶液的依数性，学生的理解是不断深入的。在态度测量问卷中，学生也倾向于认同科学论证能够提高他们对科学知识的理解，并帮助其改变错误概念，丰富已有知识。将科学论证融入教学，对于教师和学生来说都是一种新颖的方式，既可有效促进教师的教学，还可有效激发学生的学习兴趣。只要创设合适的论证问题情境，学生就可以表现出高度的热情和积极性。

二、研究反思

通过书面论证教学形式的干预，研究结果对化学课堂教学有一定的参考价值。但研究尚有一些局限性，如研究内容和形式有些单一，研究对象（个体）论证结构和论证内容的发展性评价等，仍需进一步地总结与反思。

（一）研究内容有待深化

本研究的主题是大学无机化学中气体和热力学部分的内容，涉及范围还有待扩展。国内外已有的研究还有以溶液酸碱性、化学实验等为主题的，研究内容丰富，研究角度多样。因此，在后续研究中需要进一步扩展和深化研究内容，将其推广到大部分的无机化学原理知识中，提高学生对化学学科知识和科学本质的理解，提升学生的科学论证能力。

（二）论证教学形式可综合化

论证的形式可以是多样化的。本章仅研究书面论证作业对学生科学论证能力的影响。已有的很多研究大多以口头论证的形式，通过学生之间的讨论交流，提高其科学论证能力。因此，在后续研究中可以综合这两种形式，让学生不仅能够在课堂上参与科学论证交流，同时课后或者在平时的问题解决过程中依然能够正确应用论证的思维去思考问题和解决问题，提高逻辑思维能力和问题解决能力。

（三）可追踪学生后续发展变化

由于时间原因和课时限制，本研究仅持续了一个学期。已有研究表明科学论证能力的培养是一个循序渐进的过程。因此，尽管研究表明学生论证能力较之前有所提高，但后续如何发展和变化即远期效果目前还不得而知，学生在后面的化学学习甚至其他学科的学习中能否进一步提高科学论证能力等，这些都值得继续追踪研究。社会科学的研究对象是产生于具体社会情境中的人的心理或内隐的学习历程，其决定了人为设定的实验条件与学生复杂多变的经验世界之间存在无法弥合的巨大鸿沟。因此，教育科学的研究结论是在无限地接近假设，却不能完美地实现其预期的设想。后续研究中，还可持续追踪经教学干预后产生的科学论证意识与能力的持久性、发展性与迁移性等，这将是一个更值得期待的研究方向。

本章附录

附录一　书面论证问题

问题 1：两个体积相等、密封、绝热的容器中，装有压强相等的 O_2，试问这两个容器中气体温度是否相等？

问题 2：一定温度下，如果在水中加入少量乙醇，试问溶液的蒸气压、沸点、凝固点如何变化？

问题 3：Zn 和稀 H_2SO_4 反应，在下列两种情况下，哪一个放出的热量多？①在敞口容器中进行；②在封口容器中进行。

问题 4：假设 ΔH 和 ΔS 在一定温度范围内变化不大，已知某一反应的焓变 ΔH 和 $T\Delta S$ 随温度的变化趋势如图 3.6 所示，判断这个反应能否自发进行。

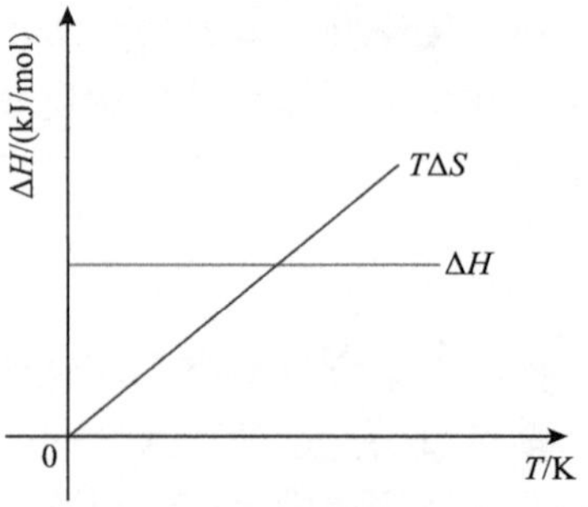

图 3.6　焓变 ΔH 和 $T\Delta S$ 随温度的变化趋势

问题 5：反应 $Ag_2O(s) = 2Ag(s) + \frac{1}{2}O_2(g)$，在标准状态下的分解温度为 T，若 O_2 的压强低于一个标准大气压，则分解温度将如何变化？写出你的理由。

问题 6：稀溶液的沸点是否一定大于纯溶剂的沸点？请予以详细解释。

附录二　态度测量问卷

论证学习问卷调查

姓名：________________　　　　　　学号：________________

表 3.26 是有关对论证学习过程的看法，包括书面论证和交流讨论，请同学根据自己的学习情况进行选择。

表 3.26　论证学习问卷调查表

关于论证学习的看法	很不同意	不同意	说不准	同意	非常同意
1. 书面论证可以促使我独立自主地解决问题					
2. 书面论证模式可帮我更加全面地思考问题					
3. 可以充分调动我原有的知识储备					
4. 可帮我意识到自己某些知识上的不足					
5. 可以帮助我更正自己原有的错误概念					
6. 可以使我重新学到一些新的概念					
7. 提高了我对这些知识以及化学学习的兴趣					
8. 使得知识的学习变得更加复杂					
9. 使问题解决过程变得更加程式化					
10. 可以增强我关于这一知识掌握程度的信心					
11. 交流讨论让我意识到口语表达的重要性					
12. 讨论交流给了我一个向同伴请教的机会					
13. 讨论交流可以使多种观点得到认可					
14. 通过观点的解释可以增强我学习的自信心					
15. 通过讨论我意识到证明自己观点的重要性					

参 考 文 献

[1]Knight A M, McNeill K L. Comparing students' written and verbal scientific arguments[C]. Annual Meeting of the National Association for Research in Science Teaching, Indianapolis, 2012.

[2]汪玲，郭德俊. 元认知的本质和要素[J]. 心理学报, 2000, 32(4): 458-463.

[3]胡久华，郇乐. 沉淀溶解平衡教学中驱动性问题链的设计与实践[J]. 化学教育，2012，(9): 55-59.

[4]Osborne J, Eduran S, Simon S. Enhancing the quality of argumentation in school science[J]. Journal of Research in Science Teaching, 2004, 41(10): 869-897.

[5]Ryu S, Sandoval W A. Improvement to elementary children's epistemic understanding from sustained argumentation[J]. Science Education, 2012, 96(3): 488-526.

[6]洪振方，封中兴. 运用「以建模为基础的论证教学模式」促进国二学生的科学学习成效——以光学单元为例[J]. 台北市立教育大学学报：教育类, 2011, 42(1): 25-124.

[7]Sadler T D. Informal reasoning regarding socioscientific issues: a critical review of research[J]. Journal of Research in Science Teaching, 2004, 41(5): 513-536.

[8]Sadler T D, Fowler S R. A threshold model of content knowledge transfer for socioscientific argumentation[J]. Science Education, 2006, 90(6): 986-1004.

[9]Wynne C F, Stewart J, Passmore C. High school students' use of meiosis when solving genetics problems[J]. International Journal of Science Education, 2001, 23(5): 501-515.

[10]Keselman A, Kaufman D R, Patel V L. "You can exercise your way out of HIV" and other stories: the role of biological knowledge in adolescents' evaluation of myths[J]. Science Education, 2004, 88(4): 548-573.

[11]Aufschnaiter V, Erduran C, Osborne J, et al. Arguing to learn and learning to argue: case studies of how students' argumentation relates to their scientific knowledge[J]. Journal of Research in Science Teaching, 2008, 45(1): 101-131.

[12]张娅. 基于 W-CERR 书面论证模式的学生作业研究——以"普通无机化学"课程为例[D]. 南京：南京师范大学硕士学位论文，2016.

[13]胡定荣. 课堂反馈的学习理论视角与综合分类[J]. 上海教育科研, 2013(3): 57-60.

[14]Zohar A, Nemet F. Fostering students' knowledge and argumentation skills through dilemmas in human genetics[J]. Journal of Research in Science Teaching, 2002, 39(1): 35-62.

[15]Venville G J, Dawson V M. The impact of a classroom intervention on grade 10 students' argumentation skills, informal reasoning, and conceptual understanding of science[J]. Journal of Research in Science Teaching, 2010, 47(8): 952-977.

[16]Walker J, Sampson V, Grooms J, et al. Argument driven inquiry: an instructional model for use in undergraduate chemistry labs[C]. Annual International Conference of the National Association of Research in Science Teaching (NARST), Philadelphia, 2010.

第四章　基于论证的化学实验教学实践研究

“化学教学论实验”教学的目的不仅仅是锻炼与提高化学（师范类）学生的实验操作和演示技能，更多的应该是在实验教学过程中培养师范生的综合研究能力，为其成为一名从合格走向优秀乃至卓越的中学化学教师奠定坚实基础。郑长龙教授曾说：如果将创新拔尖类人才比喻为各行各业中的“王者”，那么培养这些“王者”的教师可称为“师王”。这些“师王”不仅要具备理想信念、仁爱之心、道德情操、扎实学识，还要有先进的教育教学理念、严密的逻辑推理能力以及大胆的批判创新能力，这样才有可能在中学开设创新课[1]。这为课程与教学论的改革指明了前行的方向，同时也对化学教师教育提出了巨大的挑战。如何培养“师王”？这需要有志者共同的努力与智慧。本章研究旨在通过“化学教学论实验”课程的教学干预，通过设计 GR 等编码体系，从模拟授课、实验讨论和书面论证三个环节深入分析师范生论证活动过程，旨在丰富论证教学的实践，促进职前教师的专业发展，并进而影响和带动基础教育中论证教学的前行。

第一节　论证教学的设计

作为本科化学（师范类）学生的一门重要必修课程，“化学教学论实验”，是中学化学教学内容与大学化学学科知识之间的桥梁，也是化学学科理论知识与实验操作技能之间的纽带。本研究以该课程教学内容为载体，利用准实验设计，定性和定量相结合，采用对照方式，对 40 名化学（师范类）学生的口头论证能力和书面论证能力的培养进行一个学期的整合性教学实践研究。

一、研究对象和内容

本研究面向某师范院校大学三年级化学专业师范生展开。在综合考虑学生选课时间等因素后对学生进行随机分组，一个为实验组（22 人），另一个为控制组（18 人）。经科学论证能力测查，两组学生的论证水平无显著性差异（见本章第三节）。由一名教师对控制组学生进行传统方式的化学教学论实验教学，由另一名教师对实验组学生进行基于论证的化学教学论实验教学。两位教师均为化学课程教学论博士，且有十年以上丰富的化学教学论实验教学经验。化学教学论实验课程教学活动由模拟授课、实验讨论、实验报告三个实践环节组成。为避免被试效应，两组学生的实验同步进行，模拟授课环节均进行录像，并且在实验报告中完成相同的书面论证问题。为防止对控制组学生的过多干扰，在实践环节仅对其模拟授课和实验报告进行同期研究。在教学活动正式开始后，对实验组学生，提出本课程学习要求并向其介绍科学论证，要求并指导他们在本课程的各个环节中尝试应用论证策略，以期提高其论证水平。对控制组学生，同样提出本课程学习要求，但不予以有关科学论证的特别指导。

本研究选取化学专业师范生“化学教学论实验”中的七次实验作为具体的研究内容[2]，七次实验均为中学化学教学阶段典型实验。化学教学论实验不仅帮助师范生巩固基础的化学知识和实验技能，体验中学化学教学的基本要求与规范，更关注他们在实验过程中发现问题与解决问题的过程体验，帮助师范生更加深刻地领悟知识间关联、实验操作背后蕴含的化学原理以及实验过程所承载的学科观念，促进其批判性思维的发展，提升其化学学科核心素养。因而，本研究中实验相关知识的深度和广度都不能满足于中学化学教学水平，而是要在中学化学的基础上挖掘其和大学无机化学、物理化学等之间的有机联系，教学实践关注的各种论证问题就是将中学化学知识与大学化学知识进行有机联系的纽带。通过该课程的学习，希望师范生能够自觉地在各化学学科知识间建立有意义的联系，积极体验科学论证的过程。本课程实验教学内容及其概要分析见表 4.1。

表 4.1　化学教学论实验教学内容及其概要分析

序号	实验	实验内容分析
一	氧气的制取与性质	中学阶段对此实验的要求为掌握氧气的实验室制取及其性质，熟练掌握排水集气操作，而在书写反应方程式、绘制仪器装置简图、叙述所观察到的实验现象的同时，还可引发学生从以下几个方面进行思考和研讨。例如，二氧化锰的催化原理、氯酸钾分解制氧气最佳催化剂的选择、集气瓶内出现白雾的原因等。
二	氢气的制取与性质	本实验要求熟悉启普发生器构造，熟练掌握其安装和安全操作，熟悉氢气性质实验，掌握向下排空气法收集气体的操作和使用氢气的安全操作。在实验原理、实验创新设计上可以尽量发挥学生的能力。例如，锌粒与稀硫酸反应速率的相关研究，需要综合应用到原电池、电极电势、超电势等知识；氢气还原氧化铜的研究，需综合应用络合反应、氧化还原等知识；氢气在玻璃管口燃烧时火焰呈黄色的解释等。
三	氨氧化法制硝酸	本实验要求理解氨催化氧化成一氧化氮，经转化、吸收成为硝酸的原理，掌握实验室催化氧化的实验演示操作等。在实验操作过程（为什么新制催化剂）、反应条件控制（预热时间、氧气流速、氨水浓度等）、产物硝酸的验证方法、实验中意外现象（氨催化氧化后出现了白雾）的解释上，可以引导学生开放地思考与讨论。

续表

序号	实验	实验内容分析
四	胶体的制备与性质、电解质溶液	学生需要了解胶体制备、渗析、电泳和凝聚等性质，掌握胶体制备、性质实验的演示技能，掌握电解的基本原理及基本操作等；引导学生从化学平衡和配位平衡的角度讨论饱和氯化铁溶液的配制，探究影响氢氧化铁胶体制备的因素，思考实验中出现的反常现象（胶体保护反常、激光颜色对丁铎尔现象的影响等），综合应用电离、放电顺序、正负离子迁移速率、超电势等学科知识解释相关电解原理。
五	铝的性质	在了解金属铝的活泼性质，铝及其氧化物、氢氧化物的两性，铝热法还原金属反应及相关实验操作的基础上，可以引导学生关注毛刷实验、铝和氧气燃烧中的异常现象，分析氧化铝与酸、碱反应存在速率差异的原因，讨论氧化铝与硫酸、盐酸反应存在速率差异的原因等。
六	甲烷、乙烯	本实验要求学生掌握甲烷、乙烯的实验室制备原理、性质及其实验演示操作，结合实验过程可引导学生深入探讨实验操作注意事项（如药品加入顺序、碱石灰的作用等）、关注并解释意外的实验现象（鼓入空气使高锰酸钾褪色）等。
七	乙醇氧化制乙醛、物质式量的测定	乙醇氧化制乙醛实验要求学生掌握实验原理及实验演示技能。该实验中的实验注意事项（如银氨溶液现配现用）的解释、验证乙醛的备用方案的设计、银镜反应发生条件的探究（如无需水浴即可发生反应）等都是具有探究性、开放性、有价值的论证内容。物质式量的测定实验要求学生掌握基本的实验原理及其操作，也需关注实验细节（如为何四氯化碳取用量为 2～3mL 等），鼓励学生综合应用理想气体方程、相对分子质量、误差分析等知识进行深入探讨。

二、研究的操作程序

实验组学生全程参与本研究所设计的基于论证的化学教学论实验教学实践活动。研究采用模拟授课、实验讨论和实验报告相结合的形式，尽可能多地为学生创设科学论证的机会。期望随着时间的推移，尽可能地激发其自主进行科学论证的兴趣，并提高其科学论证水平。大学三年级师范生基本具备了本专业各领域的基础知识，并且具备较高的自主学习能力，这为研究的顺利进行提供了坚实的基础。下面为实验组学生进行论证教学活动的主要操作程序。

（一）实例带动练习　双管齐下

大学三年级的化学师范生虽具备较为扎实的专业基础，但对于科学论证的思维方法和学习方式还较为陌生。因此，在展开论证教学之前，需向学生展示预先设计的论证实例，通过师生互动帮助学生体会科学论证的教学价值及其基本结构。例如，教师提出问题：固体物质受热变成气体物质，发生的是什么变化呢？这个问题对化学师范生而言实在是过于轻松，他们会脱口而出：有可能是物理变化也有可能是化学变化。此时，教师就要提出问题，进一步追问其原因，予以支持和引导：你这样认为的理由是什么呢？有什么事实依据或者理论能够支持你的理由吗？师范生自然会顺着教师的思路进行分析，他们会列举一些例子：固体碘加热升华变成气态，这属于物理变化；而碳酸氢铵加热变成水、二氧化碳和氨气则属于化学变化。此时，师范生已经在经历论证的过程了。但教师还可以继续追问：中学生在刚开始接触化学变化和物理变化的时候，为什么会很容易判断失误呢？师范生可能会说：中学生可能想不到具体的例子来帮助判断等。到了这个阶段，引导他们从反思的视角分析这个问题，师范生对问题的理解也就更为深刻。师范生在简单情境中轻松体会论证要素，逐渐清晰主张、资料、根据、支援和反驳等论证要素，并慢慢形成论证的思维意识。同时，我们还通过社交平台向实验组同学们分享科学论证相关文献，包括科学论证的基本介绍及其引入科学课堂的重要性分析等内容，并以书面论证的形式呈现典型实例。简单示例如下：

论证问题：很多人喜欢早晨到树林里锻炼，他们认为那里的空气好，有益健康。你持何种观点？为什么？

论证过程：

【主张】：早晨树林里的空气好。

【资料】：早晨树林里的氧气浓度高。

【根据】：植物通过光合作用释放氧气，吸收二氧化碳。

【支援】：树木的光合作用强度大于呼吸作用强度时，氧气浓度高。

【限定】：早晨太阳出来一段时间后，氧气积累到一定程度，空气质量才好。

该问题与日常生活相关联，意在能够通俗易懂地向学生展示论证的过程以及论证各要素的含义。希望学生能够体会在科学论证的时候需要明确表达自己的主张，并且要有相应的资料及分析作为支持。为了使人信服还需要进一步思考联想有无证据可作为支援，同时对资料的适用条件加以限定，才能够更好地维护自己的主张，增强其科学性。在初步熟悉科学论证之后，由学生自主完成预留的书面论证任务。在教学实践前期，通过这样的实例展示带动学生自主练习，以此帮助学生逐渐深刻地认识科学论证，为后续开展模拟授课、实验讨论环节的口头论证及实验报告中的书面论证活动等奠定基础。

（二）模拟论证授课 实践演练

为了给予师范生更多实践教学的体验机会，我们继续保持实验组和控制组学生在实验课开始前先进行模拟授课环节这一传统。对两组学生的模拟授课环节进行视频记录，分析学生口头论证能力及科学论证水平的变化情况。

每次实验前，教师都会预先安排2～3名学生作为“小老师”（这些“小老师”都来自本组学生且采用轮流机制以确保所有学生都有机会参与）负责模拟授课。授课内容除实验原理、实验操作、实验注意事项外，还包括其自主设计的科学论证问题。这些问题有些是在和指导教师交流的过程中产生的，有些是在实验室进行预备实验的时候产生的。在正式实验课前，模拟授课的学生将典型问题在社交网络平台上发布，鼓励实验组学生围绕这些问题进行讨论。模拟授课的学生将结合讨论的情况进行教学设计，并尝试将科学论证的思想渗透于模拟教学过程中，引导学生基于论证的视角积极自主地发现问题和解决问题。当然，在准备模拟授课的时候，"小老师"要预先就学科本体知识和实验内容进行大量的前期准备，但是他们对模拟授课教学还不太熟悉，因此如何进行合适的教学设计，尚需教师的适度引导和帮助。

（三）挖掘论证问题 促进提升

模拟授课之后，学生进入实验操作环节。各小组学生针对实验过程、实验现象进行组内或组间的自由但小范围的交流讨论，学生针对问题发表看法并试图说服他人接受自己的主张或者反驳他人的主张，这样的讨论交流即典型的口头论证过程。在进行口头论证时，学生面对的是真实的听众，其所表达的观点可能会直接被反驳或提问，因此需要个体具备更积极的思维与对话意识。实验过程中的讨论环节多为自发且能够鲜明直观地反映出学生口头论证能力的发展。这也正是本研究的第二项重要的实践研究内容，即观察学生实验操作过程中的口头论证情况。

在每次实验进行过程中，安排3～4名研究者对实验组学生进行全程观察，不仅详细记录他们的实验操作、实验现象，也对他们在实验过程中的讨论进行录音记录。有价值的论证问题才能激发高质量的口头论证，为了更好地促进学生论证能力的提升，在实验讨论环节（尤其是初期）由教师加以引导和必要的干预，同时在口头论证的问题上也进行预先的精心设计与准备。

（四）书面论证作业 反思升华

在进行模拟授课、实验操作与讨论环节后，学生需要完成实验报告。实验报告的内容不仅仅是对实验原理的阐述和实验现象的记录，更重要的是对实验过程中问题讨论的总结和反思。针对某具体问题，以文字等书面形式表述观点和理由，即书面论证的过程。与模拟授课及实验讨论中所涉及的口头论证不同，学生撰写实验报告的过程主要是个体内反思而非个体间对话。因而在实验报告中增设书面论证任务环节，既可以锻炼学生的书面论证能力，又可以直观反映其书面论证能力的变化过程。我们针对每次实验的具体内容，向学生布置1～2个预先精心设计的书面论证任务，并给予充分的鼓励与反馈，引导学生逐渐学会使用论证的模式与策略来解决问题。同时也向控制组学生发布相同的实验问题，但仅予以常规的批阅与评价。通过对比，研究两组学生书面论证水平的发展情况。

第二节 论证教学的实践

本研究采用对照方法，通过分析学生模拟授课视频、实验讨论音频以及批阅学生书面实验报告三个环节，追踪学生一学期以来科学论证能力的变化情况，现就实践研究的上述三个具体环节展开叙述[3]。

一、模拟授课实践

每次学生正式开始实验操作之前，首先进行模拟授课。研究者用视频记录了两组学生所有模拟授课过程，并对视频进行了逐字逐句的转录。本教学实践环节所选择的论证模式是奈克和麦克尼尔所提出的 CERR（claim-evidence-reasoning-rebuttal）论证模式（见第三章第一节）。

（一）编码方式

研究者对于实验组和控制组的模拟授课环节均进行了视频记录和逐字逐句的文字转录，考虑到“放大”课堂对话，直观呈现研究数据，我们对于模拟授课的编码采用“讨论图”（discourse map）的形式进行。讨论图的构造借鉴里德尔（Riedel）[4]所提出的框架。讨论图由 X 轴和 Y 轴构成，X 轴为各阶段活动所用的时间，Y 轴为所进行的各类活动，分为 TP、AD、DD、SI 四项。其中，TP（teacher presentation）意为教师演示，AD（teacher-directed authoritative discussion）意为教师主导下的权威讨论，DD（teacher-directed dialogic discussion）意为教师指导下的对话讨论，SI（student initiation）意为学生自发性活动。我们将格外关注在 AD、DD、SI 类型是否包含论证过程。详细的对话类型分类标准见表 4.2。

表 4.2 模拟授课对话类型分类标准

对话分类	描述
教师演示（TP）	教师通过直接讲述提供信息，是单向的。
教师主导下的权威讨论（AD）	教师的提问是让学生判断正误的简单性提问； 教师很快就提供问题的正确答案。
教师指导下的对话讨论（DD）	教师的提问是让学生分析论证的引导性提问； 学生的论证过程是对话内容的主要部分。
学生自发性活动（SI）	学生对教师演示、教师陈述或其他学生的陈述提出问题。

具体操作步骤为：研究者认真分析视频转录文稿，删除无关话语，这里的无

关话语指的是模拟授课教师或者学生在表达中出现的一些口头语、为活跃气氛的一些话语等。然后将所获得的精简转录稿按照话语类型分类标准对其进行 TP、AD、DD、SI 分类，在讨论图中以横线表示；对各类型中所涉及的论证过程进行编码，必要时辅以简要的文字进行说明，低水平论证过程在讨论图中以“□”表示，高水平的论证过程则以“■”来表示。根据论证过程中所涉及的要素评判模拟授课中论证水平的高低。当论证过程包含主张、证据及推理过程甚至出现学生的反驳互动时，此时的论证过程定义为高水平论证过程（当出现反驳要素时，由教师进行的反驳将其归为 DD 类型的高水平论证，由学生进行的反驳将其归为 SI 类型的高水平论证）；当论证过程中仅是简单地提问与公布答案或者并未包含证据、推理等过程就定义为低水平的论证过程。下面就模拟授课环节进行举例并作详细说明。

（二）教学实例

实例 1　氢气的制取与性质

由表 4.3 可知，在该实验的模拟授课环节，师生之间的互动多为单向，大部分内容由教师陈述，师生之间的问题互动局限于简单的问答，教师也没有就学生的回答追问深化问题。从图 4.1 反映的授课过程来看，在较短时间内出现了三次科学论证的过程，而且还有两个属于高水平的科学论证，说明在第一次实验（氧气的制取与性质）接受科学论证的指导后，学生开始有意识地在授课中贯彻科学论证的思想并付诸实践。但是论证过程多出现在 AD 水平，也就是说对话多由教师主导，在 SI 水平上没有任何要素的出现，即学生并未提出质疑，仅处于接收问题或解决问题的状态，没有提出问题或质疑的行为出现。这说明学生在此阶段刚刚开始接触科学论证，对于论证教学的理解尚停留于较浅层次，当然这与此阶段所提论证问题较为简单也有一定的关系。

表 4.3　氢气还原氧化铜教学片段及其编码

教学对话	论证编码	对话类型	时间/s
师：首先我们来看一下实验装置（省略装置介绍）。	无	TP	0～58
师：为什么试管要稍向下倾斜？哪位同学知道为什么不能倾斜过大？ **学生**：倾斜过大，氧化铜粉末会滑下去。 **师**：对。另外倾斜过大还可能造成受热不均。还有一个是加热面积，稍微向下倾斜使得受热面积加大，速度也快。	**主张**：加热氧化铜粉末时，试管不能倾斜过大。 **证据**：倾斜过大，氧化铜粉末会滑落，受热面积变小，致使受热不一致，试管内氧化铜粉末受热不均。	AD 低水平论证	70～170

续表

教学对话	论证编码	对话类型	时间/s
师：之后开始通氢气，而且要通气过一会儿后才能加热。大家都知道，氢气和空气混合容易发生爆炸，这样做是为了排尽里面的空气以免发生危险。	**主张**：氢气还原氧化铜加热之前要先通氢气。 **证据**：氢气和空气混合易爆炸。 **推理**：先通氢气是为了排尽试管内的空气，防止加热时发生试管内混合气爆炸危险。	AD 高水平论证	180～220
师：实验结束时，为何先撤酒精灯后停止通氢气？ **生**：停止加热后，被还原的铜还处在高温环境中，如果停止通氢气则铜很可能被空气中的氧气氧化，所以要继续通一段时间的氢气给生成的铜维持一个还原的环境，避免其被氧化，待试管内固体冷却后再停止通氢气。	**主张**：反应结束后应先撤酒精灯后停止通氢气。 **证据**：铜在高温下易被氧化。 **推理**：先撤酒精灯后停止通气是防止余热使被还原的铜又和空气中的氧气反应。	DD 高水平论证	230～280

注：表中的师代表模拟授课中的学生（“小老师”），下表同。

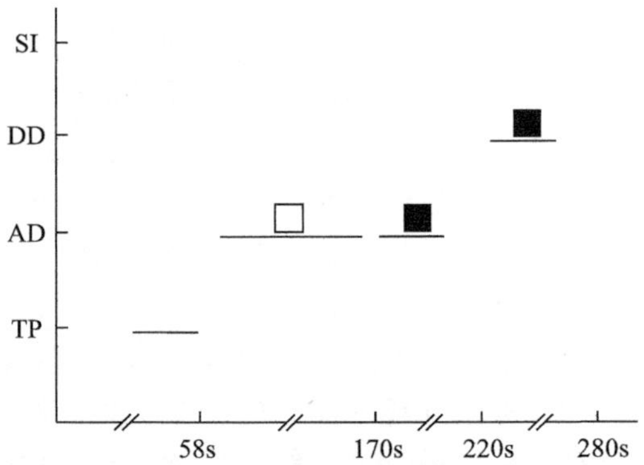

图 4.1　氢气还原氧化铜教学片段讨论图

实例 2　氨氧化法制硝酸

由表 4.4 可以发现，师生之间的互动明显增多，对于实验原理分析、实验装置搭建等问题，教师不是直接陈述，而是将这些问题拆分成一个个小问题，一步步引导学生回答。其中明显进步的一点是，在学生给出答案之后，教师不是简单地评价对或者不对，而是询问学生给出答案的理由，或者在学生回答基础上继续深入讨论，或者自然地衔接过渡到另一个问题。从图 4.2 可以看到，在约 2min 时间里进行了三个结构较为完整的论证过程，而且在 SI 水平上开始出现要素，即学生在授课过程中出现了更多的自发活动，能够及时有理有据地表达自己的观点。这说明经过近一个月的训练，学生对于科学论证有了进一步深入的理解，能够在授课的过程中自然地进行论证。

表 4.4　氨氧化法制硝酸教学片段及其编码

教学对话	论证编码	对话类型	时间/s
师：我们今天实验用的氨气来源于何处？ **生 1**：氨水。 **师**：比例是多少呢？ **生 1**：1∶1.5。 **师**：那为什么要用 1∶1.5 呢？ **生 1**：浓的会爆炸。 **师**：为什么会爆炸？ **生 1**：氨气浓度如果太高，有爆炸危险。另外感觉对后面实验现象会有干扰。	**主张**：氨氧化法制硝酸选择 1∶1.5 的氨水比较合适。 **证据**：用浓的氨水会有爆炸的危险。 **推理**：有气体参与的反应中，气体浓度过大会导致体系内压强过大，存在爆炸的危险。	DD 高水平论证	0～35
生 2：我觉得反应不完全，发生副反应。 **师**：对，有副反应。是哪些呢？它可能会跟一氧化氮还有二氧化氮生成什么干扰物？ **生 2**：可能会产生硝酸铵、亚硝酸铵，这样就会有白烟。 **师**：那为什么产生白烟就不行啊？ **生 2**：它有可能会干扰到我们后面的实验现象啊。比如说一片白烟在那边弥漫着，我们怎么观察到其他实验现象。	**主张**：氨水太浓会导致副反应的发生。 **证据**：用浓氨水会有大量白烟产生。 **推理**：氨水浓度太大会导致过量的氨气与反应产生的一氧化氮、二氧化氮反应产生硝酸铵、亚硝酸铵固体，产生的副产物过多，影响主反应的进行。	DD 高水平论证	37～95
生 3：我觉得太稀也肯定不行啊。它达不到反应所需的浓度。我们是通过鼓气使它挥发出来，如果太稀的话，完全不能使足量的氨气挥发出来，那整个化学反应连反应物都不够，那更别说会发生反应了。	**主张**：氨水不能太稀。 **证据**：如果氨水太稀，反应难以发生。 **推理**：氨水太稀，产生的氨气量太少，无法满足反应所需的氨气的浓度，导致反应无法正常进行。	SI 高水平论证	96～110

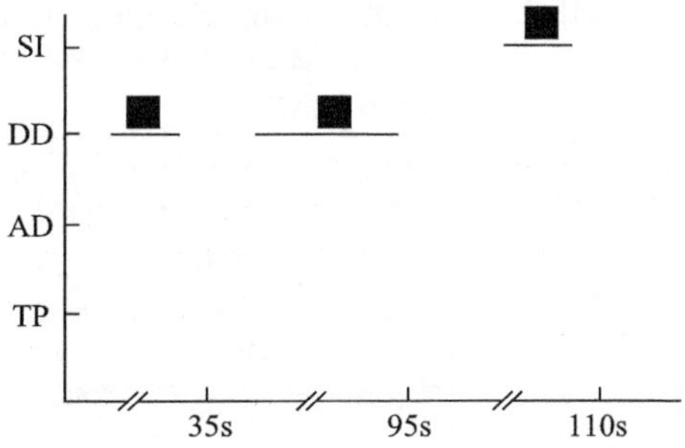

图 4.2　氨氧化法制硝酸教学片段讨论图

实例 3　甲烷、乙烯实验

从表 4.5 可以看出，师生之间的互动频繁，教师引发论证的提问次数增多，而且针对学生的回答教师能够引导其进一步思考，不是得到结论之后就立即转向下一个话题。尤其从图 4.3 可以明显看到，在 DD、SI 水平上出现了大量的要素，说明此时科学论证的思想已经潜移默化地出现在学生的头脑中，并且他们也能够在课堂上自觉实践。在与前期和中期差不多的课堂时间内，论证的数量大幅提升，而且论证的质量也保持在较高的水平，SI水平上要素数量明显增加，由此可以看出这个时期学生对论证的主动参与意识已经形成且较为稳定，学生的授课过程可以自然地融入科学论证，而且能够运用得恰当、科学。

表4.5　甲烷、乙烯实验教学片段及其编码

教学对话	论证编码	对话类型	时间/s
师：制备乙烯的原理，乙醇在浓硫酸作用下，170℃时发生分子内脱水生成乙烯。反应发生时可能还伴有哪些副反应呢？ **生1**：除分子内脱水还有分子间脱水，除此之外，根据浓硫酸强脱水性推测还会发生炭化！ **生2**：还有碳和浓硫酸反应呢！炭化生成的是碳，碳和浓硫酸加热也会发生氧化还原反应生成二氧化碳、二氧化硫。乙醇直接跟浓硫酸反应也可以直接生成这两种物质。除此之外，还有可能生成一氧化碳。加上之前说的分子间脱水生成乙醚，主要的副反应产物应该就是这四种物质。	**主张**：乙醇脱水制乙烯有大量的副反应发生。 **证据1**：浓硫酸的强脱水性会使乙醇发生炭化。 **推理1**：反应产生的碳又会和浓硫酸反应生成二氧化硫和二氧化碳气体。 **证据2**：乙醇和浓硫酸可直接生成二氧化碳和二氧化硫。 **推理2**：乙醇的分子间脱水可生成乙醚。	DD 高水平论证	0～50
师：看一下操作要点。首先要铺洁净和干燥的碎瓷片，为什么要洁净、干燥？ **生3**：因为后面加的是浓硫酸，水遇浓硫酸会暴沸。为防止加乙醇时浓硫酸放出的热量过大，所以要加干燥的碎瓷片。	**主张**：碎瓷片必须干燥。 **证据**：水遇浓硫酸会暴沸。 **推理**：浓硫酸遇水会放出大量的热，为了避免出现暴沸，要选择干燥的碎瓷片。	DD 高水平论证	53～70
生3：并且因为我们加入的是浓度很大的浓硫酸，所以加入顺序是先加乙醇后加浓硫酸，道理和浓硫酸稀释相似。 **师**：是的。我们也要注意浓硫酸与乙醇的加入顺序！	**主张**：先加乙醇后加浓硫酸。 **证据**：浓硫酸稀释时是酸入水。 **推理**：浓硫酸遇水会放出大量的热，所以要将浓硫酸加入大量水中，同理也要将浓硫酸加到大量乙醇中以避免出现暴沸危险。	SI 高水平论证	70～80
生4：关于气密性检验，我觉得在装试剂之后检验也很方便。因为刚才说了，浓硫酸加到乙醇里可以放出大量的热。混合均匀，再连通之后，可以观察到，当温度下降时，如果气密性好的话就会形成一段稳定的水柱。利用这个放热过程相当于用手去捂热。等它温度下降的时候，会有一段比较平稳的水柱。	**主张**：可以先装样再检验装置气密性。 **证据**：通过装置内空气的热胀冷缩来检验装置的气密性。 **推理**：浓硫酸加入乙醇会放热，相当于一个加热的过程。若气密性良好，则温度下降后会形成一个稳定的水柱。	SI 高水平论证	130～160
师：第四个是加强热。书上说加热至170℃，大家有觉得不妥吗？ **生5**：我觉得温度先不要加热那么高，因为乙醇分子内脱水成乙烯是170℃，要让它迅速升温到170℃，但也要考虑余热问题，留有余地。 **师**：是的！早上做预备实验时，150℃左右，不再加热的话，余热可以让它升温到190℃甚至200℃以上。所以在150℃左右时就可以调小煤气灯的量，比较缓慢而平稳地加热。	**主张**：不需要一直加强热到170℃。 **证据**：乙醇在分子内脱水生成乙烯是170℃，但实际实验中会有余热的问题出现。 **推理**：在150℃左右，你如果停了煤气不再加热的话，余热可以让它升温到190℃甚至200℃以上。	DD 高水平论证	180～240

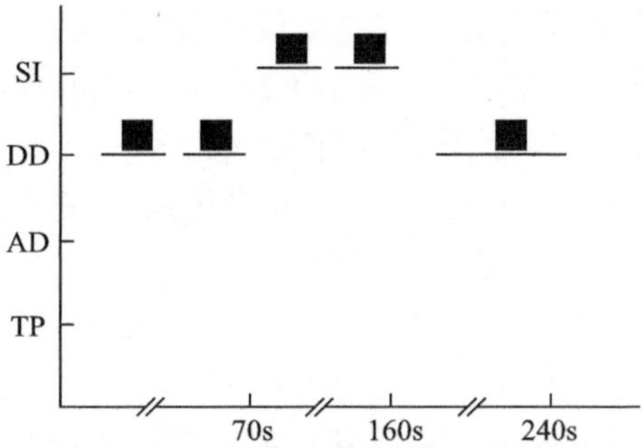

图 4.3　甲烷、乙烯实验教学片段讨论图

（三）研究结果

将实验组和控制组七次实验的模拟授课转录稿都进行上述编码后，得到图 4.4 所示的讨论图。分析实验组和控制组综合的讨论图，可得到以下研究结果。

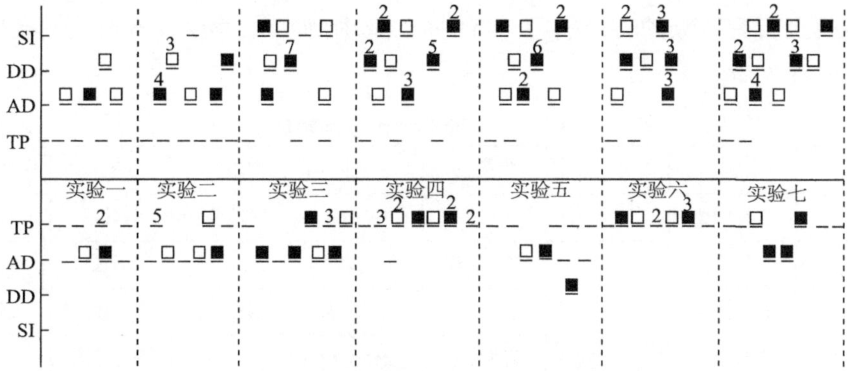

图 4.4　实验组与控制组七次实验模拟授课讨论图

横轴上方为实验组，下方为控制组，数字代表相应对话类型出现的次数

（1）在模拟授课环节，实验组学生进行了更多数量的科学论证，且高水平科学论证过程的数量更多。观察图 4.4 可知，两组学生在第一次模拟授课中所进行的科学论证过程数目相当，且二者高水平科学论证过程数目均较少。但由第二次实验开始，实验组学生在模拟授课环节所进行的科学论证过程就有了突变，且高水平科学论证数量明显上升。这说明经过渗透科学论证思想的教学，学生的科学论证意识也在不断增强，能力在不断提升，并将其内化渗透于模拟授课实践环节。

（2）随着课程的推进，模拟授课环节实验组的师生、生生之间的互动在不断增强，而控制组模拟授课环节师生之间的互动仍维持较少水平，更是鲜有生生之间的互动。观察图 4.4，实验组的科学论证过程大多集中在 AD 和 SI 水平之间，说明在实验组学生的模拟授课环节，更多地由学生来进行科学论证。尤其在第二次实验之后，SI 水平上科学论证过程的数目一直维持在 3～4 个，说明了学生之间的互动一直维持在较高水平。对于不认同或存在疑问的问题，学生能够主动提出并进行课堂讨论，说明科学论证的思维习惯已经形成。而控制组的科学论证过程绝大部分集中在 TP 水平，即教师的单向讲述占了授课过程的绝大部分内容，讲授过程中仅有个别高质量科学论证出现。

二、实验讨论实践

本研究由 3～4 名研究者对实验组学生的实验讨论过程进行全程的音频记录，并将其进行文字转录。完成转录之后，研究者仔细阅读转录稿，删除离题的对话，挑选有用的文本。这里离题的对话是指学生之间与所讨论问题不相干的交流内容，即与研究主题无关的话语，如学生之间的调侃、穿插的教师对学生的评价及学生的自我评价等。同时，由于学生之间的交流有时比较零散，有些问题的讨论很快达成一致，因此研究者尽量选取学生意见不同并展开详细讨论的内容进行分析研究。在得到所有音频的转录稿后，将七个实验所涉及的学生展开讨论的问题进行归类，具体见表 4.6。

表 4.6 各实验典型论证问题详单

问题	实验一	实验二	实验三	实验四	实验五	实验六	实验七
1	白雾问题	产物分析	防爆原理	阴极析铜	两性判断	预处理	白烟问题
2	气体收集	/	气唧原理	激光颜色	白毛生长	坩埚选择	银镜反应
3	铁丝燃烧	/	鼓气速率	电解现象	产物分析	起火原因	加热问题
4	实验分析	/	硝酸检验	胶体保护	/	褪色原因	/

接着，研究者再反复阅读经上述步骤处理过的转录稿，确定学生对话中体现的图尔敏论证模型中的论证要素。为保证最终编码的可靠性，随机抽取一段转录稿，由两位熟悉编码要求的研究者进行独立编码，编码的一致性程度达到 0.921*。并在此基础上，两位研究者就编码意见分歧处进行深入讨论直至达成共识。

（一）编码方式

借鉴林裕仁和黄正峰[5]的图示结构，我们提出 GR（graphical representation）编码，即采用图示的方法分析学生论证过程。换言之，GR 编码就是由一系列代表论证不同要素的符号组成的图示，具有形象化、可视化与直观化特点。如图 4.5 所示，GR 图的横坐标（X 轴）代表论证进行的时间，纵坐标（Y 轴）代表口头论证要素。其中，X 轴上方区域表示正方的对话互动，下方区域表示持相反观点的互动。

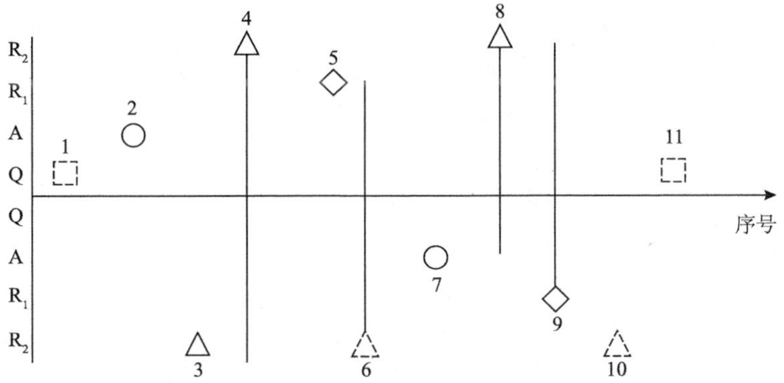

图 4.5　关于白雾问题的讨论片段的 GR 图

实验教学的口头论证过程以麦克尼尔所提出的 CERR 论证模式为基础。由于实际对话过程中证据与推理往往相伴而行，同时参考《普通高中化学课程标准》（2017 年版）作为化学学科核心素养的“证据推理”，本研究中将证据和推理合并为一个要素进行编码，不做区分。因此，本研究中将主张、证据推理和反驳视为科学论证的三个基本要素，分别用 A（符号○）、R_1（符号◇）和 R_2（符号△）表示。论证始于问题。因此，在初步分析学生实验问题讨论的转录稿后，为更加清晰地展现口头论证的过程，在 Y 轴增加 Q（符号□）表示论证问题的提出。另外，使用不同线型表示论证主体的差异（虚线表示教师，实线表示学生）。图示中各符号上方的数字表示论证要素按照时间顺序出现的序号，以更清晰地显示学生论证活动的进程。另外，将学生和教师产生的所有论据在 GR 图上进行编码，可以可视化地表述学生提出反驳的根据、学生在实验讨论过程中论证水平的发展变化以及教师的干预情况。

一般而言，论证水平从两个方面进行考察：一是论证要素的类型与数量；二是论证内容的科学性与深刻性。换言之，论证要素在一定程度上可以反映论证的质量，但是即使出现相同要素也可能有论证质量的高低。因此，我们在图 4.5（主要关注论证要素）基础上，结合论证内容就论证要素的质量进一步分析。为了在图示中对论证过程有更为直观与清晰的反映，用黑色图形和白色图形代表论证质量的差异（图 4.6）。例如，符号◆代表高质量的证据推理，而符号◇代表低质量的证据推理。有研究者提出可以用三个标准来评估论证质量的高低：①论证的逻辑性、合理性、连贯性以及是否具有权威的解释；②论证是否包含相关的科学理论和概念；③论证是基于实验证据还是生活经验[6]。如果一个论证要素中有符合上述三个标准中的一条即可视为高质量，否则就是低质量的。例如，在氧气收集装置讨论中，学生 A 仅指出使用马粪纸或者细沙均可，学生 B 则反驳不可使用细沙应使用马粪纸，并分析由于排水法收集气体无法提前放置细沙，若在集满后放细沙则会混入空气导致收集的氧气不纯。而湿润的马粪纸可在气体收集前直接放置于集气瓶底部，避免误差产生。显然，学生 A 的主张仅仅是简单的观点陈述，属于低质量主张（符号为○）；而学生 B 的反驳过程连贯合理且逻辑严谨，表述清晰，属于高质量反驳（符号为▲）。

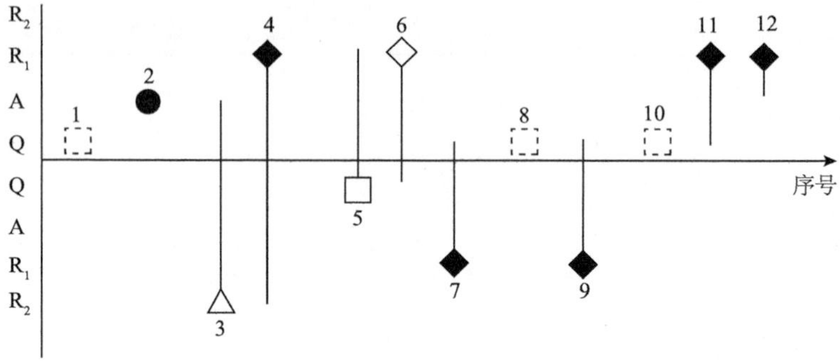

图 4.6 氢气还原氧化铜产物分析的口头论证片段 GR 图

（二）教学实例

实例 1 氧气的制取与性质实验（关于白雾的讨论部分）

由表 4.7 可见，此时学生之间的讨论多是你来我往式的对话，谈论的层面仅涉及个人观点的表达，没有具体科学理论的支持，也没有列举反例进行反驳等。从图 4.5 中也可以明显看出，学生论证质量尚属低水平论证，说明在实践教学初期阶段，学生虽然能够在实验过程中进行讨论、交换意见，但是论证水平意识和能力还比较低。

表 4.7 关于白雾问题的讨论片段

序号	发言者	时间/s	陈述	观点	质量	类型
1	师	1～2	在收集氧气的时候看到白雾了吗？	中立	低	问题
2	生 1	3～6	可能是氯气。	正方	低	主张
3	生 2	30～32	我觉得也有可能是水蒸气啊。	反方	低	反驳
4	生 1	35～37	我觉得是氯气。但是如果是氯气，为什么温度降低之后，它就消失了？	正方	低	反驳
5	生 1	50～56	如果是溶于水了，可是它（集气瓶）里面的水很少啊。可能是生成的氯气也很少。	正方	低	推理
6	师	57～70	我们做实验时候观察到从硬质玻璃管里逸出很多白色烟雾，产生的量并不少。	反方	低	反驳
7	生 2	90～95	试管里面有水，加热之后有水蒸气。	反方	低	主张
8	生 1	96～98	但水蒸气不是白烟呀？看到的是白烟。	正方	低	反驳
9	生 2	100～105	水蒸气在空气中看来就是白的，预冷就变成小液滴了。	反方	低	推理
10	师	110～115	如果是水蒸气，有没有考虑量的问题？	反方	低	反驳
11	师	115～120	怎么确定它是烟还是雾？能否设计实验来验证一下？比如通到水里……	中立	高	问题

实例 2 氢气的制取与性质（氢气还原氧化铜产物的分析）

从表 4.8 可以看到该组学生的口头论证氛围和谐，论证进展顺利，学生之间的对话互动较为深入。由图 4.6 可见，学生并不满足于直接给出结论或停留于浅层地表达意见后就终止对话，而是能够根据问题的提示积极思考，提出自己的主张（序号 2）甚至是反驳（序号 3），并尊重实验事实，主动寻找证据展开逻辑推理（序号 4）。比较图 4.5 和图 4.6，学生高质量证据推理出现的频率明显增加。当然，由于该实验片段尚处于教学实践的初期，学生的问题意识及论证水平仍有待于提高。例如，该论证片段中的三个主要问题（序号 1、序号 8、序号 10）仍是由教师提出的。可见，在该教学实践阶段中，教师在推进学生论证进程方面仍具有极其重要的作用。在教师指引下，鼓励学生仔细观察实验现象并深入思考，由问题开始促进学生开展论证活动是一种值得鼓励与借鉴的方式。在该论证片段中可以发现，当教师提出问题后，学生的主张与证据推理等要素相继出现，且有较多高质量证据推理跟进，但是整个论证过程中仅出现了一次低质量的反驳（序号 3）。可见，该组学生的论证意识尽管有所提高，但其反思质疑能力还需要加强。

表 4.8 关于氢气还原氧化铜产物分析的论证片段

序号	发言者	时间/s	陈述	观点	质量	类型
1	师	1～2	怎么验证产物呢？	中立	低	问题
2	生 1	3～30	想利用前后的质量变化。比如，固体和硫酸反应，如果只是氧化铜的话会反应完全。如果是氧化亚铜的话肯定会有固体铜出现。	正方	高	主张
3	生 2	31～35	但是质量太少了，用天平是称不出来的。	反方	低	反驳
4	生 1	90～95	用氨水和它们的反应。氨水和亚铜形成络合物是无色的，接触氧气之后变成蓝色，所以可以用氨水来检验氧化亚铜。	正方	高	推理
5	生 2	96～98	用氨水来检验氧化亚铜，那其他的怎么检验呢？	反方	低	问题
6	生 1	99～110	有没有什么是铜不和它反应，但是氧化铜和氧化亚铜能够和它反应的呢？	正方	低	问题
7	生 2	130～135	氧化亚铜和酸会生成铜，不能证明原来就有铜。	反方	高	推理
8	师	140～142	刚才说氨水和它们反应，注意观察有区别吗？	中立	低	问题
9	生 2	180～185	氧化亚铜和氨水反应是生成无色的产物，氧化铜和氨水反应是生成蓝色的产物。	反方	高	推理
10	师	186～200	那你看一下加入之后是什么颜色？能证明氧化亚铜的存在吗？改变一下条件呢？	中立	低	问题
11	生 1	400～405	刚才加了氨水，如果氧气比较少的话，是浅蓝色，再接触空气，蓝色加深，说明有氧化亚铜。我们打算换成可密封的离心管进行实验。	正方	高	推理
12	生 2	500～505	密封时是无色的，试管里的是蓝色的，而且底部都有固体沉淀。所以产物含氧化亚铜和铜。	正方	高	推理

实例 3　乙醇氧化制乙醛

从表 4.9 可以看出，此阶段学生之间的讨论是自发进行，并且是围绕着实验进行过程中所发现的问题而展开的。在讨论过程中能够注意到结合实验现象进行分析，能够针对同伴所给出的说明进行深入探讨，如询问得出此结论的具体理论依据。另一个变化是在交流过程中，当给出相反的观点时，不再是简单表示不赞同，或者等对方继续发问，而是在表明观点的同时提供理论解释或实验现象的证据支持。由图 4.7 也能清楚地看到，学生此阶段的论证水平有明显提升，所进行的推理与反驳多为高水平论证。

表 4.9　白雾现象的讨论片段

序号	发言者	时间/s	陈述	观点	质量	类型
1	生 1	1～2	试管里怎么会有白雾出现呢?	中立	低	问题
2	生 2	4～8	开始加热，温度还不到的时候我们就鼓气，我觉得那个白雾就是乙醇蒸气。因为这边比较凉，所以液化成小液滴，就形成雾。	正方	高	主张
3	生 1	10～15	这里面肯定不只是乙醛水溶液，还有乙醇。是没有参加反应的，被鼓过去的。反应温度还没达到，它又被鼓过去。因为这边不是一直是热的，乙醇易挥发，它只有被鼓过去。	正方	高	推理
4	生 2	16～19	你鼓气的时候，没有变红，但这里面有白色的雾产生，应该没有乙醛，没有这个反应。	正方	高	推理
5	生 2	20～25	而且你说为什么不可以有水? 我一开始以为如果有水的话，乙醇就不容易挥发。醇的浓度比较高容易挥发。	正方	高	问题
6	生 1	26～30	水变成蒸汽的话，它不是会和铜反应吗! 再加热，就可能生成氧化铜和氢气。	正方	高	推理
7	生 2	60～65	水和乙醇形成共沸物，鼓出的乙醇就不全是乙醇了，所以是不能含有水的。	正方	高	推理
8	生 1	66～68	水蒸气怎么影响呢?	正方	低	问题
9	生 2	70～75	铜和水蒸气生成氧化铜和氢气,影响了主反应。	正方	高	推理
10	生 1	100～110	现在已经进行反应了，但是还是存在白雾，你看旁边这组白雾更多。我觉得这时候不可能全是乙醇，应该大部分是乙醛蒸气。	反方	高	反驳
11	生 2	111～113	为什么是乙醛呢?	正方	低	问题
12	生 1	114～118	乙醛的沸点是 21℃，你看我们加热的温度至少也有几百度，乙醛能是液体好好溶在水里吗?	反方	高	推理
13	生 2	119～120	是的，我知道了，最好用冰水比较好，把温度降下来，能够减少这个白雾的量，我去拿冰。	反方	高	推理

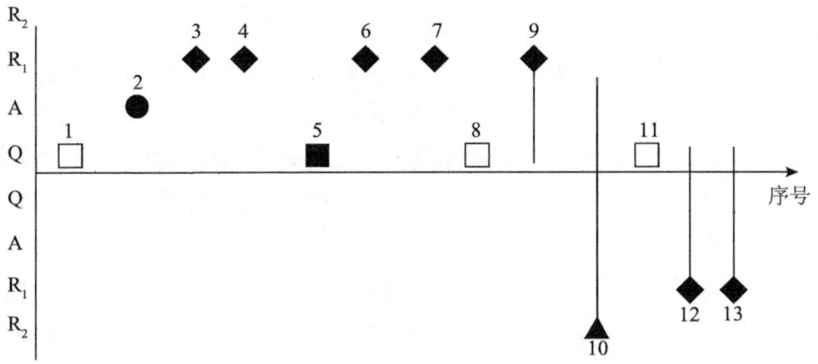

图 4.7　乙醇氧化制乙醛讨论片段的 GR 图

（三）研究结果

将实验组学生的对话讨论转录稿进行上述方式的编码后，选择固定一组学生为代表进行全程研究。仔细分析每个实验中学生所开展的口头论证的主要问题，并选择该组学生实验中论证要素和论证质量最高的问题为代表，绘制该组学生的综合 GR 图（图 4.8）。

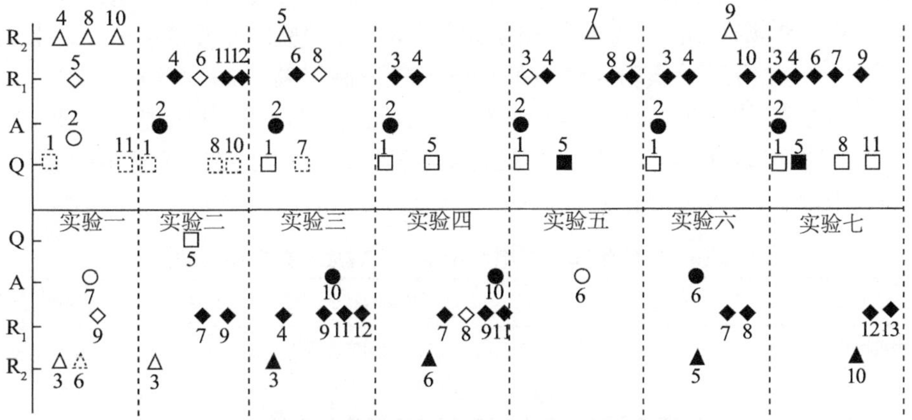

图 4.8　实验组七次实验中的典型论证片段 GR 图

每个实验中学生进行的讨论数量为 2～3 个，图中所绘制的实验讨论过程为其中典型的一个问题讨论过程

由图 4.8 可发现，随着论证教学的不断进行，学生的问题意识明显提高。在开始的实验一与实验二论证片段中，主要还是教师提出问题，推动学生积极思考（问题 Q 中的虚线方框）；到实验三阶段，开始出现学生主动发现问题与提出问题了，尽管问题的质量尚属于低质量（问题 Q 中的实线方框）；到实验五的时候，学生能够自己提出高质量的实验问题了（问题 Q 中的实线黑色方框）。随着实验课程的不断推进，教师在科学论证过程中所进行的干预在逐渐减少，甚至在实验教学的后期已经不需要教师的干预，学生就能够自主提出高质量问题。这些都表

明学生问题意识与提出问题的能力有明显进步。

同时，随着论证教学实践的推进，学生的论证水平也有显著提高，表现在论证要素的丰富与论证质量的提高。刚开始的时候，主要是低水平论证为主（实验一中都是白色框），且论证中的证据推理也相对比较少。随着实践的深入，证据推理要素明显增多，且原来的低质量要素基本被高质量要素取代（黑色实线框越来越多），学生能够针对实验原理、实验方案设计、实验现象等内容独立地挖掘出很多有价值的科学论证素材。学生在问题的描述上更加注重资料、数据、原理等的应用，在有理有据地表明自己观点的同时，论证过程中出现了更多的高水平推理和反驳。

三、书面论证实践

本研究书面论证采用第三章所提的 W-CERR 论证模式，对于学生书面科学论证能力的评价也沿用从论证结构和论证内容两方面进行（见第三章第一节）。评分者信度为 0.977*。

为验证论证教学的有效性，研究者对实验组和控制组学生七次实验教学中的论证结构和内容得分进行分析。对实验组和控制组学生论证内容成绩的均分差异 t 检验结果见表 4.10，论证结构成绩的均分差异的 t 检验结果见表 4.11。结果表明：在论证内容成绩方面，实验组学生的均分虽较控制组高 0.35，但差异未达到显著水平；在论证结构成绩方面，实验组和控制组学生的均分有显著差异。根据数据的分析结果，可以认为实验组学生在论证内容方面发生了趋向于进步的变化，而在论证结构方面发生的变化尤其显著。

表 4.10 实验组和控制组学生论证内容成绩差异检验结果

样本	容量/人	均分/分	标准差/分	均分差异/分	检验结果
实验组	22	1.77	1.05	0.35	$t_D = 1.01$
控制组	18	1.42	1.07		差异不显著

表 4.11 实验组和控制组学生论证结构成绩差异检验结果

样本	容量/人	均分/分	标准差/分	均分差异/分	检验结果
实验组	22	3.30	0.870	0.90	$t_D = 3.54^{**}$
控制组	18	2.40	0.650		差异非常显著

由此可见，论证教学能够培养学生的科学论证能力，且学生在具备良好论证结构的同时对科学知识的理解也发生了改变。经过结构良好的科学论证模式的指导训练与培养，学生能够自发、有目的地进行深入思考，自然而然地就会促进其

对相关知识的理解；同时，当学生全面而又深入地思考相关问题且富有逻辑性地将其进行口头（或书面）表述时，结构良好的论证的形成也则水到渠成。可见，这两者之间是相互促进的。这同时也表明了学生在完成书面论证任务时，并非囫囵吞枣、应付了事，而是在一定意义上形成科学论证思维方式。通过论证教学，不仅可以建立良好的问题解决行为习惯，还可以提高学生对科学知识的理解程度。

第三节 实践效果的评价

为进一步研究论证教学的效果，我们在实践教学研究前后针对实验组和控制组学生进行了专门的论证能力测试，并在课程结束后对实验组和控制组学生进行了课程兴趣调查，以判断学生在研究前后的科学论证能力的变化情况，以及了解学生对“化学教学论实验”课程教学的感受。下面从前后测试和课程兴趣两方面进行详细说明。

一、论证能力测试

（一）前测分析

在进行本研究之前，研究者先对大三化学师范生进行了科学论证能力测评，考虑到时间和人力等因素的限制，采用书面论证任务的形式对化学师范生的科学论证能力进行测评，具体的书面论证任务见本章附录一。

前测试卷由 5 个书面论证问题组成。其中问题 1 与金属活动性等知识相关，属初三化学的中等难度水平，可作为判断学生科学论证能力的一个综合性问题。问题 2 考察了同温同压下含水蒸气与不含水蒸气的空气的密度比较，该问题具有较大的论证空间且具有较强的综合性，可从不同的角度和深度予以回答。学生既可以通过中学化学知识阿伏伽德罗定律进行假设推断，也可以利用克拉佩龙方程 $pV=nRT$ 进行解决，甚至还可以利用从初中阶段开始认识到的相对分子质量来说明问题。问题 3 考察化学平衡相关知识，学生比较熟悉和擅长，属高二化学中等难度水平，有明确的主张、证据和推理，属结构性良好的问题。问题 4 考察电极电势与金属活动性关系，需关注电极电势、电离能、亲和能、电负性等内容，对化学学科知识水平要求相对较高，属大学化学的中等难度水平。问题 5 难度水平较低，重在通过科学探究的实例考察学生对于结论和证据的判断。

在学生论证能力测试结束后，回收所有的答题纸，按照前述书面论证能力评价标准对所有学生的答题情况进行编码赋分。将学生随机分为实验组（N=22）和控制组（N=18）两组，对两组学生的论证成绩（论证内容成绩与论证结构成绩的均值）进行独立样本均分差异的 t 检验，t=0.357，无显著差异。这说明在论证教学实践之前，两组学生在论证能力方面无显著性差异。检验结果见表 4.12。

表 4.12 实验组和控制组论证成绩（前测）差异检验结果

样本	容量/人	均分/分	标准差/分	均分差异/分	检验结果
实验组	22	1.94	0.54	0.06	t_D= 0.357
控制组	18	2.00	0.48		无显著差异

（二）后测分析

后测共有三个问题，见本章附录一。问题 1 与前测问题 3 相似，考察化学平衡相关内容；问题 2 选自第三章第一节（钠与铝的制备相关的论证问题），综合性较强；问题 3 是前测试卷中正答率最低的，考察电极电势与金属活动性的关系以及化学反应速率的影响因素。三个问题综合性均较强，能够反映出学生的科学论证水平及其化学学科知识水平，因而将其作为考察学生论证能力的后测问题。

在课程结束之后对实验组和控制组学生进行后测，根据书面论证能力评价标准对所有学生的答题情况进行编码赋分。对实验组和控制组学生的论证成绩进行独立样本均分差异的 t 检验，t=2.27*，说明实验组和控制组均分有显著差异，证明实验组学生的科学论证能力测试成绩优于控制组学生。检验结果见表 4.13。

表 4.13 实验组和控制组论证成绩（后测）差异检验结果

样本	容量/人	均分/分	标准差/分	均分差异/分	检验结果
实验组	22	2.62	0.84	0.75	t_D= 2.27*
控制组	18	1.87	1.02		差异显著

二、课程兴趣问卷

（一）问卷细目

课程兴趣问卷采用凯勒（Keller）[7]所编制的课程兴趣问卷（course interest survey，CIS），问卷共 34 个项目，包括课程吸引力、课程价值感、课程自信感、课程满足感四个维度，见本章附录二。课程吸引力指在课堂教学过程中能够保持集中的注意力；课程价值感指认同课程内容的价值；课程自信感指能够自信在本课程中表现良好；课程满足感指在本课程中获得充分的反馈或认识、能力的提升等。为检验被试回答问题的真实性和认真程度，在每个维度均设计了对偶性测试题，即用内容类似的（一致的）问题，检验被试是否认真回答。对偶性测试题一共有四对，在细目表中均进行了标注（备），见表 4.14。

表 4.14　课程兴趣问卷细目表

课程吸引力	课程价值感	课程自信感	课程满足感
1	2	3	7（备）
4（备）	5	6（备）	12
10	8（备）	9	14
15	13	11	16
21	20	17（备）	18
24	22	27	19
26（备）	23	30	31（备）
29	25（备）	34	32
	28		33

问卷采用五级计分法。要求被试按照自己的实际情况在完全符合、基本符合、一般符合、基本不符合、完全不符合 5 个不同的级别上做出选择。其中正向计分题分别赋予 5 个级别 5、4、3、2、1 不同的分值，反向计分题（4、6、7、8、17、25、26、31）分别赋予 1、2、3、4、5 不同的分值。研究对象有 40 人，共发放问卷 40 份，其中有效问卷 37 份，将收集的问卷进行统计。所得的数据用 SPSS 13.0 进行分析处理。

（二）结果分析

1. 课程吸引力

实验组学生平均得分为 3.81 分，控制组学生平均得分为 3.55 分。由此可见，实验组学生在对论证教学吸引力上的认同感稍高，尤其在对课堂教学内容的好奇感、教师教学方法的认同感上的得分要略高于控制组学生。具体结果见表 4.15。

表 4.15　课程吸引力对学生课程兴趣水平统计结果

项目内容	平均分/分	
	实验组	控制组
1. 老师知道如何引导我们对化学教学论实验课程产生兴趣。	3.76	3.65
4. 在这门课上没有什么内容能够吸引我的注意力。	4.45	4.12
10. 当老师讲到一个关键的实验时会制造悬念。	3.50	3.29
15. 班上的学生似乎对化学教学论实验课都很好奇。	3.35	3.15
21. 老师会做一些不同寻常或让人倍感兴趣的事。	3.35	3.06
24. 老师使用一些有趣的教学方法。	3.60	3.29
26. 我经常在课堂上开小差。	4.60	4.29
29. 在课堂上，我经常对一些问题或相关话题产生好奇心。	3.85	3.53

2. 课程价值感

实验组学生平均得分为 4.23 分，控制组学生平均得分为 4.01 分。实验组学生得分略高于控制组学生，但两组学生在此维度的 9 个项目中有 6 个（及以上）项目的得分都达到了 4.0 分以上，说明两组学生对此课程的重视程度都十分高，学生都认为这门课对自己的职业发展有极重要的关系。具体结果见表 4.16。

表 4.16 课程价值感对学生课程兴趣水平统计结果

项目内容	平均分/分	
	实验组	控制组
2. 我在化学教学论实验课上学到的知识将来都是有用的。	4.25	4.18
5. 老师让我觉得化学教学论实验课很重要。	4.35	4.12
8. 我不清楚化学教学论实验课程的内容与我已有知识的联系。	4.50	3.88
13. 在化学教学论实验课上，我试着制定很高的目标并为之努力。	3.75	3.24
20. 化学教学论实验课的内容与我的期望和目标相关。	4.00	4.18
22. 同学们都很积极地参与这门课程。	4.25	4.13
23. 为达到我的目标，学好化学教学论实验课对我很重要。	4.53	4.35
25. 我不认为我能从化学教学论实验课上受益很多。	4.45	4.15
28. 我很清楚我在这门课上获得的个人好处。	4.00	3.85

3. 课程自信感

实验组学生平均得分为 3.94 分，控制组学生平均得分为 3.64 分。实验组学生在课堂反馈和授课方式上得分高于控制组学生，说明基于科学论证的“化学教学论实验”课程受到了实验组学生的认可，他们相比控制组学生获取了相对更为丰富的反馈信息，因而在课程自信感上有了更好的表现。具体结果见表 4.17。

表 4.17 课程自信感对学生课程兴趣水平统计结果

项目内容	平均分/分	
	实验组	控制组
3. 我相信我能学好这门课程。	4.05	4.41
6. 在化学教学论实验课上考试要想获得高分需要看运气。	4.15	3.50
9. 能不能学好这门课关键在于我自己。	3.95	3.82
11. 化学教学论实验课对我来说太难了。	3.70	3.88
17. 很难想到老师会给我的课堂表现和作业打多少分。	3.75	3.06
27. 当我学习这门课时，我相信只要足够努力就可以学好。	3.90	4.24
30. 我认为这门课程的授课方式需要进行改进。	3.85	2.76
34. 在了解我在课上的表现上，我获得了充分的反馈。	4.15	3.41

4. 课程满足感

实验组学生平均得分为 3.94 分，控制组学生平均得分为 3.65 分。实验组学生在自我效能感、满足感上得分要高于控制组学生。但是，在完成的作业量这个项目上，实验组学生得分明显低于控制组。通过与实验组学生的进一步交流情况可知，相比控制组，实验组学生在本课程作业上付出了更多时间，因而在作业量的控制上有待进行更好的设计和改进。结果见表 4.18。

表 4.18　课程满足感对学生课程兴趣水平统计结果

项目内容	平均分/分	
	实验组	控制组
7. 我必须很努力才能学好化学教学论实验课。	4.10	3.65
12. 我觉得我在化学教学论实验课上获得了很大的满足感。	3.85	3.35
14. 与其他同学相比，我所获得的分数或认可都是公平的。	3.95	3.59
16. 我很喜欢化学教学论实验课。	3.85	3.71
18. 相比自我感觉，我更期待得到老师对我表现的评价。	3.70	3.76
19. 我对从化学教学论实验课上学到的知识感到很满意。	4.56	4.00
31. 我对化学教学论实验课感到相当失望。	4.76	4.10
32. 在这门课上，我在成绩、评价或其他反馈上获得了足够的认可。	4.25	3.18
33. 对于这门课程来说，需要完成的作业量是恰当的，不多也不少。	2.45	3.53

第四节　结论与建议

本章以“化学教学论实验”课程为载体，研究了论证教学对培养学生科学论证能力的影响。通过对学生模拟授课、课堂讨论以及实验报告书面论证的研究，研究者得出以下结论，并根据研究结论提出了相应的建议，以期为化学论证教学的开展提供参考。

一、研究结论

本研究立足于七个经典的中学化学实验，在“化学教学论实验”课程教学中以科学论证为指导，对本科师范生的口头论证和书面论证能力的培养展开了相关的实践研究。主要得出以下几个方面的结论：

（一）论证教学可有效提升学生的口头论证和书面论证能力

通过教学实践活动过程可发现，实验组学生随着课程的推进，在模拟授课环节中的论证数量和质量不断增加，生生之间的有效互动明显增多，在实验讨论环节中也能够针对实验原理、实验方案设计、实验现象等内容独立挖掘越来越多有价值的论证素材，论证意识与论证能力显著增强。另外，通过对实验组与控制组学生书面论证作业的比较发现，实验组学生书面论证的质量明显高于控制组，即实验组学生经过一学期基于论证教学的实验活动后，其书面论证能力得到了显著的提升。同时，采用 GR 编码的论证行为分析也能直观表达学生论证的变化过程，是一种可行的论证活动过程的分析工具。

（二）论证教学可有效提高学生对“化学教学论实验”课程的学习兴趣

通过对课程兴趣问卷测试结果的分析可以发现，实验组学生在课程吸引力、自信感和满足感三个方面都明显高于控制组。科学论证的过程包含问题的发现、主张或猜想的提出、证据的搜集、推理的形成等，在这个过程中学生不断调动头脑中已有的知识，内化新知，更新自己的认识，或修正原有的错误观念，其认知结构不断完善和优化，科学素养也得到提升。论证过程的互动性及思维推理的严谨性，以及在科学论证过程中获得的成就感，都使论证教学受到了师生的喜爱。研究结果表明，在化学师范生的“化学教学论实验”课程中开展论证教学是可行且有效的。

二、研究建议

本研究立足于中学化学实验内容且指向于职前化学教师的专业发展，在遵循研究伦理的基础上开展了为期一学期的教学实践研究。由于课程内容和实践时间所限，仅在大学师范生的“化学教学论实验”课程教学中展开，但结论对于中学或者大学的化学论证教学的展开也会具有较大启示。切身经历过论证教学实践活动的教师必定会对论证教学有更为深刻的认识，也才更有可能在未来的化学教学生涯中自觉渗透或者努力践行论证教学的思想。

在具体的教学实践中，若要推行科学论证尚需要师生的共同努力。而教师作为教学的组织者和引导者，更需要加强论证的意识和能力，努力创设和谐的论证教学的氛围，选择适当的论证教学策略和方法。教师需要经常审视自己的教学实践，在课堂上有效地运用教学技能来促进学生的论证对话。例如，巧妙地创造实施科学论证的环境，多设计适合思考和论证的学习活动，在对时间、节奏、深度有所把控的基础上，鼓励学生参与思考、讨论，并及时对学生的论证过程给出评价和指导，适时给予学生去发现、去探索、去表达、去论证的机会，而不是一味地告诉他们最终的答案。教师要鼓励学生敢想、敢说、敢做，不盲从权威，不迷信书本，形成尊重实验事实、锲而不舍、敢于质疑挑战的科学精神。还可以通过强化“表征”、组织“辩论”、运用“竞争理论”、挖掘实验“意外”现象以及设置“两难情境”等策略来实施论证教学，结合课堂内容，灵活运用论证教学策略，促进学生的科学论证能力的发展。论证教学让师生面临挑战并需付出更多的努力。高质量的论证不仅需要学生在实验过程中更加细心地观察与深入地思考，能够自行发现并分析更多的证据资料，也需要教师更全面的化学学科知识与教学智慧，能够捕捉到实践中的生成性细节，做到适当适时的“放手”而不是全然不顾的“放羊”，成为名副其实的“引导者”。

本章附录

附录一　书面论证测试问卷

（一）前测问卷

1. 在 CuO 和 Fe 粉的混合物中，加入一定量的稀 H_2SO_4，并微热，待反应停止后，滤出不溶物，并在滤液中插入一枚铁钉，片刻后，取出铁钉，发现铁钉并无任何变化。根据上述现象，判断（　）

A. 不溶物一定含铜

B. 不溶物一定含铁

C. 不溶物中一定含铜，但不一定含铁

D. 溶液中一定含有硫酸亚铁，但不一定含有硫酸铜

【理由】

2. 同温同压下，含水蒸气和不含水蒸气的空气哪个密度大？为什么？

3. 一定条件下，在一定体积的恒容密闭容器中发生如下反应 $CO_2(g) + 2NH_3(g) \rightleftharpoons CO(NH_2)_2(s) + H_2O(g)$，当温度改变时（$T_1<T_2$），反应容器中水蒸气的含量变化如图 4.9 所示。请判断该反应放热还是吸热，并说明理由。

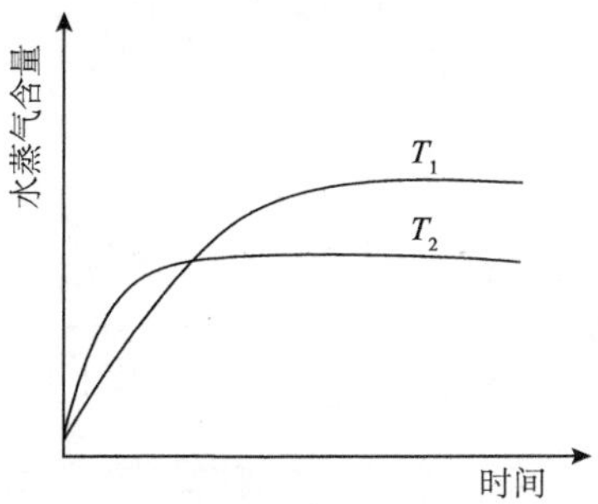

图 4.9　反应容器中水蒸气的含量在不同温度下随时间的变化

4. 已知$\varphi^{\ominus}(Li^+/Li)=-3.04V$，$\varphi^{\ominus}(Na^+/Na)=-2.71V$，金属钠与锂的基本性质如表 4.19 所示。

表 4.19 金属钠与锂的基本性质

金属	价电子构型	原子半径/pm	离子半径/pm	第一电离能/（kJ/mol）	电负性	氢氧化物溶解度（293K）/（mol/L）	亲和能/（kJ/mol）	熔点/K	沸点/K	密度（293K）/（g/cm^3）
Li	$2s^1$	123	60	520	1.0	5.2	59.8	453	1620	0.534
Na	$3s^1$	154	95	496	0.9	27.3	52.9	370	1156	0.971

（1）请分别解释电极电势、电离能、亲和能、电负性的含义并说明其适用条件。

（2）请比较金属锂、钠分别与水反应的剧烈程度并解释原因。

（3）请比较金属锂、钠的活泼性，并说明你的理由。

5. 聂利想验证《十万个为什么》中“蜜蜂发声是不断振动双翅产生的”这一结论进行如下探索：①把多只蜜蜂的双翅用胶水粘在木板上后仍发声；剪去多只蜜蜂的双翅后仍发声。两种方法交替进行了 42 次，每次用去 48 只蜜蜂。②把蜜蜂粘在木板上，用放大镜仔细查找，观察了一个多月，在蜜蜂的翅根旁发现两粒小“黑点”，蜜蜂发声时，黑点上下鼓动。③用大头针刺破多只蜜蜂小黑点，蜜蜂在蚊帐里飞来飞去且不发声，反复做了 10 次实验。④这项观察与实验进行了一年多，并写成了科学小论文。

（1）请阐述聂利得到的结论及其证据（尽可能详细阐述）。

（2）请列出聂利所采用的实验方法（举例说明）。

（二）后测问卷

1. 已知可逆反应中，物质 A 和 C 的含量随温度的变化曲线如图 4.10 所示（保持其他条件不变），根据图形分析并回答下面两个问题：

①请判断该反应在 T_1、T_2、T_3 哪些温度下达到化学平衡并进行解释。

②请判断该可逆反应是吸热反应还是放热反应，并进行解释。

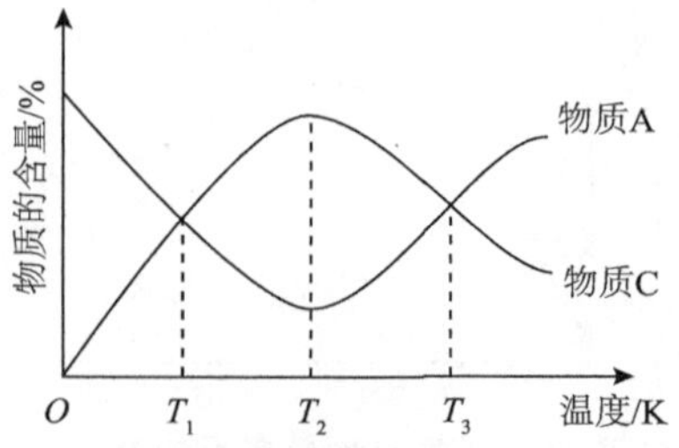

图 4.10 物质的含量随温度的变化示意图

2. 工业制钠是采用电解熔融氯化钠（化学式为 NaCl）的方法，制镁则是采用电解熔融氯化镁（化学式为 $MgCl_2$）。你觉得工业上能否用电解熔融氯化铝（化学式为 $AlCl_3$）的方法来制备铝单质？请阐述你的理由。

3. 已知 $\varphi^{\ominus}(Li^+/Li) = -3.04\,V$，$\varphi^{\ominus}(Na^+/Na) = -2.71\,V$，金属钠与锂的基本性质如表 4.19 所示。

表 4.19　金属钠与锂的基本性质

金属	价电子构型	原子半径/pm	离子半径/pm	第一电离能/（kJ/mol）	电负性	氢氧化物溶解度（293K）/（mol/L）	亲和能/（kJ/mol）	熔点/K	沸点/K	密度（293K）/（g/cm^3）
Li	$2s^1$	123	60	520	1.0	5.2	59.8	453	1620	0.534
Na	$3s^1$	154	95	496	0.9	27.3	52.9	370	1156	0.971

（1）请比较金属锂、钠分别与水反应的剧烈程度并解释原因。

（2）请比较金属锂、钠的活泼性，并说明你的理由。

附录二　课程兴趣测量问卷

“化学教学论实验”课程兴趣调查问卷

亲爱的同学，欢迎您参加此次问卷调查活动。本次问卷是为了调查同学们对“化学教学论实验”课程的学习兴趣，以检测并提高实验教学质量。本问卷采取匿名的形式（只需注明组别），共有 34 个项目，请放心如实作答（表 4.20）。

组别：________组

表 4.20　“化学教学论实验”课程兴趣调查问卷表

	完全不符合	基本不符合	一般符合	基本符合	完全符合
1. 老师知道如何引导我们对化学教学论实验课程产生兴趣。					
2. 我在化学教学论实验课上学到的知识将来都是有用的。					
3. 我相信我能学好这门课程。					
4. 在这门课上没有什么内容能够吸引我的注意力。					
5. 老师让我觉得化学教学论实验课很重要。					
6. 在化学教学论实验课上考试要想获得高分需要看运气。					
7. 我必须很努力才能学好化学教学论实验课。					
8. 我不清楚化学教学论实验课程的内容与我已有知识的联系。					

续表

	完全 不符合	基本 不符合	一般 符合	基本 符合	完全 符合
9. 能不能学好这门课关键在于我自己。					
10. 当老师讲到一个关键的实验时会制造悬念。					
11. 化学教学论实验课对我来说太难了。					
12. 我觉得我在化学教学论实验课上获得了很大的满足感。					
13. 在化学教学论实验课上，我试着制定很高的目标并为之努力。					
14. 与其他同学相比，我所获得的分数或认可都是公平的。					
15. 班上的学生似乎对化学教学论实验课都很好奇。					
16. 我很喜欢化学教学论实验课。					
17. 很难想到老师会给我的课堂表现和作业打多少分。					
18. 相比自我感觉，我更期待得到老师对我表现的评价。					
19. 我对从化学教学论实验课上学到的知识感到很满意。					
20. 化学教学论实验课的内容与我的期望和目标相关。					
21. 老师会做一些不同寻常或让人倍感兴趣的事。					
22. 同学们都很积极地参与这门课程。					
23. 为达到我的目标，学好化学教学论实验课对我很重要。					
24. 老师使用了一些有趣的教学方法。					
25. 我不认为我能从化学教学论实验课上受益很多。					
26. 我经常在课堂上开小差。					
27. 当我学习这门课时，我相信只要足够努力就可以学好。					
28. 我很清楚我在这门课上获得的个人好处。					
29. 在课堂上，我经常对一些问题或相关话题产生好奇心。					
30. 我认为这门课程的授课方式需要进行改进。					
31. 我对化学教学论实验课感到相当失望。					
32. 在这门课上，我在成绩、评价或其他反馈上获得了足够的认可。					
33. 对于这门课程来说，需要完成的作业量是恰当的，不多也不少。					
34. 在了解我在课上的表现上，我获得了充分的反馈。					

参 考 文 献

[1]郑长龙. 新时代化学教师教育的新挑战//第16届全国化学课程与教学论学术年会暨海峡两岸同课异构高端论坛大会主旨报告[C]. 哈尔滨: 哈尔滨师范大学. 2019: 12-25.

[2]任红艳, 程萍, 李广洲, 等. 化学教学论实验[M]. 3版. 北京: 科学出版社, 2016.

[3]桑晓. 基于科学论证的"化学教学论实验"教学研究[D]. 南京: 南京师范大学硕士学位论文, 2017.

[4]Riedel E. Argumentation in science class: its planning, practice, and effect on student motivation [D]. Minneapolis: Walden University, 2016.

[5]Lin Y R, Hung J F. The analysis and reconciliation of students' rebuttals in argumentation activities[J]. International Journal of Science Education, 2016, 38(1): 130-155.

[6]Sampson V, Clark D B. Argument-driven inquiry as a way to help students learn how to participate in science argumentation and craft written arguments: an exploratory study[J]. Science Education, 2011, (95): 217-257.

[7]Keller J M. Development and use of the ARCS model of instructional design[J]. Journal of Instructional Development, 1987, 10(3): 2-6.

第五章　基于社会性科学议题的化学论证活动案例研究

社会性科学议题（socioscientific issue，SSI）是与科学有关的存在争议的社会议题，与论证结合形成一个新的领域——社会性科学论证（socioscientific argumentation）。社会性科学论证是联结学生自然科学学习经验与社会生活经历的重要途径，聚焦于社会科学的两难问题，通过科学研究和社会文化规范的互动，促进学生对证据的合理使用，提高决策水平，在构建科学知识的同时体验社会伦理和道德问题并提高论证的愿望和能力。在化学教学过程中，教师不仅要关注学生化学学科类问题解决过程，也要适当创设开展与化学学科相关的社会性科学议题的论辩机会，以帮助学生在证据推理与模型认知、科学精神与社会责任等多个维度同步协调地发展化学学科核心素养。前面几章主要是围绕化学科学活动主题（scientific context）的论证教学过程展开的，本章以完成与化学相关的社会性科学议题论证活动为基础展开。通过结合化学教材内容和新闻时事设计基于社会性科学议题的科学论证活动，探究不同论证方式（传统纸笔与论证图工具）对学生科学论证能力和批判性思维倾向的影响，以期为开展基于社会性科学议题的化学论证活动提供积极参考。

第一节　论证图工具的选择

信息时代飞速发展，论证过程也渐与计算机技术等紧密关联。人们尝试利用互联网聊天软件、论坛等工具平台开展同步或异步的在线合作论证活动。论证图就是一种可视化论证工具，用框和箭头等形象化地展示论证结构，可以使论证过程与思维更加清晰地外显化。尤其当论证过程较为复杂，或存在多人甚至异地交流讨论时，在线论证图绘制软件就尤为有用。由于论证相关研究起步相对较晚，关于在线论证图绘制软件的使用也相对较少。鉴于此，我们在面向图形的计算机辅助应用程序中选择合适的论证图工具，探讨其对学生合作论证能力的影响。

一、论证图

论证图（argument mapping，AM），常以框和箭头等形象化图表二维格式为其表现形式，是个体间为了建立基于证据的清晰推理过程以支持相关主张的可视化工具。冈田（Okada）等研究表明，论证图提供的结构和建模过程有利于促进科学教学，尤其适用于基于证据的科学写作[1]。玛特（Marttunen）等[2]和索伊尔（Scheuer）等[3]发现，学生通过分析和评估有争议的话题，在参与论辩的过程中可以产生更好的论证图，从而帮助持有各种立场的学生在合作论证中得出更为理性的结论。

论证图可以由学生在纸张上绘制，也可以利用相关计算机工具进行制作。比林斯（Billings）等[4]认为，虽然学习者可以在纸上绘制论证图，但使用论证图绘制软件可能会更加容易，且其中一些软件可免费使用。一般而言，使用纸张绘制论证图相对简单，对低学段学生而言可能更容易上手。但是，当论证较为复杂或有多人参与时，使用论证图绘制软件会相对更加便捷清晰。当然，使用纸张绘制还是软件绘制主要还是取决于论证参与者的特点和偏好，也和论证图的复杂程度、制作论证图过程中的反馈以及参与论证的人数等有关。杰尔德（Gelder）[5]提出一种叫作 Rationale™ 的软件包，由 Austhink 公司开发并可用于论证图绘制。该软件可帮助用户使用视觉空间表示形式处理大量的信息集成块，不仅能协助用户构建包含方框和箭头的论证图，还可提供评估功能以分析论证结构，有效促进论证的进展，提高论证质量。

二、论证图工具

近年来，索伊尔（Scheuer）等[6]、德威尔（Dwyer）等[7]、徐（Hsu）等[8]探索了面向图形的计算机辅助应用程序（graph-oriented computer-assisted application，GOCAA）的潜力，并发现其对论证技能的积极影响。面向图形的应用程序虽然有不同类型，也有各自构建论证图的独特方式，但都具备一些共同功能。例如，可以在显示为论证要素的框中插入文本以表示论证内容，箭头表示论证要素间关系（支持或反驳）等。

皮埃（Pea）[9]表明 GOCAA 是一种典型的认知工具，可帮助学习者完成认知任务并促进其论证技巧的发展。拉乔伊（Lajoie）和德里（Derry）[10]797-811 认为认知工具常具备四个作用：①支持认知过程，如记忆和元认知过程；②通过提供对较低级别认知技能的支持可减轻认知负担，从而为形成更高级的思维技能提供资源；③支持运用相关数据库进行认知活动；④提出和验证假设。GOCAA 在通过前两个作用来支持论证技巧的发展方面尤为显著。德威尔（Dwyer）等[7]研究发现，GOCAA 支持学生思维认知过程的可视化，随时让学生关注论证的进行。魏因贝格尔（Weinberger）等[11]研究表明，GOCAA 既可支持课堂上的同步合作论证，也能支持课堂下的异步合作论证。

综合考虑各种因素，本研究选择名为“ProcessOn”的国内在线协作绘图平台，这是一个面向垂直专业领域的作图工具和社交网络，于 2012 年正式启动。ProcessOn 是一个提供基于云服务的流程梳理、创作与协作的免费工具。图 5.1 是其流程图绘制基本界面。

图 5.1 ProcessOn 流程图绘制基本界面

根据麦克尼尔的 CERR 论证模式，本研究借助 ProcessOn 在线绘图工具开展论证活动，绘图时所采用的主要形状和箭头代表的论证要素和内涵如表 5.1 所示。

表 5.1 ProcessOn 中相应形状和箭头代表的论证要素和内涵

形状和箭头	论证要素	内涵
 灯泡	主张	对问题所持有的观点或回答
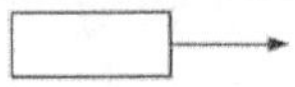 方框和箭头	证据	能够支持主张的某个资料
 云朵和箭头	推理	资料如何支持主张的证明
 星星和箭头	反驳	反对推理的观点及解释

第二节　论证活动案例的设计

从已有相关文献研究来看，社会性活动议题的来源有多种类型，可以是全球性的，如人类遗传问题、全球变暖问题；或是区域性问题，如当地环境问题、是否兴建某动物园；亦或侧重某学科知识领域的，如克隆宠物狗、酸乳酪的选择、改变饮酒驾车的最低限量、带有纤维瘤隐性遗传基因的父母生育孩子等。本研究根据学生中学阶段的化学学习经验，侧重基于化学学科知识的学科视角设计和探讨社会活动任务。

一、SSI 情境设计

本研究使用与化学教学密切相关的 SSI 情境作为学生论证活动的基础，结合化学教材、文献资料、新闻时事等素材，改编并设计了 12 个 SSI 情境素材。共分为五个主题：替代能源、自然资源、环境与健康、前沿科技和食品安全。每个主题包括若干内容，搜集典型事件，并列举每个具体内容中最具有代表性或有争议的观点，如表 5.2 所示。

表 5.2　化学相关的 SSI 争议情境

主题	内容	争议	典型事件
替代能源	核电厂的建设	全球气候变暖需人类减少 CO_2 排放。核电站排放温室气体仅为火电站排放量的 1%，是水电的 1/8。若不使用核能发电，世界上 CO_2 排放量每年将增加 10%。反对核电厂建设者认为，核能发电可能会造成核电厂占用的土地长期污染。最重要的是，地处地震带的社区对核电厂的防震安全问题忧心忡忡。	苏联切尔诺贝利核电站事故已使 900 万人受到了不同程度的损害；2011 年 3 月 11 日 13 时 46 分，日本福岛发生 9.0 级地震，引发震惊国际的福岛核电站事故，造成核电站附近 30km 成为无人区，方圆 5km 的海洋资源受到不同程度的影响或海洋生物的变异。
	页岩气的开采	随着化石燃料储量的减少，为满足未来能源需求，有人认为应大力开发风能和太阳能等可再生能源，有人则认为只要努力，就能找到大量的化石燃料。而页岩气似乎是一个可行的替代方案，但用于开采页岩气的水力压裂法引起了环保组织的担忧，称这种工艺可能造成水源污染甚至经证实会引发地震活动。	据美国能源信息署（EIA）预计，2010～2040 年，全球能源消耗将增长 56%。EIA 在 2015 年报告中指出，可再生能源和核能已经成为全球增长最快的能源领域，年增速达到 2.5%，但所有能源的近 80%仍然是化石燃料。天然气用量年增长率达到 1.7%，这应当部分归功于页岩气的开采[12]。
自然资源	自来水的氯化	一些学者认为，三氯甲烷是使用液氯消毒后产生的副产物，具有致癌性。这主要是由于水中含有有机质，如腐殖质，在用氯气消毒的过程中可能由于氧化作用、卤代等一系列复杂反应而产生卤代烃混合物，包括三氯甲烷。因此发达国家已经逐步淘汰用氯气消毒自来水，而改用 NaClO、ClO_2、O_3 等。	新买的衣服要消毒，长期使用的碗筷要消毒，为了生活卫生健康，人们越来越注意消毒在日常生活中所扮演的角色。近来网络盛传自来水中余氯造成的危害，取代氯气消毒似乎迫在眉睫。

续表

主题	内容	争议	典型事件
环境与健康	化学肥料和农药	随着现代人对食品安全要求越来越高，无污染、无化肥农药残留的有机蔬菜受到更多市民喜爱。有机食品被誉为“朝阳产业”，具有广阔的市场。一些消费者认为化肥、农药等用得太多，对土壤造成了污染，进而影响到农作物品质，危害人体健康。因此，不用化肥、不用农药种植的作物，就是好产品。然而，不用化肥，不用农药，真的可行吗?	中央电视台 2014 年 5 月 25 日在《焦点访谈》中播出题为《被化肥“喂瘦”了的耕地》的新闻专题调查，表示中国是世界上人口与资源矛盾最尖锐的国家之一，我们用全球 9%的耕地和 6%的水资源养活了全世界 21%的人口。但我们为养活全球 1/5 人口而使用的化肥量，现在已经接近了全球总用量的 1/3，大量施用化肥带来了不良影响。
	塑料成分双酚 A	20 世纪 30 年代，一名英国化学家做了一项由好奇心驱动的观察，这个观察至今仍处于该化学物质安全性争论的中心。他注意到，合成化学物双酚 A（BPA，也称双酚基丙烷）能够较弱地模仿人体雌性激素。在接下来的数十年，BPA 成为环氧树脂和聚碳酸酯塑料的主要成分，被用于从塑封到塑料水瓶的各种塑料制品中，每年用量可达数百万吨。然而关于塑料是否安全，科学家和政府机构在 BPA 毒理研究中存在争议。	欧盟认为含双酚 A 奶瓶会诱发性早熟，从 2011 年 3 月 2 日起，禁止生产含化学物质双酚 A 的婴儿奶瓶，同年 6 月，中国也禁止双酚 A 用于婴幼儿奶瓶。事实上迄今未有充足证据证明婴儿或者儿童因摄取 PC 奶瓶释放的双酚 A 成分而受到伤害，关于塑料容器是否会释放双酚 A，仍存在很大争议，各界学者说法不一。
	衣服干洗	生活中水洗衣服极为常见。随着干洗的出现，干洗渐渐有代替水洗的趋势。水洗是一种环保的洗衣服方式，而且也不会影响人体健康，因此有人认为好好的衣服为何要送去干洗店干洗，既费钱又费事，自己在家用洗衣机或手洗不就好了吗?但另一些人表示，不同衣物有不同面料，不是每件衣服都能投到洗衣机里，也不是每件衣服都可水洗的。	近年来，全国各地洗衣纠纷不断，光浙江全省消保委系统有关洗染服务的消费投诉每年就在 200 件以上，投诉反映的问题主要集中在洗染质量不合格、衣物丢失、赔偿标准过低。为此，浙江省消费者权益保护委员会、浙江省洗染行业协会联合发布了新修订的 2017 版《浙江省洗染服务消费纠纷处理办法》。
	荧光检测	荧光剂事件这几年一直闹得沸沸扬扬。现在很多初为人母的家长们，对宝宝的健康十分紧张焦虑，众多担心中包括荧光剂。为了让宝宝远离这种传说中很可怕的东西，好多人会去买一支宣称可以照出一切荧光剂的检测笔，什么都测一下。不管是纸尿裤、小衣服，还是玩具、奶粉、洗衣液甚至鱼肝油，都用荧光检测笔扫过，只要表面出现蓝色光斑，立马弃用。然而此举到底是徒增焦虑还是防患于未然，各界人士说法不一。	2011 年，蓝月亮被曝在洗衣液中添加荧光增白剂，存在潜在致癌风险，但因并无明显科学依据，蓝月亮最终胜诉。2012 年，我国知名护肤专家冰寒在电视节目中将某些宣称用后即白的面膜放在紫外线灯下照射，面膜发出明亮的蓝白色荧光。2015 年，第十届“全国护肤日”，广东省皮肤病医院发布《2015 年度化妆品皮肤病临床监测报告》，报告特别发出警示：对 186 例患者皮肤进行荧光增白剂检测，结果显示检出率高达 14.5%。
前沿科技	纳米技术	多年来，纳米技术一直被视为一门拥有无限潜力的科学。这些细微颗粒和结构可赋予材料众多优异性能。例如，可让塑料更轻、更稳定，或让高光泽度涂料更耐刮擦，也可用于开发新药。但与此同时，人们对纳米技术也心存疑虑。批评人士认为，纳米颗粒可能进入人体细胞或环境，并警告称，人类尚未对纳米技术进行充分研究，况且这种材料价格昂贵，应用开发周期比预期的长。	2004 年年初以来，众多国家大力支持的纳米研究却再次遇到了警示性“黄灯”。有人表示，不希望欧盟反对转基因食品的情形在纳米技术上重现。然而，2018 年美国 CRC Press 发表的文章指出，虽然碳纳米管复合材料的潜在市场十分巨大，但是有关健康和安全方面的问题也应引起人们的关注[13]97。

续表

主题	内容	争议	典型事件
前沿科技	分子烹饪	分子烹饪进入中国已经十来年，随着媒体不断的推广，这种全新奇异的烹饪方式逐渐出现在公众视野。分子烹饪自问世以来就备受争议，褒贬不一。喜欢的人说：这种烹饪方式是一场颠覆传统的厨房革命，使做菜变得更加科学有效。反对的人说：把做菜弄得像搞化学实验一样，根本就是对食物的侮辱。	“你订上大董了吗？”，来自中国高档连锁餐厅的大董，成为了美食家之间的话题。作为大陆分子烹饪第一人的董振翔师傅，他用分子烹饪结合传统鲁菜烹饪技法，采取国画泼墨山水的美学理念，创立了其个性鲜明的意境菜美食流派，并引来跟风与模仿。
食品安全	合成维生素C	近些年，“天然维生素C产品”成了市场的宠儿，一些商家竭力推崇天然维生素C的功效，“从天然原料中提取”等广告词也极具诱惑力，让不少消费者趋之若鹜。那么，与合成维生素C相比，天然维生素C真的更好吗？	凤凰资讯于2017年10月24日报道：昆明吴女士吐槽买药遭遇：2元和98元的维C究竟有啥区别？这篇文章表示现在每次进入药店说要买维生素C，店员总是推荐各种“天然维生素C”，号称天然无副作用，健康安全，一提起那种2元1瓶的合成维生素C，就会好心地劝你，那种有副作用，不要买。
	水果与糖	健康机构和专家经常告诉我们要少吃点糖，又说要多吃水果。但是，水果不也是含糖的吗？我们知道，糖可以有不同类型（如葡萄糖、果糖、乳糖、蔗糖等），不管是什么种类，来自什么食物，等量的糖会给我们提供同等的热量。那吃含糖的水果真的比喝饮料、吃饼干要健康吗？	2015年世界卫生组织（WHO）在新制定的《成人和儿童糖摄入量指南》中建议，糖摄入量占每天总能量的比例应不高于10%。美国农业部最新版《2015—2020年美国居民膳食指南》表示当前美国人平均每天从添加糖摄取的能量占了食物能量的13%，大部分人都超标了[14]25-28。
	绿茶与儿茶素	打着“绿茶精华”“绿茶减肥”“绿茶降胆固醇”旗号的广告层出不穷，然而近日，欧洲食品安全局（EFSA）发布《绿茶儿茶素的安全性评价》报告，向大众发出健康警示：每日摄取800mg或以上的儿茶素（EGCG），可能会导致转氨酶升高，损伤肝脏[15]。结果一出引发公众对绿茶减肥药、绿茶保健品的忧虑，一些人甚至觉得“喝绿茶伤肝”。	2003年，一款含绿茶成分的减肥产品Exolise退市，原因是上市后报告了13例肝损伤病例，发生率为每售出10万盒产品有1例肝损伤。2012年，美国一位名叫克里斯托弗的17岁少年，因服用营养保健品店购得“燃烧脂肪”补充剂（一种浓缩型绿茶提取物）后发生了严重肝损伤。据主治医生回忆，患者胸膛、脸颊和眼睛看起来“简直像荧光笔那样的亮黄色”，由于坏死面积过大，他需要接受肝移植[16]。

二、SSI论证任务设计

在化学教学过程中，为了更好地引导学生关注并开展基于社会性化学议题的科学论证活动，帮助他们主动将所学习的化学学科知识与社会生活发生联系，体会“化学从生活中来，到生活中去”的理念，同时逐渐形成批判性思维的意识与倾向，研究中预先设计与化学教学相关的社会性科学论证问题，并尽量与学生已有学习经验关联，具体见表5.3。

表 5.3　与化学教学相关的 SSI 论证任务及设计思路

SSI1：如果你只能资助一种替代能源来发电，你会资助哪种形式的替代能源？请从来源、环境影响、经济性、技术等角度思考。

与已有学习经验关联：

①初中学习“燃料的合理利用与开发”，了解化石燃料的利用现状及其对环境的影响，认识氢能、核能、太阳能、风能等新能源，知道温室效应和酸雨的形成原因。

②初中学习“爱护水资源”和“水的组成”，对水资源的使用情况和电解水有一定了解。

③高中学习“化学能与热能”“化学能与电能”，以及“燃烧热 能源”“化学电源”“电解池”等，认识能源利用和开发的核心是化学反应，学会从燃烧热的角度考虑能源的选择，对燃料电池的学习有利于理解氢能发电。

④初中物理学习“核能”，初步了解核能由来和放射性物质，对核能发电有一定的认识。

⑤高中学习“资源综合利用 环境保护”，知道利用煤、石油和天然气生产合成化工材料的原理，初步认识催化裂化、加成聚合反应，树立环境保护与绿色化学思想。

SSI2：你认为是否应该大力提倡有机蔬菜的种植，完全拒绝化肥和农药的施用？

与已有学习经验关联：

①初中学习“化学肥料”，了解化肥种类及施用利弊，认识到化肥和农药需合理运用。

②初中学习“化学元素与人体健康”，知道重金属的存在，了解各种化学元素的来源与用途，懂得化学元素是人体维持正常生命活动的必要条件，同时思考如何避免有害元素对人体健康和环境产生影响。

SSI3：你认为我们需要担心自来水中的余氯吗？利用氯气消毒自来水能不能被取代？

与已有学习经验关联：

①初中学习“爱护水资源”和“水的净化”，初步认识水体污染和水资源净化方法。

②高中学习“富集在海水中的元素——氯”，掌握氯气及含氯化合物相关反应与用途，理解氯气消毒原理。

③高中学习“卤代烃”“生活中常见的有机物” 及“醇 酚”，认识有机卤化物，学习官能团羟基的相关知识，理解 O_3 消毒原理。

SSI4：纳米材料价格昂贵，应用开发周期比预期的要长。你怎么看待纳米技术？

与已有学习经验关联：

纳米技术，即微粒直径在 1～100nm 之间的材料，是材料化学的热门研究领域。例如，智能手机的所有零部件都离不开纳米级材料；防晒指数 50+的防晒霜就采用了纳米级的二氧化钛颗粒；采用 Ultrason®生产的塑料膜上含有直径仅为 20nm 的小孔，可从水中过滤微生物、细菌甚至病毒；通电后，发光的纳米薄膜使未来电灯的能耗与目前的节能灯相比降低 50%以上[17]。这些对具有一定无机化学学习基础的学生来说容易激发他们的求知欲，从而对纳米化学产生浓厚的兴趣。

SSI5：与合成维生素 C 相比，天然维生素 C 真的更好吗？谈谈你的看法。

与已有学习经验关联：

①初中学习“人类重要的营养物质”，明白维生素对维持身体健康的重要作用，知道缺乏维生素 C 会引起坏血病。

②高中学习“烃的含氧衍生物”，对维生素 C 的分子结构有更深的认识。

SSI6：分子烹饪，也称分子料理，不同菜品间存在着分子联系，厨师找出最理想的烹调方法及温度，从而创造出具有独特感官的菜肴。与传统烹饪相比，你是否支持分子烹饪呢？

与已有学习经验关联：

①初中学习“分子和原子”，知道物质由分子、原子等微观粒子构成，在化学变化中有新物质生成。这有利于学生理解分子烹饪的实质：改变分子结构。通过学习“空气”，知道液氮可以创造低温环境。

②初中学习“人类重要的营养物质”、高中学习“油脂”和“蛋白质和核酸”，知道油脂和蛋白质的结构、性质和用途，有利于理解分子烹饪对食材的处理。

③初高中学习已掌握基本仪器的使用和实验方法，利于分析分子烹饪运用设备和技术。

④高中学习“离子反应”，掌握酸碱盐在水溶液中反应的特点和规律，有助于理解分子烹饪技术原理。

续表

SSI7：关于塑料是否安全一直存在争议。请谈谈你对 BPA 污染的看法。 **与已有学习经验关联：** ①初中学习“有机合成材料”，辨证认识塑料使用的利与弊。 ②高中学习“应用广泛的高分子材料”，对塑料的结构、性质、用途的现状有更深的认识。 ③高中学习“烃的含氧有机物”，利于理解双酚 A 的分子结构及其相关反应。
SSI8：对于脏衣服，你会选择干洗还是水洗？ **与已有学习经验关联：** ①高中学习“卤代烃”，知道卤代烃是有机溶剂，有利于理解干洗剂四氯乙烯的性质。 ②高中学习“分子的性质”，学会从分子结构的角度理解物质的溶解性：“相似相溶”规律，有利于认识干洗的原理。
SSI9：有人认为页岩气开采的风险过高。你认为应该开采页岩气吗？ **与已有学习经验关联：** ①初中学习“燃料的合理利用与开发”，初步了解化石燃料的利用现状及其对环境的影响，对新能源也有了初步认识，知道解决满足未来能源需求的问题迫在眉睫。 ②高中学习“化学能与热能”“燃烧热 能源”“资源综合利用 环境保护”，认识能源的利用和开发的核心仍是化学反应，学会从燃烧热的角度考虑能源的选择，了解利用煤、石油和天然气获得基本化工原料原理，树立环境保护与绿色化学思想。
SSI10：等量的糖提供同等的热量。那吃含糖的水果真的比喝饮料、吃饼干要健康吗？谈谈你的看法。 **与已有学习经验关联：** ①初中学习“人类重要的营养物质”和高中学习“糖类”，知道单糖、双糖和多糖的结构、性质和用途，有利于理解游离糖的概念。 ②初中学习“化学元素与人体健康”中，知道一些典型元素的作用，明白化学元素是人体维持正常生命活动的必要条件。
SSI11：物品被荧光检测笔扫过，只要表面出现蓝色光斑，立马弃用。你认为这样做真的有意义吗？ **与已有学习经验关联：** ①初中学习“化学与生活”，体会化学在人类生活中的重要作用。 ②高中学习“有机化合物”，知道共轭结构的概念，有助于认识荧光剂的分子结构。 ③高中学习“原子结构”“共价键”，掌握原子的基态与激发态、原子光谱，掌握 π 电子的概念，这些知识有利于理解荧光增白剂的发光原理。
SSI12：有研究表示，绿茶儿茶素可能会损伤肝脏。你认为应该如何看待绿茶及其产品？ **与已有学习经验关联：** ①初中学习“化学与生活”，体会化学在人类生活中的重要作用。 ②高中学习“有机化合物”和“有机化学基础”，有助于理解 EGCG（表没食子儿茶素没食子酸酯）和 PA（双稠吡咯啶生物碱）的分子结构。

第三节　论证活动案例的实践

研究采用对照的方法，参与实践研究的学生分为两组，分别参与不同形式的论证活动：一部分学生使用论证图工具 ProcessOn（称为实验组），另一部分学生则使用传统纸笔方式进行自由式论证（称为控制组）。研究过程中详细记录每组学生论证过程、录制论证讨论音频并收集相关测试问卷。研究持续一个学期时长，分析学生的论证能力和批判性思维倾向等的变化情况[18]。

一、研究对象和任务

鉴于不同年级学生的知识储备和认知水平有所差异，需要设计适合学生年龄段的社会性科学问题。本研究选取某普通公立高中的高三学生为被试。表 5.3 的分析可表明，高三学生已具备解决相关 SSI 论证任务的认知能力。研究采取随机抽样的方法，抽取高三年级学生共 80 人（为排除性别因素的影响，成员中男女各半）。实验组和控制组各 40 人。实验组和控制组均再分为 10 个小组，每个小组 4 名学生（2 名男生，2 名女生）。教学实践活动中所开展的 SSI 论证活动的时间及安排见表 5.4。

表 5.4 SSI 论证活动的时间及安排

活动主题	活动任务	活动时长
教师讲解	核电厂的建设 化学肥料和农药	2 课时
食品安全	水果与糖	15min/小组
自然资源	自来水的氯化	15min/小组
食品安全	合成维生素 C	15min/小组
环境与健康	塑料成分双酚 A	20min/小组
替代能源	页岩气的开采	20min/小组
环境与健康	衣服干洗	20min/小组
环境与健康	荧光检测	30min/小组
前沿科技	分子烹饪	30min/小组
食品安全	绿茶与儿茶素	30min/小组
前沿科技	纳米技术	30min/小组

二、不同学生小组合作论证能力的比较

（一）编码方式

为探究在论证图工具 ProcessOn 干预下，计算机辅助应用程序对学生合作论证能力的影响，分析比较不同学生（实验组学生和控制组学生）在小组中合作论证能力的变化是否存在差异，我们以麦克尼尔的 CERR 论证模式为基础，从论证结构的要素完整性和论证内容的认识科学性两个方面对学生的合作论证能力进行评价（具体评价细致参见第三章第一节表 3.5 和表 3.6，需注意的是需将书面论证中的反思调整为口头论证的反驳）。

对于实验组的论证编码方式参照前文所提到的 ProcessOn 中相应形状和箭头代表的论证要素和内涵进行操作。控制组学生论证过程仅提供纸笔工具，同时全程录音，学生只需把想表达的内容用关键词写下即可。研究者先将音频转录为文字，然后删除转录稿中的无关话语。再结合所获得的精简转录稿与学生论证过程中记录的关键词，整理获得论证过程的编码，通过赋分计算比较两组学生论证情况的差异。为确保研究的可信度，两位研究者就所获得的论证图和转录音频进行独立编码，评分者信度为 0.991*。

（二）实例分析

选取其中一个有代表性的 SSI 论证活动实例进行论证能力的分析。

实例　分子烹饪

活动任务：分子烹饪，也称分子料理，正以不可抵挡的趋势，直接或间接地影响着我们的生活。转眼间，分子烹饪进入中国已经十来年，随着媒体不断的推广，这种全新奇异的烹饪方式逐渐出现在公众视野。分子烹饪自问世以来就备受争议，褒贬不一。喜欢的人说：这种烹饪方式是一场颠覆传统的厨房革命，使做菜变得更加科学有效。反对的人说：把做菜弄得像搞化学实验一样，根本就是对食物的侮辱。你是否支持分子烹饪呢？

某实验组学生论证图的展示示例见图 5.2。

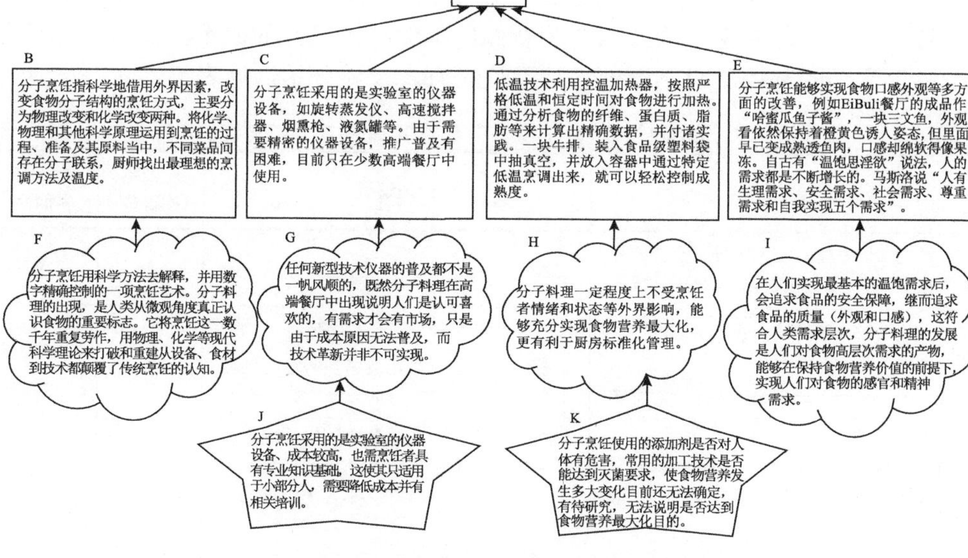

图 5.2　某实验组的“分子烹饪”论证图

根据论证图工具 ProcessOn 的评价规则，将实验组学生绘制的论证图中每一个图形按照英文字母表的顺序分别进行标注，从论证结构和论证内容两个方面同时分析参与“分子烹饪”论证活动的实验组学生的论证水平（表 5.5 和表 5.6）。

表 5.5 某实验组学生“分子烹饪”论证结构评分示例

论证主题	论证结构	水平	论证结构个数	得分	总分
支持分子烹饪	A-B-F A-E-I	3	2	6	14
	A-C-G-J A-D-H-K	4	2	8	

表 5.6 某实验组学生“分子烹饪”论证内容评分示例

论证主题	论证结构	论证质量得分	总分
支持分子烹饪	A-B-F	2	10
	A-E-I	3	
	A-C-G-J	2	
	A-D-H-K	3	

对于“A-B-F”，该实验组学生表明了分子烹饪是借助科学方法来改变物质，从而创造出具有独特感官的菜肴，但在推理中并未具体说明运用了哪些科学方法，关于“分子烹饪是人类从微观角度认识事物的标志”也没有进一步阐明微观体现在哪里。对于“A-C-G-J”，在讨论分子烹饪的成本问题时，从昂贵的设备认识到推广普及困难，但并未说明技术的革新如何降低分子烹饪的成本。参与“分子烹饪”论证活动的某控制组学生论证结果编码方式及评分示例见表 5.7。

表 5.7 某控制组“分子烹饪”讨论片段及其编码与评分

讨论片段	论证编码	论证结构得分	论证内容得分
师：首先我们来看一下关于分子烹饪的介绍资料，然后开始自由讨论发表你的看法。	无	无	无
生 1：我反对分子烹饪，我觉得它要求太高，推广普及太困难了。 **生 2**：我们平时一般去普通餐馆吃家常菜就够了。 **生 1**：资料说分子烹饪需要精密的仪器设备，那成本应该很昂贵。还要专业的烹饪师，工艺也复杂。 **生 3**：但是随着技术的发展，成本会慢慢降低。	**主张**：分子烹饪推广普及困难。 **证据**：分子烹饪采用的是实验室的仪器设备。 **推理**：分子烹饪需要精密的仪器设备，成本昂贵；需要专业的烹饪师，烹饪工艺复杂，在普通餐厅及家常菜中难以普及。 **反驳**：随着科技进步，烹饪成本会降低。	4	3

续表

讨论片段	论证编码	论证结构得分	论证内容得分
生 4：我觉得除了成本问题，还要考虑这些用于分子烹饪的食品添加剂是否对人体健康造成影响。 **生 2**：是的，有没有充分的研究证明这些食品添加剂如琼脂、黄原胶就不含有致癌成分，肯定对身体无害呢？	**主张**：分子烹饪存在健康风险。 **证据**：分子烹饪的食材除了常规的原料，还包括琼脂、褐藻胶、黄原胶、大豆卵磷脂等食品添加剂。 **推理**：食品添加剂可能含有致癌成分，还需要充分的研究证明这些添加剂对身体无害。	3	2
生 3：我比较关注的是，这些新技术用于烹饪，确实让食物的口感和外观变得很好，但会不会使食物的营养成分发生变化。 **生 4**：我也怀疑食物原有的营养成分和膳食纤维可能会由于低温、真空等发生改变。 **生 1**：所以说分子烹饪走进日常生活我认为还需要进一步的研究。	**主张**：分子烹饪采用的新技术使食物营养成分发生变化。 **证据**：分子烹饪常用的加工技术包括低温慢煮、烟熏、液氮、胶化等新技术。 **推理**：食物原有的营养成分和膳食纤维是否会由于低温、真空等发生改变还有待研究。	3	2
总分		10	7

对于“学生 4→学生 2”，该控制组学生虽然表达了对分子烹饪采用的食物添加剂安全问题的担忧，但却没有结合琼脂、黄原胶、大豆卵磷脂等的结构、性质以及用途等相关知识作具体的阐释，对食品添加剂的使用情况不够了解。对于“学生 3→学生 4→学生 1”，学生质疑分子烹饪会改变食物原有的营养，但没有结合具体的科学例子说明新技术影响食物营养的原理以及影响程度。

从“分子烹饪”的主题论证活动中，可以发现实验组的学生在教师的指导下已经能够较为熟练地应用论证图工具 ProcessOn 绘制出论证图，而控制组的学生也积极参与讨论并将自己的重要观点记录下来。事实上，“分子烹饪”对于学生而言还是比较陌生的话题，但令我们欣喜的是，学生并未因为分子烹饪在日常生活中不常见、技术工艺复杂而一味否定其存在的价值。这其实也从侧面反映了学生比较容易接受新事物的心理特点。

从论证结构来看，实验组学生要优于控制组，他们有更多的想法，能提取出更多的证据进行推理，特别指出的是敢于提出反驳。例如，在论证“分子烹饪”的技术性时，实验组学生能不断地进行交流互动，将呈现的资料细化，在连续反驳质疑中提出更多的观点，既能看到精密的烹饪仪器带来的成本昂贵问题，也能考虑到技术带来的食物营养最大化以及利于厨房标准化管理，还能兼顾到“马斯洛需要层次理论 ”来说明技术的革新是因为人类需求的提高；而控制组的学生则仅注意了某个方面如技术的风险问题，论证结构未能进一步拓展。研究者在一旁录音时发现控制组学生比较容易被小组中发言积极分子的观点带跑，缺乏图示的引导有时使他们的思维打不开，观点比较单一。

从论证内容看，实验组学生由于进行了更多有效的论证而优于控制组学生，实验组学生更善于深入思考，而不是泛泛而谈。比如在论证“分子烹饪采用的新技术使食物营养成分发生变化”时，控制组学生在举出“分子烹饪常用的加工技术包括低温慢煮、烟熏、液氮、胶化等新技术”的证据后，直接得出“食物原有的营养成分和膳食纤维是否会由于低温、真空等发生改变还有待研究”的结论；而实验组学生则更乐于在此基础上探究这些新技术的原理，“搞懂”这些技术的具体作用之后再进行衡量分析：“用精准的控温加热器，按照严格恒定的较低温度（通常为 50～90℃）和时间对食物进行加热的方法。在这个温度区间食物的哪些纤维、蛋白质、脂肪等会发生什么样的变化？”“氮的沸点为 - 190℃，利用液氮气化迅速吸收热量的特性，能使食材瞬间达到极低温度”“胶囊系技术原理是海藻酸钠遇到钙离子可迅速发生离子交换，生成海藻酸钙胶球，这应该是一种凝胶，我们需要了解它的食用性如何”。

当然，造成这种论证角度多样化的现象与 SSI 任务具有的开放性有关。计算机图示的引导可以促进实验组学生论证结构的发展，当学生的论证结构趋于完善时，论证思维得到发散，推理、反驳的数量不断增加，思考更加全面深入，论证质量自然而然地随之提高。

（三）研究结果

为探讨基于 ProcessOn 的 SSI 的化学论证活动对学生论证能力的影响，对实验组和控制组学生十次小组论证活动的论证结构和论证内容得分均数分别进行了差异检验。两组学生论证结构得分的均数差异检验结果见表 5.8，论证内容得分的均数差异检验结果见表 5.9，检验结果表明两个均数差异都极显著。这说明，使用论证图工具 ProcessOn 的实验组学生的合作论证能力显著高于控制组学生。

表 5.8 实验组和控制组学生小组论证结构成绩均数差异检验结果

样本	容量/人	均数/分	标准差/分	均数差异/分	检验结果
实验组	10	13.40	2.01	4.30	t_D=4.85**
控制组	10	9.10	1.74		极显著差异

表 5.9 实验组和控制组学生小组论证内容成绩均数差异检验结果

样本	容量/人	均数/分	标准差/分	均数差异/分	检验结果
实验组	10	10.50	1.17	2.80	t_D=5.86**
控制组	10	7.70	0.83		极显著差异

可见，论证图工具 ProcessOn 作为面向图形的计算机辅助应用程序之一，对学生的论证能力有积极影响。而且，学生在具备良好论证结构的同时也有助于加深其对科学知识的理解，因为在结构良好的论证图示的指导下，学生能够逻辑清楚地、有目的地深入思考问题，自然而然地就会促进论证质量的提高，二者相互促进、相辅相成。这也证明了论证图工具确实有利于学生建立基于证据的清晰推理，因为其实质上提供了表示论证结构的元素，学生可以更加直观地区分论证的不同要素及其关系。特别是在合作论证中，学生借助这种形象的图像，将论证要素予以可视化识别，减轻认知负荷，可联系多角度论点和看法来支持复杂论证的建构，有利于促进学生在更好地完成任务的同时激发其论证意识与潜力。总而言之，研究选择的论证图工具 ProcessOn 在学生讨论、分析和评估有争议的话题时，可以帮助持有各种立场的学生在合作论证中得出更为辩证和理性的结论。

三、学生进行论证活动讨论的典型案例

（一）实验组学生使用 ProcessOn 的效果分析

1. 编码方案

本研究在凯利（Kelly）等[19]和徐（Hsu）等[20]开发的框架基础上，分析计算机辅助应用程序如何支持学生之间的交互。实验组学生使用论证图工具 ProcessOn 来支持他们在小组中的口头合作论证。研究者共转录了由 ProcessOn 支持的 10 个小组的口头论证过程并对其进行编码，保证每个 SSI 论证主题下各选 2 组。用于分析论证图工具 ProcesssOn 的功能和论证过程行为关联的编码方案，见表 5.10。同样，为确保编码可靠性，两位研究者对转录文本进行独立编码，评分者信度达到 0.903*。

表 5.10　论证图工具 ProcesssOn 的功能和论证过程行为关联的编码方案

对象	类型	编码	解释
ProcessOn 的功能	构建（constructing）	Cons	学生借助 ProcessOn 插入不同形状来表示论证要素的位置。
	展示（exhibiting）	Exh	ProcessOn 显示不同的形状来表示不同的论证技能及其关系。
	引发（eliciting）	Eli	ProcessOn 提供结构清晰的理由，帮助学生理解不同的立场，以刺激学生更多的响应。
论证过程行为	表明（demonstrating）	Dem	学生使用不同的形状来表示不同的论证技能，如主张、证据和推理。
	阅读（reading）	Rea	学生使用 ProcessOn 查看其他学生提供的理由和证据来规范论证过程。
	调节元认知（regulating metacognition）	Regume	学生通过 ProcessOn 持续监控和反思论证过程，并提供论据进行反驳，从而证明他们的观点。

2. 实例分析

如表 5.10 所示，论证图工具 ProcessOn 具备三个基本功能：①帮助构建论证；②展示论证结构；③引发思考。为进一步明晰这些功能与学生论证行为之间的联系，我们选择并分析某实验组涉及“页岩气开采”的摘录片段，包括记录学生使用 ProcessOn 的非言语行为。表 5.11 展示了该片段的详细编码过程。

活动任务：据美国能源信息署（EIA）预计，2010～2040 年，全球能源消耗将增长 56%[21]。我们该如何满足这一需求？众所周知，随着化石燃料储量的减少，人类正面临着严峻的挑战——如果不立刻采取行动，我们将无法满足未来的能源需求。许多人认为，我们应当开发有助于提高能源使用效率的技术。在这个问题上，人们的态度截然不同：一部分人认为应当大力开发风能和太阳能等可再生能源，另一部分则认为只要努力去找，就能找到大量的化石燃料。而页岩气似乎是一个可行的替代方案，但有人认为页岩气开采的风险过高。你认为应该开采页岩气吗？

表 5.11　某实验组关于“页岩气开采”的讨论片段编码过程

学生的论证过程	电脑操作	ProcessOn 功能	非言语行为	论证行为类型及代码	
生 1：我认为页岩气不该被开采。我需要一个理由，有人支持我吗？	允许学生使用形状来表明立场	帮助学生建构论证（Cons）	在 Process On 中插入一个主张框	说明立场	表明（Dem）
生 2：EIA 预计能源行业的温室气体排放已占到全球总量 2/3，我觉得除非各国大力推广可再生能源，否则将无法实现防止气候变化的目标。	允许学生使用形状来表示证据	帮助学生建构论证（Cons）	在 Process On 中插入一个证据框	说明立场	表明（Dem）
生 1：是的，况且页岩气开采使用的水力压裂法工艺存在风险，会引发地震和水污染。	允许学生使用形状来表示证据	帮助学生建构论证（Cons）	在 Process On 中插入一个证据框	说明立场	表明（Dem）
生 3：让我们看看他们（反对“页岩气开采”）的理由，水力压裂法的风险并不是不可以规避的。 **生 4：**你们找的资料好像有点片面。 **生 1 和生 2：**什么意思？	显示不支持“页岩气开采”的学生提供的理由	展示（Exh）	对着屏幕评论	阅读其他学生的理由	阅读（Red）
生 3：专家说可以通过限制水平裂缝的长度，以及不在板块运动活跃的地方进行压裂作业避免接触到冠岩来防止引发地震活动。 **生 4：**而且开发可降解的无毒化学品不就不会造成水污染了吗？	允许学生使用形状来表示反驳	引发（Eli）	在 Process On 中插入一个反驳框	对“不支持页岩气开采”的学生产生反驳	调节元认知（Regume）

续表

学生的论证过程	电脑操作	ProcessOn 功能	非言语行为	论证行为类型及代码	
生 1：虽然你们说的措施可以将上述问题减到最少，但还是存在治标不治本的嫌疑，解决问题的源头仍然在于能源的清洁与可持续发展上，因此可再生能源是我们应该优先选择的。	允许学生使用形状来表示反驳	引发（Eli）	在 Process On 中插入一个反驳框	对“支持页岩气开采”的学生产生反驳	调节元认知（Regume）
生 2：也许我们需要更多证据来讨论化石燃料和可再生能源的问题。	显示不支持所有学生提供的证据	展示（Exh）	对着屏幕思考	阅读所有学生证据	阅读（Red）
生 3：所以停止使用化石燃料不是一蹴而就的，在欧洲，页岩气可以让很多国家保持目前的天然气供应水平，并显著提升欧洲能源和原材料供应的保障，在其他能源开发没有得到保障前，页岩气有开发的价值。	允许学生使用不同的形状来表示证据	帮助学生建构论证（Cons）	在 Process On 中插入一个推理框	用证据推理	表明（Dem）
生 2：然而有不少报告也指出，在未来三十到四十年内，欧洲就能完全放弃化石燃料。	允许学生使用形状来表示反驳	引发（Eli）	在 Process On 中插入一个反驳框	对“支持开采”的学生产生反驳	调节元认知（Regume）
生 1：也许从可持续发展角度来看，页岩气并不是最好选择，可再生能源正由于污染小、用之不竭等优点逐渐成为一种现实选择，应当大力开发风能和太阳能等可再生能源。	允许学生使用不同的形状来表示主张	帮助学生建构论证（Cons）	在 Process On 中插入主张框	说明立场	表明（Dem）
安静几分钟…… **生 3**：所以我们的云朵（推理）有多少个了？ **生 4**：大概 3 个……	显示所有学生提供的推理	展示（Exh）	在 Process On 中查看证据	阅读所有学生的推理	阅读（Red）
（回顾 ProcessOn 中已有各种理由） **生 3**：我们还能从别的角度考虑是否该选择页岩气吗？（学生们思考中）	允许学生使用不同的形状来表示证据	引发（Eli）	在 Process On 中插入证据框	思考证据和推理	调节元认知（Regume）
生 2：我认为就现实社会成本角度来看，如果政府希望达成气候目标，就必须为页岩气配备碳捕获和存储设施，其实页岩气并不便宜。	允许学生使用不同的形状来表示推理	帮助学生建构论证（Cons）	在 Process On 中插入推理框	用证据推理	表明（Dem）
生 4：我不知道你们是否注意到了，他（指生 2）提到了现实选择，事实上我们无法预估人类开采化石燃料的能力，虽然可再生能源和核能已成为全球增长最快的能源领域，但近 80%仍是化石燃料，我不否认开发可再生能源的重要意义，但是放弃化石燃料的寻找是没有办法解决当前面临的问题的。（其他学生表示同意）	允许学生使用形状来表示反驳	引发（Eli）	在 Process On 中插入一个反驳框	对“页岩气开采”的话题进行反思总结	调节元认知（Regume）

该小组学生运用 ProcessOn 绘制的论证图如图 5.3 所示。

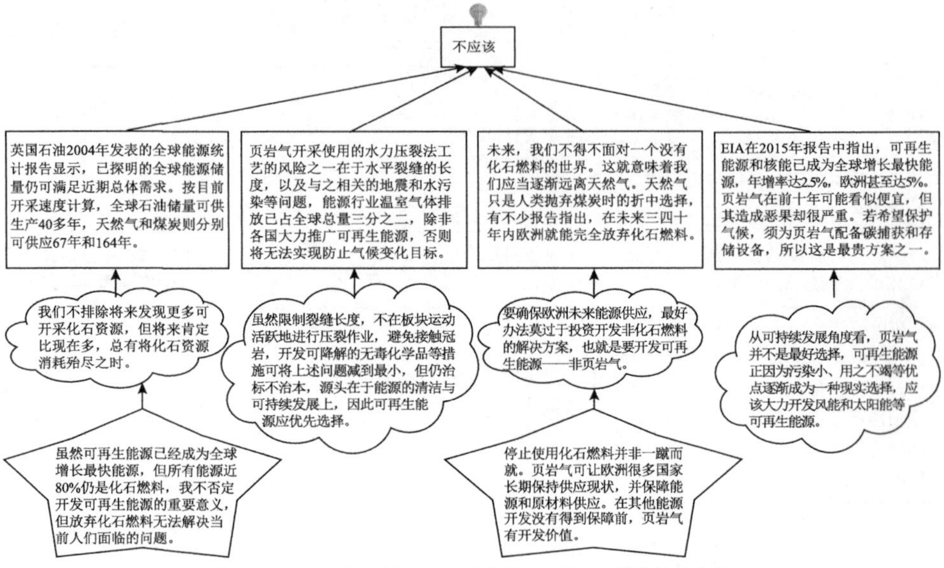

图 5.3　某实验组关于“页岩气开采”话题的论证图

通过分析学生使用论证图工具 ProcessOn 进行“页岩气开采”话题的合作论证情况可发现，计算机功能与合作论证行为类型之间关系可以表示为三个水平：构建（constructing，Cons）→表明（demonstrating，Dem）、展示（exhibiting，Exh）→阅读（reading，Rea）、引发（eliciting，Eli）→调节元认知（regulating metacognition，Regume）。其中，在“构建（Cons）→表明（Dem）”水平中，学生普遍使用计算机所提供的基本功能，即插入不同的形状框来表明自己的主张、证据和推理内容，学生可以是用主张框说明立场(如“我认为页岩气不该被开采”)，接下来用证据框提供有效资料（如“EIA 预计能源行业的温室气体排放已占到全球总量的 2/3”），最后用推理框进行证据推理（如“我觉得除非各国大力推广可再生能源，否则将无法实现防止气候变化的目标”）。学生在图形和箭头的组合下逐步构建出小组的整个论证过程，并意识到可再生能源对解决全球气候变暖的环境问题的重要性。

在“展示（Exh）→阅读（Rea）”水平中，学生通过阅读他人已成型的主张和理由进行思考和补充，计算机显示已有的论证要素及其关系以供学生查阅，有利于学生集中注意力去梳理论证过程。论证过程中，学生可以对着屏幕评论，阅读其他学生的推理[如“让我们看看他们（反对“页岩气开采”）的理由，水力压裂法的风险并不是不可以规避的”]，查看证据从而发现问题（如“你们找的资料好像有点片面”)，进行下一步的论证，或者查看论证结构后希望完善论证过程[如“所以我们的云朵（推理）有多少个了？”]，从而促发更深入的思考（如“也许我们需要更多证据来讨论化石燃料和可再生能源的问题”），推动论证结构的完善。

在“引发（Eli）→调节元认知（Regume）”水平中，计算机呈现结构清晰的论证脉络，引发学生持续监控和反思论证过程，使学生能够了解不同的立场并及时提供论据进行反驳，产生高质量论证。这里可以是学生对他人理由的反驳。例如，当讨论到“页岩气开采的风险”时，有学生表示引用专家意见并表达立场（“专家说可以通过限制水平裂缝的长度，以及不在板块运动活跃的地方进行压裂作业避免接触到冠岩来防止引发地震活动”“而且开发可降解的无毒化学品不就不会造成水污染了吗？”），立刻有学生表示反对（“虽然你们说的措施可以将上述问题减到最少，但还是存在治标不治本的嫌疑，解决问题的源头仍然在于能源的清洁与可持续发展上，因此可再生能源是我们应该优先选择的”），在批判他人观点的过程中认识到可再生能源在可持续发展中扮演的重要角色；也可能是学生在回顾了 ProcessOn 中已有的各种理由后，进行反思（“我们还能从别的角度考虑是否该选择页岩气吗？”）；或者是学生对由论证话题产生的各种认知进行总结，以期达成共识（“事实上我们无法预估人类开采化石燃料的能力……我不否认开发可再生能源的重要意义，但是放弃化石燃料的寻找是没有办法解决当前面临的问题的”）。

由此可以发现，以图形为导向的计算机辅助应用程序 ProcessOn 确实影响了学生合作论证的行为，而这种干预同时体现在非言语和言语两个方面。从最基础的“构建（Cons）→表明（Dem）”水平帮助学生学会交流表达自己的论证过程，到“展示（Exh）→阅读（Rea）”水平暗示学生查阅并思考论证结构的完善度，集中注意力以产生更多推理过程，拓宽论证思维，最后到“引发（Eli）→调节元认知（Regume）”水平，促使学生在论证过程中时刻关注不同的立场，引发认知矛盾后及时反驳。在持续监控论证过程的进展中不断进行反思，互相提出质疑并回应，逐渐说服对方达成共识，有效提高了论证的质量。这说明 ProcessOn 程序可促进认知工具，具有帮助学习者完成认知任务的潜力，并能促进论证技能的发展。计算机借助图示以支持学生思维认知过程的可视化，随时让学生关注论证的进行并有意识地去批判，产生越来越多的推理和反驳，有助于学生在逐步完善论证结构、提高论证质量的过程中形成批判性思维。

（二）不同学生小组讨论情况的典型对比

在得到音频的精简转录稿后，研究者为了关注学生论证活动的动态发展，按照活动时间顺序选取了论证活动开始阶段的“自来水的氯化”主题和末尾阶段的“绿茶与儿茶素”主题，并将其中学生展开小组讨论的典型片段分别筛选出进行对比分析。为了更好地研究 ProcessOn 对学生合作论证的作用，同时了解论证活动对所有参与学生在论证能力方面的影响，研究者在这两个 SSI 论证话题进行的同时再增加了一个空白组。空白组学生既不使用论证图工具，也不知晓麦克尼尔的论证模式。

1. 编码方案

研究借鉴第四章第二节所使用的 GR 图示的方法，作为分析学生论据的工具。同时，为了能更加形象直观地呈现基于计算机支持的论证图工具 ProcessOn 对学生合作论证能力的影响，对于实验组学生的 GR 图中涉及的计算机功能以及相应产生的论证要素重新用另一种二维图示的方法表现出来，建构 ProcessOn 功能-论证要素关系图。其中，X 轴上各段为 ProcessOn 的功能水平，Y 轴上各段与 GR 图中的 Y 轴所包含的论证要素相同，论证过程在图中以□表示，对于高质量的论证过程则以■来表示，质量高低的评定也与 GR 图标准相同。

2. 活动实例

实例 1　关于“自来水的氯化”的讨论片段

> **活动任务：**一些学者认为，三氯甲烷是使用液氯消毒后产生的副产物，具有致癌性。这主要是由于水中含有机质，如腐殖质，在用氯气消毒的过程中可能由于氧化作用、卤代等一系列复杂的反应而产生卤代烃混合物，包括三氯甲烷。因此发达国家已经逐步淘汰用氯气消毒自来水，而改用 $NaClO$、ClO_2、O_3 等。你认为我们需要担心自来水中的余氯吗？利用氯气消毒自来水能不能被取代？

围绕“自来水的氯化”论证主题，对三种接受不同实验处理的学生的小组论证过程分析（表 5.12～表 5.14 和图 5.4～图 5.7）可以发现，实验组学生比控制组学生提出的高质量论证要稍多些，在讨论过程中能够注意到围绕“氯气消毒的成本”“消毒副产物”等角度结合图表进行分析，针对同伴所给出的说明能够予以深入探讨，诸如补充得出此结论的具体理论依据、批判推理的不足而提出质疑或者直接提出反驳。例如，在讨论各种消毒工艺的成本问题时，实验组学生综合了各种工艺成本的数据再进行比较：“我们需要总结对比一下，在 1mg/L 的投加量下，液氯消毒成本约为 0.003 元/m^3，二氧化氯消毒运行成本为 0.008～0.015 元/m^3，臭氧消毒运行成本为 0.03～0.05 元/m^3，液氯消毒是最为经济的。”而控制组学生仅表示：“我觉得具体来说是二氧化氯的制造和运行成本较高，如果突然取消氯气消毒可能会给社会市场经济造成巨大影响。”空白组学生由于没有计算机辅助和论证指导，学生之间的有效互动明显较少，大多只是泛泛而谈，未能深入思考，且论证角度也较为单一，只着重探讨了有机卤代物的风险问题，即使意识到“……但是消毒剂本身的性能我们也该考虑”，也未能进一步推理。

表 5.12　某实验组关于“自来水的氯化”的讨论片段

序号	发言者	时间/s	陈述	观点	质量	类型	主要 ProcessOn 功能水平编码
1	师	1～2	利用氯气消毒自来水可否被取代?	中立	低	问题	无
2	生 1	3～16	当然可以，如用臭氧。	正方	低	主张	构建（Cons）→表明（Dem）（插入主张框）
3	生 1	20～75	臭氧是一种很强的氧化剂，在水中分解产生具有强氧化作用的羟基自由基（·OH）进行氧化消毒，接触时间短，不会像液氯消毒那样产生二次有毒污染物。	正方	高	推理	构建（Cons）→表明（Dem）（插入证据框和推理框）
4	生 2	82～148	但是臭氧无持续消毒能力，在饮用水深度处理中还是需要与其他技术如液氯消毒剂联用才会效果显著。而且溴离子存在时，易形成溴酸盐、甲醛等副产物。	反方	高	反驳	展示（Exh）→阅读（Rea）（仔细阅读关于臭氧的资料后，插入反驳框）
5	生 3	160～171	二氧化氯消毒仅仅是起氧化作用，几乎不生成有机卤代物，可以考虑使用。	正方	低	主张	构建（Cons）→表明（Dem）（插入主张框）
6	生 2	200～312	如果说到二氧化氯消毒的副产物，过量投加二氧化氯确实会在水中形成亚氯酸根，但目前对亚氯酸根的毒理学认识，仍处于研究阶段，二氧化氯消毒工艺还有待完善。	反方	低	反驳	引发（Eli）→调节元认知（Regume）（反思关于副产物的观点，插入反驳框）
7	生4	363～374	如果只是考虑副产物的问题，为什么我们不直接用紫外线消毒呢?	正方	高	问题	引发（Eli）→调节元认知（Regume）（继续研究关于副产物的资料，插入反驳框）
8	生 2	410～419	太贵了吧，现实生活中消毒工艺的使用还是要考虑成本的。	反方	低	主张	引发（Eli）→调节元认知（Regume）（思考了会儿，认识到紫外线的成本问题，插入主张框）
9	生 1	432～583	我们要总结对比一下，在 1mg/L 的投加量下，液氯消毒成本约为 0.003 元/m^3，二氧化氯消毒运行成本为 0.008～0.015 元/m^3，臭氧消毒运行成本为 0.03～0.05 元/ m^3，液氯消毒是最经济的。	反方	高	推理	展示（Exh）→阅读（Rea）（插入证据框，阅读并比较数据，插入证据框和推理框）

续表

序号	发言者	时间/s	陈述	观点	质量	类型	主要 ProcessOn 功能水平编码
10	生 3	595～670	这幅图比较了采用氯胺、液氯、次氯酸钠、二氧化氯等 4 种消毒方式的出厂水中可吸附有机卤化物（AOX）的含量，相较而言，液氯消毒产生的 AOX 较多。	正方	高	推理	展示（Exh）→阅读（Rea）（阅读资料图像，插入证据框；比较数据，插入证据框和推理框）
11	生4	696～782	等等，关键是即使存在副产物，也要看它的量有没有超标吧，但只要不超过像表中所展示的水质常规检验项目及限值就可以了，液氯消毒作为目前主流的消毒工艺有它存在的价值。	反方	高	反驳	引发（Eli）→调节元认知（Regume）（阅读资料图像，反思已有论证内容，插入反驳框）
12	生 2	811～855	所以各方面的因素都要综合考虑，比如技术和经济，而不仅仅是有机物污染的环境问题。	反方	高	主张	引发（Eli）→调节元认知（Regume）（梳理所有论证内容，插入主张框）

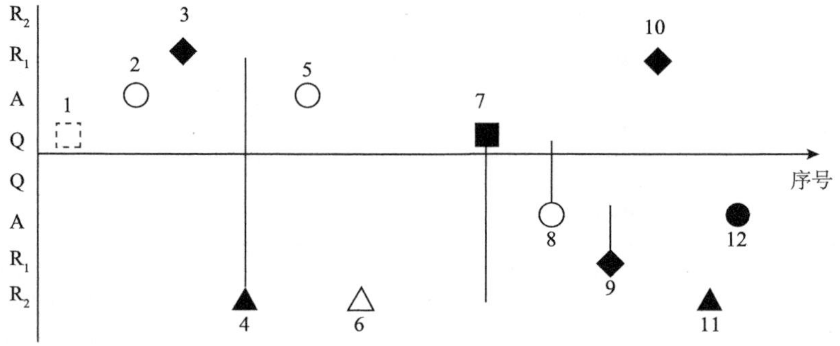

图 5.4 某实验组关于“自来水的氯化”讨论片段的 GR 图

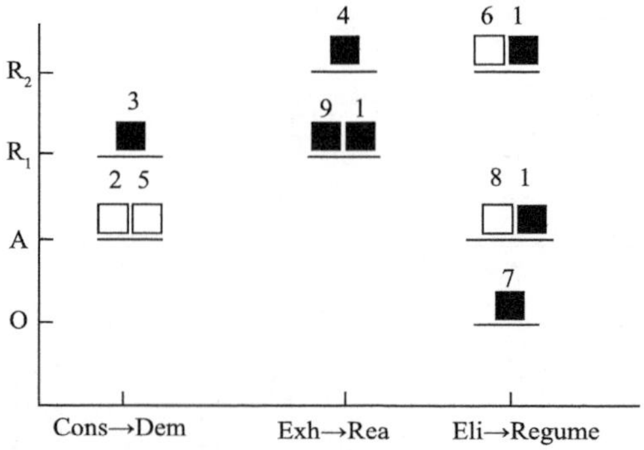

图 5.5 某实验组关于“自来水的氯化”讨论片段的 ProcessOn 功能-论证要素关系图

表 5.13　某控制组关于“自来水的氯化”的讨论片段

序号	发言者	时间/s	陈述	观点	质量	类型
1	师	1～2	利用氯气消毒自来水能不能被取代?	中立	低	问题
2	生 1	4～8	我认为应该逐渐淘汰液氯消毒，不单单是氯气本身有毒，而且消毒产生的有机副产物会致癌。	正方	高	主张
3	生 2	15～22	液氯的灭菌消毒主要是依靠氯与水反应产生的次氯酸（HClO）氧化作用，只有当水中有机物含量高时才会致癌。	反方	低	反驳
4	生 1	37～49	也许严格控制氯气消毒产生的 AOX 会比其他的消毒工艺困难，我们可以直接从源头上解决，不采用液氯消毒。	正方	低	推理
5	生 3	60～67	我们可以看这幅比较了采用氯胺、液氯、次氯酸钠、二氧化氯等 4 种消毒方式的出厂水中 AOX 的含量的图，想想选哪个方法最合适呢?	正方	低	问题
6	生 4	82～96	那比如换成水中 AOX 含量低的二氧化氯（ClO_2）消毒，虽然二氧化氯消毒仅仅是起氧化作用，几乎不生成有机卤代物，但二氧化氯也是有毒气体，而且易挥发、易爆炸，安全问题依然堪忧。	反方	高	推理
7	生 3	120～126	我觉得具体来说是二氧化氯的制造和运行成本较高，如果突然取消氯气消毒可能会给社会市场经济造成巨大影响。	反方	低	反驳
8	生 2	134～139	我们不得不承认液氯消毒技术在当前比较成熟、设备简单并且易于操作，取代它需要谨慎考虑，不能一蹴而就。	反方	高	推理

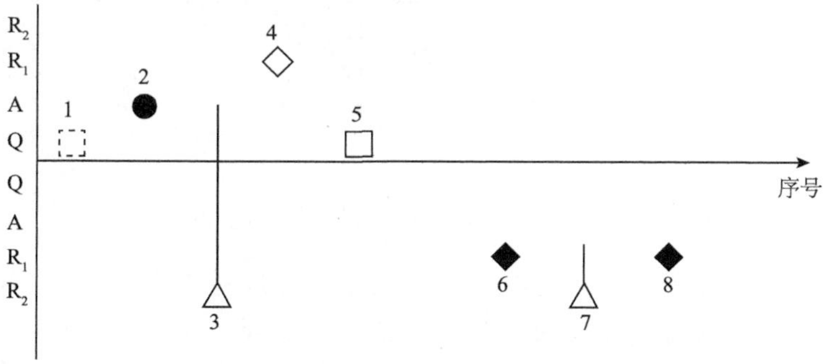

图 5.6　某控制组关于“自来水的氯化”讨论片段的 GR 图

表 5.14　某空白组关于“自来水的氯化”的讨论片段

序号	发言者	时间/s	陈述	观点	质量	类型
1	师	1～2	利用氯气消毒自来水能不能被取代?	中立	低	问题

续表

序号	发言者	时间/s	陈述	观点	质量	类型
2	生 1	4～10	我认为氯气消毒可以被取代但是需要时间，因为在目前所有的消毒剂中，氯气是最为经济的选择，是主流的消毒工艺。	正方	低	主张
3	生 2	22～55	是因为水中含有有机质，比如腐殖质，才会使液氯进行消毒后，由于氧化作用、卤代等一系列复杂的反应而产生具有致癌性的卤代烃混合物，重点在于控制水中有机物的含量而不是一味地否定消毒剂。	正方	高	推理
4	生 3	57～59	那么水中有机物的来源是什么呢？	正方	高	问题
5	生 1	63～67	可能是有机农药，或工厂排放的有机物。	正方	低	推理
6	生 4	84～90	意思是只要控制水中原有的有机物就行了？但是消毒剂本身的性能我们也该考虑。	反方	低	反驳
7	生 3	110～148	这张图中，液氯消毒工艺产生的可吸附 AOX 较多，约为 40μg/L，而按照水质常规检验项目及限值的标准，三氯甲烷不超过 0.06mg/L，四氯化碳不超过 0.002mg/L，为了减少有机污染物，最好还是采取氯胺、二氧化氯、臭氧这种的。	反方	高	推理
8	生 2	167～190	但是二氧化氯易爆炸，消毒设备要求高；臭氧消毒耗电较大，运行成本高。	正方	低	反驳

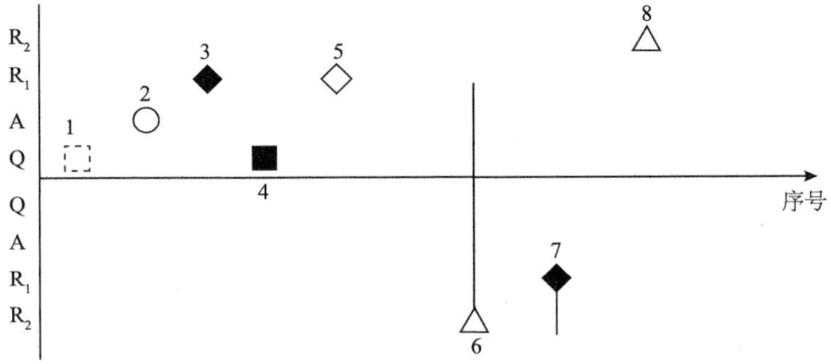

图 5.7 某空白组关于“自来水的氯化”讨论片段的 GR 图

通过对话分析发现，学生的批判性思维主要体现在提出“问题”和“反驳”方面。例如，某些实验组学生对支持“消毒仅仅是起氧化作用，几乎不生成有机卤代物”的二氧化氯消毒的观点表示反驳（“如果说到二氧化氯消毒的副产物，过量投加二氧化氯确实会在水中形成亚氯酸根，但目前对亚氯酸根的毒理学认识，仍处于研究阶段，二氧化氯消毒工艺还有待完善”），并进一步提出问题（“如果只是考虑副产物的问题，为什么我们不直接用紫外线消毒呢？”），从而发现成本也是选择消毒工艺需要考虑的方面。从 GR 图中我们发现，实验组学生的问题和反驳在数量和质量上都优于控制组和空白组学生，而控制组和空白组学生的对话差异并不是很明显，这也从侧面表明了在线论证图工具 ProcessOn 对学生的合作论证过程确实产生了积极影响，有利于促进学生的批判性思维倾向。同时，实验组和控制组学生都得出了“液氯消毒作为目前主流的消毒工艺有它存在的价值”“取代它需要谨慎考虑，不能一蹴而就”的结论，空白组学生也意识到“重点在于控制水中有机物的含量而不是一味地否定消毒剂”，这表明学生在解决 SSI 问题时没有非要得出固定的答案，在论证活动参与过程中逐步学会考虑多方面如环境、经济和社会的因素，这也是形成批判性思维的前提。

实例 2　关于“绿茶和儿茶素”的讨论片段

活动任务：打着“绿茶精华”“绿茶减肥”“绿茶降胆固醇”旗号的广告层出不穷，然而近日，欧洲食品安全局（EFSA）发布《绿茶儿茶素的安全性评价》报告，向大众发出健康警示：每日摄取 800mg 或以上的儿茶素（EGCG），可能会导致转氨酶升高，损伤肝脏。结果一出引发公众对绿茶减肥药、绿茶保健品的忧虑，一些人甚至觉得“喝绿茶伤肝”。你认为应该如何看待绿茶及其产品?

此活动是在整个 SSI 活动的结束阶段进行的，比较三种实验处理中学生的小组讨论片段的 GR 图可以发现（表 5.15～表 5.17，图 5.8～图 5.11），实验组学生的论证结构要素的数量比活动初期更加优于控制组和空白组学生，产生了更多高质量的推理和反驳。例如，在论证“日常喝绿茶是否会伤肝”问题时，实验组和控制组学生都意识到了通过换算与 800mg EGCG 对等的 11g 干重的绿茶茶叶量与国人平均下来日均饮茶量约为 3.6g 进行对比得出结论，而空白组的学生仍只草草表示“如果要保证儿茶素摄入量不超过每日 800mg，虽然国外和国内的饮茶习惯不一样，但日常喝绿茶都不会超标”。同时对于“喝绿茶饮料可能伤肝”的观点的反驳，实验组学生还根据茶多酚含有酚羟基的结构式，推理出“绿茶饮料开盖后，会有部分茶多酚氧化，EGCG 含量会进一步降低。所以，即使一天喝 1kg（约 1L）绿茶饮料，EGCG 的摄入仍然在 800mg 以下，相对安全”，而控制组和空白组学生只是提到“市场上流行的两款绿茶饮料 EGCG 量分别约为 680mg 和 523mg，都小于 800mg，只要不经常喝，应该没有大问题”。

表 5.15　某实验组关于“绿茶与儿茶素”的讨论片段

序号	发言者	时间/s	陈述	观点	质量	类型	主要 ProcessOn 功能水平编码
1	师	1～2	你认为应如何看待绿茶及其产品?	中立	低	问题	无
2	生 1	5～12	我认为首先要明确儿茶素是什么，有什么作用。	正方	高	主张	构建（Cons）→表明（Dem）(插入主张框)

续表

序号	发言者	时间/s	陈述	观点	质量	类型	主要 ProcessOn 功能水平编码
3	生 2	28～63	看儿茶素的化学结构式里含有多个酚羟基，是茶多酚的一种吧，约占各类茶中茶多酚含量的 75%～80%。它让茶变苦，并且和肝脏转氨酶升高之间有关，从而导致肝功能损伤。	反方	高	推理	展示（Exh）→阅读（Rea） （阅读图像，思考，插入证据框和推理框）
4	生 3	70～89	EFSA（欧洲食品安全局）说每日摄取 800mg 或以上的儿茶素，才可能会导致转氨酶升高，损伤肝脏，我想知道人每天喝多少绿茶才会对身体有害？	正方	高	问题	引发（Eli）→调节元认知（Regume） （阅读证据，反思并提出问题）
5	生 1	145～207	根据 EFSA 的数据来换算的话，要摄入 800mg EGCG，每日需要吃下 11g 干重的绿茶茶叶，或者喝下 1100g 绿茶茶汤。	正方	高	推理	展示（Exh）→阅读（Rea） （阅读资料并计算，插入证据框和推理框）
6	生 3	244～300	然而事实上欧洲成年人每日绿茶 EGCG 摄入量平均值为 321mg，中国人日均饮茶量约为 3.6g，都远远低于 800mg EGCG 所对应的茶叶量，“喝绿茶伤肝”纯属无稽之谈。	正方	高	推理	引发（Eli）→调节元认知（Regume） （思考已有的换算结果，开始比较数据，插入推理框）
7	生 4	310～348	但是现在市场上的绿茶保健品，比如用于减肥的绿茶制品和膳食补充剂，都含有较高量的儿茶素，因服用包括含绿茶补充剂在内的膳食补充剂而导致的肝损伤的例子还少吗？	反方	低	反驳	引发（Eli）→调节元认知（Regume） （阅读已有的计算数据并提出质疑，插入反驳框）
8	生 1	367～380	如果是绿茶保健品的话，这款主打高浓度绿茶提取的胶囊，每日一粒，每粒含有效成分 225mg，也没超标啊。	正方	高	反驳	展示（Exh）→阅读（Rea） （阅读资料并开始比较数据，插入反驳框）
9	生 3	385～420	但是这款速溶绿茶多酚粉，每日两次共 1g，根据配料表计算，每日摄取的儿茶素约 735mg 左右，已经很高了，接近限值，若长期服用，肯定对身体肝脏有害。	反方	高	推理	引发（Eli）→调节元认知（Regume） （继续根据已有的数据进行深入计算，插入证据框和推理框）
10	生 2	433～465	大概是不同类型的绿茶保健品有好有坏吧，不能一概而论。	正方	高	主张	展示（Exh）→阅读（Rea） （阅读已有计算结果并比较，插入主张框）
11	生 4	500～620	喝绿茶是有好处的，我查过儿茶素具有预防蛀牙和整肠的功能，这就是为什么市场上含有绿茶成分的牙膏，以及老人家说喝绿茶可以通便。	正方	低	推理	引发（Eli）→调节元认知（Regume） （回忆自己的生活常识，插入推理框）

续表

序号	发言者	时间/s	陈述	观点	质量	类型	主要 ProcessOn 功能水平编码
12	生 1	629～640	绿茶太苦了，可以用绿茶饮料代替吗?	正方	低	主张	构建（Cons）→表明（Dem）（插入主张框）
13	生 3	663～713	但是饮用绿茶饮料要注意高糖和添加剂过多的健康问题吧，适量喝可以，喝多了也不行。	反方	高	反驳	引发（Eli）→调节元认知（Regume）（回顾生活中的科学常识，插入反驳框）
14	生 4	720～765	那绿茶饮料的儿茶素含量如何？会对健康造成影响吗?	反方	高	问题	引发（Eli）→调节元认知（Regume）（反思，提出问题，插入主张框）
15	生 2	850～980	据研究，市面上最流行的两款绿茶饮料中 EGCG 含量分别约为 680mg/kg 和 523mg/kg。而且，绿茶饮料开盖后，会有部分茶多酚氧化，EGCG 含量会进一步降低。所以，即使一天喝 1kg（约 1L）绿茶饮料，EGCG 的摄入仍然在 800mg 以下，相对安全。	正方	高	推理	引发（Eli）→调节元认知（Regume）（根据证据进行深入计算，插入证据框和推理框）。

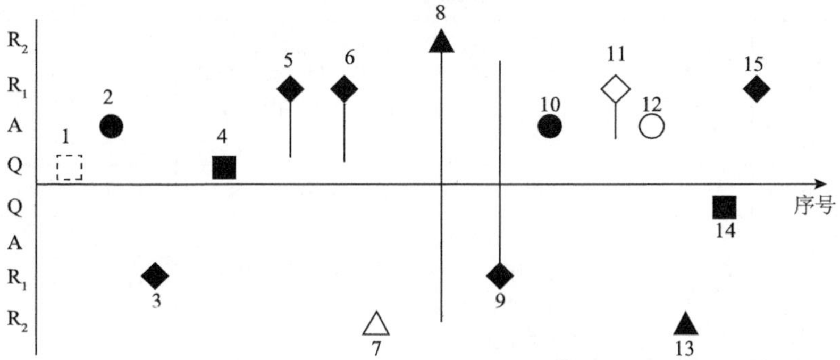

图 5.8　某实验组关于“绿茶与儿茶素”讨论片段的 GR 图

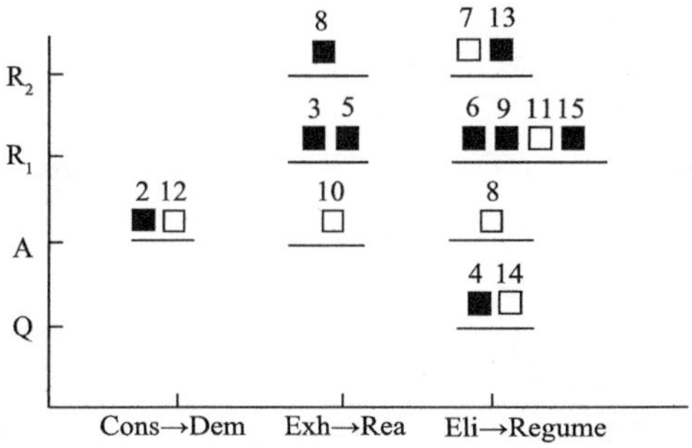

图 5.9　某实验组关于“绿茶与儿茶素”讨论片段的 ProcessOn 功能图

表 5.16 某控制组关于“绿茶与儿茶素”的讨论片段

序号	发言者	时间/s	陈述	观点	质量	类型
1	师	1～2	你认为应该如何看待绿茶及其产品?	中立	低	问题
2	生 1	4～9	绿茶制品要少吃，否则有伤肝的风险。	正方	低	主张
3	生 2	20～35	资料显示，美国因服用包括含绿茶补充剂在内的膳食补充剂而导致的肝损伤，约占所有药物相关性肝损伤的 20%，有少数患者需要接受肝移植或因肝脏衰竭而死亡，足以引起重视。	正方	低	推理
4	生 1	40～52	并且绿茶儿茶素和肝脏转氨酶升高之间有关系，而转氨酶升高可能导致肝功能损伤。	正方	高	推理
5	生 3	56～63	那也是要每天摄入超过 800mg 的 EGCG，才会损伤肝脏。	反方	低	反驳
6	生 4	72～83	但对于打着“清肺排烟毒”“甩脂瘦身”等减肥标语的绿茶保健品，还是需要谨慎选择，有些绿茶提取物的补充剂含量违规。	正方	高	主张
7	生 2	92～99	EFSA 数据显示，欧洲吃含有绿茶儿茶素的食品补充剂每日 EGCG 摄入量达到 866mg 的人，已超过 95%，是时候需要提醒人们注意绿茶制品了。	正方	低	推理
8	生 3	112～132	但也不是所有绿茶制品都有问题啊，比如市面上最流行的两款绿茶饮料，EGCG 量分别约为 680mg 和 523mg，都小于 800mg，只要不经常喝，应该没有大问题。	反方	高	反驳
9	生 4	140～143	所以担心“喝绿茶伤肝”其实没必要吧?	反方	高	问题
10	生 1	183～210	是的，日常冲泡绿茶应该没有大碍，国人平均下来日均饮茶量约为 3.6g，根本达不到与 800mg EGCG 对等的 11g 干重的绿茶茶叶量。	反方	高	推理

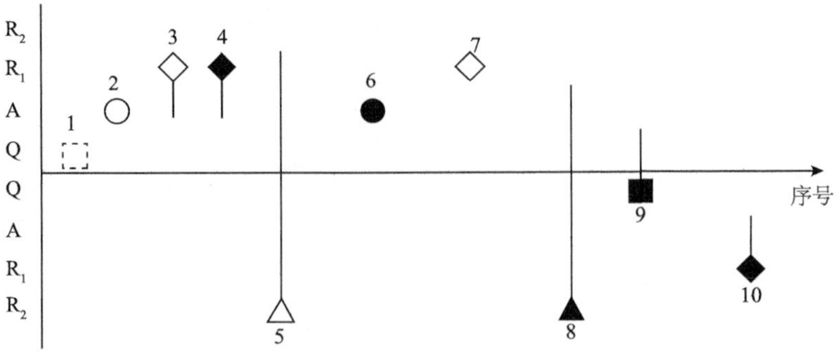

图 5.10 某控制组关于“绿茶与儿茶素”讨论片段的 GR 图

表 5.17　某空白组关于“绿茶与儿茶素”的讨论片段

序号	发言者	时间/s	陈述	观点	质量	类型
1	师	1～2	你认为应该如何看待绿茶及其产品？	中立	低	问题
2	生 1	5～8	人们不是说常饮绿茶能防癌吗，怎么还会损伤肝脏呢？	正方	低	主张
3	生 2	13～19	有科学依据说绿茶抗癌吗？不过 EFSA（欧洲食品安全局）发布的报告倒是说每日摄取 800mg 或以上的儿茶素（EGCG），可能会导致转氨酶升高，损伤肝脏。	反方	低	反驳
4	生 3	27～59	但是 EFSA 也怀疑，绿茶制品导致肝损伤可能是由于产品受到双稠吡咯啶生物碱（PA）的污染。只要在绿茶制品的制作工艺中严格控制和降低 PA 的含量，应该就没大问题了吧。	正方	高	推理
5	生 4	62～67	我觉得绿茶能防癌也要分癌症的种类吧，又不是都可以有效。	反方	低	反驳
6	生 2	86～91	如果要保证儿茶素摄入量不超过每日 800mg，虽然国外和国内的饮茶习惯不一样，但日常喝绿茶都不会超标，真正要留心的是“绿茶精华”类保健品。	正方	低	推理
7	生 1	105～118	绿茶儿茶素的主要摄入途径有三个：其中冲泡绿茶没问题，但膳食补充剂需要留心，那么绿茶饮料呢？	反方	高	问题
8	生 4	136～150	资料上说市面上最流行的两款绿茶饮料中，茶多酚含量分别为 1121mg/kg 和 930mg/kg，换算成 EGCG 量，分别约为 680mg 和 523mg，不多喝应该没问题。	正方	低	推理

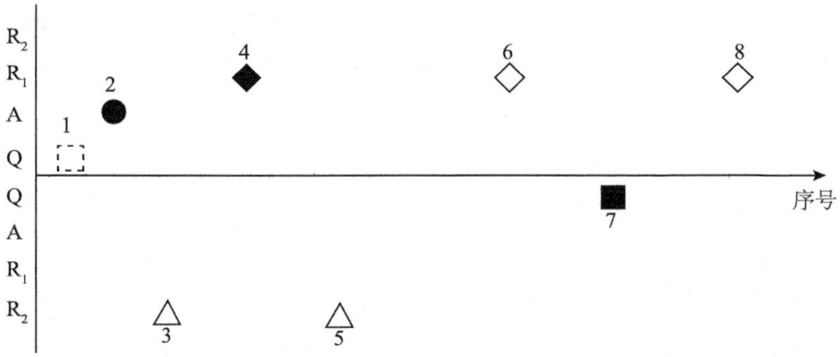

图 5.11　某空白组关于“绿茶与儿茶素”讨论片段的 GR 图

鉴于此论证话题属于“食品安全”主题，讨论的内容应该涉及对人类生活健康的思考。实验组学生在逐步的有效互动中已经能较好地联系生活，贴合主题进行深入论证：“喝绿茶是有好处的，我查过儿茶素具有预防蛀牙和整肠的功能，这就是为什么市场上含有绿茶成分的牙膏，以及老人家说喝绿茶可以通便”“但是饮用绿茶饮料要注意高糖和添加剂过多的健康问题吧，适量喝可以，喝多了也不行”。这也说明了论证图工具 ProcessOn 能引发学生围绕主题产生更多的讨论，拓宽论证思维，解决 SSI 能力得到显著提高，为活动中增强学生的批判性思维倾向打下基础。同时研究者也发现，三组学生在 SSI 情境下都能意识到事物的双面性，尽量避免看待问题时一概而论："但对于打着'清肺排烟毒''甩脂瘦身'等减肥标语的绿茶保健品，还是需要谨慎选择，有些绿茶提取物的补充剂含量违规""我觉得绿茶能防癌也要分癌症的种类吧，又不是都可以有效""如果要保证儿茶素摄入量不超过每日 800mg，虽然国外和国内的饮茶习惯不一样，但日常喝绿茶都不会超标，真正要留心的是'绿茶精华'类保健品。"

分析上述所呈现的学生小组论证活动讨论 GR 图，结合在线论证图工具 ProcessOn 对论证行为的影响，可以得出结论：在线论证图工具有助于促进 SSI 的论证。计算机的图示功能可以让学生的小组论证结构清晰可见，有效降低认知负荷的同时，也促使学生随时监控并关注互相的论证过程，及时发现问题进行批判反驳，增强学生交互的有效性，从而产生更多高质量的推理和反驳，拓宽论证思维。另外，由于 SSI 是与科学有关的存在争议的社会议题，具有开放性和跨学科性，包括不同社会因素的影响，促使学生在通过合作论证解决 SSI 时学会综合考虑经济、政治、环境等因素，从各种论证角度进行批判性的探讨，促进学生批判性思维发展。

四、批判性思维倾向测试

为更好地反映利用 ProcessOn 开展社会性科学议题的化学论证活动的效果，研究者在活动前后对全体参与论证教学实践的学生进行了批判性思维倾向测试，旨在了解学生在论证活动前后的批判性思维倾向的变化情况。

（一）问卷介绍

在批判性思维测量工具中，"加利福尼亚批判性思维倾向问卷调查"（California critical thinking disposition inventory，CCTDI）是其中比较成熟且应用比较广泛的一种，具有较好的测量信度和效度[22]。香港理工大学对其进行了翻译和修订，是目前较权威的中文版本。CCTDI 将批判性思维人格倾向分为寻求真理性（truth-seeking）、思想开放性（open-mindedness）、分析性（analyticity）、系统性（systematicity）、自信心（self-confidence）、好奇心（inquisitiveness）和成熟性（maturity）7 个维度[23]，共含 70 个测试项目，每一个维度包含 10 个项目。每个项目赞同程度的赋分情况如下：1 分="非常赞同"、2 分="相当赞同"、3 分="比较赞同"、4 分="一般赞同"、5 分="相当不赞同"、6 分="非常不赞同"。量表根据每个维度的单项合计得分和 70 个测试项目总得分，提供了评价性分数参考值[24]，详见表 5.18。

表 5.18　批判性思维倾向问卷评分标准

单个维度得分区间	总得分区间	批判性思维倾向程度
>50 分	>350 分	强
40～50 分	210～280 分	较强
<40 分	<210 分	弱

实验组和控制组各 40 人，合计 80 人。为排除学生在学校学习过程中其他因素对批判性思维倾向的影响，我们在活动期间特意增设了未参加论证活动的空白组 40 人来参与问卷调查。活动前后总计发放问卷 240 份，其中有效问卷 227 份，最后将收集的有效问卷进行评分统计并分析。

（二）结果分析

表 5.19 显示了被调查学生批判性思维倾向各维度的平均得分和总分情况。其中，论证活动前实验组、控制组和空白组学生的总分相近，无明显差异，并且均比较接近且在 230 分以下，根据 CCTDI 的评分标准，虽然被测学生的总分高于 210 分，但仍接近下限，说明这些高三年级学生的批判性思维倾向仍然较弱。其中，在 7 个维度中，得分最高的是思想开放性，最低的是系统性。高三学生的思想开放而在行为处事方面往往缺少系统性，可能主要原因是现阶段高三学生的短期目标是冲刺高考，但很多学生缺乏明确的人生目标与规划，整体上显得开放与随意，自我反省与批判意识也较低，这在某种程度上也反映了当前高中学生的一种生活态度和思维特点。

表 5.19　论证活动前后学生批判性思维倾向测试的得分统计结果

论证活动	分组情况	人数	问卷维度分数							总分
			寻求真理性	思想开放性	分析性	系统性	自信心	好奇心	成熟性	
活动前	实验组	40	33.54	34.32	32.80	28.77	32.83	32.11	33.17	227.54
	控制组	40	33.55	34.29	32.75	28.76	32.85	32.20	33.08	227.48
	空白组	40	33.52	34.37	32.83	28.75	32.79	32.14	33.12	227.52
活动后	实验组	40	35.38	36.72	34.95	31.06	34.25	33.17	36.49	242.02
	控制组	40	34.31	35.54	33.98	29.12	34.10	33.05	34.25	234.35
	空白组	40	33.51	34.33	32.86	28.81	32.76	32.18	33.20	227.65

经过一学期的基于 SSI 的化学论证活动的开展，实验组学生和控制组学生的

批判性思维倾向水平总体上都有上升趋势，各项维度得分也普遍高于活动前，而空白组学生（即未参加论证活动的学生）批判性思维倾向则无明显变化。这在一定程度上说明，论证的实践教学活动确实能促进学生批判性思维的发展。运用论证图工具 ProcessOn 的实验组学生，在批判性思维倾向方面不论是各维度的得分，还是总体水平，都要高于控制组。可见，基于 SSI 的论证活动确实有利于增强学生的批判性思维倾向，而活动中借助计算机支持的论证图工具 ProcessOn 更有助于学生的合作论证，提升学生的批判性思维。

研究过程中发现，在“寻找真理性”的指标中，面对有争议的话题，参与论证模式指导的学生会有意识地根据证据表达观点，基本不会出现“即使有证据与我的想法不符，我都会坚持我的想法”的现象。例如，在论证日常冲泡绿茶不会伤肝的观点时，实验组和控制组的学生知道用已知的证据去换算日常摄入绿茶的儿茶素量，看是否超标，而空白组学生则就日常饮茶的习惯凭直觉判断儿茶素不会超标。证据推理是组成论证的关键部分，也是形成批判性思维的基础，只有学会用证据说话，才能培养严谨求实的科学探究意识。基于计算机图示辅助下的实验组学生由于能进行更多的有效论证，产生更多的证据推理，因此“寻找真理性”的指标得分在活动前后增加更为明显。

在“思想开放性”的指标中，活动提供的合作论证环境让学生能在小组讨论的过程中，了解别人对事物的想法，并且具有开放性和跨学科性的 SSI 活动任务则促使学生从各种论证角度进行批判性的探讨，学会对不同世界观持开放的态度，让每个人都有权利表达自己的观点。而计算机图示辅助下的实验组学生由于论证思维得到更大拓展，产生更多高质量的主张，在“当面对困难时，要考虑事件所有的可能性”方面比控制组学生表现得更好。

在“分析性”的指标中，得分结果表明论证活动的确提高了学生分析问题的能力，特别是对于实验组学生，因为计算机的图示功能可以让学生的论证逻辑结构可视化，为“我善于有条理地去处理问题”提供了条件；促使学生随时监控关注互相的论证过程，反复阅读思考：“处理难题时，首先要弄清楚问题的症结所在”；在线论证图工具 ProcessOn 带来的“引发（Eli）→调节元认知（Regume）”功能让学生及时发现问题并进行批判反驳，意识到“要反对别人的意见，就要提出理由”；提高交互的有效性，有利于元认知的发展如“我发现自己常评估别人的论点”。

在“系统性”指标中，实验组学生得分改善情况也优于控制组学生，这应该得益于计算机带来的“展示（Exh）→阅读（Rea）”功能，帮助学生集中注意力——“我经常反复思考在实践和经验中的对与错”，不会像控制组学生那样频繁出现讨论混乱零散——“我可以不断谈论某一问题，但不在乎问题是否得到解决”，或者像空白组学生那样讨论到无关话题的情况——“我的注意力很容易受到外界环境影响”。

在“成熟性”指标中，可理解为是学生的“分析性”和“系统性”的进一步发展，学生会在论证过程中通过事物的表象探究其本质。而实验组学生借助计算机的“引发（Eli）→调节元认知（Regume）”功能学会“我总会先分析问题的重点所在，然后才解决它”，在计算机“展示（Exh）→阅读（Rea）”功能的督促下防止讨论时出现“如果可能的话，我会尽量避免阅读”的现象，因此活动后得分情况也优于控制组学生。

在“自信心”和“好奇心”指标中，学生在参与了基于 SSI 的化学论证活动后得分都相应有所提高，并且实验组和控制组学生差异不明显，说明合作式论证中的不断互动能增强学生解决问题的自信心，而 SSI 活动任务的新颖性有助于激发学生解决问题的好奇心和求知欲。

第四节　结论与反思

本章设计了若干典型的与化学教学相关的 SSI 的论证活动任务，研究了利用 ProcessOn 论证图工具开展化学论证活动对学生科学论证能力和批判性思维倾向的影响。通过对学生合作讨论、论证图工具使用以及问卷测试的研究，得出相关结论，以期为基于 SSI 的化学论证活动的开展提供参考。

一、研究结论

立足于 12 个基于 SSI 的化学论证活动，借助在线论证图工具 ProcessOn，对学生的小组合作论证展开了相关研究，主要得出以下两个方面的结论。

（一）基于论证图的论证活动可以更为显著地提升学生论证能力

通过研究发现，实验组学生在面向图形的计算机辅助应用程序的帮助下，论证结构更复杂且更善用反驳，论证质量显著增强。这说明研究选择的论证图工具 ProcessOn 更有利于学生开展合作式科学论证，提高科学论证能力。学生借助这种图表二维格式，通过将论证要素作为具体对象进行可视化识别，建立基于证据的逻辑结构清楚的推理，并联系多种立场的观点来产生反驳，最终得出理性结论。因此，在学生讨论、分析和评估有争议的话题时，在线论证图工具有利于学生进行有效互动从而完成认知任务，并促进其论证能力的发展。

（二）基于 SSI 的论证活动可增强学生批判性思维倾向

通过活动前后对学生进行批判性思维倾向测试，发现参与论证活动的两组学生的批判性思维倾向都有明显增强。这说明了基于 SSI 的化学论证活动有利于增强学生的批判性思维，并且在线论证图工具更有助于培养学生的批判性思维。事实上，鉴于批判性思维在很大程度上取决于论证活动中的反驳能力，研究所设计的 SSI 论证任务使用开放且具有挑战性的推理问题来培养学生的批判性思维，而计算机的可视化图表策略则有利于学生提取论证背后的逻辑结构，可以有效增加学生互动时提出反驳的概率，使学生通过有组织、有凝聚力的论证过程表现出良好的批判性思维倾向。

二、研究反思

（一）研究内容需进一步扩展和深化

本研究是在一个学期内针对数个典型且较新颖的有争议的 SSI 进行的活动，是立足于中学化学教学内容而展开的指向学生论证能力和批判性思维倾向发展的研究。研究内容虽然在深度和宽度上都尽可能地进行了拓展，但是由于涉及化学的 SSI 主题较多，论证图工具软件的种类也繁多，基于不同信息技术工具支持的合作论证的影响机制等问题都是值得后续的深入研究。

（二）研究需追踪不同背景学生的论证情况

本研究的调查对象是某普通公立高中的学生，由于该校在此之前并未配备齐全的技术资源，且较少有机会让学生体验基于技术的科学学习活动，因此可以进一步研究来检验学生的社会经济地位、学校的技术资源水平、地区的文化背景等对论证活动结果的影响。同时，由于采用小组合作论证，有必要探讨不同类型的性别群体是否会影响学生的论证能力。此外，本研究对象来自高三年级学生群体，其他学段的学生甚至是大学生等具备不同学业背景的学生之间是否有显著差异，这也是后续值得深入探讨的问题。

本 章 附 录

附录一　基于 SSI 的化学论证活动任务

活动任务 1：能源资源枯竭和环境污染严重是目前人类面临的重大问题。为实现能源的可持续发展，人类须开发核能、氢能、水能等新能源和可再生能源。如果只能资助一种替代能源来发电，你会资助哪种形式的替代能源[20]？请从来源、环境影响、经济性、技术等角度思考。

资料 1：核能源于核矿石内的能量，是原子核通过核反应，改变了原有的核结构，由一种原子核变成了另外一种新的原子核，即由一种元素变成另外一种元素或者同位素，由此所释放出的能量。研究表明，1kg 的铀裂变所产生的热量相当于 2.7×10^3t 标准煤燃烧产生的热量[25]。核能发电的成本中，燃料费用所占的比例仅为25%，但投资费比例约60%。根据核反应堆型式的不同，核裂变能电站（图5.12）可分为轻水（H_2O）堆型、重水（D_2O）堆型及石墨气冷堆型等。气冷堆核电机组的热效率可以达到40%，相比之下水冷堆核电机组的热效率只有33%，目前世界上的核电站大多数采用轻水堆型[26]。

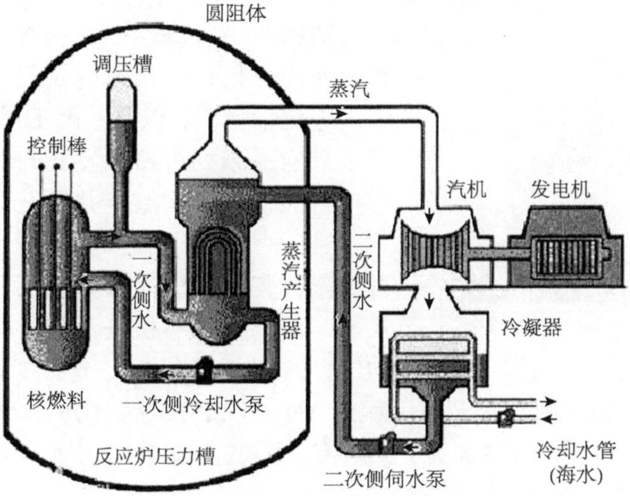

图 5.12　核裂变能电站发电原理示意图

资料 2：氢能发电指利用氢气和氧气燃烧，组成氢氧发电机组。氢燃料电池（图5.13）是新型的氢能发电方式，能源转换效率可达60%～80%。每千克氢燃烧后的热量，约为汽油的3倍，酒精的3.9倍，焦炭的4.5倍；燃烧的产物主要是水和少量氮化氢[27]。制取氢最方便的途径是电解水，然后加压使其液化再运输[28]。

资料 3：水能是一种可再生能源，主要用于水力发电。水力发电将水的势能和动能转换成电能。水力发电效率高达90%以上，发电成本低。为实现将水能转换为电能，需要兴建不同类型的水电站（图5.14）。每个国家的水力资源有限，会受到季节的影响[29]。

图 5.13　氢燃料电池

图 5.14　三峡大坝水电站

活动任务 2：2014 年，央视焦点访谈播出了《被化肥“喂瘦”的耕地》，节目一播出就引起了各方的关注，很多人发现“化肥对我们的生活产生了那么多不利影响”。随着现代人对食品安全的要求越来越高，无污染、无化肥农药残留的有机蔬菜受到更多市民喜爱。有机食品被誉为“朝阳产业”，具有广阔的市场。一些消费者认为化肥、农药等用得太多，对土壤造成了污染，进而影响到农作物品质，危害人体健康。所以，不用化肥和农药种植的作物，就是好产品。你认为现在我们是否应该大力提倡有机蔬菜的种植，完全拒绝化肥和农药的施用？

图 5.15 蔬菜分类

资料 1：有机蔬菜，是指在蔬菜生产过程中禁止使用任何化学合成的农药、化肥、生长调节剂等化学物质，以及基因工程生物及其产物，而是采取一系列可持续发展的农业技术，经过有机食品认证机构鉴定并颁发证书的蔬菜产品（图 5.15）[30]。有机蔬菜在国外早已经走入寻常百姓家，美国和日本的有机蔬菜高达 80%的普及率，而在中国有机蔬菜普及率很低，价格平均比普遍蔬菜高出 4～5 倍。据有关专家郁繁敏介绍，国际上有机蔬菜占蔬菜总面积的 3%～5%，按这个比例，50 万亩蔬菜面积中可发展有机蔬菜面积到 1.5 万～2 万亩，而事实这 50 万亩蔬菜面积中有机蔬菜面积连 3000 亩都发展不到[31]。

资料 2：化学肥料简称化肥，是用化学和物理方法制成的含有一种或几种农作物生长需要的营养元素的肥料，包括氮肥、磷肥、钾肥、微肥、复合肥料等。化肥对提高农作物的产量具有重要作用。但是，由于化肥中常含有一些重金属元素、有毒有机物和放射性物质，施入土壤后形成潜在的土壤污染。农药（图 5.16）是指农业上用于防治病虫害及调节植物生长的化学药剂，对农业的高产丰收有重要的作用。但农药本身就是有毒物质，使用不当会带来对自然环境的污染和对人体健康的危害[32]。

图 5.16 农民喷洒农药

21 世纪，世界粮食产量仍低于需求。联合国粮食及农业组织的资料显示，全球仍有数亿饥民，每年有数万人被饿死，同时又有数千万新生儿诞生。随着城市占用了越来越多的农业用地，城市化让越来越多的人离开农田，中国正在成为粮食进口大国。目前，中国已经成为世界第一大小麦和大米消费国、第二大玉米消费国，开始对世界粮食市场构成压力。外媒对中国农业发展的评论表示：“中国的粮食自给率仍然很低，甚至在快步走向农产品进口第一大国。”[33]

活动任务 3：分子烹饪，也称分子料理，正以不可抵挡的趋势，直接或间接地影响着我们的生活。转眼间，分子烹饪进入中国已经十来年，随着媒体的不断推广，这种全新奇异的烹饪方式逐渐出现在公众视野。分子烹饪自问世以来就备受争议，褒贬不一。喜欢的人说：这种烹饪方式是一场颠覆传统的厨房革命，使做菜变得更加科学有效。反对的人说：把做菜弄得像搞化学实验一样，根本就是对食物的侮辱。你是否支持分子烹饪呢？

资料 1：分子烹饪（molecular gastronomy），指的是科学借用外界因素，改变食物分子结构的一种烹饪方式，主要分为物理改变和化学改变两种。它是由法国化学家 Herve This 和牛津大学物理教授 Nicholas Kurti 于 1988 年共同提出的，将化学、物理学和其他科学原理运用到烹饪的过程、准备及其原料中[34]。不同菜品间存在着分子联系，厨师找出最理想的烹调方法及温度，从而创造出具有独特感官的菜肴。在将近 30 年的发展后，分子烹饪技术日渐完善成熟。广义区分，分子烹饪技术主要有以下几个类别。

（1）Spherification（胶囊系技术）。原理是海藻酸钠遇到钙离子可迅速发生离子交换，生成海藻酸钙胶球（图 5.17）。例如，El Bulli 餐厅的成名作之一“哈密瓜鱼子酱”，就是利用胶囊法，将哈密瓜汁与海藻酸钠混合，然后滴入氯化钙的水溶液中，果汁会迅速成为小圆球。圆球看似鱼子酱，实际上是哈密瓜的味道。

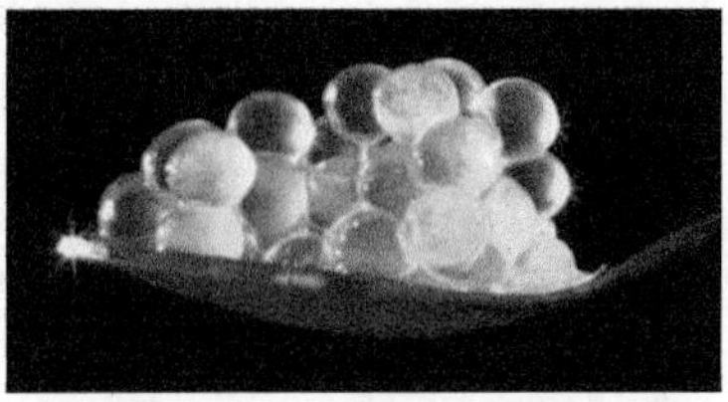
图 5.17　海藻酸钙胶球

（2）Emulsion（泡沫技术）。液体中添加卵磷脂，借用高速搅拌机使空气充盈其中的技术。在搅打鸡蛋、豆浆时看到的大量泡沫就是卵磷脂起的作用。在分子美食中，此技术最常用在各种酱汁中。当你把蘸着泡沫的鱼肉（图 5.18）吃进嘴里，会感受到细小泡沫在口中快速消失，并呈现出或奶油或柠檬的香气，继而还原成了酱汁[35]。

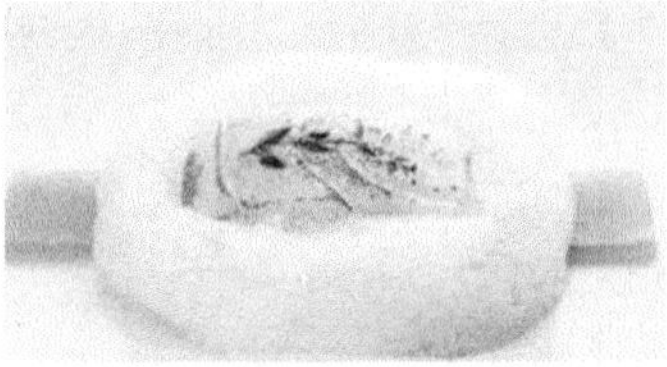
图 5.18　蘸着泡沫的鱼肉

（3）Sous-vide（真空低温系技术）。利用精准的控温加热器，按照严格恒定的较低温度（通常为 50～90℃）和时间对食物进行加热的方法（图 5.19）。通过分析食物的纤维、蛋白质、脂肪等途径来计算出严谨、精确的数据，并付诸实践。例如，鸡蛋在加热的过程中，蛋白和蛋黄中的蛋白质变性温度是不同的。鸡蛋在 65℃烹煮几小时后，蛋白很稀，蛋黄中卵运铁蛋白质发生凝固；当鸡蛋在 71℃

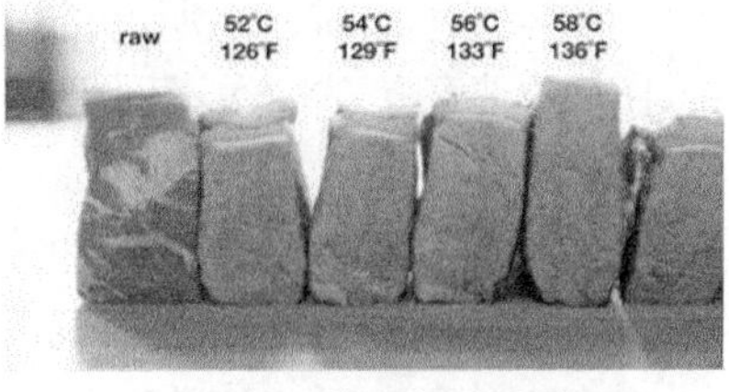

图 5.19　控温加热肉类

图 5.20 利用低温技术制成的三文鱼

烹煮后，蛋白中的卵类粘蛋白发生凝固，因而蛋白的硬度增加[36]。一块牛排，装入食品级塑料袋中抽真空，并放入水容器中通过特定的低温烹调出来，就可以轻松控制熟成度。一块三文鱼，从外观上来看，依然保持着橙黄色的诱人姿态，但是它里面早已变成熟透了的鱼肉，口感却绵软得像果冻（图 5.20）。

（4）液氮系技术。液氮的沸点为–190℃，利用液氮气化迅速吸收热量的特性，能使食材瞬间达到极低温度。液氮系烹饪主要运用在雪糕快速制作和一些冰球状容器上。例如，在制作冰淇淋过程中，将液氮倒入冰淇淋原料内，可以极快冰冻冰淇淋混合物，并且制作出浓雾状感觉。近几年在我国宣传的“分子冰激凌”（图 5.21）便是如此。此外，分子烹饪的技术还有烟熏技术、拉丝技术以及干燥技术等[37]。

图 5.21 分子冰激凌

资料 2：分子烹饪从设备、食材到技术都颠覆了传统烹饪的认知。分子烹饪采用的是实验室的仪器设备，如旋转蒸发仪、高速搅拌器、烟熏枪、液氮罐等，常用的加工技术包括低温慢煮、烟熏、液氮、胶化等新技术，这使得分子烹饪目前还只能在少数高端餐厅中使用。分子烹饪的食材除了常规的原料，还包括琼脂、褐藻胶、黄原胶、大豆卵磷脂等食品添加剂。例如，分子烹饪利用从海藻中提炼出的琼脂，让其与冷液体混合煮沸，加快凝胶化。黄原胶则是从一种杂多糖中获得的具有很强黏稠性的辅助剂，在分子烹饪中主要用于慕斯的制作和油水的混合。再如将益寿糖与葡萄糖混合使用，可在菜品中塑成不同的形状[38]。

活动任务 4：一些学者认为，三氯甲烷是使用液氯消毒后产生的副产物，具有致癌性。这主要是由于水中含有有机质，如腐殖质，在用氯气消毒的过程中可能由于氧化作用、卤代等一系列复杂的反应而产生卤代烃混合物，包括三氯甲烷。因此发达国家已经逐步淘汰用氯气消毒自来水，而改用 $NaClO$、ClO_2、O_3 等。你认为我们需要担心自来水中的余氯吗？利用氯气消毒自来水能不能被取代？

资料 1：目前，在所有的消毒剂中，氯气是最为经济的选择。液氯消毒是目前主流的消毒工艺，在不同规模水厂占 42.72%～88.79%；二氧化氯则主要用于中小型水厂，占 10.3%～42.29%；次氯酸钠、臭氧、紫外工艺在小于 5 万 m^3/d 的水厂中有少量运用[39]。但是近年来研究发现，当水中有机物含量高时，采用液氯消毒，会产生有致癌作用的有机卤化物。

可吸附有机卤化物（AOX）是国际上通用的一个污染物参数，可用于表征水中所有能被活性炭吸附的含有卤素（不包括氟）的有机物的总量。图 5.22 比较了不同水厂采用氯胺、液氯、次氯酸钠、二氧化氯等 4 种消毒方式的出厂水中 AOX 的含量，为水厂消毒副产物控制和消毒工艺改造提供技术参考[40]。表 5.20 选自我国关于自来水的国标《生活饮用水卫生标准》，据此标准，自来水的允许含氯量为 5mg/L[41]。

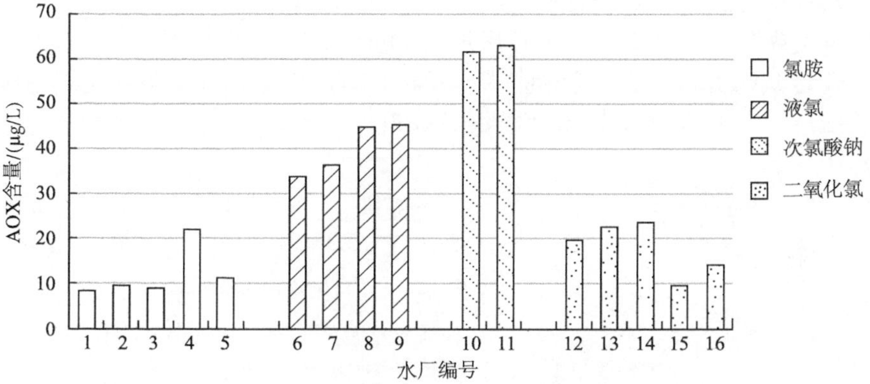

图 5.22　不同水厂不同消毒方式出厂水厂编号水中 AOX 含量

表 5.20　水质常规检验项目及限值

项目	限值/（mg/L）
三氯甲烷	0.06
四氯化碳	0.002
亚氯酸盐（使用二氧化氯消毒时）	0.7
氯酸盐（使用复合二氧化氯消毒时）	0.7

资料 2：液氯的灭菌消毒主要是依靠氯与水反应产生的次氯酸（HClO）氧化作用，次氯酸通过穿透进入带有负电荷的细菌内部，破坏酶系统，导致细菌死亡[42]。在我国，液氯消毒技术成熟、设备简单、易于操作，1mg/L 的投加量下，成本约为 0.003 元/m^3；余氯在饮用水消毒中持续时间长，消毒效果好[39]。

二氧化氯（ClO_2）是浅黄绿色的有毒气体，易挥发、易爆炸，是一种强氧化剂，消毒效果受 pH 影响很小，主要通过使蛋白质失活达到杀菌作用[43]。二氧化氯消毒仅仅是起氧化作用，几乎不生成有机卤代物。二氧化氯过量投加会在水中形成大量的亚氯酸根，对亚氯酸根的毒理学认识目前仍处于研究阶段。二氧化氯消毒运行成本为 0.008～0.015 元/m^3（1mg ClO_2/L 投加量），设备管理要求高[44]。

臭氧（O_3）是一种很强的氧化剂，臭氧在水中不稳定，容易分解产生具有强氧化作用的羟基自由基（·OH），对有机污染物以及微生物进行氧化。臭氧消毒杀菌效果好，接触时间短，且不产生二次有毒污染物[45]。臭氧无持续消毒能力，在饮用水深度处理中经常与其他技术如液氯消毒剂联用，效果显著。臭氧消毒耗电较大，运行成本为 0.03～0.05 元/m^3（1mg O_3/L 投加量）；溴离子存在时，易形成溴酸盐、甲醛等副产物[46]。

活动任务 5：打着“绿茶精华”“绿茶减肥”“绿茶降胆固醇”旗号的广告层出不穷，然而近日，欧洲食品安全局（EFSA）发布《绿茶儿茶素的安全性评价》报告，向大众发出健康警示：每日摄取 800mg 或以上的儿茶素（EGCG），可能会导致转氨酶升高，损伤肝脏[47]。结果一出引发公众对绿茶减肥药、绿茶保健品的忧虑，一些人甚至觉得“喝绿茶伤肝”。你认为应该如何看待绿茶及其产品？

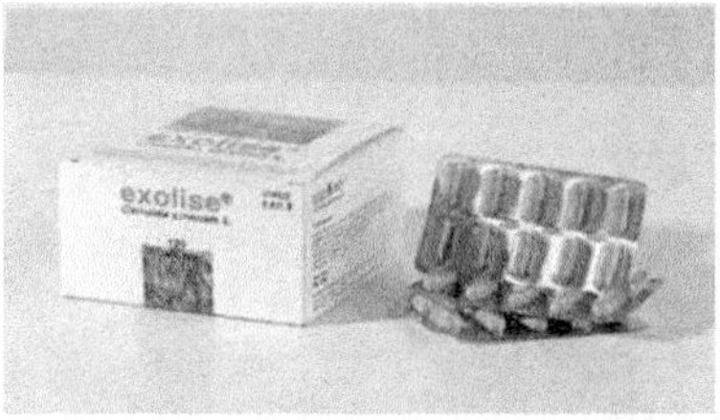

图 5.23　含绿茶成分的减肥产品 Exolise

资料 1：2003 年，一款含绿茶成分的减肥产品 Exolise（图 5.23）退市，原因是上市后报告了 13 例肝损伤病例，发生率为每售出 10 万盒产品有 1 例肝损伤。从此以后，更多含绿茶成分的减肥产品由于疑似肝毒性而被召回，而绿茶和肝损伤关系的研究开始受到越来越多的关注。一些病例报告和干预试验观察到，绿茶儿茶素摄入和肝脏转氨酶升高间有关联，而转氨酶升高可能提示肝功能损伤[48]。

儿茶素是茶叶中黄烷醇类物质的总称，是茶多酚中最重要的一种，占各类茶中茶多酚含量的 75%～80%，它赋予了茶苦涩的口感。由于制作工艺的差别，各类茶中儿茶素的含量不同，未经发酵的绿茶中儿茶素含量最高。儿茶素可以进一步分为 4 类，EGCG（表没食子儿茶素没食子酸酯）是茶中含量最高的一种（图 5.24），很多研究也是以 EGCG 的摄入量来替代儿茶素展开的[49]。另外，EFSA 怀疑，绿茶制品导致肝损伤可能是由于产品受到双稠吡咯啶生物碱（PA）的污染。PA 是一种广泛存在于多种植物中的化学物，其肝毒性是比较确定的[15]。

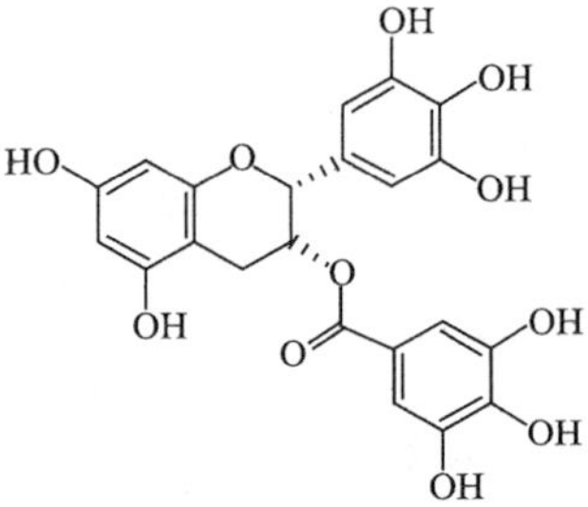

图 5.24　EGCG 化学结构式

图 5.25　冲泡绿茶

资料 2：绿茶儿茶素的主要摄入途径有三个：一是冲泡绿茶（图 5.25），二是绿茶饮料（含绿茶提取物），三是膳食补充剂（含浓缩的绿茶提取物）。EFSA 的数据显示，欧洲成年人每日绿茶 EGCG 摄入量平均值为 321mg，而吃含有绿茶儿茶素的食品补充剂每日 EGCG 摄入量达到 866mg 的人，已经超过 95%[47]。据欧洲食品安全局估计，100g（干重）绿茶约含有 7000mg EGCG，100g 绿茶茶汤约含有 70mg EGCG。基于中国人饮茶行为的调查，根据“中国茶产业现状—茶叶内销数据”分析所得，在 2015 年我国人均消费茶叶约为 1300g，也就是说，日均饮茶量约为 3.6g[50]。一项研究测量了市面上常见的绿茶饮料的茶多酚含量，发现最流行的两款饮料中，茶多酚含量分别为 1121mg/kg 和 930mg/kg，换算成 EGCG 量，分别约为 680mg 和 523mg[51]。

资料 3：对于绿茶保健品（图 5.26），这些保健品主要分为两类：一类是进口的“绿茶精华胶囊”，另一类是国内厂商制作的“绿茶多酚粉”[52]。这些含有 EGCG、儿茶素、茶多酚等绿茶提取物的补充剂，每种产品的说明书不同，比如一款主打高浓度绿茶提取的胶囊，每日一粒，每粒含有效成分 225mg。2012 年，美国一位名叫克里斯托弗的 17 岁少年，因服用营养保健品店购得的“燃烧脂肪”补充剂（一种浓缩型绿茶提取物）后发生了严重肝损伤，需要接受肝移植。随后美国肝脏专家综合全国网络进行的一项分析显示，因服用包括含绿茶补充剂在内的膳食补充剂而导致的肝损伤，约占院内所有药物相关性肝损伤的 20%。虽然许多患者在停止服用补充剂并接受治疗后恢复了健康，但也有少数患者需接受肝移植或因肝脏衰竭而死亡[16]。

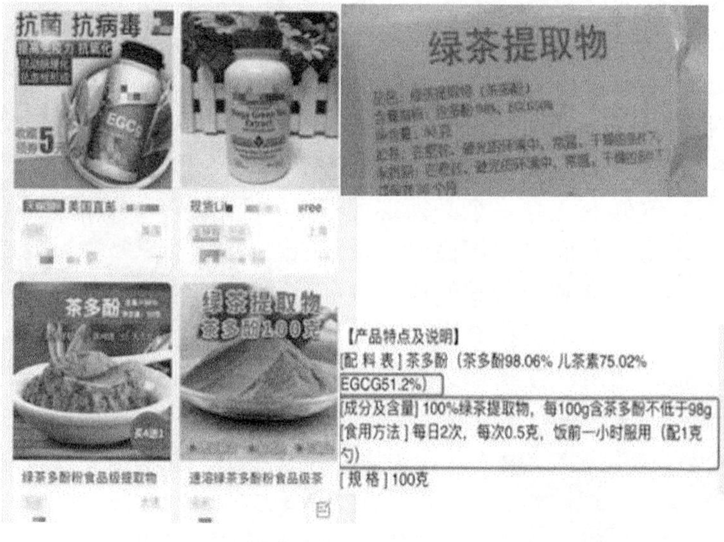

图 5.26　绿茶保健品

活动任务 6：据美国能源信息署（EIA）预计，2010～2040 年，全球能源消耗将增长 56%[21]。我们该如何满足这一需求？众所周知，随着化石燃料储量的减少，人类正面临着严峻的挑战——如果不立刻采取行动，我们将无法满足未来的能源需求。许多人认为，我们应当开发有助于提高能源使用效率的技术。在这个问题上，人们的态度截然不同：一部分人认为应当大力开发风能和太阳能等可再生能源，另一部分则认为只要努力去找，就能找到大量的化石燃料。而页岩气似乎是一个可行的替代方案，但有人认为页岩气开采的风险过高。你认为应该开采页岩气吗？

图 5.27 页岩气开采场

资料 1：EIA 在 2015 年报告中指出，可再生能源和核能已经成为全球增长最快的能源领域，年增速达到 2.5%，在欧洲，可再生能源甚至过去二十年里平均每年增长 5%。但所有能源的近 80%仍然是化石燃料。天然气用量年增长率达到 1.7%，这应当部分归功于页岩气的开采（图 5.27）。在美国，页岩气生产的崛起不但减少了家庭能源开支，也为塑料等制造行业提供了帮助。EIA 预计全球可开采页岩气总量约为 7299 万亿立方英尺（10 亿立方英尺=$2.35974\times10^{-3}m^3$）。中国、阿根廷、阿尔及利亚和美国的储量分列前四[53]。但水力压裂法（又称致裂法，即使用高压从地层释放页岩气）也引起了环保组织的担忧，称这种工艺可能造成水源污染甚至经证实会引发地震活动，并且指出能源行业的温室气体排放已经占到全球总量的 2/3[54]。

资料 2：以下是专家对页岩气开采的观点，来自对 *Creating Chemistry* 杂志 2017 年的采访资料整理：欧洲议会和荷兰绿党的成员 Bas Eickhout（图 5.28）："我们必须为未来寻找妥善的替代方案。气候变化是一个必须纳入考虑的重要因素。未来，我们不得不面对一个没有化石燃料的世界。这就意味着我们应当逐渐远离天然气。天然气只是人类抛弃煤炭时的折中选择；有不少报告指出，在未来三十到四十年内，欧洲就能完全放弃化石燃料。那么，要确保欧洲未来的能源供应，最好的办法莫过于投资开发非化石燃料的解决方案；在我看来，也就是要开发可再生能源。我认为要是真的选择了可再生能源并提高能源效率，为什么还要投资页岩气呢？"

图 5.28 欧洲议会和荷兰绿党的成员 Bas Eickhout

德国弗莱贝格矿业技术大学矿学院院长 Mohammed M. Amro（图 5.29）："水力压裂法 20 世纪 40 年代诞生于美国，现在之所以成为热门话题受到广泛关注，是因为人们的环保意识在不断提高，不过其中还存在很多误解。水力

图 5.29 德国弗莱贝格矿业技术大学矿学院院长 Mohammed M. Amro

压裂法风险之一在于水平裂缝的长度，以及与之相关的地震和水污染等问题。如果限制裂缝长度，就能将潜在问题减到最少。水平裂缝的长度可以通过压裂液的用量来控制，所以我们应当规定每条裂缝允许使用的压裂液用量。另外还有很重要的一点——我们不应当在板块运动活跃的地方进行压裂作业。目前我们需要在开发可降解的无毒化学品方面做更多工作。此外，我们还在研究水力压裂液中杀菌剂的替代产品（用于减少细菌，防止生成腐蚀性副产品）。在这方面已经有很多研究，比如使用紫外线等等。同时，我们也在尽力减少所用化学品的种类。”

图 5.30　巴斯夫执行董事会成员 Dr. Harald Schwager

巴斯夫执行董事会成员 Dr. Harald Schwager（图 5.30）：“页岩气与天然气几乎毫无差异，因此也具有同样的生态优势。页岩气主要蕴藏在页岩（一种通常富含石油和天然气的沉积岩）岩层中，是以吸附和游离状态为主要存在方式的非常规天然气，成分以甲烷为主。直到 20 世纪 90 年代，页岩气才通过水力压裂法实现了经济高效的开采。自 60 年代以来，该技术在德国广泛用于常规天然气开采，并未对环境或地下水造成明显影响。页岩气压裂开采的压裂液 98%的成分为水和沙，2%为其他化学物质。加入化学品是出于多种原因，如防腐蚀和减少摩擦等。多年来，这种技术得到了长足的发展，目前已经可以在世界各地实现页岩气的经济、环保开采。页岩气为美国这个重要的工业市场重新注入了活力，低廉的能源和天然气价格吸引了高达数十亿美元的投资。页岩气带给美国的优势不仅仅体现在经济方面。从气候角度来看，天然气的环保性远远优于煤炭，因此美国得以大幅减少了温室气体排放。在欧洲，页岩气可以让很多国家长期保持目前的天然气供应水平，并显著提升欧洲能源和原材料供应的保障。”

附录二　关于批判性思维倾向调查问卷

以下是批判性思维能力在性格上所表现出来的一些特质。其中有些特质可能你是非常赞同的，有些特质可能你是非常不赞同的，请根据你自己的情况来判定。请先仔细看清每一特质，并确信你已理解其含义，然后参看表 5.21 的程度说明，在相应题项所对应的数字下方打钩，以表示你对该项目的赞同程度（表 5.22～表 5.28）。

表 5.21　批判性思维倾向的程度说明

程度	非常赞同	相当赞同	比较赞同	一般赞同	相当不赞同	非常不赞同
分值	1	2	3	4	5	6

作答方法：例如，如果你“非常赞同”这一特质就在“1”对应框中“√”。

注意：要根据你自己的情况进行真实评定，每一特质都要评定，不要有遗漏。

表 5.22 批判性思维中“寻找真理性”倾向的调查

一、寻找真理性	非常赞同→非常不赞同					
	1	2	3	4	5	6
1. 面对有争议的论题，要从不同的见解中选择其一，是极不容易的。						
2. 对某件事如果有四个理由赞同，而只有一个理由反对，我会选择赞同这件事。						
3. 即使有证据与我的想法不符，我都会坚持我的想法。						
4. 处理复杂的问题时，我感到惊慌失措。						
5. 当我表达自己的意见时，要保持客观是不可能的。						
6. 我只会寻找一些支持我看法的事实，而不会去找一些反对我看法的事实。						
7. 有很多问题我会害怕去寻找事实的真相。						
8. 既然我知道怎样作这一决定，我便不会反复考虑其他的选择。						
9. 我们不知道应该用什么标准来衡量绝大部分问题。						
10. 个人的经验是验证真理的唯一标准。						

表 5.23 批判性思维中“思想开放性”倾向的调查

二、思想开放性	非常赞同→非常不赞同					
	1	2	3	4	5	6
1. 了解别人对事物的想法，对我来说是重要的。						
2. 我正尝试少做主观的判断。						
3. 研究外国人的想法是很有意义的。						
4. 当面对困难时，要考虑事件所有的可能性，这对我来说是不可能做到的。						
5. 在小组讨论时，若某人的见解被其他人认为是错误的，他便没有权利去表达意见。						
6. 外国人应该学习我们的文化，而不是要我们去了解他们的文化。						
7. 他人不应该强逼我去为自己的意见作辩护。						
8. 对不同的世界观（例如：进化论、有神论）持开放态度，并不是那么重要。						
9. 各人有权利发表他们的意见，但我不会理会他们。						
10. 我不会怀疑众人都认为是理所当然的事。						

表 5.24　批判性思维中“分析性”倾向的调查

三、分析性	非常赞同→非常不赞同					
	1	2	3	4	5	6
1. 当他人只用浅薄的论据去为好的构思护航，我会感到着急。						
2. 我的信念都必须有依据支持。						
3. 要反对别人的意见，就要提出理由。						
4. 我发现自己常评估别人的论点。						
5. 我可以算是个有逻辑的人。						
6. 处理难题时，首先要弄清楚问题的症结所在。						
7. 我善于有条理地去处理问题。						
8. 我并不是一个很有逻辑的人，但却常常装作有逻辑。						
9. 要知道哪一个是较好的解决方法，是不可能的。						
10. 生活的经验告诉我，处事不必太有逻辑。						

表 5.25　批判性思维中“系统性”倾向的调查

四、系统性	非常赞同→非常不赞同					
	1	2	3	4	5	6
1. 我总会先分析问题的重点所在，然后才解决它。						
2. 我很容易整理自己的思维。						
3. 我善于策划一个有系统的计划去解决复杂的问题。						
4. 我经常反复思考在实践和经验中的对与错。						
5. 我的注意力很容易受到外界环境影响。						
6. 我可以不断谈论某一问题，但不在乎问题是否得到解决。						
7. 当我看见新产品的说明书复杂难懂时，我便放弃继续阅读下去。						
8. 人们说我做决定时过于冲动。						
9. 人们认为我做决定时犹豫不决。						
10. 我对争议性话题的意见，大多跟随最后与我谈论的人。						

表 5.26 批判性思维中“自信心”倾向的调查

五、自信心	非常赞同→非常不赞同					
	1	2	3	4	5	6
1. 我欣赏自己拥有精确的思维能力。						
2. 需要思考而非全凭记忆作答的测验较适合我。						
3. 我的好奇心和求知欲受到别人欣赏。						
4. 面对问题时，因为我能做出客观的分析，所以我的同辈会找我做决定。						
5. 对自己能够想出有创意的选择，我很满足。						
6. 做决定时，其他人期待我去制订适当的准则作指引。						
7. 我的求知欲很强。						
8. 对自己能够了解其他人的观点，我很满足。						
9. 当问题变得棘手时，其他人会期待我继续处理。						
10. 我害怕在课堂上提问。						

表 5.27 批判性思维中“好奇心”倾向的调查

六、好奇心	非常赞同→非常不赞同					
	1	2	3	4	5	6
1. 研究新事物能使我的人生更丰富。						
2. 当面对一个重要抉择前，我会先尽力搜集一切有关的资料。						
3. 我期待去面对富有挑战性的事物。						
4. 解决难题是富有趣味性的。						
5. 我喜欢去找出事物是如何运作的。						
6. 无论什么话题，我都渴望知道更多相关的内容。						
7. 我会尽量去学习每一样东西，即使我不知道它们何时有用。						
8. 学校里大部分的课程是枯燥无味的，不值得去选修。						
9. 学校里的必修科目是浪费时间的。						
10. 主动尝试去解决各样的难题，并非那么重要。						

表 5.28 批判性思维中“成熟性”倾向的调查

七、成熟性	非常赞同→非常不赞同					
	1	2	3	4	5	6
1. 我总会先分析问题的重点所在，然后才解决它。						
2. 所谓真相，不外乎个人的看法。						
3. 付出高的代价（如金钱、时间、精力），便一定能换取更好的意见。						
4. 当我持开放的态度，便不知道什么是真、什么是假。						
5. 如果可能的话，我会尽量避免阅读。						
6. 对我自己所相信的事，我是坚信不疑的。						
7. 用“比喻”去理解问题，像在公路上驾驶小船。						
8. 解决难题的最好方法是向别人问取答案。						
9. 事物的本质和它的表象是一致的。						
10. 有权势的人所作的决定便是正确的决定。						

（测试至此结束，非常感谢！）

参 考 文 献

[1]Okada A, Buckingham S S. Evidence-based dialogue maps as a research tool to evaluate the quality of school pupils' scientific argumentation[J]. International Journal of Research and Method in Education, 2008, 31(1): 291-315.

[2]Marttunen M, Laurinen L. Collaborative learning through chat discussions and argument diagrams in secondary school[J]. Journal of Research on Technology in Education, 2007, 40(1): 109-126.

[3]Scheuer O, McLaren B M, Weinberger A, et al. Promoting critical, elaborative discussions through a collaboration script and argument diagrams[J]. Instructional Science, 2014, 42(2): 127-157.

[4]Billings D M, Kowalksi K. Argument mapping[J]. Journal of Continuing Education in Nursing, 2008, 39(6): 246-247.

[5]van Gelder T J. The Rationale for rationale[J]. Law, Probability and Risk, 2007, (6): 23-42.

[6]Scheuer O, Loll F, Pinkwart N, et al. Computer-supported argumentation: a review of the state of the art[J]. International Journal of Computer-Supported Collaborative Learning, 2010, 5(1): 43-102.

[7]Dwyer C P, Hogan M J, Stewart I. An evaluation of argument mapping as a method of enhancing critical thinking performance in e-learning environments[J]. Metacognition and Learning, 2012, 7(3): 219-244.

[8]Hsu P S, van Dyke M, Chen Y, et al. A cross-cultural study of the effect of a project based learning

environment that incorporates a graph-oriented, computer-assisted application on middle school students' science knowledge and scientific argumentation[J]. Journal of Computer Assisted Learning, 2016, 32(1): 51-76.

[9]Pea R D. Beyond amplification: using the computer to reorganize mental functioning[J]. Educational Psychologist, 1985, 20(4): 167-182.

[10]Lajoie S P, Durry S J. Computers as cognitive tools[M]. New York: Lawrence Erlbaum Associates, 2013.

[11]Weinberger A, Stegman K, Fischer F. Learning to argue online: scripted groups surpass individuals[J]. Computers in Human Behavior, 2010, 26(4): 506-515.

[12]Snyder E. Energy information administration predicts: natural gas decline in major shale regions[J]. World Oil, 2015, (20): 18.

[13]Feitshans I L. Global health impacts of nanotechnology law: a tool for stakeholder engagement[M]. Singapore: Pan Stanford Publishing , 2018.

[14]Steele C R. Dietary patterns associated with meeting the world health organization free sugar guidelines in New Zealand adults[D]. New Zealand: University of Otago, 2018.

[15]Younes M, Aggett P. Scientific opinion on the safety of green tea catechins[J]. The European Food Safety Authority Journal, 2018, 16(4): 5239-5289.

[16]Mak J C. Potential role of green tea catechins in various disease therapies: progress and promise[J]. Clinical and Experimental Pharmacology Physiology, 2012, 39(3): 1440-1681.

[17]钟声亮, 盛寿日, 徐蓉, 等. 在无机化学教学中增加纳米化学内容的实践与探讨[J]. 化学教育, 2011, 32(4): 40-41.

[18]方彦麟. 基于社会科学议题的化学论证活动案例研究[D]. 南京: 南京师范大学硕士学位论文，2019.

[19]Kelly G J, Crawford T. Student's interaction with computer representations: analysis of discourse in laboratory groups[J]. Journal of Research in Science Teaching, 1996, 33(7): 693-707.

[20]Hsu P S, Dyke M V, Smith T J, et al. Argue like a scientist with technology: the effect of within-gender versus cross-gender team argumentation on science knowledge and argumentation skills among middle-level students[J]. Educational Technology Research and Development, 2018, (3): 1-34.

[21]Stephen P A. Brown natural gas vs. oil in U. S. transportation: will prices confer an advantage to natural gas?[J]. Energy Policy, 2017, 110(8): 210-221.

[22]Iranfar S. Validly and reliability of California critical thinking disposition inventory (CCTDI) in Kermanshah university of medical sciences[J]. Clinical Practice and Epidemiology in Mental Health, 2012, 8(1): 22-29.

[23]罗清旭, 杨鑫辉. 《加利福尼亚批判性思维倾向问卷》中文版的初步修订[J]. 心理发展与教育, 2001, 17(3): 47-51.

[24]汪福秀. 大学生批判性思维能力的结构性分析——基于一所省属高校大学生批判性思维倾向的问卷调查[J]. 武汉商学院学报, 2015, 29(3): 77-80.

[25]关根志, 左小琼, 贾建平. 核能发电技术[J]. 水电与新能源, 2012, (1): 7-9.

[26]郭久亦, 于冰. 世界核能概述[J]. 世界环境, 2017, (2): 62-64.

[27]刘春娜. 氢能——绿色能源的未来[J]. 电源技术, 2010, 34(6): 535-538.
[28]罗承先. 世界氢能储运研究开发动态[J]. 中外能源, 2017, (11): 41-49.
[29]刘钊. 水力发电工程与环境保护的分析[J]. 中国科技投资, 2018, (3): 53-54.
[30]王广印, 马新立, 张建伟, 等. 无公害蔬菜、绿色蔬菜和有机蔬菜的比较分析[J]. 吉林农业科学, 2006, (6): 57-61.
[31]解卫华, 肖兴基, 罗羽洧. 国外有机蔬菜发展现状与启示[J]. 中国蔬菜, 2009, (15): 1-5.
[32]杨军. 减少化肥农药用量是保护恢复农业生态环境的重要保证[J]. 辽宁农业科学, 2015, (5): 66-68.
[33]曾福生, 周静. 新常态下中国粮食供求平衡新思路[J]. 农业现代化研究, 2017, 38(4): 553-560.
[34]林桦. 新兴分子烹饪专家演绎 darlalata 盛宴[J]. 中国食品, 2011, (13): 90.
[35]杨超. 分子烹饪原理及常用方法分析[J]. 食品安全导刊, 2015, (24): 67.
[36]Hervé T. Molecular gastronomy, a scientific look at cooking[J]. Accounts of Chemical Research, 2009, 42(10): 575-583.
[37]刘树萍, 杜险峰, 崔震昆. 分子烹饪的研究现状及发展前景[J]. 科技视界, 2014, (36): 25-26.
[38]吴晶, 汤力, 林桦. 浅谈分子烹饪美食与现代中国烹饪的发展[J]. 中国食品, 2011, 587(19): 29-31.
[39]张金松, 卢小艳. 用水消毒工艺及副产物控制技术发展[J]. 给水排水, 2016, (9): 1-3.
[40]程毅. 不同消毒方式的自来水中可吸附有机卤化物(AOX)含量的比较[J]. 城镇供水, 2018, (3): 22-23.
[41]程婉秋, 周群霞, 徐贻萍, 等. 《生活饮用水卫生标准》可操作性及术语定义的追踪评价[J]. 中国卫生监督杂志, 2017, (3): 216-221.
[42]刘珊, 万新南. 饮用水氯消毒及余氯控制技术展望[J]. 水土保持研究, 2005, 12(5): 268-270.
[43]脱美斯, 刘丛, 李晓明, 等. 液氯消毒与二氧化氯消毒的比较及应用前景分析[J]. 辽宁化工, 2011, (9): 926-928.
[44]党永雄. 污水处理消毒技术的实用性比较[J]. 山西农经, 2015, (5): 88-89.
[45]王祥勇, 陈洪斌, 阮久丽. 污水和再生水臭氧消毒的研究和应用[J]. 水处理技术, 2010, 36(4): 19-23.
[46]张书芬, 王全林, 沈坚, 等. 饮用水中臭氧消毒副产物溴酸盐含量的控制技术探讨[J]. 水处理技术, 2011, 37(1): 28-32.
[47]Younes M, Aggett P, Aguilar F, et al. Safety in use of glucosylated steviol glycosides as a food additive in different food categories[J]. The European Food Safety Authority Journal, 2018, 16(2): 5181.
[48]The European Food Safety Authority. Scientific opinion on the safety of the proposed amendment of the specifications for steviol glycosides as a food additive[J]. The European Food Safety Authority Journal, 2015, 13(12): 4316.
[49]周露露, 高原, 牛知慧, 等. 茶叶中儿茶素的药理作用及其研究进展[J]. 辽宁化工, 2018, (4) : 316-318.
[50]李夏, 吕筠, 郭彧. 中国慢性病前瞻性研究: 10 个项目地区成年人群饮茶行为特征差异分析[J]. 中华流行病学杂志, 2015, 36(11): 1195-1199.

[51]孟晓华. 市售茶饮料茶多酚含量的研究[J]. 食品安全导刊, 2016, (82): 70-71.
[52]魏秀珍, 姜兴华, 高美珍绿茶的保健作用研究[J]. 科技展望, 2015, (12): 232.
[53]Snyder E. EIA predicts natural gas decline in major shale regions[J]. World Oil, 2015, (5): 18.
[54]Mistre M, Crenes M, Hafner M. Shale gas production costs: historical developments and outlook[J]. Energy Strategy Reviews, 2018, 20(1): 20-25.

第六章　基于高质量对话的化学优质课例研究

随着社会建构主义和社会文化理论的兴起以及社会科学的“语言学转向”，研究者对“话语”的关注持续升温[1]。国际课堂话语研究的蓬勃发展为我国的课堂研究开启了新思路。然而，目前我国的课堂话语研究仍有待开拓，在研究内容上多以教师话语为关注对象，缺少互动话语的分析；在研究方法上多以思辨方式推进开展，缺少定量研究及量化与质性结合的混合式研究。因此，我国的课堂话语研究需将话语置于“课堂互动”的“对话”机制下加以深入探讨。进言之，课堂话语研究不仅需要揭示真实课堂中师生互动话语和生生互动话语的特征，更需要关注与考察课堂互动话语的运作机制。本章依托高质量对话模型，采用定量分析与质性描述混合式研究方法，通过分析高中化学优质课中的师生话语类型、学生论证水平和师生话语互动序列，凝练化学优质课堂中师生、生生之间进行高质量对话的话语特征以及互动关系，探讨高质量对话与学生论证行为之间的关联，以期为课堂话语研究开拓新空间，为中学化学教师的课堂教学提供积极建议。

第一节　高质量对话模型

大量研究表明，高质量课堂话语可有效促进学生概念建构与科学论证，发展批判性思维。然而，教师往往对如何高效组织并利用课堂话语来促进教学束手无策。本节主要介绍高质量对话模型的发展历程、结构要素及其编码方案，为后续研究奠定基础。

一、高质量对话的发展历程

威尔金森（Wilkinson）、墨菲（Murphy）[2]和索特（Soter）[3]及其研究团队

是 QT 对话的奠基者与发展者。他们首先对已有的课堂讨论方式进行综合性的文献研究，并分析各类讨论方式的有效性及其对话本质，进而遴选出能促进学生批判性分析思维能力的典型讨论方式，将其关键之处进行整合发展形成 QT 对话。

QT 对话根据其应用的学科领域，可以分为 QT_{LA} 和 QT_S。QT_{LA} 即语言艺术质量对话（quality talk language art），是将 QT 对话模式应用于小学高年级语言艺术课程，着力于开发一系列微课以帮助教师理解 QT 对话的组成部分，并协助其探究学生参与 QT 对话的最佳分组方式。QT_S 即科学质量对话（quality talk science），是将 QT 对话应用于高中自然科学课程如化学与物理课堂，着力于在 QT_{LA} 基础上，立足于科学学习领域中评估 QT 对话的有效性。学生在 QT_{LA} 中讨论更多的是记叙性文本如《孔乙己》、《社戏》等，而在 QT_S 中则阅读和讨论科学核心概念如能量、牛顿定律等。QT_S 的目的不仅在于提高学生对科学文本的高阶理解力，同时也帮助学生提升科学素养并建构知识体系。尽管应用于不同领域 QT 对话的学科背景与内容有所差异，但其核心结构与组成要素是一致的，都致力于促进学生参与富有成效的 QT 对话。

二、高质量对话模型的结构与要素分析

QT 对话模型主要由三部分组成：①实施 QT 对话的理想教学框架（ideal instructional frame）；②可激发高阶思维的特定话语要素（discourse elements）；③教师在实施 QT 对话时需要秉持的教学原则（pedagogical principles），如图 6.1 所示[4]。

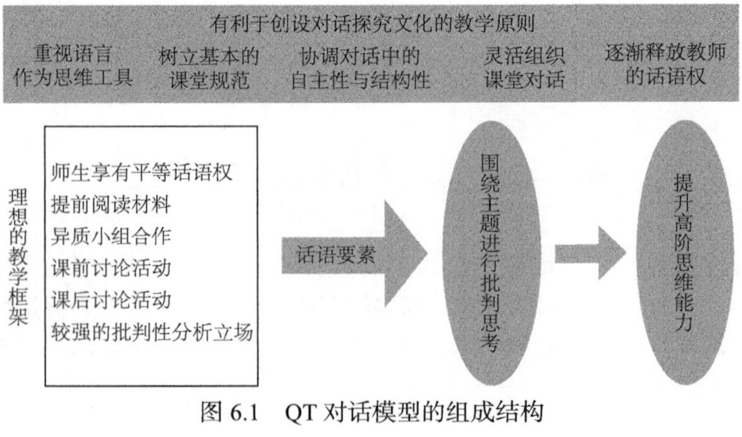

图 6.1 QT 对话模型的组成结构

（一）理想的教学框架

教学框架用于指导在实践中应用 QT 对话模式的流程，以达到最佳效果。首

先，教师选定主题，并让学生提前阅读。例如，教师可以让学生围绕安全气囊的主题阅读一系列包含一定信息量的短文。然后，结合论前活动，如提供相关资料、指导学生思考短文大意、鼓励学生提出若干问题，从而确保学生对相关材料有所了解并为讨论做好准备。例如，教师可预先设计一份工作单（worksheet，如图 6.2 所示[5]），工作单上呈现围绕讨论主题的典型主张，学生需表明对这些主张的立场并从已有信息中搜集证据且给出理由，工作单中还可写下其在论前活动中产生的问题。

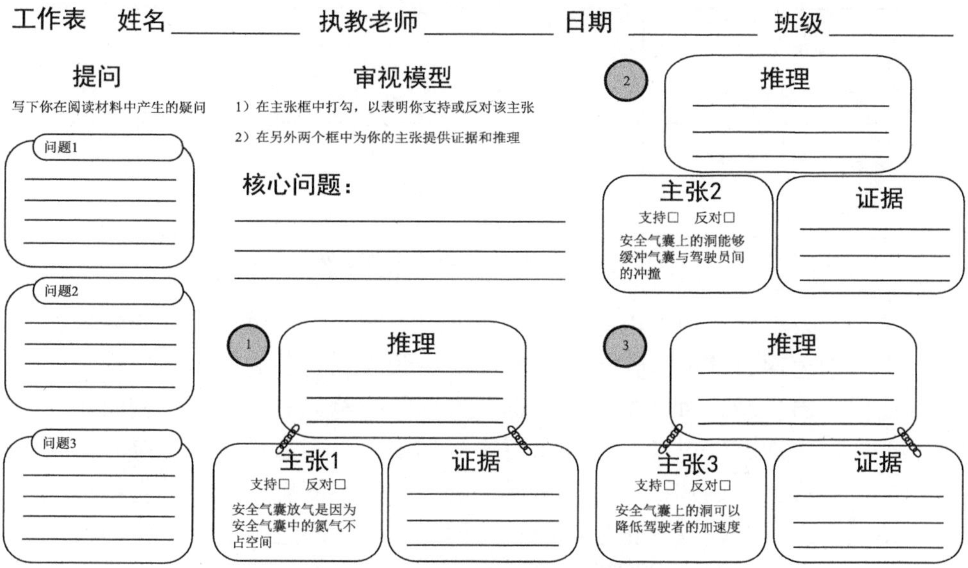

图 6.2　QT 讨论前的工作单示例

贯穿 QT 对话的课堂讨论过程中，教师逐渐释放话语权给学生，而学生逐渐占据话语权。换言之，在 QT 对话讨论中，以开放的参与模式为特征，允许学生相互交谈，自然地跟进其他学生的发言，必要时礼貌地插话。学生通过讨论，在 QT 课堂中围绕科学现象建立起主张的可行性。因而，教师要鼓励学生调用已有知识储备或经验体会，在讨论中相互补充或质疑以达成共识。

在讨论之后，通过组织汇报和论后活动进一步促进学生的高阶理解力和批判性分析思维的发展。在讨论汇报中，师生就讨论过程是如何展开的、学生在多大程度上遵守了讨论的规则等进行交流，简短的交流能为日后的讨论提出改进，并让学生巩固规则意识及其对知识的理解。此外，论后活动可巩固学生的知识理解。在 QT 中，论后活动如图 6.3 所示（以安全气囊主题为例）[5]，旨在让学生通过反思先前讨论的主张、规范的科学推理以及相关证据，来进一步审视他们对某一科学概念或内容的理解。

姓名：________ 班级：________ 执教老师：________

日期：________ 课程：________

检查你的理解：安全气囊

核心问题：为什么安全气囊上有小孔？		
指导语：请在下方方框中打勾，以表明你支持或反对该主张。	在另外两个框中为你的主张提供推理和证据。	
主张1：安全气囊放气是因为安全气囊中的氮气不占空间。 □同意 □反对	推理：	证据：
主张2：安全气囊上的洞能够缓冲气囊与驾驶员间的冲撞。 □同意 □反对	推理：	证据：
主张3：安全气囊上的洞可以降低驾驶者的加速度。 □同意 □反对	推理：	证据：

姓名：________ 班级：________ 执教老师：________

日期：________ 课程：________

重写主张并提供推理和证据

核心问题：为什么安全气囊上有小孔？		
指导语：对于你反对的主张，提供一个科学的替换主张并提供推理和证据。		
修改主张1：	推理：	证据：
修改主张2：	推理：	证据：
修改主张3：	推理：	证据：

图 6.3 QT 讨论后的工作单示例

从理想的教学框架中可以看到，论证思想渗透于 QT 对话实施的全程。在论前活动中，学生通过辅助工作单，针对给定主张表明自己的立场，并从阅读材料中搜寻证据作出推理，将“主张—证据—推理”的论证链可视化，从而在参与讨论之前对证据推理有所思考。在课堂讨论过程中，学生通过交流、协商与质疑不断增进与完善自己的认知结构。在论后活动中，学生依据课堂所学重新审视自己的论证模型，进行修改或更正。同时，将课堂中口头的论证话语转化为书面的论证语言，使科学论证能力得到进一步提升。

（二）话语要素

QT 对话将话语视作认知加工的外部表征，基于索特（Soter）的话语分析，体现高阶理解力的特定话语标志在富有成效的讨论中是非常明显的。课堂师生言语互动与日常会话的基本规则是一致的，就是轮流说话（turn-taking），通过“一次一个说话者”的形式轮流进行对话，因此可将话轮（discourse turn）作为话语分析的基本单元进行统计[6]。QT 对话中有助于高效对话的话语要素也可以从发起（initiation）、回应（response）和反馈（feedback）作为话轮的三个维度加以解释。“发起-回应-反馈”（IRF）结构模型，即教师或学生发起问题（I），学生作出回应（R），然后教师再进行反馈（F）的话语互动方式，被普遍认为是课堂话语的基本特征，能够描述约 60%的教与学过程，可作为量化分析的基本依据[7]。QT 对话从高阶思维的角度，对 IRF 话语结构中的每一维度进行更细致的分类（图 6.4），有助于我们从高效对话的角度更精细地分析课堂话语。

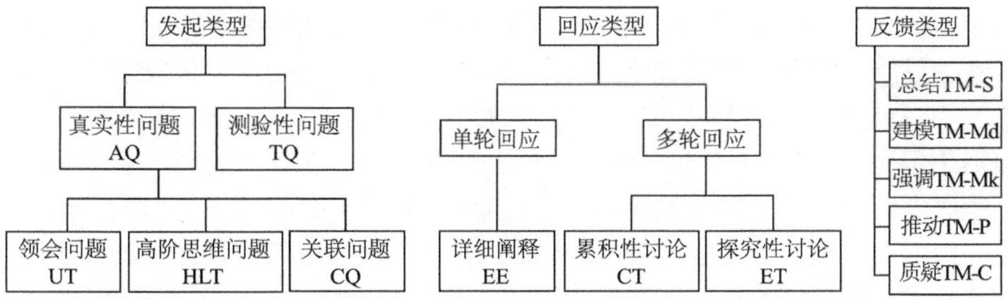

图 6.4　QT 对话中的话语要素

1. 发起形式的话语要素

在 QT 对话中，教师与学生均有可能发起互动片段。发起形式的话语要素可根据提出的问题类型进行分类，问题可能以疑问句形式出现，也有可能隐含在陈述句中。发起形式的话语要素首先可分为真实性问题（authentic question，AQ）和测验性问题（test question，TQ），两者的阐述和范例如表 6.1 所示。真实性问题不仅指真实情境中的问题，也可指代具有开放性的学科问题。测验性问题则是封闭式问题，有预设的标准答案，一般由教师提出，并在学生回答之后立刻对答案给出评价。需要注意的是，问题的类型需要结合提出问题的话轮以及围绕此提问的所有回应话轮所构成的对话片段进行辨析，即要从整体的互动视角判断问题属性。比如教师提问："什么是胶体？"，该发起话轮看上去是测验性问题，但如果学生产生了多种合乎情理的回应如"去年的化学课上，老师用黑板擦给我们做了个实验，她把黑板擦拍打在一起，然后用一束光去照射，让我们看到的那个就是胶体""通过光照射如果有丁铎尔效应就是胶体"等，那么教师的提问则应被识别为真实性问题更恰当，因为它所发起的互动片段具有开放性。

表 6.1　发起形式话语要素的一级分类

问题一级分类	阐述	片段范例
真实性问题（AQ）	可能有多种合适的答案； 提问者真诚地关注他人的回答；没有预先设定的唯一答案。	师：怎样加快双氧水的分解速率？（AQ） 生 1：加点二氧化锰 生 2：给它加热
测验性问题（TQ）	封闭式的学科问题，以特定的答案为前提。答案在提供的资料信息中明确呈现或为常识。	师：漂白粉的有效成分是什么？（TQ） 生：次氯酸钙 师：很好

真实性问题和测验性问题是互斥关系，即同一问题只能有一个一级编码，不存在既是真实性问题又是测验性问题的情况。需要注意的是，并不是所有的问题都能引发对话片段并进行编码，以下情况不予编码：①重复问题。当一个问题与

之前被编码过的问题重复时，除非有新的回答，否则这种重复问题不予编码。如果有新的回答，则根据回答的类型进行编码。②补充问题。如果发言者同时问了多个问题，或在他人回答之前修正自己的问题，则从第一个问题开始编码，其余问题不予编码。③回应中的疑问句。对话片段中的回答有可能以一系列疑问句呈现，编码者需要思考这些疑问句是在回答片段中的起始问题还是引发了新的问题片段，即是否改变了对话的走向。如果仍是围绕起始问题，则不予编码。④无效问题。无效问题包括由提问者自问自答的问题、无人应答或只有否定回答（如“不知道”“不会”）的问题、调动课堂气氛的反问（如“对吗？”“是吧？”）。

其次，真实性问题又可分为领会问题（uptake question，UT）、高阶思维问题（high-level thinking question，HLT）和关联问题（connection question，CQ）三大类二级问题，三者的阐述及范例如表 6.2 所示。①领会问题是建立在先前回答或提问基础上的问题。与其他形式的真实性问题不同，领会问题无法事先在讨论之前准备好，而是根据他人在讨论中的回答自发产生的。②高阶思维问题会激发学生在回答时运用概括、分析或推测的高阶思维活动。概括、分析和推测可能单独发生（如学生只进行了推测而没有做概括），也有可能同时发生。③关联问题所触发的回应能与先前个人体验或已有知识体系进行关联。这些问题的回答所关联的内容可能是个人的自身体验（如一次家庭旅行），也有可能是共享的学习经历（如一次实验活动）。同样地，二级问题的发起者可以是教师或学生，问题的识别也需要结合回应话轮加以判断。但与一级问题不同的是，二级问题彼此之间不是互斥关系，有可能同时存在，如一个真实性问题可能同时带有领会问题和高阶思维问题两个二级标签。

表 6.2　发起形式话语要素的二级分类

问题二级分类		阐述	范例
领会问题（UT）		在理解他人观点的基础上，对观点产生的疑问，以开启新的讨论主题。	生 1：每个安全气囊能够延长你撞击方向盘的时间。 生 2：如果是这样的话，那它是怎样延长撞击时间的呢？（UT） 生 1：也许安全气囊的放气需要一段时间。 生 3：应该是在放气的过程中对驾驶员有作用力，然后降低了人向前的加速度。
高阶思维问题（HLT）	推测问题（speculation question）	引发学生思考其他可能性或假设并进行权衡的问题。推测问题以考虑其他可能性为标志，如“如果……会怎么样呢？”，需要学生产生不止一种解决问题的可能途径。	生 1：如果在热敷包里没有小铁片会怎么样？你们认为会有其他的方式来触发这个反应吗？（HLT） 生 2：也许你可以使用电火花。 生 3：也许可以用它狠狠撞击别的东西。

续表

问题二级分类		阐述	范例
高阶思维问题（HLT）	概括问题（generalization question）	促使学生进行归纳推理，整合各种信息及观点的问题。概括是从特殊到一般，实际上问的就是“发生了什么？”或者“如何看待所发生的事情？”。在科学领域中，概括问题常常关注学生如何将一个概念或现象应用于更广泛的情境中。	师：物质的分子是怎样的呢，如果你把自己缩小来看它们，你会注意到液体和固体之间的区别吗?既然我们在讨论从液体变成固体，那么这里面的分子到底发生了什么?（HLT） 生 1：当它们处于固态时，它们变得更加紧密，但是当它们处于液态时会分散开来，当它们处于气态时会更加分散。
	分析问题（analysis question）	促使学生进行演绎推理，解构概念或论点而不是建立观点的问题。分析是确定一个整体中各部分的性质和关系，分析问题实际上问的就是“它为什么会发生？”。	师：安全气囊如何延缓你撞击方向盘所需的时间？（HLT） 生 1：当你撞上安全气囊时，由于它正在放气，所以严格来说，它仍然让你向前移动。但是，由于你撞击它以后，气囊上的小孔会让气体慢慢逸出，所以它会给你缓冲，让你向前移动的速度变慢。
关联问题（CQ）	个人经历问题（personal experience question）	促使学生讲述他们与主题相关的亲身经历或情感体验的问题，即将讨论内容与个人经历关联起来。	师：除了视频里的放电现象，你们在生活中还看到过别的放电现象吗？（CQ） 生 1：我昨晚很恼火，因为在我打算睡觉时，窗户外一道道耀眼的闪电让我没法入睡。这让我想到，也许我们能看到放电是由于这些分子处于激发态，能释放出光来。
	共享知识（shared knowledge）	共享知识问题引出的回答是组内共享的知识或经历，即将讨论内容与组内共同拥有的学习体验或概念知识建立联系。	师：什么是胶体？（CQ） 生 1：在去年化学课上，老师用黑板擦给我们做了个实验，她把黑板擦拍打在一起，然后用一束光去照射，让我们看到了胶体。 生 2：在我们去年的书上还有另一个胶体例子，通过用光照射来检测它是否为胶体。
	跨文本问题（inter-textual）	文本即信息载体，跨文本问题促使学生的回答与其他信息载体如书籍、视频、图片等相关联，在某一学科中，不同章节中的联系也可视为跨文本，该问题将讨论围绕的主题（文本 1）与其他信息载体（文本 2）产生关联，使学生在回答中借用别的信息载体来更好地表达自己的观点。	师：你们认为反射和折射是同时发生的吗？（CQ） 生：呃，我觉得在这里（指向指甲油卡片），它显示了光照在指甲油上，这就像是让我们看到颜色的原因。但是（指向课本中的图片）就像这图片里的，在折射部分，它看起来像是穿过玻璃棱镜，然后颜色就出来了。但是在卡片上，光只是击中卡片，这让我们看到了颜色。所以，我认为这更像是反射。

2. 回应形式的话语要素

回应话语要素特指学生针对问题作出的响应，因为在 QT 对话中我们更加关注学生回应的话语质量。根据回应的学生话轮次数，从单轮回应（单人回答）和多轮回应（两人及以上）两个角度加以探析。在单轮回应中，QT 对话关注学生的详细阐释（elaborated explanation，EE）；多轮回应中，QT 对话则关注累积性讨论（cumulative talk，CT）和探究性讨论（exploratory talk，ET），三者的具体阐述与范例如表 6.3 所示。可以看到详细阐释是在单个话轮中出现的，由单个学生构成“主张-证据-推理”的完整论证链，具备论证的基本要素。如果中途被打断，则要考虑是否干扰了原有的作答，如果别人的插话并没有干扰到他的发言，则仍可视为详细阐释。累积性讨论和探究性讨论则是由学生多个话轮组成的话语片段，前者表示的讨论片段中学生围绕同一主张共同辩护，后者表示的讨论片段中则存在学生间的质疑与反驳。在累积性讨论或探究性讨论构成的多轮回应中，可能仅仅存在简单话语如“我同意”“我也这么觉得”或是“我不同意”“不是这样的”的话轮组成，也有可能存在详细阐释的单次话轮如“我同意/不同意（主张），因为继续加入淀粉后溶液没有变蓝（证据），说明碘单质被继续氧化成了碘酸根（理由）”。

表 6.3　回应形式的话语要素分类

回应类型		阐述	范例
单轮回应（individual response）	详细阐释（EE）	详细阐释是指单个学生详细说明其得出结论、观点或解决问题的过程，同时利用证据、推理来解释其是如何得出自己见解的。详细阐释与单个学生的回答质量有关，而不涉及学生群体或教师。	生：我觉得，珊瑚的成分可能有碳酸氢钙（**主张**），根据第三张图海水中的含碳微粒分布（**证据 1**），还有在正常海水的 pH 是 8～8.3 的时候（**证据 2**），可以得出碳酸氢根的含量是大于碳酸根的（**理由**）。
多轮回应（co-constructed response）	累积性讨论（CT）	累积性讨论是指至少两个学生彼此积极响应赞同，没有分歧，共同建构知识，在对话过程中有较多的重复、确认和阐述，但不存在批判或质疑。 探究性讨论和累积性讨论最显著的区别在于累积性讨论中没有相互质疑或挑战。	生 1：我认为这会释放出中子，然后中子被别的原子吸收使原子继续分裂，然后继续放出中子，一直下去。（**主张**） 生 2：是的，就像连锁反应（同一主张）。 生 3：是的，如果他们去撞击另一个原子，就会放出更大能量。（**同一主张**） 生 4：没错。所以，就像乒乓球一样，从一个原子开始，分裂并放出 3 个中子，然后 3 个中子继续撞击别的原子，使这些原子继续发生核裂变，源源不尽。（**同一主张**）
	探究性讨论（ET）	探究性讨论是指学生通过至少两轮发言来分享、评估和建构知识。学生通过质疑彼此的观点并利用理由和证据回应质疑，从而进行共同推理。探究性讨论的编码开始于出现质疑的上一轮发言，结束于话题转移、某人提出不同的问题、偏离主题的陈述或者学生达成了共识。	生 1：我认为在 KI 的淀粉溶液中加入氯水后先变蓝后褪色可能是因为氯水的漂白性使淀粉成分被破坏了吧。（**主张 1**） 生 2：我觉得不是，这应该和氯水的强氧化性有关，把碘单质继续氧化了，氧化成碘酸根吧。（**反向主张 2**）

3. 反馈形式的话语要素

在 QT 对话中，教师的重要职责之一是运用话语行为来引导学生进行高效对话。虽然在不同的讨论方式中存在着不同的教师反馈（teacher move），但是在高质量对话中所强调的教师反馈特指那些对增强高阶理解力和批判性思维行之有效的话语行为，具体来说有总结（summarizing，TM-S）、建模（modeling，TM-Md）、强调（marking，TM-Mk）、推动（prompting，TM-P）和质疑（challenging，TM-C）。表 6.4 呈现了这些话语行为的含义及示例。通过表中的范例可以看出，这些话语行为是教师为了促进学生进行高效对话而采取的行为措施，这些行为有助于学生对信息文本的本质、意义和应用进行更深入的学习与理解。换言之，教师在对话中所进行的反馈不仅强化了课堂话语的质量，而且激发学生对学科知识的深层次思索，发展学生的批判性思维。反过来，过程性的教师话语则不被视为反馈形式的话语要素，因为过程性的调节气氛或管理课堂行为如"保持安静""大家活跃一点"，并不一定能促进更高层次的思考。当学生刚接触 QT 对话时，教师应多运用这些话语行为来引导学生进行 QT 的对话。而随着学生理解力的发展，当他们熟悉 QT 对话之后，教师就可以减少反馈次数，将其作为 QT 对话的辅助手段，比如教师有必要在学生产生迷思概念时提出质疑，促使学生对科学现象进行更深入的思考，进而纠正其认知偏差。

表 6.4　反馈形式的话语要素分类

反馈类型	阐述	范例
总结（TM-S）	使用于教师试图减缓小组对话的进程，并总结对话的某一部分来促进小组达成共识。	师：好的，我复述下你说的，你认为珊瑚的组成可能与碳酸氢根有关……（TM-S）
建模（TM-Md）	使用于教师为学生明确建构某一话语行为。一般来说，教师必须明确建模的意图。	师：如果我来回答这个问题，只是给大家示范一下怎么利用证据和推理，我会首先提出主张，然后从资料中搜集证据，比如海水中的成分表，然后给出推理。（TM-Md）
强调（TM-Mk）	使用于教师强调学生回答中的某一方面，并明确指出来。	师：（面向回答的学生）解释得非常好，你利用证据进行了很好的推理，而且是从两种渠道提取证据，（转向讨论组的其他学生）因为他不仅利用了书本知识，还关注了实验现象，这是非常好的。（TM-Mk）
推动（TM-P）	使用于教师帮助学生做出更完善的回答或利用文本中的证据补充回答，从而形成更复杂、综合的对话，如"你为什么这么认为"。	师：那么，你能不能再从阅读资料或者实验中提供点证据来说明你的观点呢？（TM-P）
质疑（TM-C）	使用于教师向某一学生或小组提出另一种观点。	师：那你有没有考虑过别的情况？（TM-C）

话语要素在 QT 对话中至关重要。为了在课堂上进行 QT 对话，不仅需要教师理解并应用话语要素，更重要的是学生也要认识到自身在对话中的主体性，并灵活运用话语要素。为此，QT 研究团队设计了一系列微课课件，帮助教师在 QT_{LA} 和 QT_S 相关课程通过微视频、话语示例等手段指导学生认识并应用话语要素，促使学生能够在论证活动中产生有关高阶思维的特定类型的问题。

（三）教学原则

QT 对话模型在选取熟悉而有趣的主题基础上，需遵循有利于创设对话探究文化的如下教学原则。教师若能将这些原则渗透在日常教学中，方可创设良好的、舒适的、高效的课堂对话环境。

1. 重视语言的中介地位

为了实现 QT 对话，教师应首先认识到讨论在课堂教学中的重要性。讨论可以借助话语的力量使学习者参与对话互动，激发和拓展学习者的思维，并促进其学习。知识建构是一个社会化的过程，要首先经过学习者与他人的语言交流互动，然后通过内化的过程，将新的信息与知识转化为自己的内容[8]68。因此，明确语言的重要地位是 QT 教学原则体系中最为基本的一条。

2. 树立规范的课堂对话规则

通过对话帮助学生形成对新知识的建构，需要教师正确引导学生高效地参与课堂讨论。为此，教师应该制定一套详细的课堂讨论规章制度，并在教学活动中监督学生对制度的遵守情况，从而提高课堂讨论的质量。例如，QT 对话规则囊括以下几点：a.我们不需要举手；b.每次只有一名同学发言；c.与同学和老师分享观点并认真听取他人观点；d.为自己的观点提供充分的解释；e.尊重每个同学的观点；f.针对观点而不是人进行质疑或争辩；g.认真思考他人的观点；h.如果不同意其他人的观点，一定要问“为什么”或“怎么想”。可见，基本规则有利于鼓励学生积极主动地参与 QT 对话（如 a 和 b）；有利于激发学生的高阶理解和审辨思维，为自己的回答作详细阐释（如 d）或促进探究性讨论（如 h）；有利于营造良好和谐的对话氛围（如 c 和 f）。

3. 协调对话中的自主性与结构性

虽然在 QT 对话中，教师不再是主导者，但教师作为平等者的首席，其作用没有被抛弃，而是得以重新构建。学生参与课堂对话，必然是围绕某一学科核心主题的若干问题进行开放性的讨论。学生在讨论中分享个人经历或学习体验时，往往会不知不觉地就偏离了原来设定的对话主题，而学生又很难意识到自己的话语与核心主题的相关性，直到离题万里。这就需要教师在学生的讨论主题脱轨之前及时调整对话的主题与走向，使之在核心主题内进行，不偏离教学内容和方向，促使学生完成知识体系的建构。

换言之，为了促进小组讨论中的 QT 对话，教师需要始终意识到，在允许学生自由发表见解的同时，也要采取必要的协调措施，为讨论增添必要的结构和重点，以确保学生对学科知识或主题进行富有成效的学习。

4. 灵活组织课堂对话

教师需围绕讨论主题积极使用扎实的专业知识和高超的课堂把控能力，帮助学生高效建构知识体系。从本质上讲，教师需要在课堂讨论之前围绕课本内容进行充分的备课，并设置合适的教学目标，对学生在讨论过程中需要掌握的核心知识有全面深入的认知。例如，在一节以分子间作用力为主题的 QT 课程中，课程的核心问题是“为什么凡士林能溶于肥皂水而不溶于水中？”，那么即使学生在课堂中对相关的其他概念（如溶剂、极性或非极性分子、氢键等）进行了讨论和学习，所有的学生也应该在讨论结束时能够借助证据和推理来回答这个核心问题，完成自己的知识建构。然而实际上学生在讨论时很可能偏离了核心问题，这就需要教师提前准备好“备用问题”，及时发挥“对话机智”。教学机智是“教师面临复杂教学情况所表现出的一种敏感、迅速、正确的判断能力”[9]716。具体到 QT 对话教学来说，最重要的就是对话机智。教师要巧妙地穿梭于对话过程之中，必要时通过提出备用问题而不是简单说出“不要跑题”来转换对话主题。教师要通过对话机智来激发学生的对话灵感，使课堂对话充盈着智慧、生机与灵动。对学生而言，在课堂上充分进行 QT 对话不仅受益于丰富的课前准备活动，更受益于教师对课堂对话的清晰把控。

5. 逐渐释放教师话语权

课堂中的每个学生都是独特的个体，拥有不同的知识体系与个人经验，在对话中势必持有不同的见解。正如巴赫金（Bakhtin）指出，“对话性是具有同等价值的不同意识之间相互作用的特殊形式”[10]3，也就是说，差异性是对话展开的基础和前提。课堂中的 QT 对话不但不应压制多元声音，而且其目的就在于创造课堂中的“众声交响与复调”。众声交响意味着存在多样而独立的主张与立场，通过对话互动而共存。通过众声交响，多样化的观点以语言为载体蓬勃发展。复调意味着真理的共享性，而真理决不会只存在于一种声音中，真理要求人们去倾听多种声音（复调）[11]。只有尊重个体的独特性才能创设富有成效的对话空间。

因此，教师还应转变在对话中的角色，从指导者到辅助者再到参与者，逐渐将话语权释放给学生。刚开始，学生可能不适应开放式参与的课堂讨论模式，这时教师应扮演积极角色，通过建构真实性问题、引导学生为主张提供论据等手段帮助学生参与到 QT 对话中。而后，当学生逐渐适应 QT 对话时，教师就应减少发言次数，将话语权释放给学生，在讨论过程中充当一个聆听者让学生自主讨论进行知识建构。最后，当学生能够在 QT 对话中收放自如时，教师就可以参与者的身份成为讨论共同体中平等的一员，既是教育专家，但同时又是一个学习者。

三、高质量对话课堂话语分析的编码方案

QT 对话分析框架用于回答课堂话语分析中“分析什么”和“怎样分析”的问题。该编码体系的分析对象对应于 QT 对话模型中的话语要素，话语要素包含发起、回应与反馈（详见本章第二节）。通过 QT 编码，有利于我们对课堂互动中的 QT 话语进行探析。下面以“水溶液中的离子平衡”一课的教学片段为例，阐述该分析框架的实施过程并进行编码说明，见表 6.5。为了尽可能全面展示 QT 中的话语要素，我们对部分话语进行了精简。

在进行 QT 编码之前，首先将课堂片段转录至文本表格中，师生话轮按时间顺序排列，并标明语序和发言者，随后进行 QT 编码，具体流程分为以下四步。

第一步：划分互动片段，并对发起问题进行一级编码

互动片段由发起问题及其所有回应组成，至少有两个发言者参与，片段往往在下一个问题的提出、主题的切换时结束。在编码时用向下箭头“↓”从发起问题指向围绕问题的最后一个回答。随后根据互动片段中的问题及回答情况，对发起问题进行一级编码（即 AQ 或 TQ），并用底纹“ ”标注。如在表 6.5 中，语序 1 中教师提出“能否通过资料预测珊瑚形成的过程？”，语序 5 为该问题的最后一个回应，因而语序 1 至语序 5 为一个互动片段。因为在此片段中出现了多个符合题意的回应，所以发起问题的一级编码为 AQ。语序 6 中教师提出“通过实验现象，对预测进行分析”，语序 17 为该问题的最后一个回应。因而，语序 6 至语序 17 为一个互动片段。同样地，在此片段中出现了多个符合题意的回应，因此发起问题的一级编码为 AQ。教师在语序 18 中提出“碳酸氢根的贡献还有什么？”，从而引发了新的互动片段，由后续对话可知也为 AQ。

第二步：对真实性问题（AQ）进行二级编码

二级编码只针对真实性问题（AQ），测验性问题（TQ）没有二级编码。对真实性问题（AQ）进行进一步的划分与分析有利于我们更深入地理解提问的多样性。由前文的分析可知，发起问题的二级分类有领会问题（UT）、高阶思维问题（HLT）和关联问题（CQ）三类，三者之间不存在互斥关系。根据问题及其回应的特征，可以对真实性问题添加多个二级编码，在 AQ 之后用“/”隔开，如 AQ/UT、AQ/HLT/CQ 等，二级编码之间的顺序不作要求。

表 6.5　QT 编码示例

语序	发言者	话语	QT 编码
1	师	也就是说我们要先了解珊瑚的形成是什么样的过程，然后了解它为什么被破坏，最后再想办法解决它（**作出总结**）。那这节课就要解决这三个任务。现在我给大家提供一些信息，大家要从资料中搜集证据，从化学的角度推测并分析珊瑚在海水中是如何形成的（**作出示范，构建论证模型**）。（资料：正常海水的 pH、海水的成分表、水溶液中含碳元素的微粒含量随 pH 变化的图像）现在小组讨论，通过这些信息能不能给出你们对珊瑚形成的预测？（**HLT 特征**）	*TM-S* *TM-Md* AQ/HLT/CQ
2	生 1	我们小组认为珊瑚礁的形成可能是 Ca^{2+}和 CO_3^{2-}结合生成了碳酸钙(**主张 1**)，还可能和镁离子形成氢氧化镁沉淀，就和硬水一样。（**CQ 特征**）	ET
3	师	你可能是从硬水的角度，氢氧化钙、氢氧化镁来想的，但我们所看到的（珊瑚）就是碳酸钙，所以通过碳酸钙分析出海水中钙离子和碳酸根离子。还有哪个组有想法？预测嘛，就是可以提出自己的意见，有不同点。（**提出质疑**）	*TM-C*
4	生 2	我们组觉得，根据第三张图来说（**证据**），在正常海水 pH=8～8.3 时，碳酸氢根的含量是大于碳酸根的（**理由**），所以我们觉得这里面，它的成分可能是碳酸氢钙（**主张 2**）。	EE
5	生 3	但是刚说了，珊瑚成分就是碳酸钙(**证据**)，然后因为你刚说的 HCO_3^-含量更大(**理由**)，所以更有可能先生成了碳酸氢钙，然后转化成碳酸钙（**主张 3**）。	EE
6	师	好的，刚刚这几组同学非常好，都关注到了我们信息中所用到的素材（**对学生回应作出评价，并强调证据意识**）。那我们现在来做个模拟实验来验证一下，也就是珊瑚在形成过程中它的钙化作用是如何形成的。（省略实验过程）通过你们观察到的现象，能不能对刚刚的预测进一步分析？（**HLT 特征**）	*TM-Mk* AQ/HLT/CQ
7	生 3	我刚才认为是先转化成碳酸氢钙再转化成碳酸钙的（**主张 1**）。	CT
8	师	那它是怎么转化的呢，就你刚才的预测，你能不能从平衡的角度分析一下？（**推动推理**）	*TM-P*
9	生 3	应该就是碳酸氢根和钙离子结合，生成碳酸氢钙，然后碳酸氢钙再和钙离子结合，再和 OH^-结合，就是碳酸氢根和 OH^-结合，然后就变成了碳酸根。	
10	师	从平衡的角度来看，你用到了哪些平衡，从哪来的？（**推动证据**）	*TM-P*
11	生 3	碳酸氢根和氢氧根的平衡，因为海水是呈弱碱性的。	
12	师	好的，（转向生 4）那看你现在的实验，你对这个平衡有什么补充吗？（**推动观点**）	*TM-P*
13	生 4	我觉得，应该就是碳酸氢钙会变成碳酸钙（**主张 1**）。	
14	师	那再看一下你的实验，你从实验中看到了什么？（**推动证据**）	*TM-P*
15	生 4	一开始两个试管都差不多，后来加了碳酸氢根和碳酸根，然后就沉淀比较多。（**CQ 特征**）	
16	师	沉淀比较多，那么可以说明些什么？（**推动观点**）	*TM-P*
17	生 4	在海水中碳酸氢根对钙化反应的作用更大。	
18	师	碳酸氢根对钙化的作用是很大的，对不对？所以在海水钙化的过程中不仅有 Ca^{2+}和 CO_3^{2-}生成碳酸钙的过程，一定还有 HCO_3^-的作用（**总结**）。那我们是不是现在要反过来思考一下，碳酸氢根在这里边到底有什么作用，他刚刚提出了一个观点，就是生成了碳酸氢钙沉淀（**UT 特征**）。还有没有同学能从平衡的角度想一想，分析碳酸氢根的贡献还有什么？（**HLT 特征**）	*TM-S* AQ/HLT/UT

注：AQ=真实性问题，HLT=高阶思维问题，CQ=关联问题，UT=领会问题；EE=详细阐释，ET=探究性讨论，CT=累积性讨论；TM-S=总结，TM-Md=建模，TM-Mk=强调，TM-P=推动，TM-C=质疑。

以表 6.5 为例，语序 1 至语序 5 的互动片段中，语序 1 中教师利用“推测并分析珊瑚的形成”的话语引导学生进行推测分析，证据推理的高阶思维过程，体现了高阶思维问题（HLT）的特征，语序 4 中，学生的回应中也的确运用资料“根据第三张图”、作出证据推理“碳酸氢根的含量是大于碳酸根的”，因此可在 AQ 之后添加“HLT”的二级编码；在语序 2 中，生 1“就和硬水那样”的话语说明学生在回应时结合了已有的知识经验，体现了关联问题（CQ）的特征，因此可在 AQ 之后继续添加“CQ”的二级编码，从而该发起问题的最终编码为 AQ/HLT/CQ。而在语序 6 至语序 17 的互动片段中，语序 6 中教师引导学生利用实验现象进行进一步的分析，语序 9 中生 3 利用化学平衡分析珊瑚生成过程，均体现了高阶思维问题（HLT）特征；同时学生在语序 9 中运用已有的沉淀平衡、水解平衡知识，语序 15 中结合实验现象，从多种途径进行证据推理，均体现了关联问题（CQ）的特征，因此该互动片段的发起问题最终编码为 AQ/HLT/CQ。在语序 18 所发起的互动片段中，教师在生 4 观点“在海水中碳酸氢根对钙化反应的作用更大”的基础之上进行提问“分析碳酸氢根的贡献还有什么？”，体现了领会问题（UT）特征，同时也体现了高阶思维问题（HLT）特征，因此该发起问题可编码为 AQ/HLT/UT。

第三步：在互动片段中编码学生回应

回应编码用于分析学生针对发起问题作出的响应，包括单轮回应中的详细阐释（EE），多轮回应中的累积性讨论（CT）和探究性讨论（ET），在 QT 编码时用双下划线“__”表示。在互动片段中，如果学生的单轮回应构成了“主张+证据+推理”的论证链，则将该话轮编码为 EE。如果学生的多轮回应构成了围绕同一主张进行的累积性讨论（CT），则在提出主张的话轮处编码为“CT”，并用向下的虚线箭头“↓”从该话轮指向围绕该主张的最后一个话轮。如果学生的多轮回应构成了彼此质疑、辩护磋商的探究性讨论（ET），则在引发质疑的话轮（即质疑的上一个话轮）处编码为“ET”，并用向下的虚线箭头“↓”从该话轮指向讨论结束，ET 往往结束于讨论主题的切换或学生达成共识。

以表 6.5 为例，在语序 1 至语序 5 的互动片段中，语序 4 中生 3 提出主张“成分可能是碳酸氢钙”，并结合证据“第三张图（海水中元素含量分布）”推理得到“在正常海水 pH=8～8.3 时，碳酸氢根的含量大于碳酸根”，从而为自己的主张提供依据，因而该话轮被编码为 EE。同样地，在语序 5 中生 3 提出主张“先生成了碳酸氢钙，然后转化成碳酸钙”，以生 2 作出的推理为基础，以常识“珊瑚成分就是碳酸钙”为证据辩护了自己的主张，因此该话轮也被编码为 EE。同时在此片段中，生 2、生 3 和生 4 围绕珊瑚的形成提出了三种不同主张，并对自己的主张进行辩护，因此语序 2 至语序 5 可编码为 ET。而在语序 6 至语序 17 的互动片段中，生 3 和生 4 均围绕同一种主张“先转化成碳酸氢钙再转化成碳酸钙”，分别从化学反应平衡和实验现象中寻找证据，为主张提供更完善的支持，把彼此的想法链接成连贯的思考和探索，因此语序 7 至语序 17 可编码为 CT。

第四步：对教师话语反馈进行编码

基于 QT 对话的分析框架只针对能够提升高阶思维和高效对话的教师话语反馈要素进行编码，即总结（TM-S）、建模（TM-Md）、强调（TM-Mk）、推动（TM-P）和质疑（TM-C）五种反馈话语行为。在体现各话语行为的话轮处用斜体标注，如“*TM-S*”。通常一个话轮只包含一个意思，但有时教师话轮很长，包含多个意思，则可根据上下文和当时学生的理解对话轮进行事件切割。如表 6.5 中，语序 1 中教师首先对之前的讨论进行总结“我们要先了解珊瑚的形成是什么样的过程，然后了解它为什么被破坏，最后再想办法解决它”（*TM-S*），起到提纲挈领的作用；随后为学生提供话语示范“要从资料中搜集证据，从化学的角度推测并分析珊瑚在海水中是如何形成的”（*TM-Md*），帮助学生构建论证的基本模型，因此该话轮体现了总结和建模的特征，包含了 *TM-S* 和 *TM-Md* 两个教师反馈编码。在语序 3 中，教师向其他小组询问不同的可能性，体现了质疑的特征，因此被编码为 *TM-C*。在语序 6 中，教师对学生的回应作出评价，并强调证据意识“刚刚这几组同学非常好，都关注到了我们信息中所用到的素材”，体现了强调的特征，因此被编码为 TM-Mk。在语序 8、语序 10、语序 12、语序 14、语序 16 中，教师在学生回应之后进行多角度的推动，如推动学生进行推理“那它是怎么转化的呢”；推动学生补充证据“你用到了哪些平衡”“你从实验中看到了什么”；推动学生完善观点“沉淀比较多，可以说明些什么”，因此均可被编码为 *TM-P*。

通过上述编码，我们从 QT 对话的角度对课堂话语进行了更为细致的剖析与更为深刻的解读，为后续量化及质性分析奠定方法论基础。

第二节　实 践 研 究

在理论研究的基础上，本研究立足于中学课堂教学实际，借助 QT 对话的话语分析框架与编码方案，选取 6 节高中化学优质课的教学视频作为研究样本，采用定性和定量的方法深入挖掘与分析化学优质课堂中师生话语的类型特征与互动关系，并基于 QT 对话要素对学生话语进行论证分析，进而得出对化学教学的启示[12]。

一、研究对象和内容

为探究优质课堂中师生话语的要素特征以及互动关系，本研究选取了 6 节优质课进行考察分析，其中三节为概念原理类，三节为元素化合物类，每节课的时长约为 45min。视频选自江苏省中小学教学研究室网站、一师一优课部级优质课网站以及江苏省部分特级教师的精品课程。具体课例信息如表 6.6 所示。

表 6.6　6 节优质课例

类别	编号	课题名称
概念原理类	1	水溶液中的离子平衡
	2	影响化学平衡的因素
	3	离子反应（第二课时）
元素化合物类	4	硅及其化合物
	5	海带提碘
	6	再识二氧化硫

本研究的实践流程如图 6.5 所示。首先，基于 QT 对话分析框架，我们对转录后的课堂话语进行编码分析，从发起、回应和反馈三个维度探查师生双方话语要素的类型及特征，并通过质性方法描述课堂对话的性质与模式。其次，基于 QT 对话与科学论证的高相关性，我们对学生话语中出现的 QT 话语要素进行了细分，并与论证水平相对应，从而探查优质课例中学生话语的论证水平。通过上述研究，我们得以从定性和定量的角度探查师生话语的要素特征及论证水平。这样的静态描述性统计虽然能够发现教师话语和学生话语之间的相关关系，但不能说明教师话语和学生话语之间的因果关系。因此我们运用序贯分析，进一步研究课堂话语中对话的交互顺序，从而动态分析师生不同话语之间的相互影响。

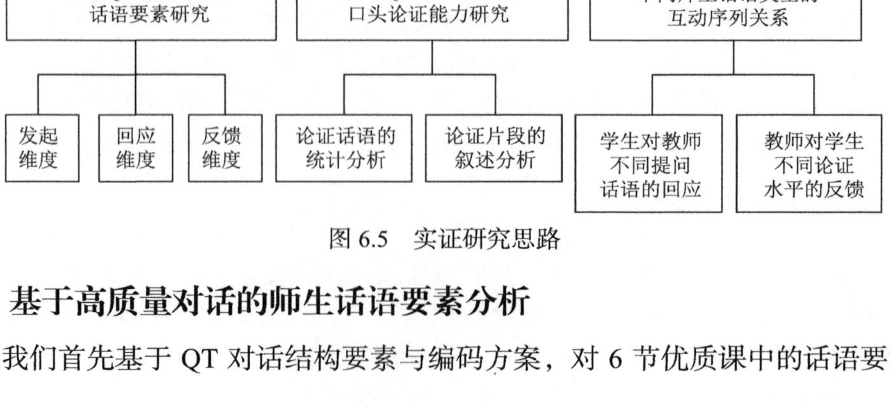

图 6.5　实证研究思路

二、基于高质量对话的师生话语要素分析

我们首先基于 QT 对话结构要素与编码方案，对 6 节优质课中的话语要素进

行统计分析。由于本研究所使用的编码方法具有一定的主观性，为保证编码结果的可靠性，两位研究者根据分析框架分别对课例进行独立编码，随后用 SPSS 23.0 计算一致性为 0.81*，因而数据具有可靠性。

在对所有课例完成编码后，我们首先对每堂课中发起、回应和反馈形式的话语要素进行次数统计，定量认识高中化学优质课中师生话语的类型特征。

（一）发起形式的话语要素分析

由表 6.7 可以看出，教师提出真实性问题（AQ）在课堂总问题数的平均占比为 43.33%，说明这些教师都有强烈的提出真实性问题的意识，善于运用高阶思维问题、关联问题和领会问题这三种话语要素来创设对话空间，体现学习的开放性，注重引导学生认真思考，进行高质量的生生对话和及时的师生互动。进一步分析二级问题编码中不同发起话语要素的频数差异，发现教师所引发的高阶思维问题最多，其次是关联问题，最少的是领会问题。这说明优质课教师都非常注重并善于通过高阶思维问题来激发学生的思考与探究欲，鼓励学生通过搜集信息来提出猜想，结合实验现象或理论依据来概括观点或分析现象，同时也善于引导学生基于已有知识完善其原有的知识体系。但是，或许也正是由于这些优质课教师往往在课前做了长时间充分的准备，有了极其充分的预设，已经形成了相对比较完整的问题链或连贯的问题设计，环环相扣的同时可能在某种意义上降低了问题的机动性与灵活性，从而导致教师较少能基于学生的回答或观点提出领会问题。因此，在教学过程中，教师不仅要有充分的预设，也应更加关注教学过程中的动态生成，给予更大的思维空间，密切关注学生的思维动态与观点阐释，捕捉其中的关键细节，运用教学机智发掘教学价值，并及时组织学习探讨，避免教学完全按照预设路线推进，创设和维持一个生动而富有变化的课堂对话样态[13]。

表 6.7　发起形式的话语要素分布

发起形式话语要素	一级编码问题		AQ 对应的二级编码问题		
	AQ	TQ	UT	HLT	CQ
课例 1	9/42.86%	12/57.14%	1	7	7
课例 2	12/54.55%	10/45.45%	6	8	2
课例 3	9/45.00%	11/55.00%	4	4	1
课例 4	10/45.45%	12/54.55%	3	5	2
课例 5	9/34.62%	17/65.38%	2	6	4
课例 6	9/37.50%	15/62.50%	2	5	4
平均值	9.7/43.33%	12.8/56.67%	3.0	5.8	3.3

注：一级编码 AQ=真实性问题，TQ=测验性问题；二级编码 UT=领会问题，HLT=高阶思维问题，CQ=关联问题。表中数据为每种要素的出现次数或频数/占总提问数的百分比。

为了更直观地展现优质课教师利用发起话语要素进行教学组织，以课例 1“水溶液中的离子平衡”为例，列举了该课中的所有真实性问题，并对其发起的互动片段进行描述与分析（表 6.8），进而总结优质课教师的提问特点。

表 6.8　课例 1 中真实性问题发起的互动片段

教师发起问题（QT 编码）	学生互动情况	分析
1.（播放视频）拯救珊瑚礁需要从哪些角度来思考，解决哪些问题？（AQ/CQ）	学生关注于珊瑚被破坏的原因，并在教师推动下从珊瑚的形成、破坏及保护三方面思考，形成“是什么-为什么-怎么办”的系统分析思路。	激发学生关注社会，认识到学习化学的实际价值，有助于培养学生“科学意识与社会责任”的学科核心素养。
2.（提供资料）能否通过我给的三个资料片段，从化学角度分析珊瑚是如何形成的呢？（AQ/HLT/CQ）	学生搜集证据并结合已学知识给出不同预测。有学生从微粒观的角度根据微粒数量进行预测，也有学生从物质转化角度进行分析，但均未从平衡角度思考。	推动学生从资料中获取证据作出推理及预测，并鼓励不同主张间的交流。
3.（实验探究）通过观察现象，能否对之前的预测进一步分析？（AQ/HLT/CQ）	观察现象并分析实验结果是否支持自己先前的推测，从而达成一致的观点。	通过实验检验预测的合理性，进而对主张进行修正或更改，发展证据推理能力。
4. 碳酸氢根的浓度对珊瑚的钙化作用带来怎样的影响？（AQ/HLT/CQ/UT）	基于实验现象，从理论角度运用化学平衡知识进行分析，在老师的质疑反馈中不断寻找证据来澄清并修正自己的观点。	教师通过不断的推动与反馈，促使学生从离子平衡的角度进行证据推理。
5. 通过从开始预测到做完实验修正理论的过程，想一想如何分析一个复杂水溶液中离子平衡体系？（AQ/HLT/CQ/UT）	回顾先前的探究过程，初步建构分析水溶液中复杂平衡体系的一般思路，结合宏观证据确定平衡相互作用的结果。	让学生意识到处理复杂的水溶液体系需要基于现象对微粒平衡及相互作用进行二次分析，建立离子平衡的认识模型。
6.（播放视频）温室效应加剧为什么会破坏珊瑚礁？（AQ/CQ/HLT）	结合视频及已有经验，以温室效应的成因为证据，对珊瑚破坏的原因作出推理，提出假设。	了解珊瑚的形成之后，对珊瑚的破坏进行探究，同时不断巩固证据推理的能力。
7. 预测二氧化碳浓度不断升高对海水 pH 和钙离子浓度有什么影响？（AQ/HLT）	运用水溶液中离子平衡的认识模型，提出不同主张，并以多种证据和推理作出支持。	推动学生运用认识模型，提出自己的主张，并提供证据和推理。
8.（实验探究）怎样理解通入二氧化碳后呈现的实验现象？（AQ/CQ）	基于实验现象，对原有的主张进行完善或更改，深入认识到平衡的竞争关系。	通过不断的质疑与推动，鼓励学生在交流中不断协商、完善主张，最终达成共识。
9. 如何拯救珊瑚？（AQ/HLT）	利用已知已学知识，围绕共同的主张（减少二氧化碳的量）从不同角度提供证据和推理。	从形成、破坏再到保护，引导学生学以致用并生成问题空间，鼓励学生将电化学和水溶液中的离子平衡结合从而创新应用认识模型。

注：AQ=真实性问题，HLT=高阶思维问题，CQ=关联问题，UT=领会问题。

可以看到，教师在设计整节课的问题情境时，尤其关注如下几条线索：①以科学现象为情境，以真实性问题的解决（珊瑚的形成-破坏-保护）为主线，认知模型的建构（水溶液平衡体系的建立-应用-创新）为辅线齐头并进；②以科学实验为检验主张的手段，让学生在实验前进行预测，实验后进行解释并修正主张；③以科学资料为证据，鼓励学生从文本、视频中搜寻证据支撑观点。正如麦克尼尔（McNeill）等研究所述，在高中科学课堂中，能够运用开放性问题和科学及日常知识来鼓励学生建构和辩护自己主张的教师，能很好地帮助学生开展生生互动，明确支持和拒绝同伴呈现的观点，反思自己与他人的思考。他们还指出，开放性问题可能在支持学生论证、鼓励学生之间开展交互时发挥重要作用[14]。因此，教师应在课堂中运用一系列相互关联的、真实的、开放的问题组成问题链，让学生在讨论的过程中不断加深对概念的理解，通过基于问题的科学探究促进关键能力和批判性思维等高阶思维的发展，发展科学素养。

（二）回应形式的话语要素分析

在高质量课堂教学互动过程中，学生是学习的主体，是积极建构课堂对话的参与者。对 6 节优质课中的学生回应话语要素（即详细阐释、累积性讨论、探究性讨论的频数）进行统计，结果如表 6.9 所示。

表 6.9　学生回应话语要素统计

学生回应话语要素	详细阐释（EE）	累积性讨论（CT）	探究性讨论（ET）
课例 1	7	2	3
课例 2	8	1	0
课例 3	5	1	0
课例 4	4	1	1
课例 5	10	2	3
课例 6	5	2	1
平均值	6.5	1.5	1.3

由表 6.9 可以看出，总体而言学生在每节课中都出现了体现 QT 对话的三种回应话语要素。这些说明优质课中的学生回应类型全面多样，学生能够积极主动地参与课堂对话，利用主张、证据和推理进行基本论证，能够通过小组讨论共同建构某一概念，并对他人的观点提出质疑并反驳。进一步分析不同回应要素的频数差异，发现详细阐释频数最多（平均值为 6.5），在总回应数中的占比（约 70%）远远高于累积性讨论（平均值为 1.5）和探究性讨论（平均值为 1.3）。详细阐释是指学生在回答时提出自己的观点并主动提供至少一个证据和理由进行支持，很

高的占比说明当教师发起问题后，都有学生能运用论证思想清晰表达观点予以回应。但是，详细阐释仅代表课堂讨论中个体学生的观点表达，不能代表整个班级都具备这样的思维深度。优质课中的教师提问通常具有一定的挑战性和发散性，更青睐于让学优生进行回答。同时学优生也更可能积极主动地回应教师的提问，这就使得学优生这样的“强势”群体占据话语权，教师往往也就会以“强势”群体的课堂反应为标准来把握教学。一旦他们作出详细阐释、掌握科学概念，教师往往便认为课堂任务随之完成，从而导致“弱势”群体常常在课堂上被遗忘，缺少学习机会[15]。因此，教师在进行课堂提问时，不仅要考虑问题的类型及思维深度，也应考虑班级大部分学生，留给集体足够的候答时间。已有研究表明延长候答时间对学生学习有积极影响[16]，对于需要全面考虑并权衡各种可能性的开放性提问，15s 以上的等候是必需的[17]。同时教师应灵活调整教学方式，切换班级讨论与小组讨论，尤其是在讨论难度较大的问题时，有必要采取小组讨论使不同程度的学生在交流之后互通有无，从而促进学习机会的公平化。

为更直观展现优质课中学生回应的发生过程，以课例 5“海带提碘”为例，列举该课所有教学环节中的学生回应，并对其进行描述与分析，进而总结学生回应的产生背景（表 6.10）。

表 6.10 课例 5 中学生回应情况分析

教学知识点	教师发起问题	学生回应情况	分析
原料选择（海洋中选取海带的原因）	1.（提供资料）根据海洋、海水、海产品碘含量数据，同学们可以得到哪些结论?	通过分析在海洋中碘总量、海水中碘浓度与海产品中碘含量，了解海带提碘的原因。	通过海洋、海水、海产品碘含量数据分析，初步建立证据推理意识。
原料性质（碘离子检验）	2.利用已有知识，分析三种含碘微粒（I^-、I_2、IO_3^-），怎么检验?	利用生活常识和氧化还原知识给出回应。	结合已有知识作出理论推测，通过实验验证、实验现象引发学生的认知冲突，激发学生对氧化过程的思考，并理解海带提碘的化学原理。
	3.（演示实验）通过实验现象分析浸取液中的碘以什么形式存在?	根据实验现象作出推理得出结论（EE），对先变蓝后褪色的实验现象作出不同的解释（ET）。	
	4.那如何通过实验来检验变化的原因?	基于不同解释作出实验预测。	
	5.碘离子完整的检验方法应该如何实现?	通过理论分析与实验验证，总结碘离子完整的检验方法（EE）。	
反应原理（碘离子的氧化）	6.（提供工业氧化剂信息）根据数据信息，你认为选择什么氧化剂?	小组讨论适合工业提取碘的氧化剂并给出原因（EE），不同观点间互相交流（ET）。	通过讨论氧化剂的选择，发展证据推理能力。

续表

教学知识点	教师发起问题	学生回应情况	分析
操作步骤及注意事项	7.如何将碘离子提取出来？利用已学的实验知识在学案上设计流程。	各组设计海带提碘的实验流程，展示不同方案（EE），互相分析评价，得出最佳方案（ET）。	通过实验方案设计，提高学生对已有知识处理和运用能力。
微量元素富集浓缩的一般方法	8.通过完整的实验设计，提取这些元素的过程中需要考虑哪些因素？	班级讨论实验设计中的考虑因素（EE），从处理反应物、选择氧化剂、实验装置等多角度搜集证据，辩护主张（CT）。	总结回顾海带提碘的化学原理与基本步骤、海带提碘中浓缩富集的思想，得出一般方法。
	9.在提取这种微量元素的过程中，关键要考虑到富集浓缩，哪些操作含有浓缩？	班级讨论，从原料处理、萃取等多角度提出见解（CT）。	

注：EE=详细阐释，CT=累积性讨论，ET=探究性讨论。

从表 6.10 可以看到，学生不同类型的回应要素所处的教学环节有所不同。①详细阐释往往出现于描述并解释实验现象、通过理论分析与实验验证得出结论、根据所给信息进行抉择的教学活动中，同时教师有意在提问时明确说明要“利用已学的实验知识”“根据数据信息”“通过完整的实验设计”来引导学生为主张寻求证据支持。②累积性讨论往往出现于课堂后期的班级讨论与总结活动中，如反思实验过程中的注意点、总结微量元素富集浓缩的一般方法时。③探究性讨论往往出现于小组讨论与交流活动中，如根据信息进行抉择、设计及评估实验方案时。总体来看，学生高质量的回应话语主要集中于课堂的中后期，尤其是在反应原理的实验探究和提取过程的方案设计两个教学活动中。这说明，优质课教师在课堂前期通过互动让学生熟悉并掌握证据推理的思维方式，在课堂中期通过实验探究和方案设计鼓励学生积极表达观点，彼此交流磋商，在课堂后期通过课堂讨论让学生围绕学习主题进行总结与反思，利用集体智慧深化理解。话语行为的变化不仅显示了不断深入的概念理解，而且还形成了对话的倾向，以及发展沟通交流、团队合作的能力[18]。因此，教师应在课堂中提供任务信息让学生发展证据推理能力，同时利用实验探究、方案设计等教学活动鼓励学生小组合作并彼此交流评估，从而促进学生参与到高质量对话中，提升语言表达能力和创造性思维能力。

（三）反馈形式的话语要素分析

在高质量对话中，教师运用特定的对话脚手架或话语反馈是引导学生进行高阶理解、调动批判性思维的重要手段。正如巴赫金（Bakhtin）所指出的，在对话的过程中，如果前言没有后语衔接，那么就意味着对话已经结束了[19]。因此，教师的反馈决定着师生间的对话是否能够得以继续和延伸，也影响着生生间的讨论能否得以更好地推进和深化。针对高质量对话所倡导并在已有研究中被证实行之有效的五种教师话语反馈（TM）：总结、建模、强调、推动和质疑，我们对 6 节优质课中的教师话语反馈进行了统计分析。频数统计结果如表 6.11 所示，将每节课的 TM 分别作出雷达图并合并得图 6.6。

表 6.11 教师反馈话语要素统计

教师话语反馈 TM	TM 总数	推动	总结	质疑	强调	建模
课例 1	43	18	9	6	6	4
课例 2	35	16	6	7	4	2
课例 3	24	12	5	2	4	1
课例 4	28	14	7	3	2	2
课例 5	25	14	5	3	2	1
课例 6	27	12	8	4	2	1
平均值	30.3	14.3	6.7	4.2	3.3	1.8
平均百分比	100%	47.20%	22.11%	13.86%	10.89%	5.94%

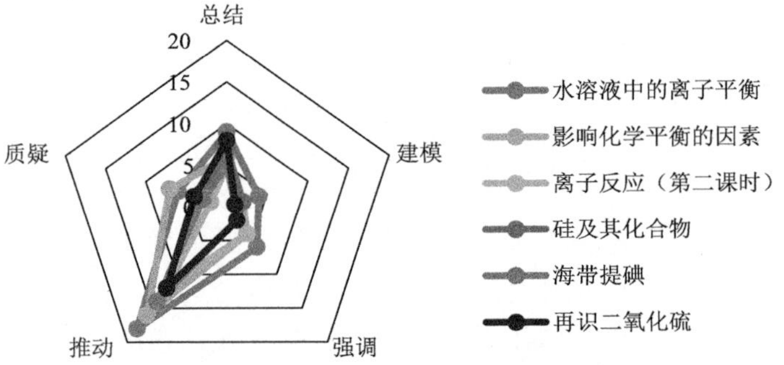

图 6.6 教师话语反馈要素分布雷达图

从表 6.11 和图 6.6 可以看出，教师在每节课中都包含了上述五种话语反馈，说明这些教师都有利用话语行为进行有效反馈、维持高质量对话的意识。进一步分析不同反馈形式的频数差异，发现推动反馈占比最高（47.20%），其次是总结、质疑和强调，建模反馈占比最少（5.94%）。这说明优秀教师重视引导学生，通过推动反馈让学生进一步搜寻证据来完善自己的观点。其次，教师善于总结并精炼学生的话语，使其余同学更好地理解和吸收。再次，当学生的回答出现差错时，优秀教师不是直接进行点评，而是通过质疑的方式让学生调整思路，重新思考。同时，教师会适当地强调、突出学生回答中的某些方面，提高全体学生的关注度。但是，教师较少使用建模反馈。建模反馈是指教师通过示范的方式为学生塑造科学论证的框架与规范，帮助学生进行合适的、富有成效的科学论证，如“如果我来回答这个问题，我会说，我认为…（主张），因为…（证据），这说明…（理由）”。恩格尔（Engle）的研究已表明，教师的话语塑造可以影响学生的知识迁移，教师的话语在很大程度上规定或限制着学生的话语形态，进而影响他们的学习过程与成就[20]。因而，本研究的优质课分析显示这样的建模反馈还比较少，说明教师自身的论证素养仍有待提高，要注意从论证的角度为学生提供话语支架，进而提升学生的话语质量与论证水平。

为了更直观地展现优质课教师的话语反馈过程，我们从 6 节课例中挑选出每种反馈行为的典型话语（表 6.12），进而总结优质课教师的反馈特点。

表 6.12　话语反馈的典型话语

话语反馈类型	典型话语
总结	那也就是说……，对吧？ 他（她）刚刚提出了一个观点/概念，就是……。 那我帮你把刚才说的再概括一下……。 我知道你要表达什么意思，就是说……。 让我们来小结一下……。
建模	现在我给大家提供一些资料、信息，大家要通过我给的资料片段，从化学的角度分析……。 通过你们观察到的现象，可以对刚刚的预测进一步分析……。 还有没有别的证据呢？还有没有更多的支撑呢？来看这组数据……对刚才的结论，我们能在这组数据中找到支撑吗？ 那么刚才的认识是基于我给大家的数据，接下来要请大家自己动手通过实验来检验是不是证实了主张。 这就是个非常好的证据，我们要通过自己的思路去分析这个现象产生的原因，其中的关键是要利用……认识模型。
强调	非常好，关注到了我们信息中所用到的素材。 你解释得非常好。 好眼力，这就是观察、发现。 很好，你利用了实验现象中的重要证据。 你根据信息，从……多个角度讲得有理有据。 讲得非常好，我觉得非常有想象力和逻辑推理能力。 你认为……，但你没有说出让人信服的理由。 ……可是这不是从实验中直接获取的数据。
推动	那你看现在的实验现象，对这个（观点）有什么补充吗？ 那你能不能说一下这个结论是怎样分析出来的？ 为什么你认为……，你的依据呢？ 说出你的理由来，猜也是要有理由的！ 能不能告诉我你的实验过程和实验现象？ 给你个提示，……还有什么想法吗？
质疑	其他同学有没有跟他（她）预测不一样的地方？讨论一下，有就勇敢说出来。 还有没有同学有一些创新的想法或者不同的意见？ 那除了这个角度……还有没有别的角度？ 那如果没有……呢？ 那为什么不……呢？

从表 6.12 可以看到，教师在进行不同的话语反馈时表现出不同的话语特征：①总结反馈中，教师会对学生的话语进行精简使之更为清晰，以期符合学科用语的规范要求，同时及时肯定该学生为课堂知识构建所做的贡献，引起其他学生的注意力。②建模反馈中，教师明确建构话语行为如“根据资料”“通过现象”“从化学的角度分析”等，从而让学生通过这种渗透式导向的话语学习科学论证的规范，进行高质量对话。③强调反馈中，教师在学生回答之后及时评价并肯定学生的回答，并让其他学生领会到高质量对话中的关键要素如“关注信息素材”“解释得非常好”等，从而通过倾听同伴的回答来提升自己话语的准确性和完备性。④推动反馈中，教师通过追问阐释来帮助学生充分利用教师提供的信息资源，对问题进行探究、解释与辨析，一方面保证了学生在课堂话语中的核心地位，另一方面也有助于培养学生的高阶思维能力。⑤质疑反馈中，教师在学生回答之后向其提出反向主张如“那如果没有……呢？”或是向其他同学寻求更多可能性如“还有没有同学有一些创新的想法或不同的意见？”，从而引导学生深入思考并积极参与课堂，体现学生的主体地位，使师生对话整体呈现多向度的对话结构。因此，教师在教学过程中应注意根据学生回应采取恰当的反馈策略，强化课堂话语的质量，并且激发学生对学科知识的深层次思索，发展学生的批判性思维。

三、基于高质量对话的学生论证能力分析

对话是声音往复的鲜活体验。科学论证作为重要的话语实践，学生在观点、语言的碰撞中学习科学概念，体验学科思维特征。利用 QT 对话的分析框架，我们可以从论证的角度对学生话语进行水平划分，并考察学生互动方式与教师反馈方式对学生论证过程的影响。

（一）QT 对话与科学论证之间的关系

1. 以论证为指向的 QT 话语要素分析

论证学习的本质是一种科学对话。在科学论证的过程中，师生之间、生生之间可以扮演互相合作、互相激发思考的角色，从而创设出更多深刻剖析科学现象或概念本质的对话，这是一种社会互动的意义建构；相反，若教师过于注重结果而忽略知识形成的过程，则并不利于学生的长远发展。通过探究获得某一种关于自然现象为何如此的观点和主张，通过对话的过程审视这种观点和主张，可以将学生通过自己的努力生产出来的知识推向一种更精致的领域[21]。QT 对话以语言为媒介，个体在同他人讨论的过程中不断澄清见解并进行反思，使得模糊的观点在辩论中渐渐明晰。在观点的交换中，也同时伴随着积极主动的倾听与理解，通过相互间的支持、协商或反驳发展认知。科学教育中的论证活动，参与者以证据

和理论作为支持的根据，解释科学现象与过程成因，相互审视、质疑与辩护，这正是一种科学对话与交流的过程。可见，QT 对话和科学论证之间有着密切的关系。QT 对话中各话语要素中体现的论证思想见表 6.13。

表 6.13　QT 对话中的论证思想

QT 对话的话语要素			所体现的科学论证内涵
发起	真实性问题	领会问题（UT）	领会问题的提问者首先是倾听者，在理解他人的观点之后产生疑问，这正是互相激发思考的过程。
		高阶思维问题（HLT）	高阶思维问题能够引发学生进行推测、分析或概括，这些思维活动在进行科学推理时必不可少。推测过程即提出主张过程，分析与概括都需要解析或综合各种证据来进行推理从而辩护主张。
		关联问题（CQ）	关联问题旨在让学生结合个人经历、集体体验或各种信息载体来作出回应。关联过程是学生从多种来源如已有知识或经验进行证据收集的过程。
回应	单轮回应	详细阐释（EE）	详细阐释包含了主张+证据+推理的基本论证结构，是学生具备基本论证素养的体现。
	多轮回应	累积性讨论（CT）	累积性讨论是学生共同建构意义的对话片段，不同学生从多角度充实证据、完善推理，从而使主张更具说服力。
		探究性讨论（ET）	探究性讨论意味着学生对他人观点的质疑或反驳，对自己主张的辩护，在此过程中可锻炼批判性思维。
反馈	话语行为	总结（TM-S）	总结起到暂缓对话过程的作用，给学生提供一定的思考空间。
		建模（TM-Md）	教师通过建构论证模型，起到示例作用，帮助学生进行更精致的推理，促进科学规范的论证模式的形成。
		强调（TM-Mk）	教师对学生的回应作出积极评价，并着重强调或赞赏回应的某一部分，建构和谐的论证课堂文化。
		推动（TM-P）	教师推动学生对观点和解释进行更深入分析，收集更多证据与材料形成可靠推理，提升论证品质。
		质疑（TM-C）	教师通过质疑学生回应中的某一方面，促使学生以批判的视角修正观念或主张，重建科学概念。

可以看到，从发起、回应和反馈三个维度来审视 QT 对话的话语要素，各维度都与科学论证密切关联。从发起维度来看，不论是基于他人回答的领会问题，激发他人多项思维活动的高阶思维问题，还是促使他人结合已有经验作答的关联问题，都是彼此在互相倾听与交流中激发思考的过程。从回应维度来看，QT 对话特别强调利用小组合作与沟通提升论证品质，学生在论证过程中互动交流，在观念的碰撞与磋商中产生并完善新的观念。同伴间存在着多元观点，可能是相互补充（如累积性讨论），也有可能相互抗衡（如探究性讨论）。若学习者能够尽己所能在学习共同体中相互贡献，那么学习过程就在这种共同建构中产生[21]。从反

馈维度来看，教师通过话语行为为学生提供支持与帮助。通过推动学生对观察到的现象进行分析，以正面积极的怀疑态度挑战不同想法，教师为学生创设了开放平等的对话环境。通过赞赏学生的论证贡献，示范并鼓励学生运用论证模型进行分析，教师帮助学生在论证活动中更好地运用科学证据和科学主张。

2. 以详细阐释为核心的论证能力评价标准

在科学论证能力的评价研究中，科学教育研究者基于图尔敏论证模型建构了多种评价标准，体现出该论证模型的重要地位和价值。图尔敏论证模型关注组成论证的六个结构要素（主张、资料、根据、支援、限定和反驳）及其关系（图 2.1）。麦克尼尔（McNeill）等研究[22]认为图尔敏论证模式中的若干要素界定不够清晰且不必要严格区分。例如，在一个完整的推理过程中往往不需要着重区分根据和支援，教学的重点在于培养学生的论证意识并深化其对知识的理解，学生是否拥有一个完整的思维过程。因此，他们将图尔敏论证模式简化为四要素：主张（claim）——对某一问题的结论、猜测、解释或其他观点；证据（evidence）——能够支撑主张的科学资料，可以是给定资料、实验现象或已有知识储备等；推理（reasoning）——关于证据如何以及为什么能够支撑主张的证明过程；反驳（rebuttal）——反对推理或证据的观点及解释，简称 CERR 论证模式。

本研究在 CERR 各要素的基础上，结合金（Chin）和奥斯本（Osborne）所提出的分析学生个体建构科学论证的评价标准[23]，划分论证水平。该评价标准利用特定的词语或短语来指明 CERR 论证模型的核心要素，根据不同要素的组成方式界定不同科学论证能力水平之间的差异性（共 4 个水平，如表 6.14 所示），水平 2 与水平 3 的区别在于证据与推理的复杂性，水平 4A 和水平 4B 的区别在于反驳是针对他人或自己。该评价科学论证质量的标准依托于所做解释的深度、证据的详细度与复杂度、推理的可靠度以及反驳是否存在。其中，水平 1 被视作最基本的论证话语，水平 3 和水平 4 被视作更为完善而高阶的论证话语。

表 6.14 科学论证能力评价标准

<table>
<tr><th>水平</th><th>标准</th><th>QT 编码</th></tr>
<tr><td>1</td><td>不包含推理或证据的简单主张或对立主张。</td><td>Ac</td></tr>
<tr><td>2</td><td>提出主张，并提出简单证据与推理（各有一个），但没有提出任何反驳。</td><td>EEs</td></tr>
<tr><td>3</td><td>提出主张，并提出更为复杂而详细的证据或推理（任一要素数量大于等于 2），但没有提出任何反驳。</td><td>EEct</td></tr>
<tr><td>4A</td><td>包含简单根据（理由）或证据的一个或多个主张，以及能够强调对立主张的弱点的反驳。</td><td rowspan="2">EEet</td></tr>
<tr><td>4B</td><td>包含简单根据（理由）或证据的一个或多个主张，以及考虑到自己主张弱点和局限性的自我反驳。</td></tr>
</table>

对应到 QT 对话中的学生回应话语要素——详细阐释、累积性讨论和探究性讨论的具体关系如图 6.7 所示。

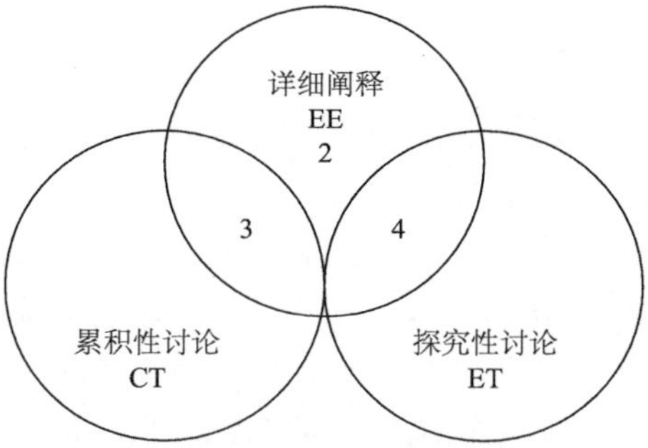

图 6.7　学生回应话语要素的相互关系

详细阐释由于包含了“主张+证据+理由”的基本论证链，因而达到了金（Chin）论证能力评价模型中的水平 2。累积性讨论和探究性讨论都是由多个学生多轮回应组成的讨论片段，两者以是否有反驳为区分点，故彼此互斥。在多轮回应中学生可能作出了详细阐释，也有可能只出现了简单主张如“我和你一样的看法”，或是与论证无关的话语如“我不知道”，因此从论证的角度，可以对讨论片段中的详细阐释进一步分析。累积性讨论是围绕同一主张彼此补充证据、共同建构意义的过程，因而在此过程中的详细阐释（标记为 EEct）在证据、理由的复杂度上进一步提高，通常可达到论证水平 3。探究性讨论是彼此质疑磋商的过程，因而在此过程中的详细阐释（标记为 EEet）因存在反驳通常可达到论证水平 4。此外，针对金（Chin）评价标准中的论证水平 1，我们将学生只提出简单主张，而不含证据或推理的回答沿用金（Chin）中的编码 Ac（即 a simple claim，意为简单主张），而对学生的简单话语如“我不知道”等不进行论证编码。

进言之，可以将学生回应中的详细阐释（EE）分为三种类型：独立存在的详细阐释（EEs），累积性讨论中的详细阐释（EEct）和探究性讨论中的详细阐释（EEet），且通常情况可与论证的水平 2、水平 3 和水平 4 相对应。不过，在实际编码时仍应以论证要素为衡量标准，而不可完全地机械化对应。也就是说，在下面这些情况出现时需要做适当的编码调整：学生独立存在的详细阐释中若包含了多个证据或推理则可达到论证水平 3，若提出了自我反驳则可达到论证水平 4；累积性讨论中的详细阐释若出现学生共用同一个证据与推理，未形成论证的复杂度，则只达到了论证水平 2。因此需要注意的是，QT 对话中的学生回应编码与论证水平并非绝对对应，在实际衡量学生论证能力时，仍需按评价标准进行水平划分。

（二）QT 对话中的学生论证过程分析

基于 QT 对话与科学论证间的关联性，下面分别从量化统计和质性描述两个角度开展学生论证能力分析，进而探究论证场域中课堂文化特点以及教学共同体间的互促作用。

1. 学生论证话语的统计分析

依据表 6.14 所示的科学论证能力水平评价标准，我们对 6 节优质课中学生回答话语要素中的详细阐释（EE）进行了深入的分类与编码，频数和百分比统计结果见表 6.15。从中可见，6 节优质课的学生论证话语中基本上都包含三类不同的详细阐释。但是，学生独立存在的详细阐释（EEs）在数量上明显占比最高，累积性讨论中的详细阐释（EEct）和探究性讨论中的详细阐释（EEet）相对较少。这说明优质课中给予积极回应的个体学生能够调用相关知识、基于证据进行理性推理，具备主张-证据-推理为基本框架的论证活动特征。教师也能够适当关注小组内与小组间的讨论，通过小组讨论，可以在彼此的交流中围绕同一主张或观点不断从已有知识、实验现象中搜集证据，进行更完善的推理，从而利用集体的智慧进一步深化对科学主张或概念的理解。在小组讨论过程中，也有个别学生能够提出竞争性观点，并提供或寻求证据来支持或反驳某一想法，显示其已经具备了较高的科学论证水平。

表 6.15　学生论证话语统计

学生话语要素	EE 总数	EEs	EEct	EEet
课例 1：水溶液中的离子平衡	7	2	2	3
课例 2：影响化学平衡的因素	8	6	2	0
课例 3：离子反应（第二课时）	5	3	2	0
课例 4：硅及其化合物	4	3	0	1
课例 5：海带提碘	10	2	4	4
课例 6：再识二氧化硫	5	2	1	2
平均值	6.5	3.0	1.8	1.7
平均百分比	100%	46.15%	27.69%	26.16%

2. 基于论证片段的叙述分析

为更直观地展现优质课中的学生论证过程，探究互动方式和教师反馈对学生论证的影响，我们需要从关注课堂上“发生了什么”转向于关注“怎样发生的”。为此，我们以课例 1“水溶液中的离子反应”中的学生论证话语为例，分析不同类型详细阐释所处的互动片段出现的教学时机，随后通过阐释性叙述分析教师话语对实时互动的影响以及学生在论证中的同伴作用，探讨论证场域中课堂文化特点以及教学共同体之间的互动促进关系。在课例 1 中一共出现了 7 次详细阐释（EE）。其中，独立存在的详细阐释 2 次，累积性讨论中的详细阐释 2 次，探究性讨论中的详细阐释 3 次，见图 6.8。下面就这些论证片段过程分别予以阐释。

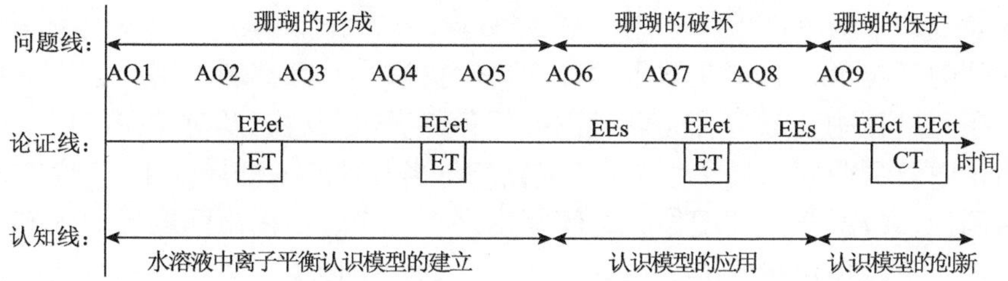

图 6.8　课例 1 中的论证片段划分

AQ=真实性问题，EEs=独立存在的详细阐释，EEct=累积性讨论中的详细阐释，EEet=探究性讨论中的详细阐释，CT=累积性讨论，ET=探究性讨论

1）独立存在的详细阐释论证片段

独立存在的详细阐释出现于“珊瑚的破坏”环节的两个互动片段中，分别是根据视频资料解释温室效应加剧破坏珊瑚原因以及解释实验现象的过程。

在表 6.16 所示的对话片段中，教师给学生播放了“温室效应与珊瑚死亡”的视频，要求学生讨论解释该现象的机制。生 8 首先结合日常经验“温室效应的起因”给出简单主张“（是因为）二氧化碳多了”，论证水平为 1。随后教师并没有直接对生 8 回应作出评价，而是对其观点进行重复“二氧化碳多了”，并采用推动反馈“那为什么……”从而促使生 9 注重因果关系的描述“因为……然后……导致……”，并运用已有的理论证据“二氧化碳与水反应形成碳酸”作出详细阐释，达到了论证水平 2。而后教师策略性地使用总结反馈，将学生观点中的日常语言“二氧化碳一多……”转化为科学语言“二氧化碳浓度过高”，既认可了学生的论证内容，又强调了化学专业术语，帮助学生进一步规范科学话语。

表 6.16　独立存在的详细阐释互动片段 1

发言人	话语	QT 编码
师	那我们从录像中看到了另一个问题，温室效应导致了珊瑚的死亡。那么，最早人们只是发现温度升高，珊瑚死了，发生了白化，这其实是一个生物现象，三十年后人们才发现了海水酸化，你们说是为什么呢？换句话说，温室效应加剧为什么会破坏珊瑚礁呢？（**隐含主张**）	AQ/CQ/HLT
生 8	从温室效应的起因来看，二氧化碳多了。	Ac
师	二氧化碳多了。那为什么人们过了很久才注意到海水酸化问题？	*TM-P*
生 9	因为二氧化碳一多的话（**证据**），大量的二氧化碳会溶解在海水中，然后二氧化碳与水反应生成碳酸导致海水的 pH 变小，海水酸化。（**推理**）	EEs
师	也就是说你认为海水酸化是由二氧化碳浓度过高引起的，为什么会经过这么长的时间呢，实际上二氧化碳的危害是慢慢形成的，不是说一天就能放出那么多二氧化碳的……（实验探究二氧化碳浓度升高对海水和珊瑚的影响）	*TM-S*

注：AQ=真实性问题，CQ=关联问题，HLT=高阶思维问题，Ac=简单主张，EEs=独立存在的详细阐释，TM-P=推动反馈，TM-S=总结反馈。

在表 6.17 所示的对话片段中，围绕实验“二氧化碳浓度升高对海水 pH 和钙离子浓度的影响”，教师在学生预测现象后提供实验数据图，引导学生解释实验现象。在此过程中，教师首先创设论证任务并提供资料，及时调控对话走向。在发起话轮中教师明确引导学生进行证据推理；当推理陷入僵局如生 12 说“没有了”时及时调控，鼓励学生“把你的疑问问出来”；当学生提出问题后顺水推舟展开新的话题讨论，创设出生成式对话空间。话题的延伸引导集体寻找可能的因果解释，为学生提供了参与彼此观点的对话机会。其次教师在互动中利用多种反馈不断强调有效的话语规范。例如，发起问题时“针对这个证据……”、在生 12 描述所观察的实验现象之后作出评价并强调“这是观察、发现……做个解释”、在生 13 提出疑问后“有没有同学来给他解释一下”。这些话语促使学生意识到应该为自己的观点提供证据、利用证据进行推理，从而生 10 进行了独立的详细阐释，达

表 6.17　独立存在的详细阐释互动片段 2

发言人	话语	QT 编码
师	那大家先看我做出的实验数据，针对这个证据你是怎么想的，怎样理解通入 CO_2 后钙离子浓度、pH 的变化？	AQ/CQ
生 12	我意外地发现 pH 中间有个小小的平衡，这个点正好是钙离子浓度的最低点。	
师	好眼力，这就是观察、发现。你观察到了这个现象，想不想做个解释？	*TM-Mk*
生 12	没有了。	
师	好的，大家再讨论下。有没有人想说说看？把你的疑问问出来。	*TM-P*
生 13	疑问就是钙离子浓度为什么会比原来更高？（**隐含主张**）	AQ/HLT
师	有没有同学来给他解释一下？小小地提示一下，如果钙离子不比原来的高，珊瑚就不会死了。	*TM-P*
生 10	就之前（生 11）说过的，二氧化碳和碳酸钙和水会反应，生成碳酸氢钙（**证据**），所以会把钙离子溶回去，导致它的浓度又继续升高。（**推理**）至于它比原来高，我还是没想清楚。	EEs
师	好，请坐。那我们现在还是就这个水溶液体系来看，其实刚刚同学已经把很多逻辑讲得很清楚了。那我们现在看，你抓住这个平衡的要点，就是钙离子浓度下降（**证据**），一定是 $Ca^{2+} + CO_3^{2-} \rightleftharpoons CaCO_3$ 平衡正向移动，如果钙离子浓度上升，则是逆向移动（**推理**）。那我们再看这个主要的平衡，就是 $HCO_3^- \rightleftharpoons H^+ + CO_3^{2-}$（**证据**），那么随着二氧化碳浓度的不断升高，这一平衡不断正移（**推理**），那我们看 H^+ 和 CO_3^{2-} 对这个碳酸钙的溶解平衡的影响是怎样的？碳酸根越多是有利的，氢离子越多是不利的。氢离子越多，$HCO_3^- \rightleftharpoons H^+ + CO_3^{2-}$ 平衡逆向移动，朝着溶解的方向移动；而如果碳酸根越多，$Ca^{2+} + CO_3^{2-} \rightleftharpoons CaCO_3$ 是朝正向移动（**推理**）。所以我们会发现在多平衡的溶液体系中，要考虑平衡之间的竞争关系（**主张**）……	*TM-Md*

注：AQ=真实性问题，CQ=关联问题，HLT=高阶思维问题，EEs=独立存在的详细阐释，TM-Mk=强调反馈，TM-P=推动反馈，TM-Md=建模反馈。

到了论证水平 2。再次，教师基于学生的详细阐释进行建模反馈，强化论证意识。教师在学生进行完整的证据推理基础上，从钙离子的溶解平衡推广到多平衡的水溶液体系，体现了“从特殊到一般”的学科思想，也将学习深度从证据推理上升至模型认知。从上述两个片段也可以看到，独立的详细阐释往往是在教师发起班级讨论，鼓励个体观点分享时出现，在出现之后教师及时作出评价与反馈。

2）累积性讨论中的详细阐释论证片段

累积性讨论中的两个详细阐释集中出现在“珊瑚的保护”环节中的互动片段。

在表 6.18 所示的对话片段中，教师发起“怎样拯救珊瑚”的课堂讨论。生 14 率先提出简单主张“把二氧化碳弄少一点”，而后教师使用强调语气“把二氧化碳弄少一点”为其他成员关注生 14 的观点创造条件，同时也隐含着让生 14 对自己的观点进一步阐释。生 14 领会到教师发出的话语信号对自己的主张进行了进一步的完善，但缺少证据支撑。随后教师通过“还有吗？”鼓励小组成员发表更多看法，于是生 15 利用二氧化碳的性质作为证据进行推理。教师在认可生 15 观点“利用二氧化碳的性质来解决问题”的同时，继续推动对话的丰富度“还有没有同学有一些创新的想法”，引导学生继续围绕二氧化碳思考，于是生 16 也利用二氧化碳的性质进行详细阐释。生 15 与生 16 分别从二氧化碳的吸收与产生两个角度寻找证据对生 14 的观点进行了补充解释，这体现了累积性讨论的特征，因而在此过程中的详细阐释达到了论证水平 3。

表 6.18　累积性讨论中的详细阐释互动片段

发言人	话语	QT 编码
师	……那大家想一想有没有什么办法可以来拯救珊瑚？	AQ/HLT
生 14	我觉得可以把二氧化碳弄少一点。（**主张**）	Ac　CT
师	把二氧化碳弄少一点。	
生 14	然后把它做成干冰，运到南极去。	
师	很有意思的想法，还有吗？	*TM-P*
生 15	我觉得减少二氧化碳的量（**主张**）可以从二氧化碳的性质来看（**证据**），可以往海里丢生石灰，中和掉二氧化碳，还能增加钙离子浓度，可以产生珊瑚，然后也减小酸性（**推理**）。	EEct
师	这也是一个好想法。主要是利用二氧化碳的性质来解决问题。还有没有同学有一些创新的想法？你来说说。	*TM-P*
生 16	我觉得要让海水里二氧化碳减少的话（**主张**），由于水里的二氧化碳是先跑到空气里，然后再溶于水的（**证据**），所以要多植树造林吸收掉空气里的二氧化碳，还要从根源上减少二氧化碳的产生，比如减少化石燃料的燃烧（**推理**），因为它会放出大量二氧化碳（**证据**）。	EEct

注：AQ=真实性问题，HLT=高阶思维问题，CT=累积性讨论，EEct=累积性讨论中的详细阐释，Ac=简单主张，TM-P=推动反馈。

3）探究性讨论中的详细阐释论证片段

探究性讨论中的详细阐释出现在“珊瑚的形成”与“珊瑚的破坏”教学环节中，分别是根据资料预测珊瑚的形成、讨论碳酸氢根在珊瑚钙化中的作用以及理论预测“珊瑚破坏实验”现象的过程。

表 6.19 所示的对话片段中，教师创设了小组讨论和班级讨论两种参与模式，首先小组讨论形成初步观点，然后学生就多样化的观点进行争论和协商。生 1 所代表的小组观点为“珊瑚礁的形成由 Ca^{2+}和 CO_3^{2-}结合”，生 2 认为“珊瑚礁形成与碳酸氢钙有关”，生 3 则利用科学常识“珊瑚成分就是碳酸钙”为证据进行有效反驳，认为“先生成了碳酸氢钙，然后转化成碳酸钙”，观点间的碰撞形成了探究性讨论。可以看到，学生已经有批判性分析思考的意识。这一意识的形成可能来自互动中教师持续的话语塑造。例如，生 1 回答后教师并没有直接对生 1 的回答进行评价，而是把话语权交还给学生，鼓励学生思考多种可能性。比如“还有哪个组有想法？预测嘛，就是可以提出自己的意见，有不同点”，这样的话语建立起每一个学生都是合法参与者的对话氛围，促使学生将注意力从获得最准确的观点转移到形成对讨论主题的批判性理解上来，从而生 2 获得了表达观点的对话机会。而在生 2 之后，生 3 在教师营造的探究氛围下积极主动地提出反驳，提升了讨论的复杂度。因而在此过程中的详细阐释达到了论证水平 4，学生不仅频繁使用关联词如“根据”“所以”，还使用多种类型的证据，如已有的知识经验“就和硬水一样”，充分利用教师提供的信息资源“海水 pH 值、成分表”。

表 6.19　探究性讨论中的详细阐释互动片段 1

发言人	话语	QT 编码
师	现在我给大家提供一些信息，大家能不能从资料中搜集证据，从化学的角度推测并分析珊瑚在海水中是如何形成的。（资料：正常海水的 pH、海水的成分表、水溶液中含碳元素的微粒含量随 pH 变化的图像）现在小组讨论，通过这些信息能不能给出你们对珊瑚形成的预测？	*TM-Md* AQ/HLT/CQ
生 1	我们小组认为珊瑚礁的形成可能是 Ca^{2+}和 CO_3^{2-}结合生成了碳酸钙（**主张 1**），然后还可能和镁离子形成氢氧化镁沉淀，就和硬水一样。	Ac ET
师	你可能是从硬水的角度，氢氧化钙、氢氧化镁来想的，但我们所看到的（珊瑚）就是碳酸钙，所以通过碳酸钙分析出海水中钙离子和碳酸根离子。还有哪个组有想法？预测嘛，就是可以提出自己的意见，有不同点。	*TM-C*
生 2	我们组觉得，根据第三张图来说（**证据**），在正常海水 pH=8～8.3 时，碳酸氢根的含量是大于碳酸根的（**推理**），所以我们觉得这里面，它的成分有可能是碳酸氢钙（**主张 2**）。	EEet
生 3	但是刚说了，珊瑚成分就是碳酸钙（**反驳**），所以更有可能先生成了碳酸氢钙，然后转化成碳酸钙（**主张 3**）。	

注：AQ=真实性问题，CQ=关联问题，HLT=高阶思维问题，ET=探究性讨论，EEet=探究性讨论中的详细阐释，Ac=简单主张，TM-Md=建模反馈，TM-C=质疑反馈。

在表 6.20 所示的对话片段中，教师首先基于生 4 的回答就“碳酸氢根在珊瑚钙化中的作用”引导学生进行讨论。生 5 提出主张 2“就会形成更多的碳酸钙”并结合实验现象和已有的沉淀平衡知识加以辩护。随后教师针对实验现象提出质疑，促使学生对实验现象背后的原理进一步思考，当学生陷入困境“嗯，可能是……”时及时减缓对话进程，一步步用话语推动学生寻找证据“我们先来找一找碳酸氢根在溶液中存在着哪些平衡？”“继续，那你能不能解释刚才的现象和哪个平衡有关？”，从而引导生 6 提出主张 3。但生 6 的推理过程存在偏误，教师不是直接讲解而是进一步质疑“逆向移动的话它怎么生成 CO_2”，激发学生进一步寻找因果关系，综合利用多种平衡进行推理，从而修正主张 3，建立主张 4。在此探究性讨论的过程中，教师运用多次推动和质疑反馈，将学生的证据从宏观的、单一的实验现象一步步推进到微观的、复杂的化学平衡，从而形成更精致、更符合科学规范的推理。

表 6.20　探究性讨论中的详细阐释互动片段 2

发言人	话语	QT 编码
师	碳酸氢根的浓度对珊瑚的钙化作用带来了怎样的影响呢？他（生 4）刚提出了一个观点，就是生成了碳酸氢钙（**主张 1**），那碳酸氢根的贡献还有什么呢？	AQ/HLT/CQ/UT
生 5	我们可以看到出现了很多白色沉淀（**证据**），因为氢氧根和碳酸氢根会生成碳酸根离子，钙离子和碳酸根离子会生成沉淀（**证据**），然后这个平衡就会正向移动（**推理**），就会形成更多的碳酸钙（**主张 2**）。	EEet　ET
师	形成更多碳酸钙，很好。但是从实验现象中我们还看到了气泡，怎么解释？（**反驳**）	*TM-C*
生 6	嗯，可能是……	
师	那我们先来找一找碳酸氢根在溶液中存在着哪些平衡？	*TM-P*
生 6	碳酸氢根电离成碳酸根离子和氢离子，碳酸氢根水解生成碳酸和氢氧根	
师	继续，那你能不能解释刚才的现象和哪个平衡有关？	*TM-P*
生 6	和水解有关，是碳酸变成了二氧化碳。（**隐含主张 3**）	
师	那为什么先生成了白色沉淀，过了一段时间后产生了二氧化碳气体呢，能不能从平衡移动的角度来解释这些现象？	*TM-P*
生 6	钙离子和碳酸根离子会结合（**证据**），然后导致碳酸氢根电离平衡正向移动。然后是碳酸氢根水解平衡，碳酸氢根少了的话，它应该会逆向移动。（**推理**）	
师	逆向移动的话它怎么生成 CO_2？（**反驳**）	*TM-C*
生 7	我觉得碳酸也可能是碳酸氢根和氢离子结合形成的（**证据**），然后碳酸再平衡生成水和二氧化碳（**推理**），所以二氧化碳应该和这个平衡有关。（**主张 4**）	

注：AQ=真实性问题，CQ=关联问题，HLT=高阶思维问题，UT=领会问题，ET=探究性讨论，EEet=探究性讨论中的详细阐释，Ac=简单主张，TM-P=推动反馈，TM-C=质疑反馈。

在表 6.21 所示的对话片段中，教师在进行“二氧化碳浓度升高对海水 pH 和钙离子浓度影响”实验之前，让学生利用先前得出的水溶液复杂体系认知模型进行现象预测并给出理由。生 10 和生 11 提出了两种竞争性观点“钙离子浓度降低”和“钙离子浓度先降后升”，并都给出了自己的证据和推理，形成了探究性讨论，论证水平达到 4。同样可以看到在此过程中教师不断进行推动“你能否用刚才的那套水溶液分析模型说一下你这个结论是怎样分析出来的？”与质疑“其他同学还有没有跟他预测不一样的地方？”促使学生相互回应，为自己的观点辩护。

表 6.21 探究性讨论中的详细阐释互动片段 3

发言人	话语	QT 编码
师	在实验之前，大家能不能预测一下二氧化碳浓度不断升高至超过正常浓度，对海水 pH 和钙离子浓度有什么影响?	AQ/HLT
生 10	我觉得 pH 是降低的，钙离子浓度也降低，二氧化碳浓度是升高的。（**主张**）	Ac ET
师	那你能否用刚才那套水溶液的分析模式说一下你这个结论是怎样分析出来的?	*TM-P*
生 10	二氧化碳溶于水生成碳酸，然后碳酸有一个电离平衡是它电离生成氢离子和碳酸氢根离子，刚刚分析出来碳酸氢根与钙离子反应会生成碳酸钙（**证据**），然后钙离子浓度应该是减小的（**推理**）。然后碳酸氢根离子电离生成氢离子和碳酸根离子，然后碳酸根离子再和钙离子结合（**证据**），所以钙离子浓度减小（**主张**）。pH 降低是因为碳酸根被反应掉了（**证据**），反应也是正向进行的，所以就电离出更多的氢离子（**推理**），所以 pH 是降低的。（**主张**）	EEet
师	谢谢。其他同学有没有跟他预测不一样的地方，讨论一下，然后我再放证据。	*TM-C*
生 11	我认为钙离子是先降后升。（**反驳，提出反向主张**）	Ac
师	等一下，你认为钙离子是先降后升。说说你的依据。	*TM-P*
生 11	二氧化碳浓度会越来越高，然后碳酸钙会与水、二氧化碳继续反应生成碳酸氢钙（**证据**）。	

注：AQ=真实性问题，HLT=高阶思维问题，ET=探究性讨论，EEet=探究性讨论中的详细阐释，Ac=简单主张，TM-P=推动反馈，TM-C=质疑反馈。

3. 小结与思考

通过学生论证话语的统计分析和基于论证片段的阐释性叙述，总体而言，从频数统计中可看出优质课中的学生具备基本的论证能力，能够运用资料、证据支持自己的主张，但达到更高水平科学论证能力的学生回答话语 EEct 和 EEet 较少，且随论证水平的上升而减少。结合课例中的互动片段，我们可以看到 QT 对话不仅能够体现科学论证的课堂文化特点，而且充分展现了教学共同体的互促关系。

QT 对话所依托的理论基础——社会文化理论认为，学习的本质是语言内化为高级心理机制的过程，而这种内化归根结底发生在社会互动中[24]。QT 对话中的互动既是基于真实情境下的情境性互动，也是基于师生平等关系的共生性互动。

以课例 1 的互动片段为例，围绕“珊瑚礁的形成、破坏与保护”这一真实情境，教师发起了若干个真实性问题，激发学生参与对话的热情，师生之间的交流成为一个共同进行意义建构的过程，是一种文化和社会的实践过程。当学生参与到这样一个过程中，并在 QT 的论证中相互支持时，个人和社会维度之间的互动促进了知识、信仰和价值观的反思、理解与发展。同时，QT 对话中的教师不再是话语权的霸占者，而是以参与者的身份成为讨论共同体中平等的一员。这样的师生互动是师生基于关系价值和关系认知，整合理解与反思，在尊重差异的前提下展开的话语实践。通过这样的实践，师生通过意见和观念分享、相互理解、批判反驳论证，进而达成共识，并在此过程中生成教师的教学智慧，发展学生的思维和人格[25]。

从教学共同体的互促作用来看，教师的话语反馈为学生的论证提供指引。在水平较低的论证过程中，教师较常运用总结如“也就是说……”、建模如“从资料中搜集证据……从化学角度预测……”和强调如“很好，这是观察与解释”反馈；而在水平较高的论证过程中，教师运用推动如“你的结论是怎么分析出来的”和质疑如“有没有不同的想法”反馈的频率显著提高。从建构主义认知理论来看，总结、建模与强调更多的是“同化”的过程，帮助学生将接收到的外部信息融入原有的认知图式，使图式不断扩大。相对应地，教师推动与质疑则是“顺应”的过程，学生的既有图式中不能直接同化新知识，教师的反馈给学生造成了认知冲突。皮亚杰（Piaget）强调，认知冲突对于学习和发展具有重要意义，教师借助交互作用推进学生的内在思维发展过程，学生在与教师、同伴交流观点、解释推理的过程同时也是为自己提供矫正理解内容的契机，为自己提供反思的机会。

因此教师在设计课堂中的论证活动时，要更关注小组讨论发挥的作用。要鼓励学生形成自发参与对话的倾向，在小组讨论的过程中更好地发现核心问题，理清事物逻辑，在协商、质疑与反驳的过程中提升批判性思维能力。同时运用多种反馈策略，激活学生的认知资源，帮助学生通过论证不断修正并完善认知图式。

四、不同师生话语类型的互动序列关系

IRF 课堂话语结构具有选择向度和序列向度。IRF 本身就是一种序列向度，在前文的研究中，我们对发起（initial）、回应（response）和反馈（feedback）各维度的选择进行了研究，依据 QT 对话的编码方案对课堂话语进行初步的定量分析，发现了师生话语的类型特征并评价了学生的论证话语水平。但是，频数统计与静态描述并不能帮助我们理解真实课堂互动的模式，难以揭示课堂话语之间的顺序性和交互性。例如，当教师提出领会问题后，学生更可能出现哪种水平的论证话语；又或是学生进行累积性讨论后，教师更可能以何种话语行为进行反馈。为解决上述问题，我们运用序贯分析法对不同师生话语类型的互动关系进行进一步深入的研究，以回答学生对教师不同类型提问话语的回应差异，以及教师对学生不同论证话语的反馈差异。

（一）序贯分析的研究方法

序贯分析（sequential analysis）方法是研究顺序关系的有效手段，以随着时间变化的社会互动为研究核心。作为一种统计技术，序贯分析通过处理序列数据来研究互动双方行为的相互影响，用以判定参与者 A 的某一特定行为紧随另一成员 B 的某一特定行为产生的频率是否比随机出现的概率更高或更低[26]。序贯分析被广泛应用于发展心理学和临床心理学领域，近年来在课堂互动和话语分析中受到关注与推广。例如，福塔克（Furtak）等将其应用于课堂形成性评价对话的研究中，发现教师对学生回应的反馈行为存在差异[27]；邵发仙等对小学科学课堂中的论证话语进行了序贯分析，发现教师对学生不同水平的科学推理所进行的反馈模式有所不同[28]。序贯分析法适合用于研究课堂论证话语中对话的交互顺序，以及参与双方的彼此作用。

在本研究中，为了探查师生话语之间的顺序关系，揭示优质课例中课堂互动的更为本质的特征，我们采用序贯分析法。一方面，探讨对不同的教师提问话语类型，学生会做出何种水平的论证话语回应；另一方面，探讨当学生的回答处于不同水平的论证话语时，教师更有可能以何种方式进行话语反馈。由于单个课例中的学生论证话语，尤其是高水平的论证话语（EEct、EEet）数量较少，因此将 6 节优质课合并为一个序列做整体分析。

我们首先将课堂实录的转录文本在 Word 文档中进行编码，编码方式与前文所述的 QT 对话的话语要素及论证水平划分相同。具体来说，教师提问话语有领会问题（UT）、高阶思维问题（HLT）和关联问题（CQ）；学生论证话语有简单主张（Ac）、独立详细阐释（EEs）、累积性详细阐释（EEct）和探究性详细阐释（EEet）；教师话语反馈有总结（TM-S）、建模（TM-Md）、强调（TM-Mk）、推动（TM-P）和质疑（TM-C）。将编码后的数据用专为序贯分析而开发的统计软件——顺序数据交换标准（sequential data interchange standard，SDIS）进行转换，再使用顺序查询器（generalized sequential querier，GSEQ）进行分析。

在序贯分析所显示的交叉表中，行代表给定事件（given event），列代表目标事件（target event）。列相对于行有一个滞后，即目标事件紧跟在给定事件之后出现。主要的观测指标有累计频数、转换频率和优势比等。

累计频数（f_o）表示在给定事件行为之后发生目标事件行为的次数。

转换概率（p）表示与其余目标事件相比，某一目标事件发生在给定事件之后的可能性。转换概率越高，表示该目标事件比其他目标事件更有可能发生在给定事件之后。计算公式为 $p=f_{o\,行计数} \div f_{o\,行总数}$。

优势比（OR）是将“行×列”的表格拆分成 2×2 的交叉表，如表 6.22 所示。行为给定事件，列为目标事件，“是”为指定事件，“否”为指定事件以外的剩余事件，如 a 为“出现给定事件后发生目标事件”的累积频数，b 为“出现给定事件之后发生目标事件以外剩余事件”的累积频数。优势比的计算公式：$\mathrm{OR}=\dfrac{a/b}{c/d}=\dfrac{ad}{bc}$。

表 6.22　2×2 交叉表

		目标事件	
		是	否
给定事件	是	a	b
	否	c	d

由公式可知，优势比为两种概率的比值，即指定的给定事件“是”行概率（a/b）与“否”行概率（c/d）的比值，值的范围为 0～∞，值为 1 说明没有效应，大于 1 说明目标事件更可能出现在指定的给定事件发生之后，小于 1 则说明目标事件更可能出现在其他给定事件发生之后。优势比与转换概率的含义有所不同，从不同角度计算了目标事件出现在给定事件之后的可能性。由此可见，序贯分析所用的统计方法，都是计算目标事件更可能出现在哪一种给定事件之后，这就为探查师生对话的交互规律提供了量化参考。

（二）学生对教师不同类型提问话语的回应

首先，我们探讨教师作出不同类型的高质量提问话语（即提出真实性问题）后，学生会有怎样的回应。表 6.23 中呈现了给定事件（行）为教师不同类型的真实性问题（UT、HLT、CQ）时，目标事件（列）为学生回应的论证水平（Ac、EEs、EEct、EEet）所出现的累积频次、转换概率和优势比（表中数据的计算可参见本章附录）。

表 6.23　教师不同提问话语后学生的回答

教师提问	学生论证				总计	转换概率/优势比			
	Ac	EEs	EEct	EEet		Ac	EEs	EEct	EEet
UT	13	4	2	0	19	0.68/1.68	0.21/0.65	0.11/1.18	—
HLT	17	12	4	2	35	0.49/0.42	0.34/2.02	0.11/1.55	0.06/2.30
CQ	14	4	1	1	20	0.70/1.87	0.20/0.59	0.05/0/42	0.05/1.37
总计	44	20	7	3	74				

分析结果表明，在 6 节优质课中不同的教师提问话语引发的学生回应有所不同。以简单主张（Ac）为目标事件，出现在领会问题（UT）、高阶思维问题（HLT）

和关联问题（CQ）之后的优势比分别为 1.68、0.42 和 1.87，说明学生的简单主张更可能发生在教师提出关联问题（CQ-Ac）和领会问题（UT-Ac）之后，且前者的优势比更大。与之相似，学生独立详细阐释非常可能发生在教师提出高阶思维问题之后（HLT-EEs，优势比为 2.02）；学生的累积性详细阐释更可能发生在教师提出高阶思维问题（HLT-EEct，优势比为 1.55）和领会问题（UT-EEct，优势比为 1.18）之后，且前者的优势比更大；学生的探究性详细阐释更可能发生在教师提出高阶思维问题（HLT-EEet，优势比为 2.30）和关联问题（CQ-EEet，优势比为 1.37）之后，且前者的优势比更大。结合具体的教学片段，可以进一步分析不同类型的教师提问与学生论证话语之间的互动关系。我们选取课例 1 和课例 5 分别作为概念理论课型和元素化合物课型的代表，以提问话语作为给定事件予以描述。

1）以关联问题为给定事件

学生的简单主张最有可能发生在教师提出关联问题之后，优势比为 1.87。表 6.24 呈现了课例 1 和课例 5 中教师提出关联问题引发学生简单主张（CQ-Ac）的片段。

表 6.24 课例 1 和课例 5 中 CQ-Ac 师生话语互动片段

互动	教师提问——关联问题（CQ）	学生回应——简单主张（Ac）
课例 1：水溶液中的离子平衡		
1	大家先看一段录像，在录像中大家获得一些信息……那我们这节课就来想一想，拯救珊瑚礁这个任务，需要解决哪些问题？	我们小组分析，海水酸化引起珊瑚礁面临生态问题，主要有两个方面：第一个是海水的温度问题；第二个是珊瑚礁面临海水酸化的问题。（主张）
2	现在我给大家提供一些信息，大家要通过我给的三个资料片段，从化学角度分析珊瑚在海水中是如何形成的。	我们小组认为，珊瑚礁的形成是 Ca^{2+} 和 CO_3^{2-} 结合生成碳酸钙，还可能和镁离子形成氢氧化镁沉淀。（主张）
3	从沉淀溶解平衡这一章节中我们知道，Ca^{2+} 和 CO_3^{2-} 生成 $CaCO_3$ 是一个平衡，那么你们对刚才的预测有什么补充？	我们认为是先转化成 $Ca(HCO_3)_2$ 再转化成 $CaCO_3$。（主张）
4	大家把你开始预测的过程，和你最后做完实验对自己理论进行修正的过程讨论一下，然后我们来看看怎样去分析一个复杂水溶液中离子平衡的体系。	就是在复杂的平衡系统中，先找浓度最大的物质。（主张）
5	我们从录像中看到了另一个问题，温室效应导致了珊瑚的死亡，那么，最早人们只是发现温度升高，珊瑚白化，三十年后人们才发现海水酸化，你们说这是为什么？	二氧化碳多了。（主张）
课例 5：海带提碘		
6	首先请同学们利用以前我们学习过的知识，能不能告诉老师这三种微粒（I_2、I^-、IO_3^-）分别该怎么检验？	我认为碘单质的话，可以用淀粉来检验。（主张）

从表 6.24 可见，教师提出关联问题而学生做出简单主张的师生互动片段中，互动 1、互动 2、互动 5 中教师着重让学生结合资料中的信息，互动 3、互动 6 中教师着重让学生结合已学知识（沉淀溶解平衡、常见离子的检验），互动 4 中教师则是着重让学生结合实验前后的假设推测以及实验现象作为证据资料进行思考。由此可知，当教师在提问时着重让学生从指定领域（如给定资料或某一章节知识中寻找答案）时，学生更容易提出简单主张。

2）以高阶思维问题为给定事件

教师提出高阶思维问题之后，学生作出独立详细阐释（EEs）、累积性详细阐释（EEct）、探究性详细阐释（EEet）的可能性相较于其他问题而言均更高（HLT-EEs 优势比 2.02，HLT-EEct 优势比 1.55，HLT-EEet 优势比 2.30）。表 6.25～表 6.27 分别列举了教师提出高阶思维问题与学生分别作出 EEs、EEct、EEet 的情形。

表 6.25 呈现了 HLT-EEs 的师生话语互动片段。从中可见，高阶思维问题引发学生进行独立详细阐释往往发生于教师在实验之后围绕实验让学生进行分析的过程中。互动 1 是教师在学生进行海水钙化的模拟实验后让学生运用沉淀溶解平衡来解释实验现象，互动 2 和互动 3 中则是教师在进行演示实验之后让学生“描述实验现象，给出结论”“总结 I^- 的检验方法”，学生在回应时往往能够提出主张，并结合具体的实验操作及现象（如“滴加淀粉溶液无明显现象”）作为证据，进行科学推理（如“氯水是强氧化剂，可以把 I_2 继续氧化成最高价态”）。

表 6.25　高阶思维问题-独立详细阐释（HLT-EEs）师生话语互动片段

互动	教师提问——高阶思维问题（HLT）	学生回应——独立详细阐释（EEs）
	课例 1：水溶液中的离子平衡	
1	海水钙化的过程中，不仅有 Ca^{2+}和 CO_3^{2-}生成 $CaCO_3$ 的过程，一定还有 HCO_3^-的作用。那我们是不是要反过来想，HCO_3^-在这儿有什么作用，有没有同学有什么分析？	我们可以看到，OH^-和 HCO_3^-会生成 CO_3^{2-}，然后 Ca^{2+}和 CO_3^{2-}会生成沉淀（**证据**），平衡就会正向移动（**推理**），从而形成更多的 CO_3^{2-}（**主张**）。
	课例 5：海带提碘	
2	老师带了一些海带提取液，通过实验来检验碘到底是以什么形式存在……请同学来描述下实验现象和你的结论。	首先从三个试管中都滴加了淀粉溶液，但没有明显实验现象（**证据**），说明这个海带提取液中没有碘单质存在（**主张**），这是结论一。第二个是先加入淀粉溶液，再加入还原剂，但同样没有明显现象（**证据**），说明 IO_3^-不存在（**主张**），因为它还原后没有变碘单质，也就没有变蓝（**推理**）。最后一个是逐滴滴加氯水，氯水过量，溶液是先变蓝后褪色（**证据**），我觉得首先肯定的是存在 I^-（**主张**），但是氯水是强氧化剂，可以把 I_2 继续氧化成最高价态（**推理**）。
3	通过这个实验，同学们认为碘离子完整的检验方法应该怎么实现？	碘离子的检验应该是先滴加氯水和淀粉溶液（**主张**），也就是观察到它的溶液，变蓝的话就说明它有碘离子存在（**推理**），因为它生成了碘单质，和淀粉反应变成蓝色（**证据**）。

表 6.26 呈现了 HLT-EEct 的师生话语互动片段。通过回溯课堂情境可以发现，高阶思维问题引发学生进行累积性详细阐释往往发生于教学过程的后半段，即学生在课堂中已经完成了一些讨论活动之后。互动 1 中，在课堂讨论完珊瑚的形成、珊瑚的破坏之后，教师围绕珊瑚的拯救让学生各抒已见；互动 2 中，在探究完海带提碘的原理及过程后，教师让学生回顾实验设计思考影响因素。这两个高阶思维问题都使学生联系整堂课的所学所用，围绕着同一主张从不同方面提供支援，产生了累积性详细阐释。

表 6.26　高阶思维问题-累积性详细阐释（HLT-EEct）师生话语互动片段

互动	教师提问——高阶思维问题（HLT）	学生回应——累积性详细阐释（EEct）
	课例 1：水溶液中的离子平衡	
1	大家想一想有没有什么方法可以来拯救珊瑚？	生 1：我觉得可以把 CO_2 减少一点，然后把它做成燃料（**主张**）。 生 2：把 CO_2 变成干冰，放到某个地方，如南极（**主张**）。 生 3：我觉得根据 CO_2 的化学性质（**证据**）可以往海里丢生石灰（**主张**）。这样能增加钙离子浓度，通过反应生成珊瑚，然后也能减少海水酸性（**推理**）。
	课例 5：海带提碘	
2	我想同学们今天经过这样一个完整的实验设计，大家想一想，在提取这些元素的过程中，在实验设计时，你需要考虑哪些因素？	生 1：仪器的选择（**主张**）。灼烧海带干时要用坩埚，然后最后的话应该选择蒸馏瓶（**证据**），以免 CCl_4 有毒对人体有害（**推理**）。 生 2：反应物的状态（**主张**）。比方说固液分离，就要用滤纸和烧杯（**证据**）。萃取碘的 CCl_4 溶液时，因为是液液分离，所以得用分液漏斗（**证据**）。所以我认为在化学反应中提取需要的产物，还是需要注意反应物以及生成物的状态才能选择正确的仪器（**推理**）。

表 6.27 呈现了 HLT-EEet 的师生话语互动片段。通过回溯课堂情境可以看到，高阶思维问题引发学生探究性详细阐释往往发生于实验方案设计及比较的教学环节。片段 1 中，教师提供不同氧化剂的信息，让学生从工业生产的角度选择合适的氧化剂并给出原因，学生从成本、氧化能力、环保等多角度综合考虑，提出了不同方案。片段 2 中，教师则让学生运用相关实验知识自行设计实验，学生在仪器的选择和操作上提出了不同见解。可见，当教师提供较为复杂的信息资源或是给予学生充分的自主权来进行方案设计及比较时，学生更可能产生探究性详细阐释。

表 6.27　高阶思维问题-探究性详细阐释（HLT-EEet）师生话语互动片段

互动	教师提问——高阶思维问题（HLT）	学生回应——探究性详细阐释（EEet）
课例 5：海带提碘		
1	那么同学们根据这些数据你会选择什么样的氧化剂？结合信息，说说你的结论。	生 1：我觉得我会选择双氧水（**主张**）。因为双氧水它本身的氧化性不是特别强（**证据**），不会把 I^- 氧化到更高价态的 IO_3^-，而且它和 I^- 反应后的产物只有水，比较纯净（**推理**）。而且它的价格不是特别高（**证据**），相较于 $KMnO_4$ 来说很便宜，对成本来说也不会增加很大负担（**推理**）。 生 2：我觉得氯气更好（**主张**），因为既然是工业生产，我们就要选择得到更大的利益，所以我们得尽量压低成本（**推理**）。双氧水虽然没有副反应，但是它的成本是氯气的近 6 倍，单价会提高很多（**证据**）。而且我们可以通过定量计算来避免它的副反应（**推理**），所以我觉得氯气可能更好。
2	请同学们利用学过的相关实验知识，将设计呈现在学案上，讲讲你们的设计路线。	生 1：我们的设计路线是将海带干进行灼烧，使其中的有机碘转化为无机碘。然后通过过滤得到海带灰的萃取液，其中是含有 I^-。然后加氧化剂，我们选的是双氧水因为它比较环保……最后我们可以利用蒸馏（**主张**）。因为碘单质易升华（**证据**），然后升华的碘蒸气通过冷水降温结晶可以得到碘的固体单质（**推理**）。 生 2：我们也是先灼烧，然后氧化剂我们加的是氯气（**主张**）……最后我们运用到了水浴加热，水浴的话能更好地控制温度（**证据**）。

总体来说，教师不同类型的提问话语会影响学生的论证质量。进一步结合课堂情境可以看到，当教师提出关联问题，即让学生结合已有知识或体验，如“我们之前对二氧化硫有哪些认识？”“结合你们熟悉的 Na_2CO_3，小组探究看看 Na_2SiO_3 有哪些性质？”，学生更有可能提出简单主张，论证水平较低。而当教师提出高阶思维问题，即让学生进行推测、概括或分析这些思维活动，如“根据刚才的讨论，你们推测一下会有哪些实验现象？”“结合资料，大家分析看看珊瑚形成的原因”时，学生回答中更可能出现高水平的论证话语（EEs、EEet）。可见，学生的回答会依赖于当时的对话语境，教师的提问类型会影响到学生的思维导向是回顾知识还是进行复杂思考，进而影响到论证质量。正如马丁（Martin）与汉德（Hand）的研究指出，教师提问类型和学生论证质量有着一定的关系。开放性问题越多，学生在论证中的主体地位越明显，学生能够用更多的证据和推理来支持他们的观点，学生之间的互动也增多[29]。

（三）教师对学生不同论证水平的话语反馈

表 6.28 呈现了 6 节优质课中教师对学生不同水平论证话语的反馈偏好（表中数据的计算可参见本章附录）。分析结果可见，教师的推动反馈更可能发生在学生提出简单主张之后（Ac-TMP），优势比为 4.37；教师的总结反馈更可能出现在学生独立详细阐释之后（EEs-TMS），优势比为 3.72；教师的建模反馈更可能出

现在学生累积性详细阐释之后（EEct-TMMd），优势比为 9.29；教师的强调反馈更可能出现在学生探究性详细阐释之后（EEet-TMMk），优势比为 7.87；教师的质疑反馈更可能出现在学生累积性详细阐释之后（EEct-TMC），优势比为 2.81。仍然以课例 1 和课例 5 中的话语片段为例，进行详细分析。

表 6.28 学生不同论证话语后教师的反馈

学生论证	教师反馈					总计	转换概率/优势比				
	TM-S	TM-Mk	TM-Md	TM-P	TM-C		TM-S	TM-Mk	TM-Md	TM-P	TM-C
Ac	5	4	0	25	4	38	0.13/0.30	0.11/0.59	—	0.66/4.37	0.11/0.73
EEs	8	1	1	7	2	19	0.42/3.72	0.05/0.28	0.05/3.00	0.37/0.52	0.11/0.81
EEct	1	1	1	3	2	8	0.13/0.45	0.13/0.90	0.13/9.29	0.38/0.60	0.25/2.81
EEet	3	4	0	1	1	9	0.33/1.82	0.44/7.87	0	0.11/0.11	0.11/0.89
总计	17	10	2	36	9	74					

1. 教师的推动反馈极可能发生在学生提出简单主张之后

表 6.29 呈现的是学生简单主张-教师推动反馈的话语片段。学生提出简单主张在课堂对话中是极为常见的，教师往往通过推动反馈来启发学生给出能够支持观点的理由，加深学生话语的深度与复杂度。从表 6.29 中可以发现，教师进行推动反馈时的指向重点有所不同。互动 1、3、4、5、7 中教师鼓励学生提供推理，如用某种归纳的抽象关系、原则、规律来支撑主张。以互动 1 为例，教师话语“你能不能从平衡的角度分析一下？”推动学生从化学平衡的角度对观点作出补充。而互动 2、6、8 中教师鼓励学生提供证据，如特定的实验现象或结果、个人经验或先前知识来支持观点。以互动 2 为例，教师话语“那再看下你的实验，从实验中看到了什么来支持？”推动学生进一步从实验现象中搜集信息并转化成支持观点的证据。哈迪（Hardy）等发现教师鼓励学生为结论和推论提供证据支持与学生较高的推理水平相关[30]。因此，推动反馈有利于教师帮助学生提高论证能力。

表 6.29 简单主张-推动反馈（Ac-TMP）师生话语互动片段

互动	学生回应——简单主张（Ac）	教师反馈——推动（TM-P）
课例 1：水溶液中的离子平衡		
1	我认为（珊瑚的形成）是先转化为 $Ca(HCO_3)_2$ 再转化成 $CaCO_3$。	那它是怎么转化的呢，你能不能从平衡的角度分析一下？
2	我也认为 $Ca(HCO_3)_2$ 会变成 $CaCO_3$。	那再看下你的实验，从实验中看到了什么来支持？
3	（从温室效应来看）二氧化碳多了。	那为什么人们过了很久才注意到海水酸化的问题？
4	我觉得 pH 是降低的，Ca^{2+}浓度也降低，CO_2 浓度是升高的。	那你能不能用我们刚才那套水溶液的分析体系说一下你的结论，是怎样分析出来的？

续表

互动	学生回应——简单主张（Ac）	教师反馈——推动（TM-P）
课例 5：海带提碘		
5	不能通过蒸发海水直接得到碘单质。	为什么？
6	碘单质可以用淀粉来检验。	能不能告诉我现象是什么？
7	我认为要把 I^- 变成碘单质来检验。	那 I^- 如何变成碘单质呢？
8	可以继续往试管中加淀粉，然后来检验。	能不能描述完整，如看到什么现象？

2. 教师的总结反馈更可能出现在学生独立详细阐释之后

表 6.30 呈现的是学生独立详细阐释-教师总结反馈的话语片段。学生的独立详细阐释是自己提出主张、摆出证据进行推理的完整论证过程，具备基本的论证要素。因而，这样的学生话语往往能够对提问作出较完整的回应，教师就通过总结，如互动 1、2 中的“他的逻辑把现象解释得很清楚了……”“他有这样一个观点……”，来唤起全体学生的注意，并对学生的观点进行改述使之变得更清晰和准确。

表 6.30　独立详细阐释-总结反馈（EEs-TMS）师生话语互动片段

互动	学生回应——独立详细阐释（EEs）	教师反馈——总结（TM-S）
课例 1：水溶液中的离子平衡		
1	Ca^{2+}浓度升高（**主张**），因为 CO_2 会和 $CaCO_3$ 反应（**证据**），然后把 Ca^{2+}溶回去，导致它的浓度继续升高（**推理**）。	很好，他的逻辑把现象解释得很清楚了。Ca^{2+}浓度下降是 $Ca^{2+}+CO_3^{2-} \rightleftharpoons CaCO_3$ 正向移动，如果 Ca^{2+}上升则反应逆向移动……
课例 5：海带提碘		
2	首先从三个试管中都滴加了淀粉溶液，但没有明显实验现象（**证据**），说明这个海带提取液中没有碘单质存在（**主张**），这是结论一。第二个是先加入淀粉溶液，再加入还原剂，但同样没有明显现象（**证据**），说明 IO_3^-不存在（**主张**），因为它还原后没有变碘单质，也就没有变蓝（**推理**）。最后一个是逐滴滴加氯水，氯水过量，溶液是先变蓝后褪色（**证据**），我觉得首先肯定的是存在 I^-（**主张**）。但是氯水是强氧化剂，可以把 I_2 继续氧化成最高价态（**推理**）。	很好，（面向其他同学）他有这样的一个观点，随着氯水逐渐滴加过量，溶液先变蓝后褪色，是氯水把碘单质氧化成了碘酸根离子。

3. 教师的质疑反馈更可能出现在学生累积性详细阐释之后

表 6.31 呈现了学生累积性详细阐释-教师质疑反馈的话语片段。可以看到，累积性详细阐释是学生利用不同的证据围绕同一主张进行论证。正如表 6.31 中，学生围绕“怎样拯救珊瑚”的主题进行了多轮回应，如“做成燃料”“制成干冰存放”“往海水丢生石灰增加钙离子浓度，减少酸性”。这些主张都是利用 CO_2 的

化学性质减少其排放，但从不同角度加以论证，增强了主张的可信度。但累积性详细阐释往往也表现出学生只从一个角度思考问题，忽视了主张的多样性，因此教师适时提出质疑“还有没有同学有一些创新的想法？”，从而鼓励学生从多角度思考，增加对话的丰富性。

表 6.31 累积性详细阐释-质疑反馈（EEct-TMC）师生话语互动片段

互动	学生回应——累积性详细阐释（EEct）	教师反馈——质疑（TM-C）
课例 1：水溶液中的离子平衡		
1	生 1：我觉得可以把 CO_2 减少一点，然后把它做成燃料（**主张**）。 生 2：把 CO_2 变成干冰，放到某个地方，比如南极（**主张**）。 生 3：我觉得根据二氧化碳的化学性质（**证据**），可以往海里丢生石灰（**主张**）。这样能增加钙离子浓度，通过反应生成珊瑚，然后也能减少海水酸性（**推理**）。	这是好想法，主要是利用二氧化碳的性质来解决问题。还有没有同学有一些创新的想法？

4. 教师的建模反馈更可能出现在学生累积性详细阐释之后

表 6.32 呈现了学生累积性详细阐释-教师建模反馈的话语片段。由于课例 1 和课例 5 中均未出现该序列，因此以课例 2 中的话语片段为例。在该片段中，学生围绕 $Na_2S_2O_3$ 和 H_2SO_4 的反应速率与反应物浓度关系的探究实验，均认为反应的决速步骤中有 $Na_2S_2O_3$，且生 2 从反应机理的角度进行了详细阐释。在此基础上，教师进行了建模反馈，“要像生 2 同学说的那样想”“浓度与速率的这样一个定量关系为我们研究化学反应的微观历程提供了一个有用的信息”，引导学生利用实验现象推理出数据间的定量关系，进而又为研究反应历程提供信息，通过示范的方式帮助学生理解一个不断深入的论证过程。福特（Ford）也在研究中建议教师应示范质疑主张及对主张进行辩护的方式，从而期待学生来模仿和学习，强调理科教师需要对科学论证有一个全面而充分的理解，能够善于激发课堂的论证话语。

表 6.32 累积性详细阐释-建模反馈（EEct-TMMd）师生话语互动片段

互动	学生回应——累积性详细阐释（EEct）	教师反馈——建模（TM-Md）
课例 2：影响化学反应速率的因素		
1	生 1：我觉得反应速率不能写成 $k \cdot c(Na_2S_2O_3) \cdot c(H_2SO_4)$（**主张**），它只和 $Na_2S_2O_3$ 的浓度之间明显成正比关系（**证据**）。 生 2：我觉得这就告诉我们，反应的决速步骤中反应物只有 $Na_2S_2O_3$（**主张**）。也就是说我们可以这么想，这个反应是这样进行的，$Na_2S_2O_3$ 分解成 Na_2SO_4 和 SO_3^{2-}，SO_3^{2-} 和 H^+ 反应生成 S（**证据**），其中第一步反应是决速反应，所以它的速率只和 $Na_2S_2O_3$ 有关（**推理**）。	对，这就是一个反应的反应机理。而实验测定出的关系式对研究反应机理给了我们极为重要的信息。如果我们的速率关系和浓度关系不是像方程式那样的，我们就要像生 2 同学说的那样去想，也许这里发生着我们所不知道的事情呢，是不是？确实这里有快慢步骤，而慢速是决定总反应速率的步骤。所以浓度与速率的这样一个定量关系为我们研究化学反应的微观历程提供了一个有用的信息，这也是化学家们经常要干的事儿，去研究反应历程。

5. 教师的强调反馈更可能出现在学生探究性详细阐释之后

表 6.33 呈现了学生探究性详细阐释-教师强调反馈的话语片段。互动 1 中，学生利用不同的资料信息对珊瑚的形成提出不同主张，互动 2 中学生则是提出了不同的实验设计方案。在学生的探究性详细阐释之后，教师利用强调反馈，“刚刚这两组同学非常好，都关注到了我们信息中所用到的素材”“还是比较有根据的”，突出学生的证据推理能力，有利于及时评价并肯定学生高质量的探究性讨论，鼓励学生提出不同的主张并利用证据进行捍卫。

表 6.33　探究性详细阐释-强调反馈（EEct-TMMk）师生话语互动片段

互动	学生回应——探究性详细阐释（EEet）	教师反馈——强调（TM-Mk）
	课例 1：水溶液中的离子平衡	
1	生 1：我们小组认为，珊瑚礁的形成是 Ca^{2+}和 CO_3^{2-}结合生成碳酸钙（**主张**）。 生 2：我们组觉得，根据第三张图，在正常海水 pH=8～8.3 时（**证据**），HCO_3^-的含量大于 CO_3^{2-}（**推理**），因此它的成分可能是 $Ca(HCO_3)_2$，也有可能 $Ca(HCO_3)_2$ 转化成 $CaCO_3$（**主张**）。	刚才这两组同学非常好，都关注了我们信息中所用到的素材。那我们现在来做个实验验证下……
	课例 5：海带提碘	
2	生 1：我们的设计路线是将海带干进行灼烧，使其中的有机碘转化为无机碘。然后通过过滤得到海带灰的萃取液，其中是含有 I^-。然后加氧化剂，我们选的是双氧水（**主张**）因为它比较环保（**证据**）……最后我们可以利用蒸馏因为碘单质易升华（**证据**），然后升华的碘蒸气通过冷水降温结晶可以得到碘的固体单质（**推理**）。 生 2：我们也是先灼烧，然后氧化剂我们加的是氯气……最后我们运用到了水浴加热（**主张**），水浴的话能更好地控制温度（**证据**）。	好，这就是你们完整的设计，还是比较有根据的，每个设计都有自己比较成熟的一个想法。

总体来说，学生回答的论证水平对教师反馈策略的影响较大。通过回溯课堂情境可以发现：当学生只提出简单主张后，教师极有可能进行推动反馈（Ac-TMP），如“你为什么这么想？”“你的依据是什么？”来让学生利用证据或推理来支持主张。正如杜施尔（Duschl）和吉托梅尔（Gitomer）认为，在有效的课堂对话中，教师应当通过提示引导学生将论证的重点从事实或观点转移到科学推理的基本要素上，鼓励学生收集、解读并运用证据[28]。当学生在单轮语序中进行详细阐述（EEs），即进行“观点—证据—推理”较完整的论证后，教师往往进行总结反馈（EEs-TMS），适时地小结复述学生的观点，为后续讨论做准备。当多个学生进行累积性详细阐释后，教师更有可能进行建模或质疑（EEct-TMMk、EEct-TMC），这表明，教师很有可能会在生生讨论之后进行建模反馈，如“如果我来回答这个问题，我还会利用这个现象……来证明（观点）”来进一步加深科学论证的深度，促进学生论证能力的发展。另外，当学生都持相同观点时，教师更有可能提出反

向观点，鼓励学生评估争论和思考其他可能的观点[31]。当学生进行探究性的详细阐释，即提出不同的观点和解释时，教师则很有可能进行强调反馈（EEet-TMMk），对学生表现出赞许并强调学生回答中证据和观点之间的逻辑联系，如“很好，这就是观察和发现”“很好地从资料中提取证据”等[32]。

第三节 结论与建议

本研究以高中化学优质课为载体，研究师生在课堂对话中的话语特征，并结合科学论证对学生的论证水平以及师生话语互动进行了细致的分析。通过研究得出以下结论和建议。

一、研究结论

本章运用QT对话模型对高中化学优质课堂的师生话语进行了研究。通过对6节化学优质课的课堂对话进行转录、编码，从师生话语类型、学生话语论证水平、师生话语序列关系三个方面分析了优质课中师生的话语类型与交互特征，得出以下结论：

（1）基于QT对话模型分析的化学优质课例，其师生话语特征主要表现为教师QT话语要素在数量及类型上都较丰富，而学生的话语要素相对较为匮乏。

具体来说，发起话语中，教师提出高阶思维问题和关联问题较多，而基于学生观点所提出的领会问题较少。反馈话语中，教师利用推动和总结反馈较多，其次是质疑与强调，而与科学论证密切相关的建模反馈如“从资料中搜集证据……给出预测并解释……”较少，说明教师对科学论证的规范建立、示范行为较少。回应话语中，学生进行单轮的详细阐释较多，而进行彼此协商或反驳的高质量讨论较少。

（2）学生回应的话语要素与口头论证之间具有高关联性。

基于QT对话模型，学生的回应要素可以分为详细阐释、累积性讨论和探究性讨论。根据详细阐释出现的话语环境不同，可以细分为独立的详细阐释、在累积性讨论中出现的详细阐释，以及在探究性讨论中出现的详细阐释。独立的详细阐释包含主张、证据和正当理由，构成了论证的基本框架。累积性讨论中的详细阐释在此基础上包含了更多的证据或理由，使论证进一步复杂化。而探究性讨论中的详细阐释则包含了反驳，标志着论证水平的进一步提升。因此，借助QT对话中回应要素与口头科学论证之间的高度一致性，我们通过学生回应要素的类型与数量，进而分析优质课中的学生论证水平。论证话语的统计分析结果表明，优质课中的学生普遍能够进行较多的独立详细阐释，具备基本的论证素养，但学生出现不同层次论证话语的数量随着论证水平的提高而减少。论证片段的叙述分析结果表明，QT对话不仅能够体现科学论证的课堂文化特点，而且充分展现了教学共同体的互促关系。

（3）师生话语的互动序列关系与学生话语的论证水平紧密相关。

通过对 6 节优质课的师生话语进行序贯分析，我们发现教师的提问类型会影响学生回应的论证水平，而学生回应的论证水平又会影响教师的话语反馈策略。其中，教师提出明确的关联问题更可能引发学生的简单论证，而提出高阶思维问题更可能导致学生高水平的科学论证。同时，教师对学生不同的科学论证回应所采取的反馈模式有所不同。学生的简单论证更可能导致教师的推动与总结反馈，学生的累积性讨论更可能导致教师的质疑和建模反馈，而学生的探究性讨论更可能导致教师的强调反馈。

二、研究建议

基于本研究的过程和研究结果，我们从提问、反馈和创设课堂文化三个角度总结出若干促进课堂教学 QT 对话的话语策略，以期为一线教师和准教师提供可供操作的教学建议。

从提问角度看，学生在课堂中的学习行为依赖于教师的教学行为，教师课堂提问的水平在一定程度上决定了这一教学互动过程中学生回应的论证水平以及所能获得的知识水平。优质课中的教师往往采用以下几种提问话语策略：①引导学生为主张寻求证据支持。如在提问时明确指出要“利用已学的实验知识”“根据数据信息”“通过完整的实验设计”来引导学生为自己的观点提供充足的解释。②提问时结合实验、资料等多种信息资源。例如，以科学实验为检验主张的手段，让学生在实验前进行预测，实验后进行解释并修正主张；以科学资料为证据，鼓励学生从文本、视频中搜寻证据来支撑观点等。

从反馈角度看，教师在对话中进行有效的话语反馈不仅有利于强化课堂话语的质量，而且有利于激发学生对学科知识的深层次思索，发展批判性思维。优质课中的教师往往采用以下几种反馈话语策略：①针对事实观点而不是个人能力进行评价或质疑。如使用话语“你很好地运用了证据”而不是“你的观察能力很强”；使用话语“但这过程中你有没有考虑这个条件……”而不是“你的理解水平好像不太好”。②把评估权释放给学生。如运用质疑反馈“你们对他的观点怎么看？”“还有没有不同的想法？”将评估的话语权交给学生，从而弱化教师的话语权，使话语权在师生、生生之间不断地发生变化，教师与学生共同成为对话的平等参与者。③不断发出话语规范信号。如利用建模和推动反馈“要通过资料寻找证据”“给出预测并说明理由”“你的证据/理由是什么”等促使学生寻找因果关系，运用多种证据证实或质疑观点。利用总结反馈“也就是说”“我帮你再概括下”对学生的观点进行改述使之简明清晰且符合学科规范。通过适切的话语反馈，教师帮助学生从正确答案的被动接受者变为竞争性观点的积极提出者和评估者。

从课堂文化角度看，需要教师树立规范的课堂对话规则、合理地使用多种话语策略来营造良好和谐的对话氛围。具体可表现以下几个方面：①与同学和教师分享观点并认真听取他人观点。每个学生都是对话社区的合法参与者，教师应鼓励学生提出观点，并让学生通过倾听同伴的回答来提升自己话语的准确性和完备性。②尊重每个学生的观点。对教师而言要重视每个学生提出的观点，即使是错误的主张也可运用总结、强调反馈如“你是这样想的……”来认可学生，这会使学生感受到自己的主张被倾听。③如果不同意其他人的观点，一定要问“为什么”或“怎么想”。通过这样的话语规范，教师推动学生积极主动地参与 QT 对话，有利于激发学生的高阶理解和审辨思维。

本研究依然存在一些局限需要进一步反思总结。QT 对话模型适用于师生对话和生生对话，本研究虽然对师生、生生对话均有所涉及，但生生之间的对话还有很大的探究空间。生生对话主要存在于小组讨论中，而分组学习正是课程改革浪潮下较为推崇的一种学习方式。小组讨论是生生之间通过信息互换与交流的方式解决问题，从而完善认知结构的过程。已有研究表明，小组讨论可以促进学生间的交流互动，是提高学生科学论证能力的有效方式之一。但是在实际教学过程中，我们往往看到讨论的数量而忽视了其质量，也较少有教师关注或指导学生如何进行小组讨论，如何进行高质量的对话，其背后的一个很重要的原因可能是由于教师自身不了解如何进行高质量的小组讨论所限。因而，今后的研究中还需要扎根于真实的课堂教学环境中，进一步关注学生小组讨论内的话语情况，分析生生在小组讨论时如何提出观点、彼此赞同或质疑，从而分析生生之间的论证话语类型，进而为提高学生的科学论证能力提供更为切实有效的教学建议。

本 章 附 录

附录一　学生回答的转换概率/优势比计算

下面计算过程以本章表 6.23 为例，说明教师不同提问话语后学生的回答的转换概率/优势比计算。

表 6.23　教师不同提问话语后学生的回答

教师提问	学生论证				总计	转换概率/优势比			
	Ac	EEs	EEct	EEet		Ac	EEs	EEct	EEet
UT	13	4	2	0	19	0.68/1.68	0.21/0.65	0.11/1.18	—
HLT	17	12	4	2	35	0.49/0.42	0.34/2.02	0.11/1.55	0.06/2.30
CQ	14	4	1	1	20	0.70/1.87	0.20/0.59	0.05/0.42	0.05/1.37
总计	44	20	7	3	74				

以领会问题（UT）为给定事件，简单主张（Ac）为目标事件，转换概率/优势比为 0.68/1.68 为例：

转换概率 $p=f_{o\,行计数} \div f_{o\,行总数}$

当 UT 为给定事件，Ac 为目标事件时，$f_{o\,行计数}$为 13，$f_{o\,行总数}$为 19，

则转换概率 $p=13\div19=0.68$

优势比 $OR=\dfrac{a/b}{c/d}=\dfrac{ad}{bc}$

其中，$a\sim d$ 的含义如 2×2 交叉表所示。

表 6.22　2×2 交叉表

		目标事件：是	目标事件：否
给定事件	是	*a*	*b*
	否	*c*	*d*

当 UT 为给定事件，Ac 为目标事件时，

$a=13$，$b=19-13=6$，$c=44-13=31$，$d=20-4+7-2+3-0=24$

则优势比 $OR=\dfrac{13/6}{31/24}=1.68$。

表中其他数据的计算过程类此。

附录二　教师反馈的转换概率/优势比计算

下面计算过程以本章表 6.28 为例，说明学生不同论证话语后教师反馈的转换概率/优势比计算。

表 6.28　学生不同论证话语后教师的反馈

学生论证	教师反馈					总计	转换概率/优势比				
	TM-S	TM-Mk	TM-Md	TM-P	TM-C		TM-S	TM-Mk	TM-Md	TM-P	TM-C
Ac	5	4	0	25	4	38	0.13/0.30	0.11/0.59	—	0.66/4.37	0.11/0.73
EEs	8	1	1	7	2	19	0.42/3.72	0.05/0.28	0.05/3.00	0.37/0.52	0.11/0.81
EEct	1	1	1	3	2	8	0.13/0.45	0.13/0.90	0.13/9.29	0.38/0.60	0.25/2.81
EEet	3	4	0	1	1	9	0.33/1.82	0.44/7.87	0	0.11/0.11	0.11/0.89
总计	17	10	2	36	9	74					

以简单主张（Ac）为给定事件，教师总结反馈（TM-S）为目标事件，转换概率/优势比为 0.13/0.30 为例：

转换概率 $p=f_{\text{o 行计数}} \div f_{\text{o 行总数}}$

当 Ac 为给定事件，TM-S 为目标事件时，$f_{\text{o 行计数}}$为 5，$f_{\text{o 行总数}}$为 38，则转换概率 $p=5\div38=0.13$

$$\text{优势比 OR} = \frac{a/b}{c/d} = \frac{ad}{bc}$$

当 UT 为给定事件，Ac 为目标事件时，

$a=5$，$b=38-5=33$，$c=17-5=12$，$d=10-4+2-0+36-25+9-4=24$

$$\text{则优势比 OR} = \frac{5/33}{12/24} = 0.30$$

表中其他数据的计算过程类此。

参 考 文 献

[1]肖思汉, 刘畅. 课堂话语如何影响学习——基于美国课堂话语实证研究的述评[J]. 教育发展研究, 2016, 36(24): 45-54.

[2]Murphy P K, Wilkinson I A G, Soter A O, et al. Examining the effects of classroom discussion on students' comprehension of text: a meta-analysis[J]. Journal of Educational Psychology, 2009, 101(3): 740-764.

[3]Soter A O, Wilkinson I A G, Murphy P K, et al. What the discourse tells us: talk and indicators of high-level comprehension[J]. International Journal of Educational Research, 2009, 47(6): 372-391.

[4]Quality talk. Available online at: www. quality-talk. org/summary. html. 2012.

[5]Murphy P K, Greene J A, Allen E, et al. Fostering high school students' conceptual understanding and argumentation performance in science through quality talk discussions[J]. Science Education, 2018, 102(6): 1239-1264.

[6]黄山. IRF 课堂话语结构刍议: 发现、争论与再思考[J]. 全球教育展望, 2018, 47(5): 15-24.

[7]Lyle S. Dialogic teaching: discussing theoretical contexts and reviewing evidence from classroom practice[J]. Language and Education, 2008(3): 222-240.

[8]列夫·维果茨基. 社会中的心智[M]. 麻彦坤, 译. 北京: 北京师范大学出版社, 2018.

[9]顾明远. 教育大辞典(上)[M]. 上海: 上海教育出版社, 1998.

[10]董小英. 再登巴比伦塔[M]. 北京: 生活·读书·新知三联书店, 1994.

[11]张光陆. 对话教学的课堂话语环境: 特征与构建[J]. 全球教育展望, 2012, 41(2): 20-25.

[12]徐朕. 基于 QT 对话的高中化学优质课例的话语研究[D]. 南京: 南京师范大学硕士学位论文，2020.

[13]朱江华, 程良宏, 李欢欢. 生成性教学的实践落差与价值回归[J]. 中国教育学刊, 2016(4): 56-61.

[14]McNeill K L, Pimentel D S. Scientific discourse in three urban classrooms: the role of the teacher in engaging high school students in argumentation[J]. Science Education, 2010, 94(2): 203-229.
[15]郝亚迪，胡惠闵. 从课堂提问看学习机会的公平——基于 Z 市初中生的调查分析[J]. 教育发展研究, 2016 (2): 64-70.
[16]马勇军. 提问与学生学习之关系：西方课堂提问研究的新重心[J]. 全球教育展望，2014, 43(10): 30-37.
[17]李广洲，任红艳. 化学教学测量与评价[M]. 北京：科学出版社, 2014: 143.
[18]宋歌，王祖浩. 实践转向的科学论证教学：国际研究新进展[J]. 比较教育研究，2018, 40(7): 59-67.
[19]翟俊卿. 面向对话式教学：西方教师反馈的策略与作用[J]. 外国中小学教育，2013, (12): 39-43.
[20]Engle R A. Framing interactions to foster generative learning: a situative explanation of transfer in a community of learners classroom[J]. Journal of the Learning Sciences, 2006, 15(4): 451-498.
[21]潘瑶珍. 科学教育中的论证教学[D]. 上海：华东师范大学博士学位论文, 2013.
[22]McNeill K, Lizotte D, Krajcik J, et al. Supporting students' construction of scientific explanations by fading scaffolds in instructional materials[J]. Journal of the Learning Sciences, 2006, 15(2): 153-191.
[23]Chin C, Osborne J. Students' questions and discursive interaction: their impact on argumentation during collaborative group discussions in science[J]. Journal of Research in Science Teaching, 2010, 47(7): 883-908.
[24]肖思汉. 基于互动分析取径的课堂教学评价[J]. 教育发展研究, 2017, (18): 28-35, 70.
[25]张紫屏. 师生互动教学的困境与出路[J]. 教育发展研究, 2015, 35(6): 44-52.
[26]林瑞吉，刘焜辉. 序列分析在谘商历程研究的应用——以两组谘商个案为例[J]. 教育科学研究期刊, 1998, 43(1): 49-86.
[27]Furtak E M, Ruiz-Primo M A, Bakeman R. Exploring the utility of sequential analysis in studying informal formative assessment practices[J]. Educational Measurement: Issues and Practice, 2017, (36): 28-38.
[28]邵发仙，胡卫平，张睆，等. 课堂论证话语的序贯分析：小学生的科学推理[J]. 华东师范大学学报(教育科学版), 2019, 37(6): 48-60.
[29]Martin A M, Hand B. Factors affecting the implementation of argument in the elementary science classroom: a longitudinal case study research[J]. Research in Science Education, 2009, 39(1): 17-38.
[30]Hardy I, Kloetzer B, Moeller K, et al. The analysis of classroom discourse: elementary school science curricula advancing reasoning with evidence[J]. Educational Assessment, 2010, 15(3-4): 197-221.
[31]Simon S, Erduran S, Osborne J. Learning to teach argumentation: research and development in the science classroom[J]. International Journal of Science Education, 2006, 28(2-3): 235-260.
[32]Osborne J, Henderson J B, Macpherson A, et al. The development and validation of a learning progression for argumentation in science[J]. Journal of Research in Science Teaching, 2016, 53(6): 821-846.

第七章 化学论证教学反思与展望

众所周知，我国科技发展日新月异，但仍有很多核心技术亟待攻克，“缺芯、少魂、无面”仍是我国科技软肋，进而影响我国经济与社会的持续发展。化学教育是提升国民科学素养、攻克核心技术、实现科技振兴的基础。我国最新出台的高中化学课程标准也明确将“证据推理与模型认知”作为化学学科核心素养之一。化学论证教学在我国正悄然兴起且有蓬勃发展之势。不断反省方可明确前行之路，坚定改革之心。我国化学教育中的论证教学尚处于起步阶段，尚存在诸多问题。诸如，偏离论证教学的实质；实践者盲目模仿或跟风，削足适履而导致论证教学的异化等。这些都不利于学生批判反思等高阶思维能力及科学本质观念等核心素养的培养，需要引起化学教育教学工作者们的关注与警醒。因此，我们在开展相关化学论证教学实证研究同时，还要扎根于化学教学常态，深刻剖析论证教学实践中可能存在的问题：盲从权威的主体移位、有证无论的目标缺位、有论无证的行为错位及有据无驳的证据离位等现象。从科学哲学等视角进行理性批判，提出通过解构论证教学主体的二元对立、重构科学理性精神及回到基于日常生活的科学论证等途径回归论证教学，抵及科学本质。最后，提供若干可行的化学论证教学的策略或模型，希冀将化学论证教学真正推行并落实于化学教学实践的土壤中。

第一节 回顾与反思：化学论证教学的缺失之缘

尽管论证教学渊源已久，意义重大，但在常态化的化学课堂教学中，真正的论证教学却仍然相当缺乏。不少教师往往基于经验主义而置若罔闻，居守一隅，在理论上尚未触及“科学论证”的意义边缘，更不用说对其内涵本质的理解，教学中自然难现科学论证。论证教学是一个多维综合性概念，涉及“谁来论证，论证什么，怎样论证，用什么论证”等环节，缺少某个环节或某个环节设计不当都将会导致论证教学的低效、无效甚至反效。

一、有师无生：论证教学的主体移位

有师无生，即常见的"只见教师不见学生"或"只见知识不见人（学生）"的主体缺失现象。学生是论证教学中的核心主体。然而，现实教学中不乏与论证教学中的科学精神相对立的各种"盲从"。例如，有的学生迷信教师权威不敢质疑、唯书至上，只求标准答案；有的在小组讨论中过度依赖、机械跟从，导致思维的断点淹没于嘈杂的讨论声中；有的甚至随意撰写实验数据、编造观察现象，只求与教师暗示或预设的结果保持一致。这些为追求同一化、标准化、齐步走的做法，貌似可以提高科学教学有效性，其实质是科学主义及长期的尊权文化专制和"独尊儒术，罢黜百家"思想的滋生与反映。盲从者缺乏理性的思考，丢失了基本的科学态度和精神，丧失了是非判断的标准，限制了其经验的范围和心灵的自由，导致其经验的贫乏、思维的僵化和性格的软弱。

教师对论证教学关注不够也是发生主体移位现象的重要原因。已有研究结果表明，无论专家型教师还是新手型教师，其所对应的各论证要素的呈现多是自发甚至是偶然的，其呈现方式也多停留（或依赖）于以教师引导为主的集体问题或讨论范式[1]。缺少了教师对论证教学的切身研究与热情投入，论证教学自然难以在教学实践中现身并扎根，更难以出现高质量的论证问题及触及学生心灵深处的内在体验了。教师论证意识的缺失或论证水平的低下都将对教学不利。例如，过于精心地设计论证细节会降低学生思维容量，反之盲目加快教学进程则致使学生来不及思考而"滑过"论证；以实践中操作性活动的体验代替逻辑推理与分析的思考也将造成理性思维的"溜过"；形式化的问题、虚假的学科问题等都极易出现"假论证，伪探究"。

二、有证无论：论证教学的目标缺位

有证无论，即拥有证据而忽视论点（主张）。目标缺位现象不仅包括因主张不明确而导致论证方向的"迷失"，也包括直接呈现定论致使论证过程的"虚化"。后者是化学教学中的常见现象，即将解释与论证简单混淆。奥斯本（Osborne）等[2]曾指出，解释常始于问题，但开始解释时就预设了学习者是知道问题中涉及的科学事实的，且不会对其产生怀疑。解释的过程就是用可供选择的其他科学事实来说明因果关系，即将认知结构中已有的相关知识内容（科学事实）间建立联系的过程。解释的价值在于加深学习者对问题中原科学事实的理解程度，是深化和优化认知结构的过程。例如，没有人会怀疑恐龙已经灭绝或者四季的存在，因此面对"恐龙为何灭绝或为何一年有四季？"的问题，只需要通过已有知识"恐龙灭绝是由于地球受到小行星的撞击，大气中的尘埃很长时间都未能沉积下来，地球表面温度骤然降低，植物无法进行光合作用而死亡，生物链从底层崩溃"进行解释，并不需要预先的主张或假设。如果说解释是从“确定的结论”开始，那么论证就是从“暂定的假设”开始。论证也起于问题，也需要联系其认知结构中其他相关的科学事实作为推理的依据，但是问题所对应的论题（主张）是学习者预设的、不确定的、有待证实或证伪的。例如，“欧洲人第一次看到鸵鸟时困惑地问‘这些是鸟吗？’或冥王星是不是行星？”，对于学习者而言，若这些问题的答案是不确定的，则需要预先假设形成主张，然后根据“问题解决的关键在于鸟或行星的定义”判断主张的真伪。因此，论证是以“接受”或“拒绝”主张作为其明确的方向性和目的性的，是在消除主张的不确定度的过程中建立科学事实间的关系的，是知识的建构过程。当然，论证中也有类似的解释，但论证更注重不同解释对主张的满意度而非解释本身。同时，论证还涵盖解释以外的其他层面，包括权衡与诠释证据、思考其他不同的解释，以及评价主张的有效性。

三、有论无证：论证教学的行为错位

有论无证，即过于注重结论轻视过程、以主观臆断代替真实证据或科学推理，因“资料”或“根据”等论证核心要素的缺失致使科学论证的过程没有能够真正开展起来。实验是理科教学中获得资料（或根据）等证据的常见途径。化学教学中常有“看实验”“画实验”而不“做实验”的现象，这种对“证据”真实性的忽视或简单以猜想为前提的推理，其实就是“真实证据”与“虚假证据”的错位，其本身就是反科学的。通过“告知”获得的知识，得不到辩护“信念”和亲身“体验”的支持，与生活经验相分离，处于记忆的浅层表征水平，由此也无外乎会普遍出现“我听得懂，但却不会用”的教学怪圈。退一步看，即便做了实验占有了数据，获得了“外部的确认”，教学过程中也往往未能留下足够的时间和空间让学生进行讨论，没有逻辑上“内部的完备”。实践中的“我做实验了，但我更迷茫了”就是缺乏逻辑检验和严密论证的例证，导致论证教学的过程虚设与论证活动质量的低下。缺少论证约束条件下的观念，常成为没有实际主体间性价值判断的说教，难以表达科学的内容。教师基于狭隘的功利主义目的直接抛出观点之时，也即教学戛然而止之时。因此，教师不仅要鼓励学生做实验，更要鼓励学生敢于质疑并重复实验（这是从验证性实验到探究性实验的根本转变，也是论证的核心），将所有差异视为事实而不是直接给出定论，让学生在存异中识别和判断、找寻原因及其解决办法。教师还要创设平等和谐的氛围，鼓励学生进行反思与集体交流，让学生体验自然科学是发展的、反权威的，在促进论证的个体性和社会性的双重结合中，形成正确的科学本质观。

四、有据无驳：论证教学的证据离位

有据无驳，即过于依赖单一证据，缺乏质疑与反驳，缺失多证据支撑的离位现象。控制变量是化学教学中常用的方法，教学中常用有限的证据“几组实验数据”就轻而易举地“归纳”出某个定律。例如，化学教学中常以氢气和碘蒸气的反应（或二氧化氮与四氧化二氮相互转化的反应）为例，通过给定温度时各物质的浓度，计算生成物浓度幂之积与反应物浓度幂之积的比值，计算结果表明该比值近似为某常数，以此直接给出符合热力学基本规律的化学平衡问题分析工具——化学平衡常数。且不论教学中常有因展示的数据过于“完美精确”而有“凑数据”之嫌，人们还不得不质疑：证据（所给的资料数据）和结论（解释）之间的关系真的就可以如此标签化的简单吗？自然科学定律之所以正确是因为由其所获得的无数推断都与实验事实是一致的，教学实践中的简单归纳却让师生“笃信”科学定律仅凭有限几组数据就可归纳出来，这种以一概全的简单化会造成学生对科学的误会和曲解，以偶然为必然，其论证水平自然不言而喻。再者，即便教学据此顺利开展了，难道学生就真的信服并理解了吗？波斯纳（Posner）等提出概念转变应满足四个条件：对已有概念的不满，新概念的可理解性，新概念的合理性，新概念的有效性。其中，认识论信念和形而上学的信念与观点是影响概念转变的重要概念生态圈。再如，金属活动性顺序是中学化学教学中的一个重要概念。该概念源于瑞典化学家贝齐里乌斯和俄国化学家贝开托夫的实验研究。之后，随着物理化学的快速发展，电极电势等科学概念相继出现，对这一实验现象予以了理论上更为本质的化学解释：金属活动性是一种物质而非元素的性质，特指向于溶液体系中金属得失电子的能力，可用金属与金属离子形成的电对的电极电势的大小来表示该金属活动性的强弱。但是，在我国的化学教学实践中常存在“以反应速率快慢”这一动力学现象来解释金属活动性的热力学本质的误区。这其实就是一种被错误证据占位、正确证据离位的现象。在国外的中学化学与大学化学教学中常采用另一种实验方式（同价金属与足量等物质的量的盐酸反应前后体系温度的变化来表征金属活动性强弱）来解释金属活动性顺序。基于这样的实验方式，对中学生而言，建立了金属活动性与化学反应过程中能量变化的关系；对于大学生而言，在实验现象的解释过程中，将反应自发进行的判据、化学平衡常数、电极电势等科学概念结构化，建立了科学原理与实验现象之间的有机联系，并以此支持对金属活动性顺序的科学认识。因此，完美的证据、简单的归纳、错误的关联都是不利于学生放弃原有概念接受新概念的，教学实践中学生错误知识的顽固、多种矛盾的认识模型的共存等现象因此而屡见不鲜。

第二节　借鉴与应对：科学论证教学的回归之路

造成上述问题正是因为化学教育不正视论证教学的内涵本质，不追寻论证教学的哲学基础，不拷问论证教学的缺失根源，不理解论证教学的科学精神。这样，就会像陷入“明希豪森困境”一样，误入歧途掉进泥坑里。为避免上述问题的出现，彰显化学论证教学的价值意义，需要加大对论证教学的呼吁，系统地认识到这一实践性教育教学的重要性，深刻反思论证教学的缺失现象，探寻其回归之路。

一、解构论证教学主体的二元对立

二元对立思维自人类开始认识世界时就已确立并根深蒂固。基于方法论上的二元对立，必然会将教学主体割裂开来，“主体与客体”“双主体”等所对应的师生间关系反映着本质主义主体性哲学的固化视域。教师不自觉地就处于权威的强势地位，成为知识的代言者。且不论这种强势是否如布迪厄所说的是对“文化资本”的一种争论，其结果是“一言堂”，没有师生的对话与沟通，更谈不上科学论证。科学论证要在平等尊重的氛围中开展，“主体间性”是对二元对立的主体认识论的消解。通过主体之间的接纳、倾听、质疑、反思使相互间的理解成为可能，达到一定“意义”的建构与共享，以交融的视域冲出自我有限的二元对立藩篱，走出现代主体的迷障。

现实教学中常听到的“你知道了吗？”“你会了吗？”“你懂了吗？”等其实就是对认识的二元对立。教师往往努力寻求“好声音”，并陷入这样一个陷阱——关注于把“好的发言”串联起来展开教学[3]5，由此陷入了认识上的二元对立的诱惑。知识的建构亦非一蹴而就、单向传输，而是不同主体间复杂交互的连续过程。理想的科学论证过程中，教师能够暂时悬置自己的观点，以“无知的姿态”去引导学生独立思考，所有的事实和观念都是平等的，不同的学习者都愿意冒着智力上的风险畅所欲言，分享不确定的观念、和谐地提出有见地的见解和异议（移情后的质疑），从一个潜在的在场者变为显现的在场者，在与他我交互中实现自我建构。

二、重构论证教学的化学理性精神

消解方法论上的二元对立，也可拨开论证教学的迷雾，在科学理性与主观建构之间保持必要的张力，走向和谐共生的可能。科学论证，犹如科学，源于西方。理性精神是西方近代文明的代言，理性品质也是西方自然科学教育所特有的。随着现代哲学的兴起，理性哲学遇到种种挑战，因过度理性而导致“人文关怀”的缺失，“反理性”“解构”“后现代”等思想逐渐萌发，论证教学因其所具有的“言语思辨”“对话与交互”“主观建构”等特质逐渐显露且受欢迎是有其哲学基础与文化诉求的。转观我国化学论证教学，需以本土化的视野尊重历史的文化而切不可“邯郸学步”。与西方逻辑所蕴含的分析性、系统性思维方式相对立，中国的传统文化是以直觉思维（非逻辑的体悟和灵感把握事物的本质）的整体性和模糊性为特征的。“劳心者治人，劳力者治于人”，传统文化的另一个表现是轻视操作、轻视实践，传递到化学教育中就是对化学实验等实践过程的轻视，对培养学生锲而不舍、务实严谨、精益求精等科学精神的弱化。科学理性的养成应该也必须作为化学论证教学的重点和突破点。

论证教学的科学理性表现于多个方面：学生能够在具体情境中自然地提出“科学主张”，能够开展真实与可证实性的“资料”和“根据”的搜集工作而非凭空臆想与经验判断，从而避免“主张、资料与根据”等论证核心要素的缺失，杜绝“有证无论”或“有论无证”等现象的出现。学生还应能够遵循共同的规则与秩序进行论证，符合逻辑、严谨可接受而不是各说各话、反唇相讥；教师是适当适时的“放手”而不是全然不顾的“放羊”，学生之间是有序的讨论而非无序的混沌。在论证教学过程中展现的是和而不同的多元价值追求、在尊重中承认差异，有效利用师生的知识解释空间和解释权利，帮助学生完善认知结构的同时重构科学知识的合理性，从而实现“知识传承”（教学）与“人性完善”（教育）、科学知识与论证能力的多元教育目标，提高论证活动的质量，从学科教学走向学科育人。

三、回归基于日常生活的化学论证

化学论证教学要走向基于“生活世界”的“科学世界”而绝非简单“回归生活”。正如多尔原理强调课程的“回归性原理”，“回归”的架构是开放的，没有固定起点和终点，强调将人类的思想回到自身的能力而非数学意义上的循环，尤其关注学生的自组织能力与反思意识[4]55, 248。在教学实践中，化学论证是回归的必要条件。换言之，论证教学更强调在以学科关联生活实践的过程中，架构起真实情境与符号世界间的桥梁（将间接经验转为学生的直接经验），建立学生认识中的情与知的联系，消解多学科之间的横向断裂问题。通过化学论证的过程体验学科文化，实现思维的“二次性”——指认识非合理信念形成的倾向，明确、诉诸理由与证据的情感及自我以外的视点也能公平对待的能力，提升学生批判性思维能力。因此，离开科学世界盲谈“回归生活”无异于使论证教学消弭于生活错误观念中、迷失于“真实情境”中而成为一盘散沙。结构式、科学社会式和渗透式是三种常见的科学论证教学策略。结构式论证关注论证结构及其要素的教学；科学社会式论证强调社会对科学的影响；渗透式论证以论证为工具建构科学的实践活动。正如化学教学过程中不能仅追求形式训练说已达成共识一般，化学论证教学中也不可仅关注论证的结构。另外，尽管我们提倡化学教学中要关注社会性科学议题、科学风险认知与决策等内容，但是也不可因过大跨越而丢失化学教学的本源，甚至忘却化学学科教学的初心。有学者研究认为渗透式论证能真正提供学生全面参与化学实践的机会，充分理解自然科学的本质，是最有希望培养科学素养的教学途径。

科学论证是科学探究的核心，学生在“论”中进行假想预设，在“证”中进行推理和建构。无视自然科学本质、轻视科学探究和科学论证的教学是反科学的。科学教育离不开科学发展，同时也是科学发展的基础。科学教育中的论证教学是回应科学发展的一种方式，也是对科学本质的追问与回归。

第三节　路径与发展：化学论证教学的可行策略

化学论证教学可有效培养学生具有实践理性品格的科学知识，相关教学研究及其实践才刚刚起步，方兴未艾，还有很多工作值得化学教育者及化学教育研究者的共同合作与探讨。其中，化学论证教学模式（模型或策略）是连接论证理论与论证教学实践的中介与桥梁。基于相关论证教学模型实施论证教学，易于帮助教师从宏观上把握教学活动的整体，经实践检验的论证教学模型具有可操作性和可推广性，模型的有序性和可操作性也让初步尝试将论证教学应用于课堂的新教师更易操作实施。因此，我们鼓励一线教师在深刻理解论证教学的内涵及理念的基础上，了解并探索适合的化学论证教学的模型。

从国际论证教学研究进展看，各国教育研究者也都致力于寻找合适的论证教学模型。TAP（Toulmin's argument pattern）模型[5]、SWH（science writing heuristic approach）模型[6]、NC（negotiation cycle）模型[7]、SNP（science negotiation pedagogy）模型[8]、PCRR（present-critique-reflect-refine）模型[9]、论证探究式（argument-driven inquiry, ADI）教学模型[10]等都是科学教育领域中常见的论证教学模型，也可引入化学学科的论证教学活动过程中。高水平论证不仅包括演绎或归纳等过程，还涉及说服（persuasion）过程，论证教学都极其重视利用论证中的“反思”与“反驳”去说服自己或同伴的过程，关注学生基于真实情境中的批判性思维的培养，尽量减少“有据无驳”现象的出现机会。本节将选择 ADI 教学模型和模型-证据链教学模式两个方面予以具体阐述。

一、论证-探究式教学模型

论证探究式（argument-driven inquiry，ADI）教学模型，由桑普森（Sampson）等[10]提出，是一种融合科学探究与科学论证的教学模型，尤其适合于化学实验教学。美国基础教育课程改革强调要重视科学论证，桑普森团队在此背景下开发了 ADI 教学模型，将各个教学阶段与 NGSS 框架所要求的科学实践活动目标整合，以有效培养学生的科学论证能力，提升科学素养。我国的课程改革也同样强调科学实践与科学论证，化学是一门以实验为基础的学科，基于 ADI 教学模型应该可以在我国的化学论证教学中进行尝试。该模型强调在实验探究中发展学生的科学论证能力，通过确定探究主题、小组合作设计实验方案，实施方案收集数据，对实验数据和结果进行分析论证以及科学写作，发展学生的科学论证能力。

（一）新版 ADI 教学模型的教学流程

2005 年，美国研究理事会（National Research Council，NRC）就如何通过改变实验活动来促进学生对科学的理解及其技能等提出了建议。首先，开展基于探究的方式，提高学生动手技能，并增加其对科学实践过程中的不确定性和复杂性的理解。其次，增加学生在实验活动中的阅读、写作和深入讨论的时间与机会。最后，帮助学生形成批判性思维的意识、愿望与能力，并认同形成性评价融入教育过程中的重要性。ADI 教学模型有助于教师改变传统的探究教学活动，从而实现上述目标。

桑普森等提出的 ADI 教学模型（后被称为原版 ADI 教学模型）包括七个步骤：明确任务（identification of the task）、设计方案和收集资料（generation of data）、分析资料和初步论证（production of a tentative argument）、论证阶段（argumentation session）、创作探究报告（creation of a written investigation report）、双盲同行评审（double-blind peer-review）、修订和上交报告（revision of the investigation report）[10]。2012 年，美国国家研究理事会出台《K-12 年级科学教育框架：实践、跨学科概念与核心概念研究》，提出了科学和工程实践、跨学科概念和学科核心观念三个维度及相关目标。在此背景下，桑普森研究团队提出了新版 ADI 教学模型。新版 ADI 教学模型包括八个步骤，见图 7.1[11]。新版 ADI 教学模型是在原版 ADI 教学模型基础上，于论证阶段之后增加了反思性讨论（explicit and reflective discussion）这个步骤，以进一步体现批判性思维在论证活动中的重要作用。

接下来，就该模型中每一个阶段的含义予以详细阐述。

阶段 1，明确任务。教师预先了解学生已有认知，根据教学目标，确保每位学生明晰活动任务并设计活动。在此阶段，教师需要创设相关问题情境，通过认知冲突等方式吸引学生的注意力和求知欲，让学生明确探究活动的主题与任务。同时，教师往往还需要向学生提供预先准备的活动讲义，包括探究活动的背景、需解决的问题或待完成的任务，以及在探究过程中可能使用的材料清单、活动提示或建议，促进学生主动联系已有知识经验，尽快开启探究活动之旅。

阶段 2，设计方案和收集资料。学生以小组为单位，通过合作的方式共同开展探究活动，形成小组成员均认可的活动方案，用以解决阶段 1 所提出的探究任务。在此阶段，通过小组内的讨论和互动，让学生体验设计和形成一个可行的探究方案的初步过程。在此过程中，学生逐渐明确在方案设计阶段需要收集哪些类型的资料、通过改变哪些实验条件收集所需资料或证据、采用什么样的方法分析资料以寻找变量间可能关系，并且要尽可能地开展思想实验，尽可能全面地预测

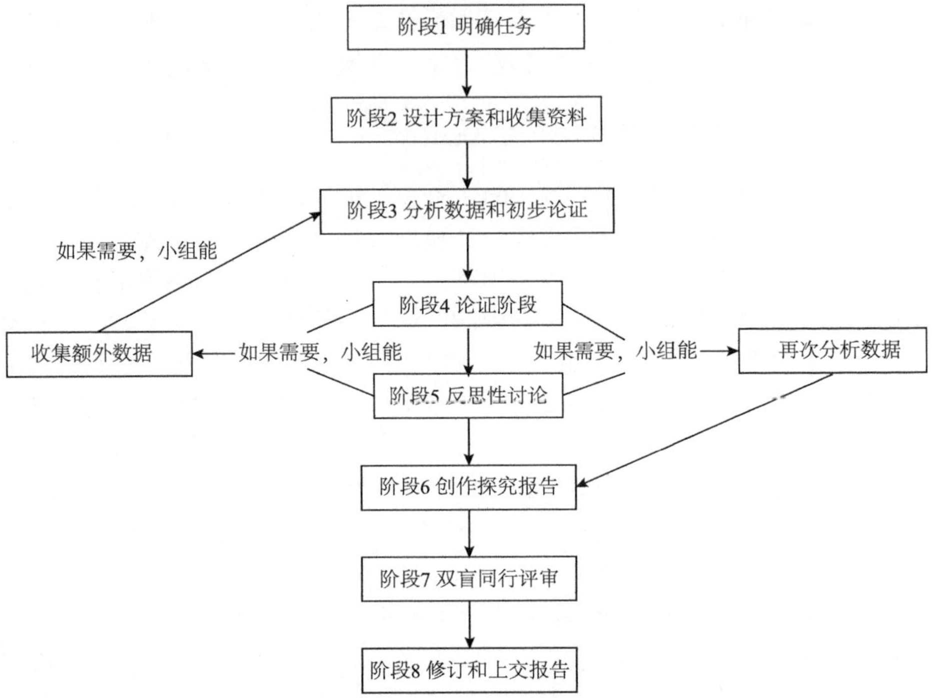

图 7.1 新版 ADI 教学模型的教学流程

在实验过程可能遇到的问题并提供解决办法，学会在实际活动过程中出现与预期不相符的现象等状况时的“及时捕捉”和“灵活应变”。另外，学生还可以比较不同实验方法之间的差异与优劣，能够基于研究问题的性质、探究过程中的现象以及他人已有研究等多个视角进行综合分析，确定所选方案的合理性与可行性，体会思维的全面性与逻辑性。

阶段 3，分析数据和初步论证。同一小组学生在分析资料的基础上，选择在一个可与他人共享的介质（如白板或空白纸张）进行论证，即提出各自的主张、证据和推理并讨论协商达成组内共识。在此阶段，旨在帮助学生形成科学知识的同时，以可视化的方式促进学生理解论证的基本组成要素及其相互间关系，见图 7.2[12]。主张是对探究问题的猜想；证据是用于支持主张有效性或合理性的测量或观察结果。证据可有多种呈现形式，从实验中的数值类数据（如 pH、质量、温度）到现象观察（如溶液颜色变化，是否产生沉淀或气泡等事件的客观描述）的性质类数据都可以纳入考虑；推理用以说明证据的合理性及其为何可支持主张。同时，学生通过尝试基于证据验证或重新建立主张等过程体会论证的重要价值。换言之，学生逐渐理解科学并非绝对正确的知识，而是需要不断证实（证伪）的过程，在理解主张的特点并知道如何辨别证据是否有效、相关、充分且有说服力的同时建立正确的科学本质观。当然，此阶段将论证过程的可视化表征也让学生的主张、证据和推理彼此可见，由此为下一阶段的讨论做好铺垫，有利于促进学生明确相互之间的冲突观点并积极有效地碰撞，消除不准确或与获取资料不相符的推测或推论，进而形成更为合理的主张。

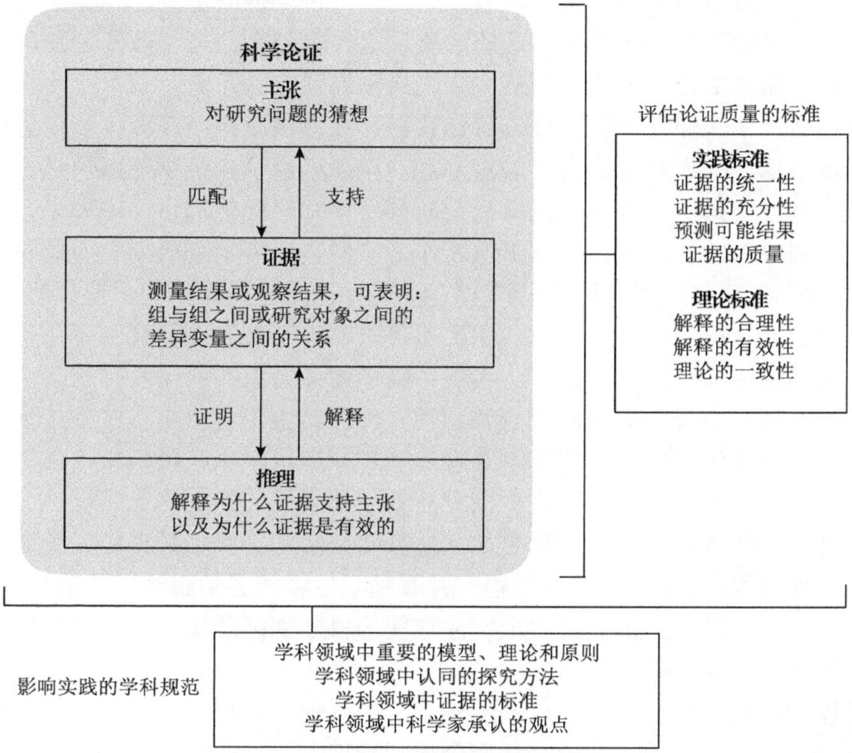

图 7.2　科学论证基本要素及质量评估框架

阶段 4，论证阶段。通过不同小组之间相互分享观点、批判性地评价各组论证过程，并尽可能地提出质疑和反驳，以确定最合理或可接受的主张（或尝试修订和完善原先的主张），加深对相关学科知识和探究活动任务的理解，提高科学论证及其表达交流的能力。在此阶段，每个小组仅保留一名成员留于本组，向来访的其他小组成员分享本组论证过程，小组其他成员轮流到访其他小组，听取各小组的论证并交换意见。通过这种形式的小组间充分交流后，可以最大程度地将各组论证过程进行展示与评审。各成员在回应其他组学生的问题和挑战时，更加清晰论证的评价标准，进而反思自己的主张及证据是否合理、有无缺陷；另外在评估竞争主张的过程中，可以接触到更多的主张，学习批判性地看待探究的过程与结果，更加深刻地体会求异思维和多元思维。同时，这种形式还为学生提供了一个模拟参与科学论证的社会环境。

阶段 5，反思性讨论。每个小组反思他们的论证，讨论在阶段 4 被反驳的主张或证据。若有需要，他们可能会再次收集额外的资料或重新分析所收集的资料。此外，教师在这个阶段要积极巡视每个小组，为存在困难的小组提供适当的帮助和指导，协调各小组间的差异以尽可能保持同步，并适当引导以缩小各小组之间的差异。这个阶段给学生提供再次收集证据或分析证据的机会，让学生进一步体验科学论证过程的真实与严谨，理解需要反复实验分析数据与收集证据的重要性与必要性，知道主张是可能被调整、修改甚至推翻的，并非一成不变的。

阶段 6，创作探究报告。科学写作在科学教育领域中已经成为一个重要研究方向。越来越多的人意识到写作的重要性。作为科学家，必须能够通过书面写作与同行分享自己的研究成果，以便接受同行评审并广泛传播自己的成果，同时还须能够评阅他人的著作并评估其价值。作为学生，也需要在科学学习的过程中创设类似的机会，学习科学写作的基本规范，同时也促进其深刻理解探究活动过程，发展科学论证意识与能力。因此，在上述各阶段的充分讨论与交流基础上，要求每个学生单独撰写一份探究报告。当然，基于论证思想的科学写作报告应不同于传统的实验报告格式，更加侧重于鼓励学生反思其主张及获得主张的论证过程。为此，教师可提供报告撰写的基本要求或格式，提示学生在报告中要回答三个基本问题：你为什么这么做，即这项探究活动的原因是什么？你做了什么，即你是如何设计方案和收集证据的，你是如何进行探究活动的？你的论证是什么，即完整地描述你的主张、证据和推理过程？并鼓励学生将相关信息组织成表格或图表，以形象直观的方式进行多元化表征，注意使用科学规范的语言和简明易懂的方式撰写报告，并反复推敲。

阶段 7，双盲同行评审。这一步骤是为了确保实验报告的质量。学生完成实验报告后，提交给教师，并隐去任何个人识别信息。然后，由教师向每个实验组随机分发三或四份实验报告（即由三或四个不同学生撰写的实验报告）以及每份实验报告的同行评审表，见表 7.1。同行评审表包含用于评估实验报告质量的评审标准，以及为作者提供反馈的空间。评估标准如下：作者是否明确指出了研究问题和（或）研究目标？作者是否描述了他们的工作方式？作者是否使用了有效的证据来支持他们的解释？作者的推理是否充分和恰当？实验组在审核后，决定是可以接受还是需要修改报告。审阅还要求小组向作者提供明确的反馈意见，说明哪些方面需要完善来提高实验报告的质量。在此阶段，以各小组匿名评审的方式创建了一个重视证据和批判性思维的学习共同体，鼓励学生制定和使用适当的标准来评估论证质量，为学生提供反馈意见以修改和完善实验报告，以提高学生的评阅与写作能力，提升元认知水平。

阶段 8，修订和上交报告。根据同行评审的结果修订报告。通过修订的报告由教师给出分数后直接返回给学生本人；若未通过修订，即还需要进一步修改的报告，则教师归还给学生时不给出分数，鼓励他们再次根据同行评审的反馈进一步

表 7.1　同行评审表

评审标准	没有	需要改进	良好	优秀
一、研究目标				
是否介绍了研究背景？				
是否清晰确切地描述了研究问题或目标？				
是否解释了为何进行这项工作，如何体现这项工作的有用或必要？				
解释你们小组给出“没有”或“需要改进”的原因。				
二、探究过程				
描述了如何进行这项工作了吗？				
解释了为什么要采用这种方法开展这项工作吗？				
是否使用了恰当的术语来描述探究实验过程（例如，实验、系统观察、对已有数据的解释等）？				
解释你们小组给出“没有”或“需要改进”的原因。				
三、论证过程				
是否清晰明确地提出了主张？				
所提出的主张是否合理？				
所展示的证据是否充足有效？				
推理的过程是否合理充分？				
解释是否前后一致，没有矛盾？				
解释你们小组给出“没有”或“需要改进”的原因。				
四、写作情况				
内容是否清晰地表达了观点，并提供了有意义的见解？				
写作是否有清晰的目的和合理的结构？				
是否有语法错误、拼写错误及标点错误？				
解释你们小组给出“没有”或“需要改进”的原因。				

修改完善报告。完成后，学生再将二次修订后的报告（连同报告的原始版本和同行评审表一起）重新提交给教师进行二次评估。若修订后的报告已达到可接受的质量水平，则亦获满分。若该报告仍然不可接受，则将其再次返回给作者进行第三轮修订，直到达到标准为止。此阶段不断往复循环，不以成绩为最终目的，也不会施加与成绩相关的惩罚，而是为了给学生提供一个在科学背景下参与写作过程（即手稿的构建、评估、修订和最终提交）的机会，提高其科学写作能力，增强其对探究内容更深入的理解。

（二）rADI 教学模型的教学流程

桑思尔（Songsil）等[13]根据泰国的教学现状，提出了修订版论证探究式教学模型（revised argument-driven inquiry，rADI）。该模型包含九个阶段：确定学生先验知识，组内活动探究和资料收集，自由交流和科学解释，呈现一个社会性科学议题（SSI），各小组进行活动探究和资料分析，小组针对 SSI 问题提出暂定主张，开展班级论证会议，制作小组研究报告，同伴评审修改小组研究报告。具体见表 7.2。

表 7.2 ADI 教学模型与 rADI 教学模型之间的比较

（新版）ADI 教学模型	rADI 教学模型
导入：活动开始——阶段 1	
明确任务	确定学生先验知识
ADI 教学模型中，教师常围绕一个主要问题构建教学框架，并快速为学生提供论证信息和评价标准。 rADI 教学模型中，教师通过引入一个主要问题和一个问题关联的具有争议性的 SSI（于阶段 4 中呈现）来强调内容的广泛覆盖。提出 SSI 问题旨在激发学生深入探讨与思考。	
基于探究的学生活动：研究和资料——阶段 2	
设计方案和收集资料	组内活动探究和数据收集
无变化	
结论：科学解释——阶段 3	
分析资料和初步论证	自由交流和科学解释
ADI 教学模型强调在小组讨论中形成科学知识和论证意识，侧重于建立最有效或最能被接受的主张。 rADI 教学模型强调更为开放和自由的学习氛围，讨论并不局限于一个小组中。	
用一个新的主题拓展概念——阶段 4~6	
未包含	呈现一个社会性科学议题（阶段 4）
由于 SSI 在本质上是一个存在争议无定论的话题，因此可更好地促进学生表达主张、使用证据并进行科学推理，同时也锻炼其道德推理、决策和解决问题能力，可有效促进课堂讨论。	
基于探究的学习活动：研究和资料	
未包含	各小组进行活动探究和资料分析（阶段 5）
与阶段 2 类似，学生分组收集资料，并就 SSI 主题进行头脑风暴。学生可以使用教师提供的资料，也可以在网上寻找新的资料，或者两者兼而有之。学生有足够的时间分组合作，形成基本的想法。由于问题的开放性和不确定性，可以充分锻炼学生的分析思维。	
未包含	小组针对 SSI 问题提出暂定主张（阶段 6）
小组学生采用前面步骤中收集的资料，利用科学论证的所有要素，学习使用证据和推理支持主张，完成 SSI 问题的论证过程。每个小组写下其初步论证主张并与同伴分享。若遇到相互矛盾的资料，学生可以修改主张。该过程可让学生体会科学的开放与动态特征，而且可以避免或减轻即刻得到正确答案的压力，从而促进更多学生参与论证。	

续表

（新版）ADI 教学模型	rADI 教学模型
论证阶段	
组间交流论证（阶段 4）和反思性讨论（阶段 5）	开展班级论证会议（阶段 7）
ADI 教学模型强调小组间的讨论与交流，鼓励学生进行批判与反思。但因大部分科学问题有相对确定的结论，教师会引导学生对所提出的主张进行修正与反思，以使主张能更有效地回答所探究的问题。	
rADI 教学模型利用 SSI 问题，鼓励学生倾听不同观点，并考虑为什么其他人可以表达这样的观点，而不是去比较哪些观点更好。当有新的证据出现时，每个小组都可以自由地更新或改变他们原来的观点，教师也会解释论证的要素，这样学生就可以把这些要素运用于现实生活的情境中。	
撰写报告	
创作个人探究报告（阶段 6）	制作小组研究报告（阶段 8）
ADI 教学模型采取个人主义方法，要求学生制作自己的个人报告，然后修改或完善彼此的报告。	
rADI 教学模型将 ADI 模式中个人报告形式转变为小组报告形式，要求每个成员共同准备小组报告，以促进民主的团队协作，培养学生团队合作意识。	
同伴评阅和修改报告	
双盲同行评审（阶段 7）与修订和上交报告（阶段 8）	同伴评审修改小组研究报告（阶段 9）
ADI 教学模型要求每个学生提交个人报告并相互匿名评估，经反复修改直到符合评审标准。	
rADI 教学模型仅使用普通同行评审，一次修改即可，旨在让学生了解通过标准评估报告的过程与作用。	

rADI 与新版 ADI 相比，主要表现在如下几个方面的差异：①引入 SSI。rADI 教学的重点并非仅强调学生获取科学知识，而是更重视引发学生积极参与到科学论证活动中。因此，他们提出可以通过设计和提供一个能够激发学生兴趣和表达想法的 SSI 来提高学生的参与度。SSI 问题虽然与所讨论的科学概念相关，但仍具有不确定性和开放性等特征，可以鼓励各层次水平的学生都参与到论证过程中，从而减少因回答错误而产生的尴尬与压力。为进一步营造平等自由安全的学习氛围，该教学模型还增加了两个额外的论证元素——反论证和支持性论证，以更好地处理涉及多个视角的有争议的 SSI 问题。经验表明，一些对自己的答案不确定的学生，往往会由于害怕答错而犹豫不决。在教学中引入一个有争议的 SSI，可以较好地解决此现实问题。②将创作个人报告改为制作小组报告。桑普森等研究所提出的 ADI 教学模型更加适合小样本群体学生（其当时的研究样本仅包含 19 名学生）。然而，很多班级平均学生超过 30 人（桑思尔等研究样本中有 36 名学生，几乎是桑普森研究样本的两倍）。因此，rADI 更适合于稍大规模学生群体活动。研究还发现，从个人报告转换为小组报告的省时措施也更有利于学生学习。因为新版 ADI 教学模型为了提高学生论证能力，要求对个人书面报告进行反复修订直到达到标准，这会给一些不熟悉科学论证的学生带来很大压力甚至产生厌烦情绪。③合并评

审与修订报告部分，并省略同行评审中的双盲要求。为方便教师实施教学，rADI教学模型省略了同行评审过程中的双盲要求。双盲是专业科学研究的重要组成部分，但在中学课堂教学中可能显得过于烦琐，学生也可能由于缺乏足够的论证与评审技能而显得力不从心，因此该模型更强调小组讨论和教师的评审作用。通过小组讨论，学生可以分享观点和达成共识，学会倾听与表达。为减少同伴偏见，可以让学生使用包含客观标准的评审表来评估其他小组的报告，还需要让教师独立评估小组报告并检查同行评审报告，以纠正潜在的偏见。教师应该提供即时和持续的建设性反馈，以确保每个学生在课程中不断提高自己的论证技巧。另外，rADI 还放宽了对报告进行全面修改的要求。他们认为没有必要催促学生在短时间内提出最完整的论点。学生在课堂论证活动结束后，以小组为单位至多修改一次报告。

正如“教学有法，教无定法”，由于不同国家、地区和学校的背景和情况有所差异，选择何种教学模型开展论证活动并无定论。但是，基于科学论证的探究教学活动的教学理念这个主旋律是不变的，旨在提高学生论证意识和能力的教学目标是一致的。

二、模型-证据链教学模式

模型-证据链（model evidence link，MEL）教学模式是新近提出的一种论证教学模式。该教学模式不仅注重基于证据进行推理的能力，更关注证据与模型之间的联系，即通过证据建构模型，这与我国当前化学学科教育中强调的“证据推理与模型认知”高度契合，尤其值得国内化学论证教学的借鉴。

（一）MEL 的结构与要素

MEL（model evidence link），即模型-证据链，由罗格斯大学的钦（Chinn）等研究人员开发，并被先后应用于生物和地理等理科课程中。顾名思义，模型-证据链包括模型、证据和链接三个要素，并分别对应筛选模型、收集证据和建立链接三个活动过程。以气候变化主题的论证教学为例，MEL 的基本结构如图 7.3 所示[14]。

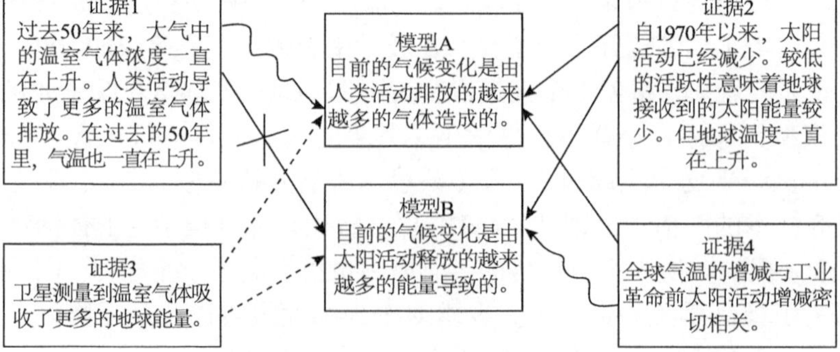

图 7.3 关于气候变化的 MEL

模型是 MEL 的中心。模型是人们面对复杂或争议问题（如社会性科学议题等）时产生的不同观点或论点[15]。以气候变化问题这个重要的社会性科学议题为例，许多研究者对气候变化原因进行探究并提出了不同的模型。其中，模型 A（人类活动排放能量导致地球气候变暖）与模型 B（太阳活动释放能量导致地球气候变暖）在学界争议最多（图 7.3）。在进行 MEL 教学过程中，要保持模型的数量与难度适中。数量过多或难度过大都会给学生增加过重的认知负荷，故通常选择 2 个互为竞争关系模型。另外，要明确所选模型的教学价值与教学目标，可以依据课程标准确定模型的教学价值，依据学生的特点制定教学目标。

证据是 MEL 的关键。证据收集的原则是合理且适量。所谓合理是指所收集的证据与这 2 个模型之间均存在密切联系；所谓适量是指收集的证据数量不宜过多，以 4 个证据为宜，最好不超过 6 个，避免因呈现过于复杂的证据而削弱学生积极性。收集证据的方法和途径有很多，如实地考察、课堂实验、数据库查询或召开研讨会等。

链接是 MEL 的纽带。建立链接是 MEL 的重要环节，也是 MEL 教学价值之所在。学生需要使用带有不同线段的箭头来表示各个证据与模型之间的不同关系，从而建立证据与模型之间的联系。通常，使用 4 种不同的链接符号表示证据与模型之间的关系：带直线的箭头表示证据支持模型；带弯曲线段的箭头表示证据强烈支持模型；带中间有“X”直线的箭头表示证据反驳模型；带虚线的箭头表示证据与模型无关。

值得说明的是，模型筛选和证据收集这两个环节因学生主体而变化，对应的 MEL 教学模式可以为封闭式、半开放式或全开放式。若是初步涉及论证教学或学生处于较低年级水平，可以由教师主导（半开放式）或者直接给出（封闭式），学生主要完成建立链接这个阶段即可。若是学生已经较为熟悉 MEL 教学或具备较高思维水平，则可以由学生自行讨论提出相应的模型、证据并建立链接（全开放式）。为了更好地了解学生对链接的认知程度，隆巴迪（Lombardi）提出让学生用自己的语言进一步解释证据与模型关系，并使用“证据（　　）*强有力支持/支持/反驳/无关于* 模型（　　），因为（　　　　）”格式进行规范化表述。用阿拉伯数字表示的证据编号填写于第一个括号中；用大写字母 A 或 B 表示的模型编号填写于第二个括号中；在第一个括号和第二个括号之间，圈画出用斜体表示的链接关系；最后，学生用自己的语言在第三个括号中写出该模型-证据链的具体原因。以图 7.3 某模型-证据链为例，“证据（2）*反驳* 模型（B），因为（证据 2 表明即使地球接收太阳的能量减少，地球的温度仍然继续上升，可推知地球温度的上升与接收太阳能量无必然联系，而模型 B 的立场是太阳释放的能量导致地球温度上升，与证据 2 相悖）”。当然，为了促使学生深度思考，类似上述表示的模型证据关系条目也不宜过多（2～3 个为宜），以免活动流于形式。

（二）MEL 的功能与价值

MEL 教学模式旨在通过证据推理帮助学生更加明晰模型的内涵，建构更加科学稳定的认知模型。在这个过程中，可以发展学生基于模型的推理能力、促进其错误概念的转变以及提升学生批判性评价意识。

1. 发展基于模型的推理能力

从思维活动进程看，推理是前提到结论的过渡，是将论点和论据联系起来的重要逻辑手段。德理弗（Driver）等根据认识论推理（epistemological reasoning）观点，通过分析学生在科学探究中的行为或话语，提出基于现象、基于关系和基于模型的三种推理层级，并从科学探究形式、解释的本质及其与描述的关系三个方面进行了诠释。基于现象的推理以直接观察现象或设计活动进行科学探究，认为描述即解释；基于关系的推理在科学探究中关注变量和结果间的关系，认为解释即经验概况，是对现象描述的归纳；基于模型的推理注重通过证据来评估理论模型，认为解释即建构理论模型，与描述之间是假设-演绎关系[16]113, 114。MEL 关注学生的解释话语，以证据评价各种理论模型的优劣，活动过程中的解释是一个建构或修改模型的动态过程，以此实现对需要解释的现象或概念结构的泛化抽象[17]。因此，MEL 活动的本质在于促进基于模型的推理，帮助学生认识到理论模型不是由现象观察直接获得的，而是由创造性活动主动建构的，可以理解同时存在多个可能的理论模型，有助于培养学生确切的科学本质观。

钦（Chinn）等在早期开展了基于模型驱动（model-driven）的教学实践研究。以美国东海岸某州的 724 名中学生（大部分为 12～13 岁）为研究对象，通过开展基于模型驱动的课程，在中学生物教学中开展了为期 1 年的对比研究。研究结果表明，基于模型驱动的实验班学生在协调模型和证据的能力上取得了更显著的进步，实验组学生可基于 5 组证据评估两种延迟性肌肉疼痛模型，而控制组学生在评估模型时未提及证据。可见，在中学生物课程中，通过模型驱动课程干预后，学生更善于详细地阐述模型-证据之间的联系，基于模型的推理能力显著增强[18]。

隆巴迪（Lombardi）等进行了利用 MEL 发展基于模型推理的教学实践研究。以美国西南部某大城市一所中学七年级的 85 名学生为研究对象，以气候变化为主题单元课开展两个课时（约 90min）的 MEL 教学活动。研究人员通过评估学生对模型-证据链的解释时发现，实验组学生在论证中使用证据评估模型并使用规定的解释格式，如“证据（1）*强烈支持* 模型（A），因为证据 1 表明人类活动导致了温室气体的大量排放，而大量排放的温室气体导致气候变化，模型 A 认为人类活动导致气候变化，因此证据 1 强烈支持模型 A。”。学生使用“人类活动导致温室气体排放量增加”这一证据评估模型 A，在人类活动与气候变化之间增加温室气体排放量这一中介变量从而建立了紧密的因果关系，解释体现了通过证据 1 与模型 A 的中介变量进行推论来评估模型 A，通过对证据 1 的客观描述，建构验证假设的机理，此解释的过程体现了基于模型的推理[19]。可见，MEL 不仅关注模型建构，更关注模型建构的依据及其推理的过程，以此促进学生对模型深层次理解，发展基于模型的推理能力。

2. 促进学生错误概念的转变

自然科学概念有利于人们理解世界上的事物和自然现象，解决实际生活问题，是化学教育研究的核心领域。由于学生所处的生活世界及先前学习经历，往往存在相异构想或错误概念，这些概念常广泛且顽固隐蔽地存在于学生的认知世界中。因此，如何发现并促进概念转变是概念学习研究中的重要课题。波斯纳（Posner）等于 1982 年提出的概念转变理论影响深广，认为概念变化的过程与科学发展的过程类似，指出概念转变需要满足四个必要条件：不满足（dissatisfaction）、可理解（intelligible）、似真性（plausibility）、有效性（fruitfulness）[20]。其中，似真性是概念转变的关键条件之一，指个体对输入信息与现有心理表征的潜在真实性之间的判断，即个体认为是否正确或合理的判断（也有学者将其翻译为“合理性”）。命题确证为真的过程可能经历从似真到真的过程，当确证知识或信念的主体的内在状态与外部世界无法统一时，命题就无法确定为真而是似真的。似真性的程度由似真度表示，根据命题的持续性和稳定性可将其似真性分为高似真、中等似真及弱似真等，确证的知识或信念决定对命题似真性的判断，而似真性强弱又决定了人们对知识或信念的确信程度[21]。

钦（Chinn）提出的 MEL 教学模式也是进行概念转变的有效途径之一，并被应用于生物等科学学科教育领域中的概念转变研究[22]。隆巴迪（Lombardi）开展了基于 MEL 促进学生概念转变的教学活动。该活动以美国西南部城市某初中 169 名七年级学生为研究对象，以气候变化为主题开展 MEL 活动进行准实验。研究结果表明实验组学生的似真性判断发生了重大转变，由个人概念“太阳活动导致的气候变化”转向科学概念“人类活动导致的气候变化”，并且这一概念转变在此项活动 6 个月后仍然持续[14]。这些研究结果都证明了 MEL 对概念转变作用显著，尤其针对错误概念的顽固性等特征具有显著效果且有较好持续性。

为进一步探索 MEL 活动促进概念转变的机制，隆巴迪（Lombardi）等深入研究了似真性（plausibility）如何影响概念转变，并建立了似真性判断和概念转变模型（plausibility judgments and conceptual change，PJCC），如图 7.4 所示[23]。首先，学生对模型来源有效性进行预判断。这在很大程度上会影响似真性判断，来源有效性的判断越高，越可能形成高似真性。影响来源有效性预判因素包括：竞争模型与确证知识或信念的一致性、竞争模型的复杂性、竞争模型的不确定程度、来

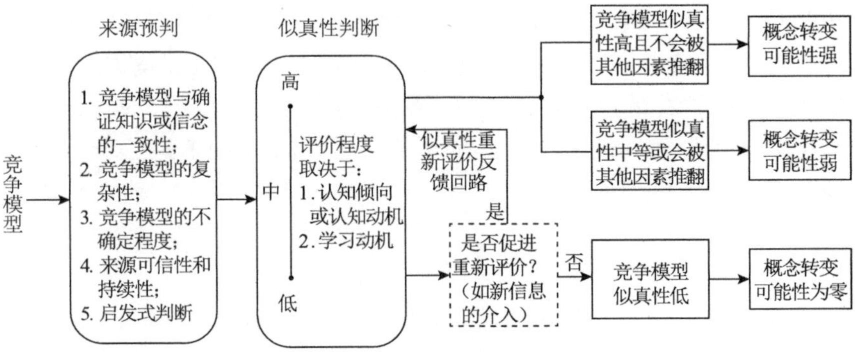

图 7.4　似真性判断和概念转变模型图

源可信性和持续性、启发式判断等。若竞争模型能使主体内在确证知识或信念与外部世界建立统一的联系，或竞争模型的复杂性越低，则其来源有效性越高。若竞争模型的不确定程度越低（猜测成分低），或其具有可信度高和持续性强的来源，则该模型来源有效性高。另外，启发式判断也会影响来源有效性判断。启发式判断是指在信息不完整或情况不确定时，根据已有（相同或类似甚至无关的）经验或有限知识（可能不遵循标准的逻辑规范）快速做出判断[24]。这是一种非理性的直觉判断，若竞争模型与启发式判断一致程度越高，则其来源有效性越高。经过来源有效性预判后，学生接下来再根据自身的认知倾向或认知动机、学习动机等个人因素评价竞争模型从而进行似真性判断。似真程度越高，越可能实现概念转变。如果学生认为竞争模型的似真性高于相异构想的似真性，并且其他因素（如个人相关性因素）不会推翻似真性，则表现为强可能性的概念转变；如果认为竞争模型中等似真，即所引入的竞争模型的似真性等于相异构想的似真性或者其他因素，则表现为弱可能性的概念转变；如果认为似真性程度低，则需引入新信息以观察是否会促进似真性的重新评价，否则会因竞争模型似真性低于相异构想的似真性，无法实现概念转变。例如，学生在上课之前支持太阳活动导致气候变化这一模型，而教师所展示的人类导致气候变化这一模型相对于学生已有模型而言就属于竞争模型。根据 PJCC，学生面临着与其之前了解的内容相冲突的竞争模型，出于对教师的专业知识的信任，认为其来源的可信度高，可能会判断为高似真性。然后，教师通过 MEL 活动引导学生接受新信息，促进学生似真性的重新评价。学生通过 MEL 活动关联科学证据与两种气候变化模型时，会接触到不同的信息。如有证据显示“在过去的 30 年里，太阳活动减少导致地球所吸收的太阳能量下降，然而全球气温却在上升。”这一证据会激发学生的好奇心并深入思考引起气候变化的原因。此外，学生在思考并反驳太阳活动导致气候变化这一模型的证据时都会促进其似真性的重新评价，这种重新评价有利于提高科学模型的似真性，直至高于原有经验模型的似真性，进而促进概念转变。不难发现，MEL 是通过权衡证据和模型之间的联系、建立模型-证据链引入新信息促进似真性重新评价，这是概念转变的关键，也较好地解释了 MEL 促进概念转变的机理。

3. 提升学生批判性评价意识

《美国下一代科学课程标准》指出批判性评价是公民亟须提高的能力，对学生参与科学实践具有重要意义。批判性评价以话语形式反映批判性思维，是对特定现象的证据和竞争模型之间联系与优劣的判断[15]。学生在参与协作论证时需要指导性工具来评价模型的有效性促进批判性评价[25]。有研究表明，MEL 可以促进学生使用证据来评价竞争模型提升学生对批判性评价的意识。

隆巴迪（Lombardi）等对学生 MEL 活动中的解释进行编码，关注解释的精细化（elaboration）程度指标[26]。所谓精细化是指个体对与问题相关信息的思考程度。根据多尔（Dole）等的观点，精细化从高到低被分为不同程度，个体的动机和理解能力是影响精细化程度的主要因素[27]。如果对相关信息的理解能力强且动机强烈，则个体对信息的处理处于高精细化程度，表明其认知参与处于深层水平，反之则处于浅层水平。也就是说，学生将信息与已有经验联系越紧密，对信息的理解越充分具体、越积极，则其精细化程度越高，处于高认知参与水平。另外如前所述，学生的解释话语也体现了基于现象、关系和模型的不同推理层级。因此，隆巴迪（Lombardi）等提出将精细化程度和推理层级作为衡量评价水平的两个指标，并制定了相应的评定标准（表 7.3）[28]。

表 7.3　解释任务的评价类型及评分标准

类别	说明	得分
错误性评价	此类解释对模型-证据链接的评价是不正确的，对证据链接的错误评价意味着学生未具备实质性评价所必需的条件。	1
描述性评价	此类解释分为两种情况：一是对模型-证据链接关系的评价是正确的，但没有详细说明理由；二是正确地解释了证据，但没有说明模型-证据链接的关系。	2
相关性评价	此类解释也建立在文本相似性的基础上，正确地讨论了与特定模型有紧密联系的链接（使用了如下话语：与某个模型相矛盾、相互支持或强烈支持）。解释区分了证据和模型，不过其区分的方式仅是基于文本相似性的联想或关联方式。	3
批判性评价	此类解释建立了正确的链接，区分了证据和模型，解释了证据和模型之间因果关系的原因，讨论了证据和模型之间的区别，并建立更复杂类型的联系，也说明了证据与竞争模型的关系。	4

如表 7.3 所示，该标准将学生的解释话语分为错误性评价、描述性评价、相关性评价、批判性评价四种类型，并按照 1～4 分予以赋分，分值越高表示评价水平越高。若学生的解释与科学解释大多不一致，尚未正确建立证据与模型之间的链接，则为错误性评价。若学生仅仅将证据与模型的链接浮于信息表面，停留于

对现象描述的现象推理层级，不能清楚地区分证据和模型，精细化程度与认知水平较为低下，则为描述性评价。若学生能够区分证据和模型，但局限于文本相似性视角，将相关简单等同于因果，则属于相关性评价。这些学生通过已有经验概括形成解释，体现了基于关系的推理层级，已有一定的认知参与水平。例如，“证据（1）*强烈支持* 模型（A），因为证据 1 谈论到了温室气体，而模型 A 也在谈论温室气体。”，证据和模型仅以“温室气体”为联系。批判性评价处于最高层级，学生不仅可以正确区分模型和证据，还能够合理解释两者关系。例如，“证据（1）*强烈支持* 模型（A），因为（证据 1 表明人类活动导致了温室气体的大量排放，而大量排放的温室气体导致气候变化，模型 A 认为人类活动导致气候变化，因此证据 1 强烈支持模型 A。）”。通过证据 1 评估模型 A，以“温室气体的排放量”为中间变量详细说明证据与模型的因果关系，反映了建构模型的过程，达到了基于模型的推理层级，体现出较为深层的认知水平。

隆巴迪（Lombardi）和比克尔（Bickel）等开展了基于 MEL 教学实践研究。以美国西南部城市和农村两类地区的 229 名高二学生为研究对象，以 4 个不同的地理科学知识（气候变化、水力压裂和地震、湿地和土地利用、月球的形成）为活动主题，以 90min 为一次活动时长，开展为期一学年的 MEL 准实验研究。研究结果表明大多数学生通过 MEL 权衡不同的证据与各个模型之间的联系，学生在多次思考模型似真性的过程中促进了批判性评价[29]。因此 MEL 可以提升学生批判性评价意识，发展其批判性思维能力。

沙里巴斯（Saribas）等开展了基于 MEL 的研究活动。以土耳其某高校二年级 58 名选修环境教育课程的小学职前教师为研究对象，以湿地对人类社会及生态环境是否有益为主题开展大约 2h 的 MEL 活动。针对土耳其具体情况将 MEL 本土化，研究者将 MEL 的解释任务中的评价调整为三类（错误性评价、描述性评价/相关性评价、批判性评价）。结果表明职前教师通常用描述性或相关性词语评价这些联系，换言之职前教师的评价水平大多处于描述性评价或相关性评价水平，研究者认为有必要在长期教育中使用类似 MEL 的论证教学促进职前教师的批判性评价水平[30]。卡恩（Can）等以土耳其某高校二年级的 74 名选修环境教育课程的小学职前教师为研究对象，以转基因生物对社会是否有益为主题，展开大约 2h 的 MEL 活动。结果表明参与者对模型-证据链的评价主要是描述性和相关性评价，缺乏批判性评价。上述两个研究结果的一致性也支持了研究者的观点，即大多数职前教师需要提高自身的批判性评价水平[31]。可见，MEL 教学可有效促进学习者的批判性评价能力。

（三）MEL 的应用展望

已有的基于 MEL 论证教学活动大多是以理科教学中地理和生物科学知识为

主题的活动。我们认为，MEL论证教学可以在学校教学活动中较为广泛地推广使用，也可以用于指导化学论证教学。但是，相关活动的主题与素材设计等尚有待开发。下面，我们围绕常见无机物及其应用、物质结构与化学反应规律、化学与社会发展等主题设计MEL活动素材，教师可选择合适主题尝试开展基于MEL的论证教学活动（表7.4）。在具体实施MEL活动过程中，可以根据论证教学的进程和学生实际情况做适当调整。若在教学初始阶段，学生无法明确区分支持证据和强烈支持证据这两个链接关系，则可适当考虑将两者融合；若学生无法区分描述性评价和相关性评价，亦可考虑将两者合并。在学生熟悉MEL的各要素和结构，并具备一定的论证水平后，再提出相应的区分要求和实践，促进更加深刻的理解。另外，在MEL活动中，同时包含了书面论证和口头论证两种形式，应注意不要偏颇而要予以同等的重视。学生通过解释任务可促进科学问题解决过程中的书面表达意识，提高科学写作能力；通过观点的展示与辩驳，以理由链接证据与模型，揭示其他模型的弱似真来印证其所支持模型的高似真，修正和完善认知结构。

表7.4　化学教学中MEL活动资源设计举例

主题	模型		证据
	模型A	模型B	
常见无机物及其应用	酸、碱、盐在水溶液中的电离是自发的。	酸、碱、盐在水溶液中的电离是由于电流的作用。	#1 稀盐酸不是电解质。 #2 NaCl在水溶液中可以导电。 #3 法拉第等化学家通过电解质溶液的导电性直接得出“电离是电流作用的结果”。 #4 阿伦尼乌斯提出酸碱电离理论。
物质结构与化学反应规律	化学电源有利于提高生活质量。	化学电源不利于提高生活质量。	#1 新型电池有待研制。 #2 锂离子电池是二次电池，用于手机、计算机等电子产品中，锂离子电池的研发者获2019年诺贝尔化学奖。 #3 干电池属于有害垃圾，其中的重金属污染环境。 #4 铅酸蓄电池是由铅及其氧化物制成的，原料易得廉价，常用于电动车用电池。
化学与社会发展	重污染天气的“汽车限行”合理。	重污染天气的“汽车限行”不合理。	#1 汽车装有净化装置，可将氮氧化物转化为氮气，但净化装置易“中毒”，且我国汽车更换净化装置比率很低。 #2 国家多部门发文不得对新能源汽车实行限行、限购。 #3 “汽车限行”增加公共交通压力。 #4 汽车行驶过程中会产生氮氧化物，进入大气会导致光化学烟雾、酸雨、雾霾等环境问题。

“教、学、评”一体化是发展学生核心素养、落实立德树人教育任务的重要举措，现实教学中迫切需要向一线教师提供行之有效的教学模式或操作范式。基于

MEL 的论证教学模式可帮助教师开展概念转变教学、发展学生基于模型的推理能力，提供指向于批判性思维的评价方法，这些都充分体现了“教、学、评”一体化的教学思路。教学的最终目标在于发展学生能力，其中教师具有重要引导和组织作用。在 MEL 活动中，教师不仅需要精心营造平等和谐的课堂氛围以确保论证过程的“温度”，还需要鼓励和指引学生根据 MEL 活动的标准和规范为其所支持的模型尽力辩护以推进论证过程的“深度”。师生、生生之间形成学习共同体，通过对学习共同体的行为准则和共同价值的认识和领悟，促进共同体对科学文化的认同和适应。同时在围绕模型和证据进行深度的分析交流、讨论辩驳和反馈评价的过程中，在以论证为核心的积极有效的科学实践中，实现教、学、评的互促与循环，深化科学模型建构，发展科学素养。

参 考 文 献

[1]任红艳, 魏亚玲. 不同类型化学教师论证教学的比较研究[J]. 化学教学, 2017, (5): 17-20.

[2]Osborne J F, Patterson A. Scientific argument and explanation: a necessary distinction?[J]. Science Education, 2011, 95(5): 627-638.

[3]佐藤学. 教师的挑战: 宁静的课堂革命[M]. 钟启泉, 陈静静, 译. 上海: 华东师范大学出版社, 2012.

[4]钟启泉. 课程的逻辑[M]. 上海: 华东师范大学出版社, 2008.

[5]任红艳, 李广洲. 图尔敏论证模型在科学教育中的研究进展[J]. 外国中小学教育, 2012, (9): 28-34, 40.

[6]Hand B, Keys C. Inquiry investigations: a new approach to laboratory reports[J]. The Science Teacher, 1999, (4): 27-29.

[7]Chen Y C, Joshua S. A negotiation cycle to promote argumentation in science classrooms[J]. Science Scope, 2013, (9): 41-60.

[8]Chen Y C, Benus M J, Yarker M B, et al. Using models to support argumentation in the science classroom[J]. The American Biology Teacher, 2016, (7): 549-559.

[9]Kujawski D J. Present, critique, reflect, and refine: supporting evidence-based argumentation through conceptual modeling [J]. Science Scope, 2015, (4): 29-34.

[10]Sampson V, Grooms J, Walker J. Argument-driven inquiry: a way to promote learning during laboratory activities[J]. The Science Teacher, 2009, (8): 42-47.

[11]Grooms J, Enderle P, Sampson V. Coordinating scientific argumentation and the next generation science standards through argument driven inquiry[J]. Science Educator, 2015, (1): 45-50.

[12]Sampson V, Grooms J, Walker J P. Argument-driven inquiry as a way to help students learn how to participate in scientific argumentation and craft written arguments: an exploratory study[J]. Science Education, 2011, (2): 217-257.

[13]Songsil W, Pongsophon P, Boonsoong B, et al. Developing scientific argumentation strategies using revised argument-driven inquiry (rADI) in science classrooms in Thailand[J]. Asia-Pacific

Science Education, 2019, 5(1): 1-22.

[14]Lombardi D, Sinatra G M, Nussbaum E M. Plausibility reappraisals and shifts in middle school students' climate change conceptions[J]. Learning and Instruction, 2013, 27(1): 50-62.

[15]McNeill K L, Lizotte D J, Krajcik J, et al. Supporting students' construction of scientific explanations by fading scaffolds in instructional materials[J]. The Journal of the Learning Sciences, 2006, 15(2): 153-191.

[16]Driver R, Leach J, Millar R. Young people's images of science[M]. Philadelphia: Open University Press, 1996.

[17]Acher A, Arcá M, Sanmartí N. Modeling as a teaching learning process for understanding materials: a case study in primary education[J]. Science Education, 2007, 91(3): 398-418.

[18]Chinn C A, Duschl R A, Duncan R G, et al. A microgenetic classroom study of learning to reason scientifically through modeling and argumentation[C]//Proceedings of the 8th international conference on International conference for the learning sciences-Volume 3. International Society of the Learning Sciences, 2008: 14-15.

[19]Lombardi D, Brandt C B, Bickel E S, et al. Students' evaluations about climate change[J]. International Journal of Science Education, 2016, 38(8): 1392-1414.

[20]Posner G J, Strike K A, Hewson P W, et al. Accommodation of a scientific conception: toward a theory of conceptual change[J]. Science Education, 1982, 66(2): 211-227.

[21]魏斌. 似真性、概然性与似真推理[J]. 自然辩证法研究, 2018, 34(11): 3-7.

[22]Chinn C A, Buckland L A. Model-based instruction: fostering change in evolutionary conceptions and in epistemic practices//Rosengren K S, Evans E M, Brem S, et al. Evolution challenges: Integrating research and practice in teaching and learning about evolution[M]. New York: Oxford University Press, 2012: 211-232.

[23]Lombardi D, Nussbaum E M, Sinatra G M. Plausibility judgments in conceptual change and epistemic cognition[J]. Educational Psychologist, 2016, 51(1): 35-56.

[24]Tversky A, Kahneman D. Judgment under uncertainty: heuristics and biases[J]. Science, 1974, (9): 1124-1131.

[25]Nussbaum E M. Argumentation, dialogue theory, and probability modeling: alternative frameworks for argumentation research in education[J]. Educational Psychologist, 2011, 46(2): 84-106.

[26]Bickel B S, Lombardi D. Assessing students' evaluation on the model evidence link diagram[J]. The Earth Scientist, 2016, 32(2): 31-36.

[27]Dole J A, Sinatra G M. Reconceptalizing change in the cognitive construction of knowledge[J]. Educational Psychologist, 1998, 33(2-3): 109-128.

[28]Lombardi D, Bickel E S, Brandt C B, et al. Categorising students' evaluations of evidence and explanations about climate change[J]. International Journal of Global Warming, 2017, 12(3-4): 313-330.

[29]Lombardi D, Bickel E S, Bailey J M, et al. High school students' evaluations, plausibility (re) appraisals, and knowledge about topics in earth science[J]. Science Education, 2018, 102(1): 153-177.

[30]Saribas D, Gonca Akdemir Z. Using an innovative tool in science education: examining pre-service elementary teachers' evaluation levels on the topic of wetlands[J]. International Journal of Science Education, 2019, 41(1): 123-138.
[31]Can S N, Saribas D. An argumentative tool for facilitating critical evaluation[J]. Science & Education, 2019, 28(6-7): 669-687.

后　记

2011 年美国访学期间，和 Melanie Cooper 教授交流过程中，我时常听到 evidence-based discipline 一词。同年三月，我有幸聆听 Renee Cole 教授的讲座，第一次接触论证教学的实征研究，当时倍感兴奋之情形历历在目。科学论证是一种高阶思维，论证教学尤其关注学生的微观思维过程。无论是从研究范式还是研究内容上来看，科学论证及其教学与问题解决及其教学都有着极为相近的渊源与特点，两者甚至可喻为姊妹。多年来一直致力于问题解决及其教学的研究经历，让我自然萌发一种研究的亲近感。就这样，在我心里埋下了论证教学研究的种子。

作为课程与教学论（化学）专业的教师，其研究取向自然要兼顾理论和实践。我们既要关注国际化学科学及理科教育研究的最新进展，有广阔的学术研究视野和研究能力，也要致力于科研反哺教学，让研究成果在教学实践中落地，体现学科教学的示范性。为此，近年来我和我的研究生们持续开展了论证教学相关研究。从优质课例分析到课堂教学设计，从中学论证活动指导探索到大学论证教学的亲历尝试，理论和实践在不断交织和碰撞，科学论证及其教学的思想也日渐清晰。我利用“普通无机化学”“化学教学论实验”等课程教学平台，相继开展基于科学论证的教学实践活动。团队成员精心设计论证问题、反复推敲论证教学的各个环节，认真分析学生论证作业，及时访谈了解学生内隐思维。切身实践的经历，屡被认可并获奖的实践研究及成果，都使我深刻体会到“化学论证教学”研究更重要的价值体现于对化学学科教学实践的指导中。

作为学科教育研究工作者，社会科学研究方法论告诉我们，基于“田野”的实践研究的意义和结论的价值同样离不开科学化质性研究方法的支撑，质性研究的实征（empirical）性质需要具有可操作性的科学编码方案，否则脱离不了经验总结泛泛而谈。其次，来自理科课堂教学实践的文字资料具有鲜明的学科特色，编码方案和实际编码操作更是体现了研究者的学科素养，是研究结论可信的前提和保证，可以避免理科学科教学研究和结论的泛学科化。因此，在化学论证教学研究设计与实践中，我们一向都极为重视对于研究所获得的大量文字资料的处理（编码）与归纳分析。从这种意义上，此处所提及的也是我从世纪初化学问题解决研究开始的质性研究方法实践探索的继续。

为了能将持续数年的研究及阶段性成果与大家分享，我萌生出版此书之意。感谢科学出版社霍志国编辑和丁里编辑的支持，以及南京师大教师教育学院对此书出版的关心；感谢魏亚玲、张娅、桑晓、方彦麟和徐昳等同学参与实施相关的实践研究以及有关结果的整理工作。另外，还要感谢我的老师李广洲教授，二十多年来的呵护、鼓励与鞭策，是您带领我走进化学教育教学研究领域，感谢您花费大量心血审阅全书并提出了宝贵的修改意见。

静坐于书桌之前，亦能感受到窗外的阳光明媚与鸟语花香，春天如约而至。“新冠”疫情防控的中国模式受到了世界各国的赞许和效仿。理科教育研究也当如此，我们尚需探索更多本土化经验，形成富有成效的中国样本。我们愿和同仁们携手探索，继续前行于化学论证教学及其研究之路。

任红艳

2020 年 3 月于随园